उत्तर प्रदेश पुलिस भर्ती एवं प्रोन्नति बोर्ड, लखनऊ द्वारा आयोजित

उत्तर प्रदेश पुलिस

संयुक्त प्रवेश परीक्षा

आरक्षी नागरिक पुलिस, आरक्षी प्रादेशिक आर्म्ड कान्सटेबुलरी, फायरमैन, जेल वार्डर (पुरुष एवं महिला) एवं आरक्षी घुड़सवार पुलिस (पुरुष)

2013 एवं 2009 के हल प्रश्न-पत्रों सहित

भर्ती परीक्षा

10+2

प्रैक्टिस टेस्ट पेपर्स एवं सॉल्वड पेपर्स

संपादन एवं संकलन

डायमंड पॉवर लर्निंग टीम

DIAMOND POWER LEARNING

© प्रकाशक

प्रकाशक

डायमंड पॉवर लर्निंग

डायमंड पॉकेट बुक्स (प्रा.) लि. की इकाई

X-30, ओखला इंडस्ट्रियल एरिया, फेज-II, नई दिल्ली-110020

फोन : 91-011-40712200

ई-मेल : sales@dpb.in

वेबसाइट : www.diamondbook.in

प्रोडक्शन :

पुष्पेंद्र शर्मा

हमने इस पुस्तक को प्रकाशित करते समय पूर्ण सावधानी बरती है, फिर भी किसी प्रकार की त्रुटि के लिए प्रकाशक जिम्मेदार नहीं होगा। इस पुस्तक को अथवा इसके किसी अंश को प्रकाशक की लिखित अनुमति के बिना किसी भी रूप में जैसे–फोटोग्राफी, विद्युत-ग्राफिक, यान्त्रिकी अथवा किसी अन्य रूप में प्रकाशन हेतु प्रयोग में नहीं लाया जा सकता।

किसी भी विवाद-परिवाद के लिए न्यायिक क्षेत्र केवल दिल्ली ही होगा।

विषय-सूची

- उत्तर प्रदेश पुलिस आरक्षी (कांस्टेबल) (हल प्रश्न-पत्र 2013) 1–11
- उत्तर प्रदेश पुलिस आरक्षी (कांस्टेबल) (हल प्रश्न-पत्र 2009) 1–9
- उत्तर प्रदेश : एक परिचय 1–6

प्रैक्टिस सेट पेपर्स

- प्रैक्टिस सेट-1 1–15
- प्रैक्टिस सेट-2 16–31
- प्रैक्टिस सेट-3 32–47
- प्रैक्टिस सेट-4 48–62
- प्रैक्टिस सेट-5 63–78
- प्रैक्टिस सेट-6 79–93
- प्रैक्टिस सेट-7 94–108
- प्रैक्टिस सेट-8 109–126
- प्रैक्टिस सेट-9 127–141
- प्रैक्टिस सेट-10 142–154

उत्तर प्रदेश
पुलिस आरक्षी (कांस्टेबल) भर्ती परीक्षा

हल प्रश्न-पत्र 2013

भाग-1 सामान्य ज्ञान एवं सामयिक विषय

1. **निम्नलिखित में से किस नदी का उद्गम भारत के बाहर है?**
   (a) ब्रह्मपुत्र (b) गंगा
   (c) यमुना (d) नर्मदा
2. **'इग्लू' क्या है?**
   (a) कालाहांडी खानाबदोशों द्वारा शिकार किया जाने वाला एक प्रकार का पशु।
   (b) ऑस्ट्रेलिया के मूल निवासियों द्वारा पालतू बनाया गया एक प्रकार का पशु।
   (c) गुबंद के आकार का एक घर या झोपड़ी, जो कठोर बर्फ की सिल्ली से बनाया जाता है जिसमें एस्किमों रहते हैं।
   (d) उपर्युक्त में से कोई नहीं
3. **प्रच्छन्न (छिपी) बेरोजगारी का परिणाम क्या होता है?**
   (a) लेन-देन की लागत में वृद्धि
   (b) बाजार में लेन-देन की कम क्षमता
   (c) कुल उत्पादन में गिरावट
   (d) अनुत्पादक कर्मचारियों की संख्या में वृद्धि
4. **चम्बल नदी किन राज्यों से होकर बहती है?**
   (a) महाराष्ट्र, गुजरात और मध्य प्रदेश
   (b) उत्तर प्रदेश, मध्य प्रदेश और बिहार
   (c) उत्तर प्रदेश, मध्य प्रदेश और राजस्थान
   (d) उत्तर प्रदेश , मध्य प्रदेश और ओडिशा
5. **वह इतालवी यात्री जिसने विजयनगर साम्राज्य का अत्यन्त प्रशंसात्मक विस्तृत वर्णन किया है, वह है**
   (a) मार्को पोलो (b) निकोलो कोन्टी
   (c) बारबोसा (d) इनमें से कोई नहीं।
6. **स्वतंत्रता के बाद रियासतों को एकीकरण में सबसे महत्वपूर्ण भूमिका किसके द्वारा निभाई गई?**
   (a) सरदार वल्लभ भाई पटेल
   (b) जवाहर लाल नेहरू
   (c) महात्मा गांधी
   (d) बाबू राजेन्द्र प्रसाद
7. **'चरकुला' नृत्य ....से सम्बन्धित है।**
   (a) गुजरात (b) मध्य प्रदेश
   (c) उत्तर प्रदेश (d) बिहार
8. **हर्षवर्धन की राजधानी कहां थी?**
   (a) नालन्दा (b) प्रयाग
   (c) कन्नौज (d) थानेश्वर
9. **बुद्ध ने अपना पहला उपदेश कहां दिया था?**
   (a) सारनाथ (b) बोधगया
   (c) लुम्बिनी (d) कुशीनगर
10. **कंप्यूटर की स्मृति का मापन किया जाता है**
    (a) वोल्ट्स के द्वारा (b) ऐम्पियर के द्वारा
    (c) बिट्स के द्वारा (d) ओल्स के द्वारा
11. **अंतरिक्ष में भेजा गया भारत का प्रथम उपग्रह था**
    (a) भास्कर (b) रोहिणी
    (c) आर्यभट्ट (d) एप्पल
12. **जीवाश्म किस प्रकार के शैल (rocks) में पाई जाती है?**
    (a) आग्नेय (b) परतदार शैल
    (c) रूपान्तरित शैल (d) इनमें से कोई नहीं
13. **वायुमंडल में कौन-सी गैस सबसे ज्यादा होती है?**
    (a) ऑक्सीजन (b) कार्बन-डाइऑक्साइड
    (c) नाइट्रोजन (d) हाइड्रोजन
14. **कौन-सी हवा वर्ष में दो बार अपनी दिशा परिवर्तित करती है?**
    (a) व्यापारिक हवा
    (b) पछुवा हवा
    (c) मानसून हवा
    (d) ध्रुवीय हवा
15. **ज्वार-भाटा की उत्पत्ति का कारण है**
    (a) पृथ्वी का घूर्णन
    (b) ध्रुवीय उच्च वायु भार
    (c) चंद्रमा का गुरुत्वाकर्षण
    (d) अनियतवाही हवाएं
16. **गोबी, कालाहारी, आटाकामा, सहारा क्या है?**
    (a) सब्जी के नाम
    (b) मरुस्थल
    (c) चक्रवाती तूफान
    (d) शीतोष्ण घास के मैदान
17. **जैन धर्म के 23वें तीर्थकर कौन थे?**
    (a) ऋषभदेव (b) महावीर स्वामी
    (c) पार्श्वनाथ (d) मल्लिनाथ
18. **निम्नलिखित में कौन-सी नदी डेल्टा नहीं बनाती?**
    (a) गंगा (b) नर्मदा
    (c) महानदी (d) कावेरी
19. **ऐशियाई खेलों में 400 मी. की दौड़ में स्वर्ण पदक जीतने वाली पहली भारतीय महिला कौन थी?**
    (a) एम. एल. वल्सम्मा
    (b) पी. टी. उषा
    (c) कमलजीत संधू
    (d) के. मल्लेश्वरी
20. **'नीलकंठ' में कौन-सा समास होता है?**
    (a) द्वन्द्व समास
    (b) द्विगु समास
    (c) बहुव्रीहि समास
    (d) कर्मधारय समास

21. उत्तर प्रदेश की कुल आबादी भारत की आबादी का ....% है।

(a) 16.4 (b) 23.2

(c) 11.1 (d) 13.2

22. बांग्लादेश के क्रिकेट मैदान पर किस खिलाड़ी की मृत्यु हुई थी?

(a) सुभाष गुप्ता

(b) लाल अमरनाथ

(c) एम. एल. जैसिहा

(d) रमन लाम्बा

23. निम्नलिखित में गैर परंपरागत ऊर्जा के स्रोत कौन है

(a) पवन ऊर्जा (b) कोयला

(c) पेट्रोलियम (d) ज्वार शक्ति

(a) A व C (b) A व D

(c) C व D (d) B व D

24. भारत की संविधान सभा के अध्यक्ष कौन थे?

(a) डॉ. भीमराम अम्बेडकर

(b) डॉ. राजेन्द्र प्रसाद

(c) श्री कृष्णास्वामी अय्यर

(d) श्री के. एम. मुंशी

25. भारत में सम्पत्ति का अधिकार अब रह गया है

(a) संवैधानिक अधिकार

(b) मौलिक अधिकार

(c) कानूनी अधिकार

(d) प्राकृतिक अधिकार

26. जिम कार्बेट नेशनल पार्क कहां है?

(a) रामनगर (नैनीताल)

(b) दुधवा (लखीमपुर)

(c) बांदीपुर (राजस्थान)

(d) काजीरंगा (असम)

27. सुन्दरबन है

(a) गंगा -ब्रह्मपुत्र डेल्टा में

(b) दक्खन के पठार पर

(c) गोदावरी डेल्टा से

(d) महानदी डेल्टा में

28. ध्वनि मापक इकाई को कहते हैं

(a) कैलोरी (b) फारेनहाइट

(c) न्यूटन (d) डेसिबेल

29. 'हरित गृह प्रभाव' किस गैस के अधिक मात्रा में होने से बढ़ता है?

(a) कार्बन डाइ-ऑक्साइड

(b) नाइट्रोजन

(c) ऑक्सीजन

(d) आर्गन

30. ताजमहल बदरंग क्यों हो रहा है?

(a) नाभिकीय विस्फोटों के कारण

(b) गंदे खुले नालों के कारण

(c) ज्वालामुखी के उद्गारों से निकली गैस के कारण

(d) अम्लीय वर्षा के कारण

31. अण्टार्कटिका जाने वाले प्रथम भारतीय दल के प्रभारी थे

(a) डॉ. भाभा

(b) डॉ. एस. जे. कासिम

(c) डॉ. अब्दुल कलाम

(d) डॉ. शान्ति स्वरूप भटनागर

32. निम्नलिखित में कौन संघनन नहीं है?

ओस, कोहरा, धुआं, धुन्ध, पाला, मेघ, वर्षा

(a) ओस (b) कोहरा

(c) धुआं (d) पाला

33. निम्नलिखित में ऊष्ण कटिबन्ध क्षेत्र कौन-सा है?

(a) भूमध्य रेखा से आर्कटिक वृत्त तक

(b) भूमध्य रेखा से अण्टार्कटिका वृत्त तक

(c) कर्क रेखा से मकर रेखा के मध्य तक

(d) आर्कटिक वृत्त से अण्टार्कटिक वृत्त तक

34. 'उपकार को याद रखने वाला' व्यक्ति कहलाता है

(a) कृतज्ञ (b) कृतध्न

(c) कर्मठ (d) कृतकृत्य

35. निम्नलिखित विकल्पों में से तत्सम शब्द का चयन करें।

(a) अंस (b) अंश

(c) अश (d) अस

36. कलपक्कम में स्थित है

(a) तेल शोधनशाला

(b) जल-विद्युत शक्ति गृह

(c) परमाणु ऊर्जा केन्द्र

(d) परमाणु परीक्षण स्थल

37. 'अपने मुंह मियां मिट्ठू बनना' का अर्थ है

(a) अपनी प्रशंसा स्वयं करना

(b) अपना मतलब निकालना

(c) अत्यधिक प्रिय होना

(d) बहुत समय बाद दिखना

38. राज्यसभा की सदस्यावधि होती है

(a) 3 वर्ष (b) 5 वर्ष

(c) 6 वर्ष (d) 2 वर्ष

39. देश में मुद्रा की आपूर्ति को नियंत्रित करता है

(a) भारतीय रिजर्व बैंक

(b) स्टेट बैंक ऑफ इण्डिया

(c) व्यापारिक बैंक

(d) राष्ट्रीय आवास बैंक

40. मगध साम्राज्य का अंतिम शासक कौन था?

(a) बिम्बिसार (b) अजातशत्रु

(c) उदयन (d) कालाशोक

41. सांची स्तूप का निर्माण किसने कराया?

(a) चन्द्रगुप्त मौर्य (b) बिन्दुसार

(c) अशोक (d) कौटिल्य

42. सुविख्यात सूर्य मंदिर किस स्थान पर निर्मित है?

(a) खजुराहो (b) आबू

(c) कोणार्क (d) धार्चुला

43. भारत के वर्त्तमान राष्ट्रपति कौन है?

(a) प्रतिभा देवी सिंह पाटिल

(b) प्रणब मूखर्जी

(c) अब्दुल कलाम

(d) उपर्युक्त में से कोई नहीं

44. भारत के सर्वोच्च न्यायालय के मुख्य न्यायाधीश है

(a) केशवानंद भारती

(b) पी. सदशिवम

(c) मार्कंडे काटजू

(d) उपर्युक्त में से कोई नहीं

45. नीना दावुलुरी क्यों चर्चा में रहीं?

(a) नोबेल प्राइज जीतने के कारण

(b) तालीबान द्वारा हत्या के प्रयास के कारण

(c) मिस अमेरिका का ताज मिलने के कारण

(d) सिनेट में चुनाव जीतने के कारण

46. आस्ट्रेलिया के नए प्रधानमंत्री कौन है?

(a) टोनी ब्लेयर

(b) मिशेल ओबामा

(c) टोनी एबट

(d) उपर्युक्त में से कोई नहीं

47. तेलंगाना राज्य किस राज्य के विघटन से बनने वाला है?

(a) कर्नाटक (b) आन्ध्र प्रदेश

(c) तमिलनाडु (d) केरल

48. नवम्बर-दिसम्बर, 2013 में निम्नलिखित में किस राज्य में विधान सभा चुनाव नहीं हो रहे है?

(a) राजस्थान (b) मिजोरम

(c) मध्य प्रदेश (d) झारखण्ड

49. 'वन्य प्राणी सप्ताह' प्रतिवर्ष कब-से कब तक मनाया जाता है?

(a) 1–7 अक्टूबर

(b) 1–7 जनवरी

(c) 25 दिसम्बर से 31 दिसम्बर

(d) 15-22 सितम्बर

50. हाल ही में इस स्वतंत्रता दिवस के ठीक पहले कौन-सी भारतीय पनडुब्बी नष्ट हो गई?

(a) आईएनएस-विभूति

(b) आईएनएस-सिन्धुरक्षक

(c) आईएनएस-सिन्धुबर्धन

(d) आईएनएस-विक्रमादित्य

51. 'येन' किसकी मुद्रा है?

(a) जापान

(b) चीन

(c) दक्षिण कोरिया

(d) भूटान

52. रॉबर्ट कैनिगेल की पुस्तक 'द मैन हू न्यू 'इन्फिनिटी किसकी जीवनी है?

(a) होमी भाभा

(b) विक्रम साराभाई

(c) श्रीनिवास रामानुजम

(d) सर सी. वी. रमन

53. सार्वजनिक क्षेत्र की दो इकाइयों का नाम बताएं जिन्हें भारत सरकार द्वारा फरवरी, 2013 में महारत्न का दर्जा दिया गया।

(a) ONGC और NTPC

(b) BHEL और GAIL

(c) ONGC और GAIL

(d) Coal India और SAIL

54. भारत सरकार द्वारा भारतीय विशिष्ट पहचान प्राधिकरण के जरिए आरंभ की गई विशिष्ट पहचान संख्या (आधार) योजन' किसके लिए है?

(a) भारत का प्रत्येक नागरिक

(b) केवल वे भारतीय जिनके पास मतदाता पहचान कार्ड है

(c) गरीबी रेखा से नीचे का प्रत्येक भारतीय

(d) केवल शहरी क्षेत्र में रहने वाले भारतीय

55. किस शहर में वर्ष 2020 के ओलम्पिक खेल आयोजित किए जाएंगे?

(a) पेरिस (b) टोक्यों

(c) लंदन (d) न्यूयॉर्क

56. 'मधुशाला' किसकी कृति है?

(a) उमर खय्याम

(b) शेखसादी

(c) गोपाल दास नीरज

(d) हरिवंशराय बच्चन

57. भारत के किस राज्य में वर्ष 2013 में बादल फटने से हजारों लोगों की मौत हो गई?

(a) उत्तर प्रदेश (b) हिमाचल प्रदेश

(c) उत्तराखण्ड (d) जम्मू-कश्मीर

58. डॉ. बी. आर. अम्बेडकर पुलिस अकादमी उत्तर प्रदेश में कहां है?

(a) लखनऊ (b) मुरादाबाद

(c) कानपुर (d) अलीगढ़

59. भारतीय वायुसेना के वर्तमान एयर चीफ मार्शल कौन है?

(a) प्रदीप वसन्त नायक

(b) अनिल कुमार ब्राउने

(c) निर्मल कुमार वर्मा

(d) उपर्युक्त में से कोई नहीं

60. उत्तर प्रदेश के वर्तमान राज्यपाल है।

(a) श्री टी. वी. राजेश्वर

(b) श्री होरमासजी परोशॉ मोदी

(c) श्री बी. एल. जोशी

(d) उपर्युक्त में से कोई नहीं

61. भारत का राष्ट्रगान 'जन गण मन' की रचना किसने की?

(a) रबीन्द्रनाथ टैगोर

(b) बंकिम चंद्र चटोपाध्याय

(c) मुन्शी प्रेमचंद

(d) अमर्त्य सेन

62. एगमार्क (Agmark) है।

(a) अण्डा उत्पादन हेतु एक सहकारी संस्था

(b) कृषि उत्पादों में मण्डीकरण हेतु कृषकों की संस्था

(c) खाद्य वस्तुओं के लिए गुणवत्ता आश्वासन मुहर

(d) उपभोक्ता वस्तुओं के लिए गुणवत्ता आश्वासन मुहर

63. निम्नलिखित में कौन-सा वीरता पुरस्कार है?

(a) इकबाल सम्मान (b) द्रोणाचार्य पुरस्कार

(c) परमवीर चक्र (d) भारत रत्न

64. भारत का सबसे बड़ा गन्ना उत्पादक राज्य कौन-सा है?

(a) महाराष्ट्र (b) कर्नाटक

(c) उत्तर प्रदेश (d) तमिलनाडु

65. पुस्तक 'देवदास' के लेखक कौन हैं?

(a) बंकिम चंद्र चटोपाध्याय

(b) शरतचंद्र चट्टोपाध्याय

(c) हरीश चंद्र चट्टोपाध्याय

(d) उपर्युक्त में से कोई नहीं

66. निम्नलिखित में से वर्ष 2013 में अर्जुन पुरस्कार किसने प्राप्त किया है?

(a) विराट कोहली

(b) सुशील कुमार

(c) साइना नेहवाल

(d) हरजोत सिंह

67. AIDS का विस्तृत रूप चुनिए।

(a) एन्टी इण्डियन ड्राफ्ट साइट

(b) एन्टी इम्यूनों डेफिशिएंसी सिड्रोम

(c) एक्वायर्ड इम्यूनो डेफिशिएंसी सिड्रोम

(d) उपर्युक्त में से कोई नहीं

68. भारतीय रिजर्व बैंक के नए गवर्नर कौन है?

(a) डॉ. बिमल जालान

(b) डॉ. आई पटेल

(c) रघुराम राजन

(d) उपर्युक्त में से कोई नहीं

69. 'गोदान' ....द्वारा लिखा गया है।

(a) कालिदास (b) मुंशी प्रेमचन्द

(c) महादेवी वर्मा (d) किशन लाल वर्मा

70. वर्ष 2013 में किसे 'खेल रत्न पुरस्कार' से सम्मानित किया गया?

(a) ज्वाला गुट्टा (b) साइना नेहवाल

(c) रजन सोढ़ी (d) विराट कोहली

71. एंजेला मर्केल कौन हैं?

(a) संयुक्त राज्य अमेरिका की विदेश मंत्री

(b) जर्मनी की चांसलर

(c) आस्ट्रेलिया की नई प्रधानमंत्री

(d) उपर्युक्त में से कोई नहीं

72. अक्टूबर, 2013 में भारतीय स्टेट बैंक का अध्यक्ष कौन बना?

(a) सैय्यद इब्ने अब्बास

(b) अरूंधति भट्टाचार्य

(c) शिवकीर्ति सिंह

(d) नीना दावुलुरी

73. वर्ष 2013 में साहित्य के क्षेत्र में नोबेल पुरस्कार किसने प्रदान किया गया?

(a) एलिस मुनरो (b) रॉबर्ट शिलर

(c) माइकल लेविट(d) मार्टिन कारप्लस

74. शान्तिस्वरूप भटनागर पुरस्कार निम्नलिखित में से किन कार्यों हेतु प्रदान किया जाता है?

(a) विश्व में मानवाधिकारों के संरक्षण हेतु

(b) विज्ञान की विभिन्न शाखाओं में उल्लेखनीय योगदान हेतु

(c) वरिष्ठ नागरिकों को सेवाएं प्रदान करने हेतु

(d) मराठी भाषा की फिल्मों में श्रेष्ठ योगदान हेतु

75. अग्नि -V क्या है?

(a) भारत द्वारा निर्मित सबसे बड़ा परमाणु बम

(b) सतह–से–सतह पर मार करने वाली स्वदेशी मिसाइल

(c) भारत में निर्मित भारी बमवर्षक विमान

(d) भारत में निर्मित नई इलेक्ट्रॉनिक वोटिंग मशीन

76. उत्तर प्रदेश में"लॉयन सफारी" कहां बन रही है?

(a) एटा (b) ग्रेटर नोएडा

(c) गोरखपुर (d) इटावा

77. फेलिन क्या है?

(a) यूनान का सबसे बड़ा लड़ाकू जहाज

(b) मलेरिया की नई दवा

(c) अक्टूबर , 2013 में बंगाल की खाड़ी में उठा चक्रवाती तूफान

(d) विश्व में सबसे ऊँचाई पर स्थित नागरिक हवाई अड्डा

78. ₹ किसका चिह्न है?

(a) रूसी रूबल का

(b) इंडोनेशियाई रुपईया का

(c) भारतीय रुपया का

(d) उपर्युक्त में से कोई नहीं

79. 'ताज एक्सप्रेस वे' किन शहरों को जोड़ता है?

(a) आगरा–लखनऊ

(b) आगरा–कन्नौज

(c) आगरा–ग्रेटर नोएडा

(d) आगरा–ग्वालियर

80. लॉन टेनिस में किस जोड़ी ने 2013 यूएस डबल्स चैम्पियनशिप जीता?

(a) महेश भूपति–लिएण्डर पेस

(b) माइक ब्रायन–बॉब ब्रायन

(c) लिएण्डर पेस–रैडेक स्टेपानेक

(d) महेश भूपति–माइक ब्रायन

भाग-2 तार्किक क्षमता

81. अगर '+' का मतलब + है, '–' का मतलब '×' है, '/' का मतलब '+' है और '★' का मतलब '–' है तो 48 + 12/15* 2–5 का मान क्या होगा?

(a) 8 (b) 12

(c) 9 (d) 3

82. A, B, C, D, E, और F केन्द्र की ओर मुंह करके एक वृत्त में बैठे हैं। F, A के दूसरे बाएं ओर पर है। B, A के दूसरे दाएं ओर पर है। A, D का बाएं पड़ोसी है। C, F और B के बीच बैठा है। A का बायां पड़ोसी E है। F का पड़ोसी कौन है?

(a) A, B (b) E, D

(c) C, E (d) C, D

83. विषम विकल्प कौन–सा है?

(a) एडमिरल (b) ब्रिगेडियर

(c) कर्नल (d) मेजर

84. निम्नलिखित प्रश्नों में गायब संख्या बताएं।

निम्नलिखित में सही विकल्प चुनें।

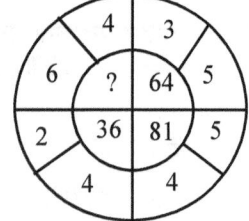

(a) 25 (b) 49

(c) 100 (d) 16

85. नीचे दिए गए प्रश्नों के उत्तर देने के लिए निम्नलिखित अनुच्छेद पढ़े।

A, B, C, D, और E , सभी के पास 9 गोलियां(किये)है। B दो गोलियां D को देता है जो एक गोली E को दे देता है।

C, पांच गोलियां E को देता है, जो 2 गोली A को देता है। C, दो गोलियां B को देता है जो 3 गोलियां E को देता है। D तीन गोलियां A को देता है जो 2 गोलियां B को देता है। A के पास कितनी गोलियां है?

(a) 7 (b) 9

(c) 10 (d) 12

86. राहुल की मां एकलौती पुत्री है मोनिका के पिता की। मोनिका के पति राहुल के क्या लगते है?

(a) पुत्र (b) चाचा

(c) भाई (d) पिता

87. प्रश्न चिन्ह के स्थान पर सही शब्द का चयन करें।

पेन : कवि : : सुई : ?

(a) धागा (b) बटन

(c) दर्जी (d) सिलाई

88.

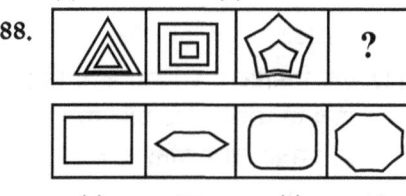

(a) (b) (c) (d)

89. यह देखते हुए कि

B की मां A है A का बेटा C है

E का D भाई है B की बेटी E है

बताइए, D की दादी/नानी कौन है?

(a) A (b) B

(c) C (d) E

90. यदि 'VICTORY' को YLFWRUB के रूप में कूटबद्ध किया गया है तो 'SUCCESS' को कैसे कूटबद्ध किया जाएगा?

(a) VXEEIVV (b) VXFFHVV

(c) VYEEHVV (d) VYEFIVV

91. यदि P = 6, J = 4, L = 8 और M = 24 है, तो कौन-सा नंबर ? की जगह लेगा M × J ÷ L + J = ?

(a) 8 (b) 16

(c) 36 (d) 19

92. इन प्रश्नों में दिए गए विकल्पों में से बेमेल खोजें।

(a) मोजार्ट (b) बाख

(c) सोक्रेट्स (d) बीथोवेन

93.

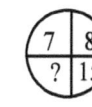

(a) 64 (b) 105

(c) 56 (d) 120

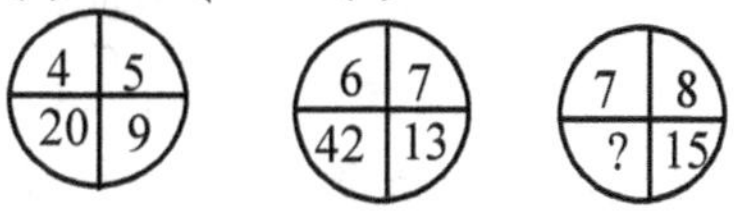

94. यदि वर्ष की 10 जनवरी को बृहस्पतिवार था तो उसी वर्ष (गैर लीप वर्ष) के पहली मार्च को कौन-सा बार होगा?

(a) रविवार (b) बृहस्पतिवार

(c) शुक्रवार (d) शनिवार

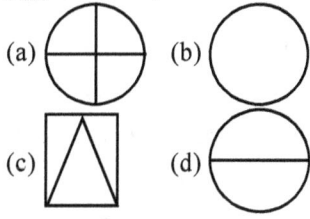

95. **के लिए** **हो, तो** **के लिए**

(a) (b)

(c) (d)

96.

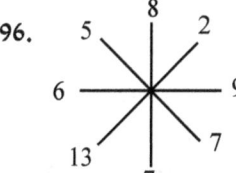

(a) 10 (b) 8

(c) 6 (d) 15

97. विषम को ढूंढें :

(a) कोहिमा (b) ईटानगर

(c) शिलाग (d) मिजोरम

98. यदि A जमा, B घटा, C गुणा तथा D भाग दर्शाता है तो, 4A3B3A2 किसके बराबर है?

(a) 2 (b) 4

(c) 6 (d) 8

99. नीचे चार अक्षर/ संख्या समूह दिए गए है। चार में से कोई तीन किसी प्रकार के समान है। इन समूहों को विश्लेषण कर उस समूह को पहचानें जो तीन के समान नहीं है।

(a) ZMYL (b) REQD

(c) ANBO (d) VIUH

100. एक कैमरे में हमेशा होता है

(a) रील (b) फ्लैश

(c) स्टेंड (d) लेन्स

101. X और Y दोनों Z के बच्चे है। यदि Z, X का पिता है, परंतु Y, Z का पुत्र नहीं है तो Y और Z में क्या सम्बन्ध है?

(a) पुत्री तथा पिता

(b) बहन तथा भाई

(c) भतीजी तथा चाचा

(d) भांजी तथा मामा

102. यदि, + तथा ÷ को तथा 2 व 4 को आपस में बदल दिया जाए, तो निम्नलिखित समीकरणों में कौन-सा सत्य है?

(a) $4 \div 2 + 3 = 4$

(b) $2 + 4 \div 6 = 8$

(c) $4 + 2 \div 6 = 1.5$

(d) $2 + 4 \div 3 = 3$

103. यदि आसमान को "काला" कहा जाए "काला" को 'जल' कहा जाए "जल" को "हरा" कहा जाए 'हरा' को "बादल" कहा जाए 'बादल' को 'नीला' कहा जाए 'नीला' को जमीन कहा जाए जमीन को 'लाल' कहा जाए तो मछलियां कहां रहेगी?

(a) काला (b) हरा

(c) नीला (d) लाल

104. मनुष्य : चलना :: मछली : ?

(a) तैरना (b) खाना

(c) उड़ना (d) दौड़ना

105. दिए गए शब्द को पहचाने जो CLASSIFICAION के अक्षरो से नहीं बन सकता।

(a) FICTION (b) ACTION

(c) NATION (d) LIAISON

106. निम्नलिखित में कौन-सा चित्र 'भवन' 'लम्बा' और 'आदमी' के सम्बन्ध को दर्शाता है?

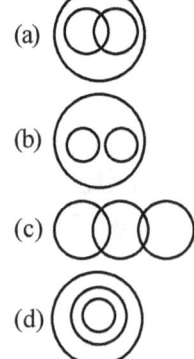

107. विषम को ढूँढे :
    (a) पेट्रोल (b) कोयला
    (c) ज्वार-भाटा (d) मिट्टी

108. अक्षरों का कौन-सा समूह खाली स्थानों व क्रमवार रखने से ही अक्षर श्रृंखला को पूरा करेगा?
    ab_d_aaba_na_b adna_b
    (a) dbanb (b) andaa
    (c) dabnd (d) andad

109. एक जूते में हमेशा होगा?
    (a) फीता (b) चमड़ा
    (c) सोल (d) जीभ

110. यदि राम और श्याम सुबह के वक्त एक दूसरे के आमने-सामने खड़े होकर बात कर रहे थे जिसमें राम की छाया श्याम के दाहिनी ओर बन रही थी श्याम किस दिशा में दिख रहा था?
    (a) पूर्व (b) पश्चिम
    (c) उत्तर (d) दक्षिण

111. कौन-सा आरेख दिए गए तीन वर्ग पति, पत्नी तथा परिवार के बीच सम्बन्ध को सही तौर पर दर्शाता है?

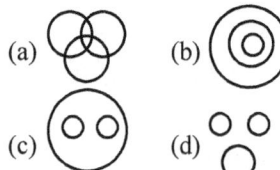

112. यदि बीता हुआ परसों शनिवार था, तो आने वाला परसों कौन-सा दिन होगा?
    (a) शुक्रवार (b) मंगलवार
    (c) बृहस्पतिवार (d) बुधवार

123. लखनऊ : उत्तर प्रदेश : : राँची : ?
    (a) ओडिशा (b) झारखण्ड
    (c) उत्तराखण्ड (d) छत्तीसगढ़

114. निम्नलिखित में से उसे चुनों जो अन्य विकल्पों से भिन्न है

115. कितनी बतखें कम-से-कम संख्या में फॉर्मेशन बनाकर तैर सकती हैं, यदि एक बतख के आगे दो बतखें हैं और बतख के पीछे दो बतखें हैं और दो बतखों के बीच में एक बतख हो?
    (a) तीन (b) चार
    (c) पाँच (d) छः

116. दी गई श्रृंखला में ? की जगह पर सही संख्या चुनें।
    5, 41, 149, 329, ?
    (a) 581 (b) 831
    (c) 501 (d) 402

117. आप रात को सिनेमा देखकर आ रहे हैं और अचानक आप देखते हैं कि कुछ गुंडे दो लड़कियों का पीछा कर रहे हैं तो आप क्या करेंगे?
    (a) आप गुंडों से कहते हैं कि वहां से चले जाएं या इसका नतीजा भुगतने को तैयार रहें।
    (b) आप लड़कियों के साथ जाकर उन्हें घर तक छोड़ देते हैं।
    (c) आप आसपास के लोगों को इकट्ठा करते हैं ताकि गुंडों से छुटकारा पाया जाए।
    (d) आप चुपचाप देखते हुए निकल जाते हैं।

118. खाली स्थान को भरो।
    C K : J F : : G T : ....
    (a) M N (b) O P
    (c) L M (d) N O

119. अगर एक वृत्त की परिधि 3 गुना ज्यादा है छोटे वृत्त से जिसकी त्रिज्या 2 इंच है, तो बड़े वृत्त की त्रिज्या क्या होगी?
    (a) 12 इंच (b) 10 इंच
    (c) 8 इंच (d) 6 इंच

120. खाली स्थानों को भरो।
    लोलक की गति : आवधिक गति : : घड़ी के हाथ : ....
    (a) सीधी गति (b) वृत्तीय गति
    (c) सरल आवर्त गति (d) तलीय गति

भाग-3 आंकिक क्षमता

121. अगर 70 व्यक्ति 98 मी लम्बी दीवार को 6 दिन में बनाते हैं, तो 40 व्यक्ति 12 दिन में कितने मीटर लम्बी दीवार बना सकेंगे?
    (a) 102 (b) 112
    (c) 132 (d) 152

122. एक दुकानदार 1 किग्रा चाय के क्रय मूल्य के बराबर 950 ग्राम चाय बेचता है। उसका लाभ प्रतिशत है
    (a) $5\frac{1}{5}\%$ (b) $5\frac{5}{19}\%$
    (c) 5% (d) $4\frac{1}{19}\%$

123. ₹ 2.50 प्रति पेंसिल की दर से पेंसिलें बेचने पर विनोद को ₹ 110 का लाभ होता है तथा ₹ 1.75 की दर से बेचने पर ₹ 55 की हानि होती है। विनोद के पास कितनी पेंसिलें थीं?
    (a) 220
    (b) 240
    (c) 200
    (d) निर्धारित नहीं किया जा सकता

124. एक स्कूटर का मूल्य ₹ 50,000 है। हर वर्ष इसके मूल्य में 12% कमी आती है। 2 वर्ष बाद इसका मूल्य क्या होगा?
    (a) ₹ 38,720 (b) ₹ 37,208
    (c) ₹ 38,278 (d) ₹ 24,476

125. 1 से 50 तक सभी संख्याओं का औसत क्या है?

(a) 25 (b) 25.5

(c) 26 (d) 50

126. A, B और C की औसत आयु 25 वर्ष हैं। यदि A और B की औसत आयु 28 वर्ष है, तो C की आयु क्या है?

(a) 21 वर्ष (b) 24 वर्ष

(c) 27 वर्ष (d) 19 वर्ष

127. एक परीक्षा में परीक्षार्थी को प्रत्येक सही उत्तर के लिए 5 अंक मिलते हैं तथा प्रत्येक गलत उत्तर के 2 अंक काट लिए जाते हैं। अगर उसने 120 प्रश्नों के उत्तर देकर 285 अंक प्राप्त किए, तो उसने कितने प्रश्नों का सही उत्तर दिया?

(a) 60 (b) 65

(c) 75 (d) 85

128. $\frac{(589+187)^2-(589-187)^2}{589\times 187}=?$

(a) 4 (b) 766

(c) 402 (d) $\frac{201}{388}$

129. चार अंकों की वह बड़ी-से बड़ी संख्या ज्ञात करो जिसे 18,21 व 24 में से प्रत्येक से भाग देने पर शेष 7 बचे।

(a) 9061 (b) 9583

(c) 9621 (d) 9987

130. एक नाव धारा की दिशा में 8 किमी की दूरी 1 घण्टे में तय करती है तथा धारा के विपरित 2 किमी की दूरी 1 घंटे में तय करती है। धारा की गति क्या है?

(a) 1 किमी/घंटा (b) 2 किमी/घंटा

(c) 3 किमी/घंटा (d) 4 किमी/घंटा

131. 360 मी. लंबी रेलगाड़ी अपने समान लम्बाई वाले प्लेटफॉर्म को पार करने में 36 सेकेण्ड लेती है। रेलगाड़ी की गति है

(a) 36 किमी/घण्टा

(b) 72 किमी/घण्टा

(c) 80 किमी/घण्टा

(d) 60 किमी/घण्टा

132. 250 मी. लंबी रेलगाड़ी ट्रेक के किनारे खड़े एक व्यक्ति को 15 सेकेण्ड में पार करती है। रेलगाड़ी की गति है

(a) 48 किमी/घण्टा

(b) 60 किमी/घण्टा

(c) 72 किमी/घण्टा

(d) 64 किमी/घण्टा

133. धातु की दो गोलाकार गेंदें A और B इस प्रकार हैं कि A का व्यास B के व्यास से दोगुना है। A और B के आयतनों का अनुपात क्या है?

(a) 6 : 1 (b) 8 : 1

(c) 2 : 1 (d) 4 : 1

134. यदि 35 घोड़ों के लिए 270 किग्रा अनाज 21 दिन के लिए पर्याप्त हो, तो 28 घोड़ों के लिए 180 किग्रा अनाज कितने दिनों के लिए पर्याप्त होगा?

(a) 22 दिन (b) $17\frac{1}{2}$ दिन

(c) 15 दिन (d) $21\frac{1}{2}$ दिन

135. एक कारीगर M मिनट में x वस्तुएं बनाता है। आधे घंटे में वह कितनी वस्तुएं बनाएगा?

(a) $M+x$ (b) $M-x$

(c) $\frac{30x}{M}$ (d) $\frac{x}{2M}$

136. किसी तार को एक वर्ग के आकार में मोड़ा जाता है तो यह 484 सेमी^{2} क्षेत्रफल का वर्ग बनाता है। अगर इसे वृत्त के आकार में मोड़ा गया, तो वृत्त का क्षेत्रफल क्या होगा ?

$\left[\pi=\frac{22}{7}\right]$

(a) 161 सेमी^{2} (b) 616 सेमी^{2}

(c) 425 सेमी^{2} (d) 216 सेमी^{2}

137. सीमा ने सेविंग बैंक खाते में ₹ 5000 जमा किए। साधारण ब्याज दर 4% प्रतिवर्ष है। $2\frac{1}{2}$ वर्ष बाद कितना मिश्रधन मिलेगा?

(a) ₹ 6000 (b) ₹ 10000

(c) ₹ 5500 (d) ₹ 6500

138. ₹ 2500 पर 12% वार्षिक दर से 1 वर्ष का चक्रवृद्धि ब्याज क्या होगा, अगर ब्याज हर छः माह पर जोड़ा जाए?

(a) ₹ 309 (b) ₹ 903

(c) ₹ 909 (d) ₹ 303

139. यदि 75 का $x\%$ = 9 हो, तो x का मान होगा।

(a) 16 (b) 20

(c) 12 (d) 18

140. एक दुकानदार अपने सामान पर क्रय-मूल्य से 20% अधिक अंकिक करता है तथा अंकित मूल्य पर 10% की छूट देता है। उसका लाभ प्रतिशत बताएं।

(a) 10% (b) 12%

(c) 8% (d) 20%

141. एक चुनाव में 2 उम्मीदवार थे। हारने वाले उम्मीदवार ने 41% मत प्राप्त किए तथा वह 5580 मतों से पराजित हो गया। कुल मतों की संख्या कितनी थी?

(a) 31000 (b) 30000

(c) 32000 (d) 33000

142. एक राशि A, B और C में 2 : 5 : 9 के अनुपात में बांटी गई। यदि A का भाग ₹ 2500 है तो कुल राशि कितनी है?

(a) ₹ 20000 (b) ₹ 17500

(c) ₹ 12500 (d) ₹ 22500

143. $2\frac{1}{2}+3\frac{1}{4}+x+2\frac{1}{3}=13\frac{5}{12}$, x का मान

(a) $3\frac{4}{8}$ (b) $11\frac{9}{11}$

(c) $4\frac{2}{3}$ (d) $5\frac{1}{3}$

144. निम्नलिखित में सबसे बड़ी संख्या कौन है?

$\frac{7}{9},\frac{11}{13},\frac{16}{19},\frac{21}{25}$

(a) $\frac{7}{9}$ (b) $\frac{11}{13}$

(c) $\frac{16}{19}$ (d) $\frac{21}{25}$

145. चीनी का क्रय मूल्य ₹ 16.00 प्रति किग्रा था। उसका मूल्य घटकर ₹ 14.00 प्रति किग्रा हो गया। मूल्य में कितने प्रतिशत की कमी हुई?

(a) 12.5% (b) 11.5%
(c) 9.5% (d) 8.5%

146. एक आयताकार कमरे की लंबाई और चौड़ाई में 5 : 4 का अनुपात है। अगर कमरे की लंबाई 15 मी है, तो कमरे का क्षेत्रफल कितना है?

(a) 225मी^{2} (b) 180 मी^{2}
(c) 200मी^{2} (d) 220 मी^{2}

147. चार छात्र एक मैदान के चारों ओर दौड़ लगाते है। वे क्रमशः 30 सेकेण्ड, 40 सेकेण्ड, 50 सेकेण्ड व 60 सेकेण्ड में मैदान का पूरा चक्कर लगाते हैं। यदि वे मैदान के किसी बिन्दू से एक-साथ दौड़ना शुरू करें तो कम-से कम कितने समय पश्चात् उसी बिन्दु पर पुनः मिलेंगे?

(a) 1 घण्टा (b) आधा घण्टा
(c) 10 मिनट (d) 60 सेकेण्ड

148. दो संख्याओं का महत्तम समापवर्त्तक 16 तथा उनका गुणनफल 6400 है। उनका लघुतम समापवर्त्य है।

(a) 64 (b) 400
(c) 464 (d) 1664

149. वह छोटी-से छोटी संख्या बताइए जिसमें 75, 80 और 135 से भाग देने पर प्रत्येक दशा में 3 शेष बचे।

(a) 1353 (b) 10003
(c) 10803 (d) 10800

150. 80 और 90 के बीच अभाज्य संख्या है:

(a) 81 और 83 (b) 83 और 87
(c) 81 और 89 (d) 83 और 89

151. राम और श्याम की उम्र का सापेक्ष अनुपात 4 : 5 है। छह वर्ष बाद उनकी उम्र का सापेक्ष अनुपात 6 : 7 हो जाएगा। उनकी उम्र के बीच अंतर कितना है?

(a) 2 वर्ष (b) 3 वर्ष
(c) 4 वर्ष (d) इनमें से कोई नहीं

152. दो संख्याओं का योग 28 है और उनका अंतर 12 है। संख्याओं का गुणनफल होगा।

(a) 420 (b) 300
(c) 160 (d) 240

153. एक व्यक्ति बाजार तक पैदल जाता है और ऑटो से वापस आता है। इस ट्रिप में उसे 90 मिनट लगे। यदि वह दोनों ओर ऑटों से जाता तो उसे 30 मिनट लगते। यदि वह व्यक्ति दोनों तरफ पैदल जाता तो उसे कितना समय लगता?

(a) 1 घंटा 40 मिनट
(b) 2 घंटा 20 मिनट
(c) 2 घंटा
(d) 2 घंटा 30 मिनट

154. एक पिकनिक में 240 व्यक्ति गए। इसमें महिलाओं की संख्या से पुरुषों की संख्या 20 अधिक है और बच्चों की संख्या से वयस्कों की संख्या 20 अधिक है। पिकनिक में कितने पुरुष हैं?

(a) 75 (b) 110
(c) 130 (d) 140

155. छह लगातार विषम संख्याओं का योग सबसे बड़ी संख्या के दोगुने से 38 अधिक है। छह संख्याओं का योग निकालें।

(a) 50 (b) 60
(c) 72 (d) 80

156. अब से 8 वर्ष बाद सीता 6 वर्ष पहले की अपनी आयु की दोगुनी उम्र की होगी। उसकी वर्तमान आयु कितनी है?

(a) 8 (b) 10
(c) 16 (d) 20

157. संदेशवाहक द्वारा शहर की सीमा में पार्सल भेजने का खर्च पहले किग्रा के लिए ₹ 60/-तथा अतिरिक्त प्रत्येक किग्रा के लिए ₹ 48/-है। एक पार्सल जिसका वजन 'P' किग्रा है, भेजने की लागत रुपए में होगी।

(a) 48 (b) 60
(c) 60 + 48 P (d) 12 + 48 P

158. A, ने एक वस्तु, जिसका मूल्य ₹ 50 है, B को 20% लाभ पर बेची। B ने वही वस्तु 25% लाभ पर C को बेची। C ने उसे 40% लाभ पर D को बेचा उस वस्तु का मूल्य जो D ने दिया वह है।

(a) ₹ 147 (b) ₹ 105
(c) ₹ 85 (d) ₹ 95

159. राजेश अपने वेतन का 15% मकान किराया, 35% भोजन व 20% बच्चों की शिक्षा में व्यय करता है तथा शेष बचत करता है। अगर उसकी बचत ₹ 2550 प्रतिमाह है, तो राजेश की आय क्या है?

(a) ₹ 10000 (b) ₹ 7500
(c) ₹ 5000 (d) ₹ 2500

160. एक व्यापारी ने 10 क्विंटल गेहूं ₹ 1000 प्रति क्विंटल के भाव से खरीदा तथा $8\frac{4}{5}\%$ की हानि से बेचा। गेहूँ का विक्रय मूल्य है।

(a) ₹ 8100 (b) ₹ 9120
(c) ₹ 9000 (d) ₹ 9020

उत्तरमाला

1. (a)	2. (c)	3. (d)	4. (c)	5. (b)
6. (a)	7. (c)	8. (c)	9. (a)	10. (c)
11. (c)	12. (b)	13. (c)	14. (c)	15. (c)
16. (b)	17. (c)	18. (b)	19. (c)	20. (c)
21. (a)	22. (d)	23. (b)	24. (b)	25. (c)
26. (a)	27. (d)	28. (b)	29. (a)	30. (d)
31. (b)	32. (c)	33. (c)	34. (c)	35. (b)
36. (c)	37. (a)	38. (c)	39. (a)	40. (c)
41. (c)	42. (c)	43. (b)	44. (b)	45. (c)
46. (c)	47. (b)	48. (d)	49. (a)	50. (b)
51. (a)	52. (c)	53. (b)	54. (a)	55. (b)
56. (d)	57. (c)	58. (b)	59. (b)	60. (c)
61. (a)	62. (c)	63. (c)	64. (c)	65. (b)
66. (a)	67. (c)	68. (c)	69. (b)	70. (c)
71. (b)	72. (b)	73. (a)	74. (b)	75. (b)
76. (d)	77. (c)	78. (c)	79. (c)	80. (c)
81. (c)	82. (c)	83. (a)	84. (c)	85. (d)
86. (d)	87. (c)	88. (b)	89. (a)	90. (b)
91. (b)	92. (c)	93. (c)	94. (c)	95. (a)
96. (a)	97. (d)	98. (c)	99. (c)	100. (d)
101. (a)	102. (b)	103. (b)	104. (a)	105. (c)
106. (c)	107. (c)	108. (b)	109. (c)	110. (d)

111. (c)	112. (d)	113. (b)	114. (c)	115. (a)
116. (a)	117. (b)	118. (d)	119. (d)	120. (b)
121. (b)	122. (b)	123. (a)	124. (a)	125. (b)
126. (d)	127. (c)	128. (a)	129. (b)	130. (c)
131. (b)	132. (b)	133. (b)	134. (b)	135. (c)
136. (b)	137. (c)	138. (a)	139. (c)	140. (c)
141. (a)	142. (a)	143. (d)	147. (c)	148. (b)
149. (c)	150. (d)	151. (b)	152. (c)	153. (d)
154. (a)	155. (c)	156. (d)	157. (d)	158. (b)
159. (b)	160. (b)			

संकेत एवं हल

81.(c) $48 + 12/15*2-5$

चिह्न परिवर्तित करने पर,

$\Rightarrow 48 \div 12 + 15 - 2 \times 5$

$= 4 + 15 - 10$

$= 19 - 10 = 9$

82.(c)

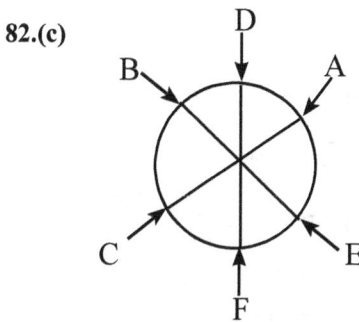

D
A
B
E

अत: F के पड़ोसी C तथा E हैं।

83.(a) एडमिरल शब्द जल सेना से सम्बन्धित एक रैंक है तथा अन्य सभी थल सेना से सम्बन्धित रैंक हैं।

84.(c) $\because (2 + 4)^2 = (6)^2 = 36,$

$(4 + 5)^2 = (9)^2 = 81,$

तथा $(5 + 3)^2 = (8)^2 = 64$

इसी प्रकार,

$(6 + 4)^2 = (10)^2 = 100$

85.(d) A के पास गोलियों की संख्या = 9 + E द्वारा दी गई गोलियां + D द्वारा दी गई गोलियां-A द्वारा B को दी गई गोलियां

$= 9 + 2 + 3 - 2 = 12$

86.(d) क्योंकि मोनिका के पिता की इकलौती पुत्री स्वयं मोनिका है।

अत: मोनिका, राहुल की माँ होगी तथा मोनिका के पति राहुल पिता होंगे।

87.(c) जिस प्रकार कवि कविता-लेखन के लिए पेन का प्रयोग करता है, उसी प्रकार दर्जी सिलाई करने के लिए सूई का प्रयोग करता है।

89(a).

90.(b)

V	I	C	T	O	R	Y
+3	+3	+3	+3	+3	+3	+3
↓	↓	↓	↓	↓	↓	↓
Y	L	F	W	R	U	B

इसी प्रकार,

S	U	C	C	E	S	S
+3	+3	+3	+3	+3	+3	+3
↓	↓	↓	↓	↓	↓	↓
V	X	F	F	H	V	V

91.(b) $M \times J \div L + J$

$= 24 \times 4 \div 8 + 4$

$= 24 \times \frac{1}{2} + 4 = 12 + 4 = 16$

93.(c) $4 \times 5 = 20,$

$6 \times 7 = 42$

इसी प्रकार,

$7 \times 8 = 56$

94.(c) 10 जनवरी से 1 मार्च तक कुल दिनों की संख्या = 50

$\therefore$ कुल विषम दिन $\Rightarrow \frac{50}{7} \Rightarrow 1$

$\therefore$ 1 मार्च का दिन = बृहस्पतिवार + 1 = शुक्रवार

96.(a) $\because 7 + 8 = 15, 13 + 2 = 15 \Leftarrow$

तथा $6 + 9 = 15$

$\therefore 5 + ? = 15$

$\Rightarrow ? = 15 - 5 = 10$

97.(d) मिजोरम एक राज्य का नाम है, जबकि अन्य सभी राजधानियों के नाम हैं।

98.(c) 4A3B3A2 मान रखने पर,

$= 4 + 3 - 3 + 2 = 9 - 3 = 6$

99.(c)

+1
Z M Y L
+1
+1
R E Q D
+1
−1
A N B O
−1
+1
V I U H
+1

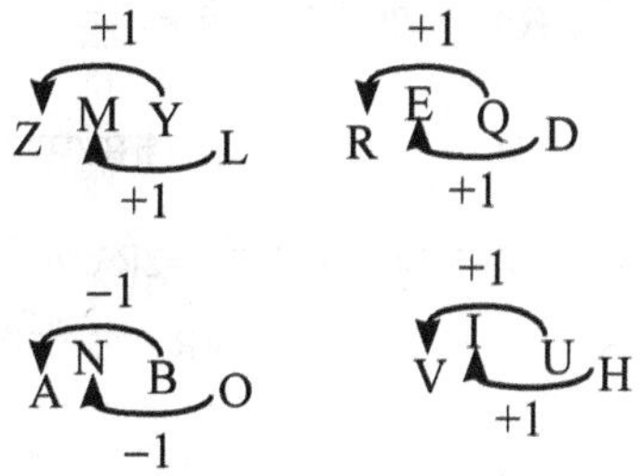

101.(a) $\because$ Y, Z का पुत्र नहीं हैं, अत: Y, Z, की पुत्री होगी।

102.(b) विकल्प (a) से,

$4 \div 2 + 3 = 4$

प्रश्नानुसार परिवर्तन करने पर

$\Rightarrow 2 + 4 \div 3 \neq 4$

पुन: विकल्प (b) से,

$2 + 4 \div 6 = 8$

प्रश्नानुसार परिवर्तन करने पर,

$\Rightarrow 4 \div 2 + 6 = 8$

$\Rightarrow 2 + 6 = 8$

$\Rightarrow 8 = 8$

103.(b) मछलियां 'जल' में रहती है, परंतु यहां 'जल' को 'हरा' कहा गया है, अत: मछलियां 'हरा' में रहेंगी।

104.(a) जिस प्रकार मनुष्य चलता है, उसी प्रकार मछलियां तैरती है।

105.(c) 'NATION' में दो 'N' है जबकि दिए गए शब्द 'CLASSIFICATION' में केवल एक 'N' है।

106.(c)

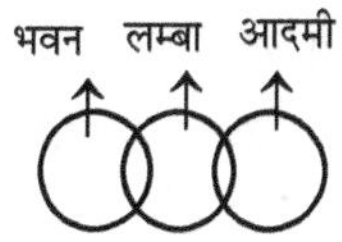

108.(b) ab<u>a</u>d<u>na</u>/ aba<u>dna</u>/<u>a</u>badna/<u>a</u>b

110.(d)

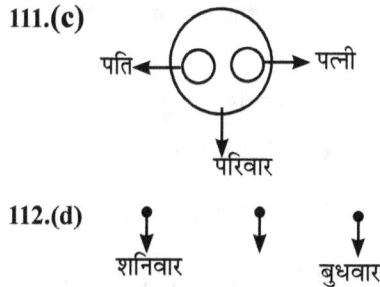

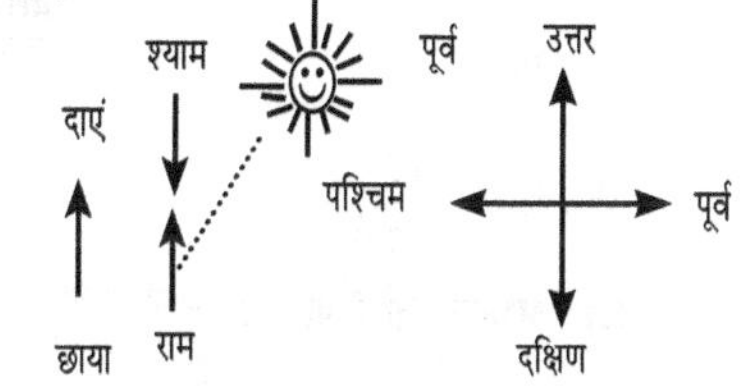

अत: श्याम दक्षिण दिशा में देख रहा था।

111.(c)

पति
पत्नी
परिवार

112.(d)

शनिवार
बुधवार

113.(b) जिस प्रकार उत्तर प्रदेश की राजधानी लखनऊ है, ठीक उसी प्रकार झारखण्ड की राजधानी रांची है।

114.(c) विकल्प (c) के अतिरिक्त अन्य सभी में सम्मुख भुजाएं एकसमान हैं।

115.(a)
बत्तख बत्तख बत्तख

116.(a)
5 41 149 329 581
+36 +108 +180 +252
+72 +72 +72

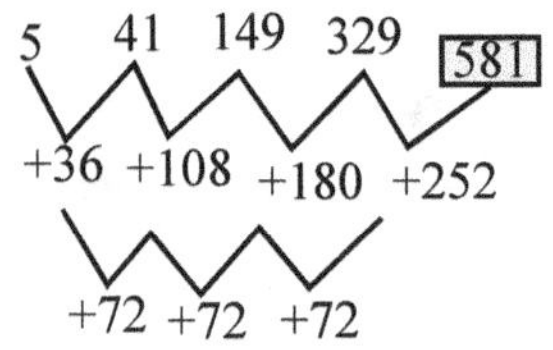

118.(d)
C K J F
+7
–5

इसी प्रकार,
G T N O
+7
–5

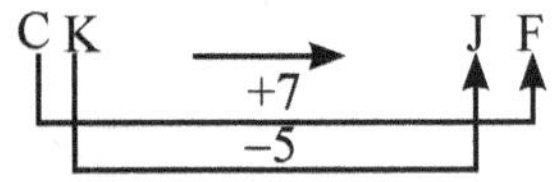

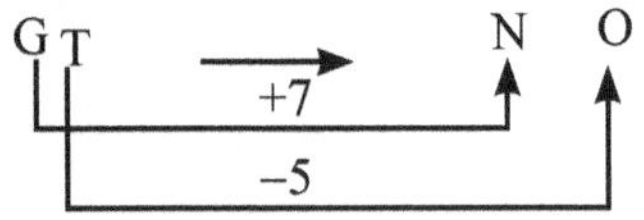

119.(d) बड़े वृत्त की परिधि = 3 × छोटे वृत्त की परिधि

$2\pi R = 3 \times 2\pi \times 2$

∵ बड़े वृत्त की त्रिज्या R = 6 इंच

120.(b) घड़ी के हाथ की गति वृत्तीय गति होती है।

121.(b) $\frac{M_1D_1}{W_1} = \frac{M_2D_2}{W_2}$

$\Rightarrow \frac{70\times6}{98} = \frac{40\times12}{W_2} \Rightarrow \frac{70\times6}{98} = \frac{40\times12}{W_2}$

$W_2 = \frac{40\times12\times98}{76\times6} = 112$ मी

122.(b) अभीष्ट लाभ प्रतिशत $= \frac{\text{कुल कमी/ त्रुटि}}{\text{गलत तौल}} \times 100$

$= \frac{1000-950}{950}\times100 = 5\frac{5}{19}\%$

123.(a) माना, विनोद के पास x पेसिलें थीं

तब, $2.50x - 110 = 1.75x + 55$

$\Rightarrow 0.75x = 165$

$\Rightarrow x = \frac{165}{0.75} = 220$

124.(a) दो वर्ष बाद स्कूटर का मूल्य

$= 50,000 \times \frac{88}{100}\times\frac{88}{100}$

= 5 × 88 × 88 = ₹ 38720

125.(b) अभीष्ट औसत

$= \frac{\text{1 से 50 तक सभी संख्याओं का योग}}{50}$

$= \frac{\frac{50(50+1)}{2}}{50} = \left[\frac{25\times51}{50} = 25.5\right]$ more

126.(d) A, B और C की कुल आयु

= 25 × 3 = 75 वर्ष

A और B की कुल आयु

= 28 × 2 = 56 वर्ष

∴ C की आयु = 75–56 = 19 वर्ष

127.(c) माना, परीक्षार्थी ने x प्रश्नों के सही उत्तर दिए।

अतः प्रश्नानुसार,

$x \times 5 - (120 - x)2 = 285$

$5x - 240 + 2x = 285$

$7x + 525$

$x = 75$

128.(a) $\frac{(589+187)^2-(589-187)^2}{589\times187}$

$= \frac{4\times589\times187}{589\times187}$

$[\because (a+b)^2-(a-b)^2 = 4ab] = 4$

129.(b) 18, 21 और 24 का ल.स.प. = 504

∴ अभीष्ट चार अंकों की बड़ी-से बड़ी संख्या

= 504 × 19 +7

= 9576 + 7 = 9583

130.(c) धारा की गति = $\frac{8-2}{2} = \frac{6}{2} = 3$ किमी/घंटा

131.(b) रेंलगाड़ी की गति = $\frac{360+360}{36}$

$= \frac{720}{36} = 20$ मी/से

$\Rightarrow \frac{20\times18}{5}$ 72 किमी/घण्टा

132.(b) रेलगाड़ी की गति = $\frac{250}{15} = \frac{50}{3}$ मी./से

या $\frac{50}{3}\times\frac{18}{5} = 60$ किमी/घण्टा

133.(b) माना B का व्यास =2R तथा त्रिज्या = R

∴ A का व्यास = 4R तथा त्रिज्या = 2R

$\frac{\text{A का आयतन}}{\text{B का आयतन}} = \frac{\frac{4}{3}\pi(2R)^3}{\frac{4}{3}\pi(R)^3}$

$= \frac{8R^3}{R^3} = \frac{8}{1}$

134.(b) अभीष्ट दिनों की संख्या = $\frac{35\times21\times180}{270\times28}$

$= 17\frac{1}{2}$ दिन

135.(c) 1 मिनट में बनाई गई वस्तुएं = $\frac{x}{M}$

∴ 30 मिनट में बनाई गई वस्तुएं

$= \frac{x}{M}\times30 = \frac{30x}{M}$

136.(b) तार की कुल लम्बाई = 4 × वर्ग की भुजा

$= 4 \times \sqrt{484} = 4\times22 = 88$ सेमी

तार को वृत्त के आकार में मोड़ने पर,

वृत्त की परिधि = 88 सेमी

$2\pi r = 88$

$\Rightarrow r = \frac{88\times7}{22\times2} = 14$ सेमी

अतः वृत्त का क्षेत्रफल = πr^2

$= \frac{22}{7}\times14\times14 = 616$ सेमी^{2}

137.(c) साधारण ब्याज = $\frac{5000\times4\times\frac{5}{2}}{100}$

= 50 × 2 × 5 = ₹ 5500

अतः अभीष्ट मिश्रधन

= 5000 + 500 = ₹ 5500

138.(a) दर r = 6%

तथा समय t = 2 वर्ष

तब,

चक्रवृद्धि ब्याज = $P\left(1+\frac{r}{100}\right)^t - P$

$= 2500\left[\frac{(106)^2-(100)^2}{(100)^2}\right]$

$\frac{1}{4}$ [6× 206] = ₹ 309

139.(c) 75 का $x\% = 9$

$75 \times \frac{x}{100} = 9$

$\Rightarrow x = \frac{9\times100}{75}, x = 12$

140.(c) अभीष्ट लाभ % $= 20 - 10 - \frac{20 \times 10}{100}$
$10 - 2 = 8\%$

141.(a) यदि हारने वाले उम्मीदवार ने 41% मत प्राप्त किए, तो दूसरे उम्मीदवार को 59% मत प्राप्त हुए तथा वह 18% मतों से जीता। अतः 18% = 5580
कुल मतों की संख्या
$= \frac{5580}{18} \times 100 = 31000$

142.(a) कुल राशि $= \frac{2500 \times (2+5+9)}{2}$
$= \frac{2500 \times 16}{2} =$ ₹ 20000

143.(d) $2\frac{1}{2} + 3\frac{1}{4} + x + 2\frac{1}{3} = 13\frac{5}{2}$
$7 + \left[\frac{1}{2} + \frac{1}{4} + \frac{1}{3}\right] + x = 13\frac{5}{2}$
$7 + 1\frac{1}{12} + x = 13\frac{5}{12}$
$x = 13\frac{5}{12} - 8\frac{1}{12}$
$= 5\frac{4}{12} = 5\frac{1}{3}$

144.(b) $\frac{7}{9} = 0.777; \frac{11}{13} = 0.846; \frac{16}{19} = 0.842$
$\frac{21}{25} = 0.840$
∴ सबसे बड़ी संख्या $= \frac{11}{13}$

145.(a) मूल्य में प्रतिशत कमी $= \frac{16-14}{16} \times 100$
$= \frac{2}{16} \times 100 = 12.5\%$

146.(b) ∵ कमरे की लंबाई = 15 मी
∵ कमरे की चौड़ाई $= 15 \times \frac{4}{5} = 12$ मी
अतः कमरे का क्षेत्रफल = लम्बाई × चौड़ाई
$= 15 \times 12 = 180$ मी^{2}

147.(c) पुनः उसी बिन्दु पर एक-साथ मिलने में लगा समय = 30, 40, 50 तथा 60 का ल.स.प.
= 600 सेकेण्ड या $\frac{600}{60} = 10$ मिनट

148.(b) लघुतम समापवर्त्य = $\frac{\text{संख्याओं का गुणनफल}}{\text{महत्तम समापवर्तक}}$
$= \frac{6400}{16} = 400$

149.(c) 75, 80 और 135 का ल. स. प.
$= 5 \times 5 \times 27 \times 16 = 10800$
अतः अभीष्ट संख्या = 10800+ 3 = 10803

150.(b) 80 तथा 90 के बीच की अभाज्य संख्या क्रमशः 83 तथा 89 है।

151.(b) माना, राम और श्याम की उम्र क्रमशः $4x$ तथा $5x$ है, तब
प्रश्नानुसार, $\frac{4x+6}{5x+6} = \frac{6}{7}$
$\Rightarrow 28x + 42 = 30x + 36$
$\Rightarrow 2x = 6 \Rightarrow x = 3$
अतः अभीष्ट अंतर $= 5x - 4x = x = 3$ वर्ष

152.(c) $a + b = 28$, $a - b = 12$
हम जानते हैं कि
$(a + b)2 - (a-b)^2 = 4ab$
$(28)^2 - (12)^2 = 4ab$
$\Rightarrow ab = \frac{40 \times 16}{4} = 160$

153.(d) एक तरफ पैदल जाने में लगा समय
$= 90 - \frac{30}{2} = 90 - 15 = 75$ मिनट
अतः दोनों तरफ पैदल जाने में लगा समय
= 75 + 75 = 150 मिनट या 2 घंटे 30 मिनट

154.(a) वयस्कों की संख्या $= \frac{240-20}{2} + 20$
$= 110 + 20 = 130$
माना, पुरुषों की संख्या $= x$
तथा महिलाओं की संख्या $= x - 20$
तब, प्रश्नानुसार, $x + x - 20 = 130$
$2x = 150 \Rightarrow x = 75$
अतः पिकनिक में 75 पुरुष है।

155.(c) माना छः विषम संख्याएं क्रमशः $(2x+1)$, $(2x+3)$, $(2x+5)$, $(2x+7)$, $(2x+9)$ तथा $(2x+11)$ है, तब
प्रश्नानुसार, $(2x + 1) + (2x + 3) + (2x + 5) + (2x + 7) + (2x + 9) + (2x + 11)$
$\Rightarrow 2(2x + 11) + 38$
$12x + 36 = 4x + 22 + 38$
$8x = 24 \Rightarrow x = 3$
अतः छः संख्याओं का योग $= 12x + 36$
$= 12 \times 3 + 36 = 36 + 36 = 72$

156.(d) माना, सीता की वर्त्तमान आयु x वर्ष है, तब प्रश्नानुसार, $x + 8 = 2(x-6)$
$x + 8 = 2x - 12$
$x = 20$ वर्ष

157.(d) P किग्रा का पार्सल भेजने की लागत
$= 60 + 48(P-1)$
$= 60 + 48P - 48$
= ₹ (12 + 48P)

158.(b) D द्वारा वस्तु का दिया गया मूल्य
$= 50 \times \frac{120}{100} \times \frac{125}{100} \times \frac{140}{100}$
$= \frac{12 \times 125 \times 14}{200} =$ ₹ 105

159.(b) राजेश की कुल % बचत
= 100 - (15+ 35+20)
= 100 -70 = 30%
∴ राजेश की आय ⇐ $= \frac{2250}{30} \times 100$
= ₹ 7500

160.(b) गेहूँ का विक्रय मूल्य
$= 10 \times 1000 \times \frac{(100 - 8\frac{4}{5})}{100}$
$= 100 \times \frac{(500-44)}{5}$
$= 20 \times 456 =$ ₹ 9120.

उत्तर प्रदेश

पुलिस आरक्षी (कांस्टेबल) भर्ती परीक्षा

हल प्रश्न-पत्र 2009

भाग – 1 (सामान्य ज्ञान)

1. गैस एजेंसियों द्वारा सिलिंडरों में भरकर दी जाने वाली कुकिंग गैस है?

(a) द्रव (b) गैस

(c) ठोस (d) एक घोल

2. माइक्रो-सॉफ्ट किंग किसे कहा जाता है?

(a) बिल गेट्स

(b) पौल गैटी

(c) डॉ. केनेथ ओल्सन

(d) उक्त में से कोई नहीं

3. निम्नलिखित में से कौन-सा ग्रह नहीं है?

(a) शनि (b) सूर्य

(c) बृहस्पति (d) बुध

4. ब्रिटेन की मुद्रा का क्या नाम है?

(a) डॉलर (b) पौंड

(c) दीनार (d) फ्रैंक

5. 'डिस्कवरी ऑफ इण्डिया' का लेखक कौन है?

(a) जय प्रकाश नारायण

(b) जवाहर लाल नेहरु

(c) मौलाना अबुल कलाम आजाद

(d) इंदिरा गाँधी

6. 'जय जवान, जय किसान' का नारा किसने दिया है?

(a) चौधारी चरण सिंह

(b) जवाहर लाल नेहरू

(c) लाल बहादुर शास्त्री

(d) इन्दिरा

7. बहुचरित पुस्तक 'सैटेनिक वसेंज' का लेखक है।

(a) सलमान रुश्दी(b) सेमूर एम. हर्ष

(c) जार्ज आवेंल (d) जे. एम. बेरी

8. साइना नेहवाल का नाम किस खेल से जुड़ा है?

(a) टेनिस (b) शतरंज

(c) बैडमिंटन (d) बॉक्सिंग

9. हमारे शरीर में पित्त रस (bile) कहाँ पैदा होता है?

(a) यकृत (b) अग्नाशय

(c) तिल्ली (d) गुर्दा

10. रेफ्रिजरेटर में कौन-सी गैस द्रव का प्रयोग किया जाता है?

(a) अमोनिया

(b) कार्बन डाई-ऑक्साइड

(c) क्लोरीन

(d) हाइड्रोजन

11. भारत का कौन-सा प्रदेश सबसे अधिक रबर का उत्पादन करता है?

(a) तमिलनाडु (b) आंध्र प्रदेश

(c) केरल (d) महाराष्ट्र

12. यदि पृथ्वी का अक्ष झुका हुआ नहीं होता तो सूर्य की किरणें केवल लम्बवत् पड़ती।

(a) कर्क रेखा पर

(b) मकर रेखा पर

(c) ध्रुवों पर

(d) भूमध्य रेखा पर

13. नागार्जुन सागर परियोजना नदी पर बनी है?

(a) गंडक (b) कोसी

(c) कृष्णा (d) महानदी

14. रुपए की तुलना में किस विदेशी मुद्रा का मूल्य अधिकतम है?

(a) येन (b) ऑस्ट्रेलियन डॉलर

(c) यूएस डॉलर (d) ब्रिटिश पौंड

15. भारत में कितने वर्ष के अन्तराल के बाद जनगणना की जाती है?

(a) पाँच वर्ष (b) सात वर्ष

(c) दस वर्ष (d) आठ वर्ष

16. जब कोई राज्य राष्ट्रपति के शासन के अन्तर्गत होता है तब उस राज्य का बजट कौन पारित करता है?

(a) राष्ट्रपति (b) संघीय मन्त्रिपरिषद

(c) संसद (d) वित्त मंत्रालय

17. दिये हुए काले अक्षर वाले शब्द का विपरीतार्थक शब्द छाँटिए।

अनुकूल

(a) प्रतिकूल (b) विरुद्ध

(c) विपरीत (d) ततस्व

18. दिये गए काले अक्षर का पर्यायवाची शब्द छाँटिए। राष्ट्रीय झण्डे का हम सभी अभिवादन करते हैं।

(a) ध्वज (b) पताका

(c) सेतु (d) विमान

19. नीचे दिये गए वाक्य में रिक्त स्थान के लिए उपयुक्त शब्द चुनिए।

स्वतन्त्रता संग्राम में गाँधी ने कई बार .... अनशन किए थे।

(a) सत्याग्रह (b) जेल में जाकर

(c) आमरण (d) जल त्याग

20. नीचे दिए गए काले अक्षर वाले शब्द का अनेकार्थ शब्द लिखिए।

आजकल के घरों में एक सुसज्जित कक्ष अवश्य होता है।

(a) कमरा (b) अन्त: पुर

(c) खाना खान (d) बैठक

21. नीचे लिखे वाक्य के लिए सही मुहावरे का चयन कीजिए। आखिर एक दिन अत्याचार का भी अन्त होता है और अत्याचारी अपने दुष्कर्मों के लिए स्वयं।

(a) सिर धुनता है

(b) कलेजे पर हाथ रखता है

(c) असमंजस में पड़ जाता है

(d) फूट-फूट कर रोता है

22. कौन-सी गैस वायुमण्डल के ओजोन स्तर को अपघटित करती है?

(a) क्लोरोफ्लोरो कार्बन

(b) कार्बन डाइ-ऑक्साइड

(c) कार्बन मोनोऑक्साइड

(d) मिथेन

23. वायुमण्डल में ऑक्सीजन की मात्रा कितनी होती है?

(a) 18% (b) 21%

(c) 78% (d) 39%

24. विटामिन-बी की कमी से कौन-सी बीमारी होती है?

(a) सूखा रोग (b) रतौंधी

(c) बेरी-बेरी (d) टीबी

25. भारत का प्रधानमन्त्री बनने के लिए न्यूनतम आयु क्या है?

(a) 21 वर्ष (b) 25 वर्ष

(c) 30 वर्ष (d) 35 वर्ष

26. राज्यपाल की नियुक्ति कौन करता है?

(a) प्रधानमन्त्री (b) मुख्यमन्त्री

(c) राष्ट्रपति (d) मुख्य न्यायाधीश

27. द्रोणाचार्य पुरस्कार किस क्षेत्र में प्रदान किया जाता है?

(a) साहित्य लेख (b) कला व संस्क्रति

(c) खेल प्रशिक्षण (d) समाज सेवा

28. पचास रुपए के नोट पर किसके हस्ताक्षर होते हैं?

(a) गवर्नर रिजर्व बैंक

(b) प्रधानमन्त्री

(c) राष्ट्रपति

(d) वित्तमन्त्री

29. लाल रक्त कण (RBC) शरीर के किस अंग में बनता है?

(a) अस्थि मज्जा (b) हृदय

(c) गुर्दा (d) तिल्ली

30. कौन-सा रक्त वर्ग हर रक्त वर्ग वाले मनुष्य को दिया जा सकता है?

(a) B (b) O

(c) A (d) AB

31. निम्नलिखित में कौन-सा राज्य उत्तर प्रदेश का सीमावर्ती राज्य है?

(a) राजस्थान

(b) पंजाब

(c) पश्चिम बंगाल

(d) आन्ध्र प्रदेश

32. निम्नलिखित में से कौन-सी भाषा उत्तर प्रदेश की दूसरी राज्यभाषा है?

(a) अंग्रेजी (b) भोजनपुरी

(c) उर्दू (d) हिन्दी

33. पंजाब किंग्स XI टीम IPL-3 का नया कप्तान निम्नलिखित में से किसको नियुक्त किया गया है?

(a) युवराज सिंह

(b) कुमार संगकारा

(c) हरभजन सिंह

(d) प्रवीन कुमार

34. 16वें वार्षिक स्टार स्क्रीन पुरस्कार समारोह में सर्वश्रेष्ठ अभिनेत्री का सम्मान विद्या बालन को निम्नलिखित में कौन-सी फिल्म के लिए मिला है?

(a) पा (b) इश्किया

(c) भूल-भुलैया (d) एकलव्य

35. पानीपत का तीसरा युद्ध किन के बीच लड़ा गया?

(a) मराठों और अंग्रेजों के मध्य

(b) मुगलों और शेरशाह के मध्य

(c) अंग्रेजी और फ्रांसीसियों के मध्य

(d) अहमदशाह अब्दावली और मराठों के मध्य

36. निम्नलिखित में से भारतीय नेपोलियन किसे कहा जाता है?

(a) चंद्रगुप्त मौर्य (b) समुद्रगुप्त

(c) अशोक (d) हर्षवर्धन

37. आर्यभट्ट कौन था?

(a) चिकित्सक (b) चित्रकार

(c) खगोलवेत्ता (d) वैज्ञानिक

38. श्वेताम्बर और दिंगबर किस मत के हैं?

(a) बौद्धमत (b) जैनमत

(c) हिंदुत्व (d) सिक्खमत

39. निम्नलिखित में से कौन-से स्थान पर कुंभ मेला नहीं होता है?

(a) उज्जैन (b) इलाहाबाद

(c) हरिद्वार (d) वाराणसी

40. कथकली निम्नलिखित में से कौन-से राज्य का शास्त्रीय नृत्य है?

(a) केरल (b) कर्नाटक

(c) बंगाल (d) पंजाब

(आंकिक और मानसिक सामर्थ्य परीक्षण)

41. एक कक्षा के 20 छात्रों का औसत वजन 21 किग्रा है। यदि उनमें अध्यापक का भी वजन सम्मिलित कर लिया जाए तो उनका औसत वजन एक किग्रा और अधिक हो जाता है। तो अध्यापक का वजन क्या होगा?

(a) 41 किग्रा (b) 44 किग्रा

(c) 42 किग्रा (d) 48 किग्रा

42. 8 आदमी किसी काम को 10 दिन में कर सकते हैं। काम शुरू होने के तीन दिन बाद 4 आदमी काम छोड़कर चले जाते हैं। तो शेष बचे आदमी उस काम को कितने दिन में पूरा कर लेंगे?

(a) 12 दिन (b) 14 दिन

(c) 15 दिन (d) 17 दिन

43. एक रेलगाड़ी की लम्बाई 150 मी है और वह 42 किमी/घण्टा की चाल से चल रही है। रेलवे लाइन के नजदीक खड़े एक व्यक्ति से गुजरने में वह कितना समय लेगी?

(a) 10 मिनट (b) $10\frac{6}{7}$

(c) 12 मिनट (d) $12\frac{6}{7}$ सेकण्ड

44. दिये गए पाई-चार्ट में किसी परिवार के विभिन्न मदों पर खर्च को प्रदर्शित किया गया है। इस पाई-चार्ट का सावधानीपूर्वक अध्ययन करके इससे सम्बन्धित नीचे दिये प्रश्न का उत्तर दें। यदि भोजन पर खर्च 750 रु. प्रतिमाह हो, तो बच्चों की शिक्षा पर वार्षिक व्यय कितने रुपये होगा?

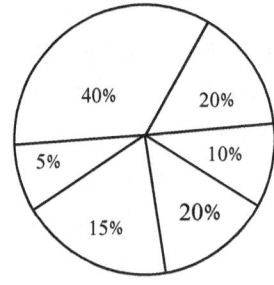

(a) 2150 रु. (b) 1022 रु.

(c) 2250 रु. (d) 1400 रु.

45. 40 मी. लम्बे तथा 30 मी चौड़े एक आयताकार मैदान के चारों ओर 2.5 मी चौड़ा रास्ता है। 3.50 रु. प्रति वर्ग मी की दर से रास्ते पर घास लगवाने का खर्च क्या होगा?

(a) 1312.50 रु. (b) 1000 रु.

(c) 1012.50 रु. (d) 1300 रु.

46. 2^{50} का दोगुना कितना होगा?

(a) 2^{51} (b) 2^{99}

(c) 2^{200} (d) 2^{55}

47. 30 और 42 का ल. स. प. क्या होगा?

(a) 200 (b) 210

(c) 220 (d) 230

48. 23 × (64 – 24) + 100 का मान होगा।

(a) 92 (b) 8.20

(c) 9.20 (d) 82

49. 0.24 को सबसे छोटी भिन्न में बदल कर लिखेंगे तो उसका मान होगा।

(a) 12/50 (b) 3/25

(c) 6/25 (d) 1/8

50. 50 ग्राम और 2 किग्रा में क्या अनुपात है?

(a) 1 : 40 (b) 3 : 40

(c) 5 : 80 (d) 2 : 82

51. यदि किसी संख्या का घन किया जाये तो निम्नलिखित में से कौन-से अंक इकाई स्थान पर हो सकते हैं?

(a) 1

(b) 8

(c) 0 से 9 तक कोई भी

(d) 9

52. तीन अंकों की छोटी से छोटी संख्या निम्नलिखित में से क्या होगी जो 4, 8 और 16 से पूर्णतः विभाजित हो?

(a) 111 (b) 112

(c) 110 (d) 109

53. $\frac{4}{8} \div \left(\frac{1}{2} - \frac{1}{3}\right) \times \frac{4}{6} = ?$

(a) 1 (b) $1\frac{1}{2}$

(c) $2\frac{1}{2}$ (d) 2

54. $0{\cdot}5 \div 0{\cdot}125 = ?$

(a) 0.625 (b) 0·575

(c) 0.0575 (d) 4

55. राम और मोहन की आय में 8 : 3 का अनुपात है। यदि उनकी आयों में अन्तर 1000 रु. हो, तो राम की आय कितनी होगी?

(a) 1500 रु. (b) 1600 रु.

(c) 600 रु. (d) 1100 रु.

56. चीनी का भाव 40% बढ़ जाने से कोई परिवार चीनी का उपभोग कितने प्रतिशत कम कर दे ताकि परिवार का खर्च न बढ़े ?

(a) $27\frac{4}{7}\%$ (b) $28\frac{4}{7}\%$

(c) $29\frac{4}{7}\%$ (d) $30\frac{4}{7}\%$

57. एक दुकानदार किसी वस्तु के अंकित मूल्य पर 20% की छूट देता है फिर भी उसे 20% का लाभ होता है। यदि दुकानदार छूट न दे तो उसे कितने प्रतिशत का लाभ होगा?

(a) $40\frac{2}{3}\%$ (b) $58\frac{1}{3}\%$

(c) 50% (d) $42\frac{2}{3}\%$

58. अहमद ने 1440 रु. 5% वार्षिक दर से तथा 1650 रु. 40% वार्षिक दर से उधार लिये, तो 3 वर्ष बाद उसे कुल कितना ब्याज देना पड़ेगा?

(a) 414 रु. (b) 416 रु.

(c) 408 रु. (d) 480 रु.

59. 3200 रु. का 10% प्रतिवर्ष चक्रवृद्धि ब्याज की दर से कितने समय में चक्रवृद्धि ब्याज 672 रु. हो जायेगा?

(a) $2\frac{1}{3}\%$ वर्ष (b) $1\frac{1}{2}\%$ वर्ष

(c) 2 वर्ष (d) $3\frac{1}{2}\%$ वर्ष

60. राम ने 12000 रु. लगाकर एक व्यापार प्रारम्भ किया। 6 महीने के बाद रहीम ने भी 15000 रु. लगाकर व्यापार में साझा कर लिया यदि वर्ष के अंत में राम को 6400 रु. का लाभ हुआ हो तो रहीम को कितना लाभ होगा?

(a) 4000 रु. (b) 4500 रु.

(c) 4200 रु. (d) 4800 रु.

61. 360 का 30% – 280 का 10% = 800 का ?% है तो ? का मान बताओ।

(a) 15 (b) 12

(c) 10 (d) 14

62. एक दुकानदार एक वस्तु पर उसके क्रय मूल्य का 3/4 भाग अंकित करता है। यदि वह अंकित मूल्य पर 40% लाभ लेकर उस वस्तु को बेचे तो उसे कितने प्रतिशत लाभ या हानि होगी?

(a) 6% हानि (b) 6% लाभ

(c) 5% लाभ (d) 5% हानि

63. साधारण ब्याज की किस दर से 925 रु. का 5 वर्ष में मिश्रधन 1110 रु. हो जायेगा?

(a) 6% (b) 4%
(c) 5% (d) 3%

64. किस धन का 10% प्रतिवर्ष चक्रवृद्धि ब्याज की दर से 3 वर्ष का मिश्रधन 1331 रु. होगा?

(a) 2000 रु. (b) 1500 रु.
(c) 1000 रु. (d) 800 रु.

65. कपिल और अवतार ने किसी व्यापार में क्रमशः 1300 रु. तथा 1400 रु. लगाये। यदि वर्ष के अन्त में 675 रु. लाभ हुआ तो कपिल को लाभ से कितने रुपये मिले?

(a) 320 रु. (b) 325 रु.
(c) 345 रु. (d) 340 रु.

66. एक कक्षा में चार विद्यार्थी के प्राप्तांक क्रमशः 720, 60, 63 और 65 है। उनका औसत प्राप्तांक क्या होगा?

(a) 60 (b) 65
(c) 62 (d) 68

67. राम और श्याम दोनों मिलकर किसी काम को 8 दिन में पूरा कर सकते हैं। परन्तु राम अकेले उस काम को 14 दिन में कर सकता है, तो अकेला श्याम उस काम को कितने दिन में पूरा कर लेगा?

(a) $18\frac{1}{3}$ (b) $17\frac{2}{3}$
(c) $18\frac{2}{3}$ (d) $17\frac{1}{3}$

68. 45 किमी/घण्टे की रफ्तार, मी/सेकेण्ड में कितनी होगी?

(a) 12.5 मी/से (b) 10.5 मी/से
(c) 10 मी/से (d) 8 मी/से

69. निम्न ग्राफ में एक विद्यालय के 5 वर्षों का परीक्षाफल प्रदर्शित किया गया हैं। इस ग्राफ के आधार पर प्रश्न का उत्तर दीजिए।

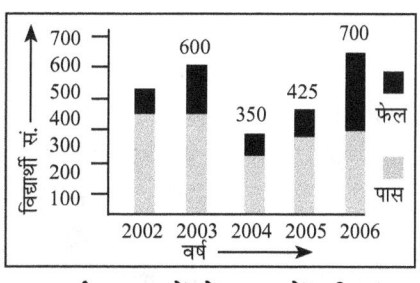

वर्ष 2006 में फेल छात्रों की संख्या क्या होगी?

(a) 220 (b) 200
(c) 225 (d) 325

70. एक वृत्त का व्यास 49 मी है। उसकी परिधि कितनी होगी?

(a) 133 मी (b) 154 मी
(c) 119 मी (d) 105 मी

71. दर्शायी गई आकृति में से कौन-सी आकृति अन्य से भिन्न है?

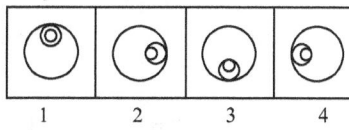

(a) 1 (b) 2
(c) 4 (d) 3

72. (a), (b), (c), (d) आकृतियों में से कौन-सी आकृति प्रश्नसूचक स्थान पर आयेगी?

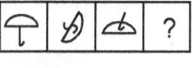

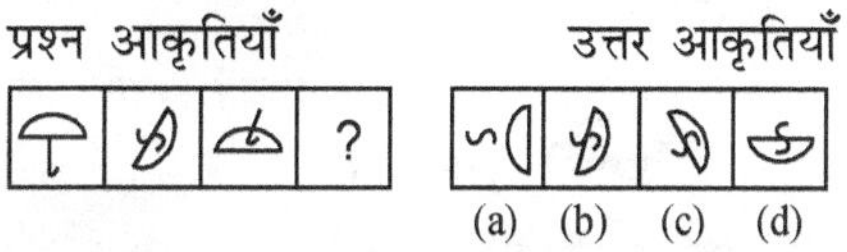

73. दिये गए अक्षर समूह द्वारा कौन-सा अर्थपूर्ण शब्द बन सकता है?

AUBEYT

(a) ABOUT (b) BEAUTY
(c) EVENTLY (d) AUBETY

74. संयुक्त छायांकित क्षेत्र किस आयु वर्ग को प्रदर्शित करता है?

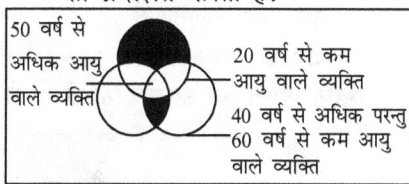

(a) कुल आबादी
(b) 60 वर्ष से कम आयु वाले लोग
(c) वोट देने की आयु प्राप्त कर चुके लोग
(d) निर्धारित नहीं किया जा सकता

75. सुषमा रश्मि से धनी है जबकि आनंद प्रिया से अमीर है। अरुण रश्मि जितना अमीर है। शोभा सुषमा से अमीर है। उपर्युक्त कथन के आधार पर निम्नलिखित में से कौन-सा कथन सही है?

(a) रश्मि प्रिया से गरीब है
(b) प्रिया अरुण से अमीर है
(c) अरुण सुषमा से गरीब है
(d) आनन्द रश्मि से अमीर है

76. किसी घड़ी के घंटे की सुई एक मिनट में कितने डिग्री घूमती है?

(a) 1 डिग्री (b) 6 डिग्री
(c) 1/2 डिग्री (d) 1/3 डिग्री

77. नीचे दिये गए चार शब्दों में तीन शब्द एक-दूसरे से विशेष समानता रखते हुए एक समूह बनाते हैं। कौन-सा शब्द उस समूह से सम्बन्धित नहीं है?

(a) गाजर (b) मूली
(c) आलू (d) बैंगन

78. A, B के पिता है। C, D के पुत्र हैं। निम्न में से कौन-से कथन द्वारा यह निष्कर्ष निकाला जा सकता है कि C, A का पौत्र है?

(a) C, B की पत्नी है
(b) B, D की बहन है
(c) D, A की पुत्री है
(d) B, D की पुत्री है

79. (?) के स्थान पर उपयुक्त विकल्प का चुनाव करे।

mnoPQ RStuv wxyZA ?

(a) BCdef (b) bcdEF
(c) BCDEF (d) BCDef

80. प्रश्नवाचक चिन्हों (?, ?) को बदलने के लिए दिये गए विकल्पों में से सही अंकों का चुनाव करें :

1, 2, 3, 4, 5, 7, ?, ?

(a) 11,13 (b) 10, 11
(c) 8, 9 (d) 9, 11

अभिरुचि परीक्षण

81. जीवन में सफलता प्राप्त करने के लिए आवश्यक है।
(a) भाग्य का अनुकूल होना
(b) अवसर प्राप्त करने की क्षमता का होना
(c) प्रतिकूल परिस्थतियों में भी अपने आपको ढाल लेना और परिश्रम से न भागना
(d) उपरोक्त सभी

82. उत्तरदायित्व की भावना को परखने के लिए आमतौर पर निम्न में से किस पर ध्यान नहीं दिया जाता है?
(a) काम को समय से पूरा करना
(b) काम को सुन्दरता के साथ किन्तु देर में पूरा करना
(c) काम को अपने ऊपर लिए बोझ न मानना
(d) काम करके प्रसन्नता का अनुभव करना

83. किसी कार्य को करने से पहले उसकी योजना बनाने के सम्बन्ध में, आपका विचार है?
(a) समय का अपव्यय है
(b) समय का सदुपयोग है
(c) एक व्यक्तिगत विचार है
(d) कार्य की सफलता का द्योतक है

84. निम्न में से कौन-सी परिस्थिति सामाजिक परिपक्वता को प्रदर्शित करती है?
(a) सामाजिक आवश्यकताओं की पूर्ति में सक्षम होना
(b) व्यक्ति के जीवन उद्देश्य तथा सामाजिक मान्यताओं के बीच सन्तुलन
(c) उत्तम सामाजिक समायोजन
(d) सबको भाने वाला सामाजिक व्यवहार

85. वारण्ट के बिना एक पुलिस अधिकारी किसी व्यक्ति को गिरफ्तार करके कितने समय के लिए अपनी अभिरक्षा में रख सकता है?
(a) 12 घण्टा (b) 24 घण्टा
(c) 48 घण्टा (d) 72 घण्टा

86. भरसक प्रयासों के बावजूद जब सफलता न मिले तो यह समझा जाता है कि
(a) भाग्य में ऐसा ही लिखा था
(b) बाहरी मदद नहीं मिल पाई
(c) असफलता ही सफलता की सीढ़ी है
(d) प्रयासों में कहीं कोई कमी रह गई थी

87. निम्न में से पुलिसकर्मी का कौन-सा आचरण जनता के विश्वास को नहीं पा सके?
(a) मेलों में खाये गए बच्चों को ढूँढ निकालना
(b) यातायात व्यवस्था को संभाल कर दुर्घटनाओं को रोकना
(c) चोरी-डकैती से जनता को बचाने के लिए गश्त लगाना
(d) केवल पुलिस स्टेशन से ही कानून व्यवस्था का नियन्त्रण करना

88. अगर आप अपने किसी सहयोगी को रिश्वत लेते देख लेते हैं तो
(a) उसे रोकने का प्रयास करेंगे
(b) कुछ नहीं करेंगे
(c) सबूत के साथ उच्चाधिकारी को इसकी सूचना देंगे
(d) इनमें से कोई नहीं

89. आपके अनुसार जीवन में सफलता मिल सकती है।
(a) मेहनत एवं आत्मविश्वास से
(b) सिफारिश से
(c) अच्छे स्वास्थ्य से
(d) दूसरी की सहायता से

90. मेरे घर के सामने वाली सड़क पर बंदूक चलने की आवाज आती हैं तो
(a) मैं तुरन्त सड़क पर निकल आता हूँ
(b) मैं भी अपनी बंदूक से गोली चलाता हूँ
(c) मैं अपने घर का दरवाजा बंद कर लेता हूँ
(d) सोया रहता हूँ

91. एक पुलिस कर्मी के लिए निम्नलिखित में से कौन-सा कार्य सबसे आवश्यक है?
(a) आक्रमणों से बचाना
(b) सरकारी कर्मचारियों की उपस्थिति को नियंत्रित करना
(c) बाजार को निश्चित समय पर खुलवाना
(d) जनता की सुरक्षा

92. आपके अनुसार पुलिस का सबसे महत्वपूर्ण कार्य क्या है?
(a) जनता की सुरक्षा
(b) समाज कल्याण
(c) अपने परिवार की सुरक्षा
(d) उक्त में से कोई नहीं

93. आप एक वरिष्ठ पुलिस अधिकारी की कार चला रहे हैं।
(a) लाल बत्ती को हरा होने तक इंतजार करेंगे।
(b) यातायात नियम का पालन न करते हुए निकल जायेंगे।
(c) अधिकारी से पूछ कर निर्णय लेंगे।
(d) बेरोक-टोक चलते जायेंगे।

94. आपकी ड्यूटी का समय समाप्त हो गया है लेकिन आपकी जगह पर दूसरा पुलिस कर्मी नहीं आया है। आप क्या करेंगे?
(a) ड्यूटी पर बने रहेंगे।
(b) दूसरे पुलिस कर्मी के आने पर घर चले जायेंगे।
(c) वरिष्ठ अधिकारी से इसकी शिकायत करेंगे।
(d) ड्यूटी वाले पुलिस कर्मी को ढूँढ़ना शुरू कर देंगे।

95. एक पुलिस कर्मी को अपने अधिकारी से सदैव करना चाहिए।
(a) अच्छा व्यवहार
(b) कटु व्यवहार
(c) उचित व्यवहार
(d) उक्त में से कोई भी नहीं।

96. सहयोगियों के साथ अपने मतभेद दूर करने का उचित उपाय क्या है?
    (a) सहयोगियों के समक्ष अपना तर्क रखकर।
    (b) अपने अधिकारी से शिकायत करके।
    (c) मतभेदों का कारण जानने की कोशिश करके आपसी वार्तालाप से उनको दूर करेंगे।
    (d) उसका मजाक उड़ाकर।

97. आप एक पुलिस कर्मी के रूप में अपनी जिम्मेदारी को कैसे पूरा करते हैं?
    (a) चिंतन करते हैं
    (b) सजग रहते हैं
    (c) लापरवाह रहते हैं
    (d) इनमें से कोई नहीं

98. यदि कोई व्यक्ति आपकी सहायता करता है, तो आप क्या करते हैं?
    (a) उसका बदला चुकाते हैं
    (b) उससे मुँह छुपाते हैं
    (c) उसका शुक्रिया अदा करते हैं
    (d) उसे सहायता के बदले पैसा देते हैं

99. निम्नलिखित में से किस प्रकार का व्यवहार एक पुलिसकर्मी का नहीं होना चाहिए?
    (a) संवेदनशील   (b) क्रूर
    (c) मृदुभाषी   (d) ईमानदारी

100. सामान्य रूप से कानून में शामिल है—
    (a) दंड
    (b) रिकवरी (पुनः प्राप्ति)
    (c) पुरस्कार देना
    (d) मूल्यांकन करना

101. नेतृत्व सिर्फ उस व्यक्ति द्वारा किया जा सकता है जिसमें गुण होता है।
    (a) प्रतिष्ठा का
    (b) क्रूरता का
    (c) उच्च आदर्शों का
    (d) बनावटीपन का

102. ट्रेन में अचानक एक पुराने पर मेरी नजर पड़ती है, तो मैं सबसे पहले
    (a) अपनी नजरें चुरा लूँगा
    (b) आगे बढ़कर हाथ मिलाऊँगा
    (c) उसके हाथ बढ़ाने की प्रतीक्षा करूँगा
    (d) इनमें से कोई नहीं

103. निम्नलिखित में से कौन-से प्रकार का कार्य आजकल पुलिस के लिए अधिक महत्वपूर्ण है?
    (a) महिलाओं की सुरक्षा
    (b) प्राकृतिक संसाधनों की सुरक्षा
    (c) खाद्य-पदार्थों की सुरक्षा
    (d) वन्य-जीवन की सुरक्षा

104. असामाजिक लोगों के साथ आपका व्यवहार होता।
    (a) मिलनसार के रूप में
    (b) सुधारक के रूप में
    (c) आलोचक के रूप में
    (d) सामान्य रूप में

105. सम्मान प्राप्त करने के लिए दूसरी को सम्मान देना अति आवश्यक होता है, यह उक्ति लागू होती है।
    (a) कार्यालय एवं कार्यस्थलों में
    (b) केवल सामाजिक परिस्थितियों में
    (c) स्कूल सहित सभी स्थानों पर समान रूप से
    (d) केवल स्कूलों में

106. कोई भी देश तभी बड़ा माना जाएगा जब।
    (a) दूसरे देशों की अपेक्षा उसके पास अधिक शक्ति हो
    (b) देश के अधिक से अधिक लोग राष्ट्रवादी एवं शिक्षित हों
    (c) उस देश में नये-नये आविष्कार होते रहें
    (d) अधिक उत्पादन हो

107. जहाँ पूरा माहौल खराब हो वहाँ के लोगों के प्रति आपको विचार होता है।
    (a) उस माहौल से स्वयं को अलग कर लेना
    (b) खराब माहौल देश की प्रगति में बाधक होता है
    (c) उस माहौल में रहकर ही सुधार सम्भव है
    (d) सभी को अपने विश्वास में लेकर सुधारात्मक प्रक्रिया प्रारम्भ करना

108. आप और आपको भाई दोनों पुलिस भर्ती परीक्षा के उम्मीदवार हैं।
    (a) आप और आपको भाई एक-दूसरे की परीक्षा में मदद करेंगे।
    (b) परीक्षा एवं शारीरिक योग्यता हेतु साथ-साथ तैयारी करेंगे।
    (c) शिकायत के डर से अलग-अलग जिलों में फॉर्म भरेंगे।
    (d) उपर्युक्त में से कोई नहीं।

109. निम्न में से कौन-सा विषय समवर्ती सूची के अन्तर्गत आता है?
    (a) भू-राजस्व
    (b) मूल्य नियन्त्रण
    (c) प्रति व्यक्ति कर
    (d) आजीविकाओं पर कर

110. निम्नलिखित में से कौन-सी नदी उत्तर प्रदेश में बहती है?
    (a) घाघरा   (b) ताप्ती
    (c) मांडवी (d) रावी

111. सामान्य रूप से विभिन्न धर्मों के बीच मनमुटाव शत्रुता का कारण होता है।
    (a) आर्थिक समानता
    (b) आर्थिक असमानता एवं ऐतिहासिक कारण
    (c) आर्थिक असमानता एवं अज्ञान
    (d) आर्थिक असमानता, ऐतिहासिक कारण एवं दुष्प्रचार

112. सभी कानूनों का पालन करना हमारी।
    (a) मजबूरी है
    (b) जिम्मेदारी है
    (c) एक सामाजिक बन्धन है
    (d) कुछ प्रभावशाली लोगों का नियन्त्रण बनाये रखने का तरीका है

113. अपराध नियन्त्रण के लिए क्या-क्या आवश्यक है?
    (i) जन साधारण का सहयोग।
    (ii) क्षेत्रीय नेताओं का मार्गदर्शन एवं अनुसरण।
    (iii) कानून का कड़ाई से पालन।
    (iv) सरकारी एवं विभागीय नीतियाँ।

इनमें से कौन-सा विकल्प ठीक है?
(a) केवल (i)
(b) (i) और (ii)
(c) (i), (iii) और (iv)
(d) (i), (ii) और (iii)

114. अपराध नियन्त्रण के लिए पुलिस को
(a) रात में गश्त लगानी चाहिए।
(b) दिन एवं रात में गश्त लगानी चाहिए।
(c) कभी भी अचानक से गश्त लगानी चाहिए।
(d) योजनाबद्ध तरीके से क्षेत्र से गश्त लगानी चाहिए।

115. यह किस राज्यपुलिस का नारा है: 'आपके साथ-आपके लिए हमेशा'?
(a) उत्तर प्रदेश पुलिस
(b) हरियाणा पुलिस
(c) दिल्ली पुलिस
(d) मध्य प्रदेश पुलिस

116. अपराध नियन्त्रण क्षेत्र में उत्तर प्रदेश पुलिस के उल्लेखनीय कार्य को दर्शाती हाल में बनी एक चर्चित हिन्दी फिल्म का नाम।
(a) ओंकारा
(b) स्वदेश
(c) बण्टी और बबली
(d) सहर

117. शिक्षा के क्षेत्र में कौन-सा सबसे नया कानून है?
(a) अनिवार्य प्राथमिक शिक्षा
(b) सर्व-शिक्षा अभियान
(c) शिक्षा का अधिकार
(d) प्रौढ़-शिक्षा का प्रसार

118. संविधान का कौन-सा आर्टिकल 'रूल ऑफ लॉ' का विस्तृत उल्लेख करता है?
(a) आर्टिकल – 13
(b) आर्टिकल – 14
(c) आर्टिकल – 15
(d) आर्टिकल – 16

119. हत्या के एक मामले की सुनवाई (ट्रायल) कहाँ होती है?
(a) उच्चतम न्यायालय में
(b) उच्च न्यायालय में
(c) जिला एवं सत्र न्यायालय में
(d) ग्राम न्यायालय में

120. पंचायत चुनाव निम्नलिखित में से किस स्तर पर कराया जाता है?
(a) ग्राम स्तर (b) जिला स्तर
(c) नगर स्तर (d) उक्त सभी

बुद्धि शक्ति परीक्षण

121. नीचे दिये गए प्रश्न में प्रत्येक अंक निम्न सांकेतिक भाषा में लिखे गए हैं।

J I L D M B
6 3 2 4 1 5

दी हुई संख्या का संकेतबद्ध रूप उत्तरक्रमांक A, B, C, D में से चुनिए।
(a) M L I D B J
(b) M L I B S J
(c) M L I J S W
(d) I L M B J S

122. इस प्रश्न में आकृतियों के दो समूह दिये हुए हैं। एक समूह में प्रश्न आकृतियाँ व दूसरे में उत्तर आकृतियाँ हैं। उत्तर आकृतियों को A, B, C, D द्वारा दर्शाया गया है। प्रश्न चिन्ह के स्थान पर कौन-सी उत्तर आकृति आयेगी ताकि एक नियमित शृंखला बन जाये?

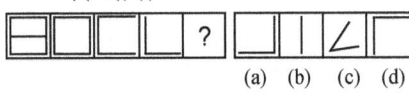

123. नीचे दी गई शृंखला में खाली जगह के स्थान पर दिये गए सम्भावित उत्तर में सही उत्तर चुनकर भरिए।

ACD, GIJ,..........
(a) MOP (b) MNO
(c) MNP (d) NOP

124. नीचे दी गई शृंखला में खाली जगह है। नीचे दिये गए सम्भावित उत्तर में से सही उत्तर चुनकर रिक्त स्थान भरिए।

1 + 1 + 2 + 3 + 5 + 8 + 13 +.......
(a) 22 (b) 21
(c) 28 (d) 34

125. यदि 'सत्यता' और 'बनावटीपन' एक प्रश्न युग्म के दो शब्द हैं तो उत्तर युग्म का दूसरा शब्द क्या होगा जिसका पहला शब्द 'विशेषज्ञ' है।
(a) नवसिखिया (b) आवारा
(c) पारखी (d) प्रतिनिधि

126. यदि अंग्रेजी की वर्णमाला के अक्षरों को विपरीत क्रम में लिखें तो N के दाईं ओर 8वां अक्षर बतायें।
(a) F (b) U
(c) E (d) G

127. निम्नलिखित में चार शब्दों में से एक वर्ग से भिन्न है, वह शब्द ज्ञात कीजिए।
(a) निर्देश (b) सलाह
(c) परामर्श (d) सुझाव

128. निम्नलिखित में एक के अलावा सभी जोड़े हैं, जिनमें से प्रत्येक के दोनों शब्द आपस में सम्बन्धित हैं। एक भिन्न जोड़ा ज्ञात कीजिए।
(a) शुद्ध व सही
(b) पीड़ा व दर्द
(c) प्रसन्न व सुखी
(d) परेशानी व राहत

129. दिये हुए विकल्पों में से चिन्ह : : के दाईं ओर दूसरे जोड़े के रिक्त स्थान की पूर्ति करिए।
प्रकाश : किरण : : आवाज : ?
(a) ध्वनि (b) सुर
(c) तरंग (d) सुनना

130. नीचे दिये गए प्रश्न में कुछ संख्याएँ दी हुई हैं, इनमें से एक संख्या अन्य से अलग है। अलग संख्या ज्ञात करिए।
(a) 144 (b) 196
(c) 181 (d) 121

131. रवि पश्चिम की ओर 12 किमी गाड़ी चलाता है। वह दक्षिण की ओर मुड़कर 3 किमी जाता है। वह फिर से पूर्व की ओर मुड़ता है और 8 किमी का सफर

तय करता है। वह अपने आरम्भिक स्थल से कितनी दूरी पर है?

(a) 3 किमी (b) 5 किमी

(c) 7 किमी (d) 11 किमी

132. तरुण पूर्व की ओर जा रहा है। यदि उसे उत्तर की ओर जाना है तो किस दिशा में उसे नहीं जाना चाहिए?

(a) दायें, दायें, बायें, दायें, दायें

(b) दायें, दायें, बायें, बायें, बायें

(c) दायें, दायें, दायें,

(d) दायें, बायें, दायें, बायें,

133. पूजा की ओर संकेत करते हुए विक्रम ने कहा कि उसका पिता मेरी माँ की बहन का पुत्र है। पूजा का विक्रम से क्या सम्बन्ध है? बताएँ।

(a) भतीजी (b) दादी

(c) बहन (d) चेचेरी बहन

134. एक स्त्री का परिचय देते हुए एक व्यक्ति बोला उसकी माता मेरी सास की इकलौती पुत्री है। उस व्यक्ति का उस स्त्री से क्या नाता है?

(a) चाचा (b) पुत्र

(c) पिता (d) भाई

135. नीचे दिये गए शब्दों में से शब्दकोष में आखिरी शब्द कौन-सा होगा?

(a) Opine (b) Opium

(c) Outer (d) Odour

136. नीचे दी गई श्रेणी में सिर्फ उन Y को गिनो जिनके बाद I आता हो लेकिन I के बाद X नहीं आता हो तब बताओ ऐसे कितने Y हैं?

Y I Y X F Z Y I X Z I I X F Z X Y I F Y I X I Z Y I Z

(a) 7 (b) 4

(c) 5 (d) 6

137. निम्न शब्दों को उसी क्रम लिखो जिसमें वे शब्दकोष में पाये जाते हैं?

(i) SIGN (ii) SOLID

(iii) SIMPLE (iv) SCENE

(a) (i) (iv) (iii) (ii)

(b) (ii) (iii) (iv) (i)

(c) (iv) (i) (iii) (ii)

(d) (iii) (ii) (iv) (i)

138. शब्दों का सही प्राकृतिक क्रम बताइए।

(a) बचपन, शैशवास्था, किशोरावस्था, यौवन, प्रौढ़

(b) बचपन, शैशवावस्था, यौवन, किशोरावस्था, प्रौढ़

(c) किशोरावस्था, बचपन, शैशवावस्था, यौवन, प्रौढ़

(d) शैशवावस्था, बचपन, किशोरावस्था, यौवन, प्रौढ़

139. नीचे दिए गए विकल्पों में से सही विकल्प ढूंढ कर शृंखला को पूरा करो।

BAZ, DCY, FEX ?

(a) FXW (b) EFX

(c) FEY (d) HGW

140. निम्न में से कौन-सा वर्ष अधिवर्ष (लीप वर्ष) है?

(a) 1982 (b) 1978

(c) 1704 (d) 1945

141. कल से पहले का दिन शुक्रवार था, कल के बाद का दिन बताइए।

(a) बुधवार (b) रविवार

(c) मंगलवार (d) सोमवार

142. नीचे दिये गए विकल्पों में सही विकल्प चुने :

कौन-सा चित्र जलेबी, मिठाई एवं खाने योग्य वस्तुओं का प्रदर्शन सर्वोत्तम रूप से करता है?

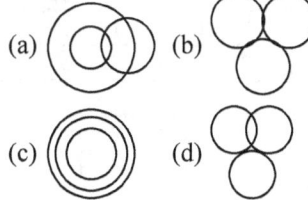

143. दिये गए प्रश्नों के लिए कौन-से चित्र का प्रदर्शन सर्वोत्तम है?

लेखक
दार्शनिक
शिक्षक

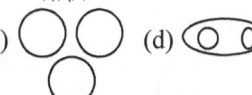

144. दिया गया प्रश्न दिये गए प्रसंग पर अधोलिखित है : रीमा एवं गेसू नृत्य एवं संगीत में पारंगत हैं। सोनल एवं रोसू संगीत एवं चित्रकला में पारंगत हैं। रीमा एवं नेहा व्याख्यान एवं नृत्य में पारंगत हैं। नेहाव सोनल चित्रकला एवं व्याख्या में पारंगत है।

नृत्य, संगीत एवं व्याख्यान में पारंगत लड़की का नाम बताओ।

(a) रीमा (b) सोनल

(c) गेसू (d) नेहा

145. इस शृंखला के 9 के कितने अंक हैं। जिसके ठीक पहले 6 हो लेकिन ठीक बाद में 3 का अंक नहीं हो?

6 9 3 5 6 9 6 3 9 2 6 9 5 6 9 5 8 6 6 6 9 3 6 4 6 9 1 9 6

(a) 2 (b) 1

(c) 4 (d) 3

146. दिये गए चित्र में त्रिभुजों की संख्या बताओ।

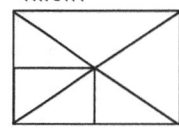

(a) 15 (b) 16

(c) 8 (d) 12

147. निम्न संख्याओं का अध्ययन कीजिए और उचित विकल्प ढूंढ कर शृंखला को पूरा कीजिए।

6, 3, 12, 6, 24..........

(a) 48 (b) 12

(c) 36 (d) 3

148. नीचे दिये गए विकल्पों में से सही विकल्प चुनकर शृंखला पूरा करो:

d-1, g-4, j-9, m-16, ?

(a) n-49 (b) p-25

(c) q-36 (d) r-18

149. बेमेल को चुनिए :

चाचा और भतीजा, पिता और पुत्री, भाई और बहन, ससुर और दामाद

(a) चाचा और भतीजा

(b) पिता और पुत्री

(c) भाई और बहन

(d) ससुर और दामाद

150. यदि डॉक्टर, बुखार, दवाई एवं स्वास्थ्य को क्रम में लिखें तो सही क्रम बताएँ–

(a) दवाई, स्वास्थ्य, बुखार, डॉक्टर

(b) डॉक्टर, बुखार, दवाई, स्वास्थ्य

(c) स्वास्थ्य, बुखार, दवाई, स्वास्थ्य

(d) बुखार, डॉक्टर, दवाई, स्वास्थ्य

151. नीचे दी गई आकृतियों में से कौन-सी आकृति मच्छर, चींटी और कीटकों के बीच सम्बन्धों का सर्वोत्तम प्रतिनिधित्व करती है?

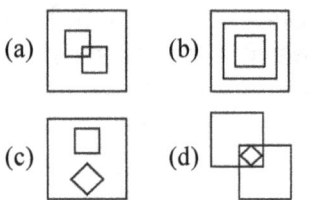

(a)
(b)

(c)
(d)

152. नीचे आकृतियों के दो समूह हैं, प्रश्न आकृति एवं उत्तर आकृति प्रश्न आकृति में 1 और 2 के बीच सुनिश्चित सम्बन्ध है। उत्तर आकृति का चयन कर आकृति 3-4 के बीच इसी सम्बन्ध को स्थापित करें।

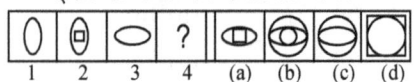

1 2 3 4 (a) (b) (c) (d)

153. खाली स्थान में सही अक्षर भरें :

ABZ, BCY, CDX, BEW, ?

(a) EFW (b) EGH

(c) FHG (d) EFV

154. निर्देशानुसार करें :

कतिपय कोड प्रणाली में HNDT को 6394 के रूप में कूटबद्ध किया गया है। इसी प्रणाली के तहत आप THD को किस प्रकार कूटबद्ध करेंगे?

(a) 604 (b) 428

(c) 469 (d) 349

155. शब्द तथा वाक्य में सम्बन्ध हैं, वहीं सम्बन्ध किस जोड़े में है?

(a) अक्षर तथा शब्द

(b) स्वर तथा व्यंजन

(c) मक्खी तथा छत्ता

(d) गद्य तथा वाक्य

156. नीचे दी गई आकृतियों को ध्यान से देखिए। आकृति I और आकृति II में जो सम्बन्ध है उसी तरह का सम्बन्ध आकृति III के साथ रखने वाली आकृति को दिये गए विकल्पों में से ढूँढ़िए।

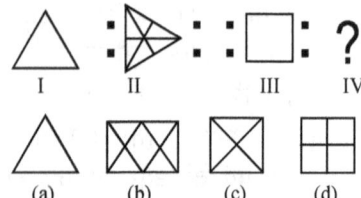

157. निम्न शृंखला में बेमेल संख्या चुनिए :

16, 17, 21, 30, 45, 71, 107

(a) 21 (b) 107

(c) 16 (d) 45

158. नीचे दी गई शृंखला में खाली स्थान पर क्या होगा?

C, e, G, i, K..........

(a) o, K (b) m, O

(c) K, S (d) M, K

159. यदि + का तात्पर्य है ×, × का तात्पर्य है –, – का तात्पर्य है ÷ और ÷ का तात्पर्य है +, तब 8 + 4 × 9 – 3 + 1 = ?

(a) 32 (b) 9

(c) 29 (d) इनमें से कोई नहीं

160. 11 × 5 + 8 – 3 = 2 × 2 × 3 × ?

(a) 62 (b) 12

(c) 60 (d) 5

उत्तरमाला

1. (a)	**2.** (a)	**3.** (b)	**4.** (b)	**5.** (b)	**6.** (c)	**7.** (a)	**8.** (c)	**9.** (a)	**10.** (a)
11. (c)	**12.** (d)	**13.** (c)	**14.** (d)	**15.** (c)	**16.** (c)	**17.** (a)	**18.** (a)	**19.** (c)	**20.** (d)
21. (a)	**22.** (a)	**23.** (b)	**24.** (c)	**25.** (b)	**26.** (c)	**27.** (c)	**28.** (a)	**29.** (a)	**30.** (b)
31. (a)	**32.** (c)	**33.** (b)	**34.** (a)	**35.** (d)	**36.** (b)	**37.** (c)	**38.** (b)	**39.** (d)	**40.** (a)
41. (c)	**42.** (b)	**43.** (d)	**44.** (c)	**45.** (a)	**46.** (a)	**47.** (b)	**48.** (c)	**49.** (c)	**50.** (a)
51. (c)	**52.** (b)	**53.** (d)	**54.** (d)	**55.** (b)	**56.** (b)	**57.** (c)	**58.** (a)	**59.** (c)	**60.** (a)
61. (c)	**62.** (c)	**63.** (b)	**64.** (c)	**65.** (b)	**66.** (b)	**67.** (c)	**68.** (a)	**69.** (d)	**70.** (b)
71. (a)	**72.** (b)	**73.** (b)	**74.** (d)	**75.** (c)	**76.** (c)	**77.** (d)	**78.** (b)	**79.** (a)	**80.** (d)
81. (c)	**82.** (c)	**83.** (b)	**84.** (b)	**85.** (b)	**86.** (d)	**87.** (d)	**88.** (a)	**89.** (a)	**90.** (a)
91. (d)	**92.** (a)	**93.** (a)	**94.** (a)	**95.** (c)	**96.** (c)	**97.** (b)	**98.** (c)	**99.** (b)	**100.** (d)
101. (c)	**102.** (b)	**103.** (a)	**104.** (b)	**105.** (c)	**106.** (b)	**107.** (c)	**108.** (b)	**109.** (b)	**110.** (a)
111. (d)	**112.** (b)	**113.** (c)	**114.** (d)	**115.** (c)	**116.** (d)	**117.** (a)	**118.** (b)	**119.** (c)	**120.** (d)
121. (a)	**122.** (a)	**123.** (a)	**124.** (d)	**125.** (a)	**126.** (c)	**127.** (b)	**128.** (a)	**129.** (b)	**130.** (a)
131. (b)	**132.** (d)	**133.** (a)	**134.** (c)	**135.** (c)	**136.** (b)	**137.** (c)	**138.** (d)	**139.** (d)	**140.** (c)
141. (c)	**142.** (c)	**143.** (a)	**144.** (d)	**145.** (c)	**146.** (d)	**147.** (b)	**148.** (b)	**149.** (d)	**150.** (d)
151. (c)	**152.** (a)	**153.** (d)	**154.** (c)	**155.** (a)	**156.** (c)	**157.** (d)	**158.** (b)	**159.** (d)	**160.** (d)

उत्तर प्रदेश : एक परिचय

शासनिक-प्रशासनिक : परिचय —

- प्रदेश का नाम
  - -1836 से उत्तर-पश्चिम प्रान्त
  - -1877 से आगरा एवं अवध का संयुक्त प्रान्त
  - -1937 से केवल संयुक्त प्रान्त
  - -26 जनवरी, 1950 से उत्तर प्रदेश
- उत्तर प्रदेश दिवस — -24 जनवरी
- उत्तर प्रदेश गरीब कल्याण वर्ष -2017
- प्रदेश की राजधानी
  - -1836 से आगरा
  - -1858 से इलाहाबाद
  - -1921 से लखनऊ (आंशिक)
  - -1935 से लखनऊ (पूर्णतः)
- राज्य का पुर्नगठन — -1 नवम्बर, 1956 को
- राज्य का विभाजन — -9 नवम्बर 2000 (13 जिलों को काटकर उत्तराखण्ड बना)
- विभाजन से पूर्व विधानसभा सदस्यों की संख्या — -426
- राजकीय भाषा — -1947 से हिन्दी I तथा 1989 से उर्दू II
- राजकीय पशु — -बारहसिंहा
- राजकीय पक्षी — -सारस अथवा क्रौंच
- राजकीय वृक्ष — -अशोक
- राजकीय पुष्प — -पलाश (4 जनवरी 2011 से)
- राजकीय खेल — -हॉकी
- राजकीय चिन्ह — -1 वृत्त में 2 मछली, 1 तीर-धनुष, (यह चिन्ह 1938 में स्वीकृत हुआ)
- राष्ट्रीय राजधानी क्षेत्र (एनसीआर) में सम्मिलित उ. प्र. के जिले — -6 (मेरठ, गाजियाबाद, गौतम बुद्ध नगर, बुलन्द, हापुड़ व बागपत)
- एनसीआर के कुल क्षेत्रफल में उ. प्र. का योगदान — -31.8% (1083 वर्ग किमी.)
- एनसीआर में सम्मिलित करने हेतु प्रस्तावित जिले — -मुजफ्फरनगर, मथुरा
- एनसीआर में सम्मिलित करने हेतु विचाराधीन जिले — -अलीगढ़ हाथरस व सहारनपुर
- एन सी आर में शामिल जिलों की संख्या — -7
- अप्रवासी भारतीयों की समस्याओं हेतु राज्य में एनआरआई विभाग का गठन — -18 जुलाई, 2014 को
- उ. प्र. एनआरआई दिवस — -प्रतिवर्ष जनवरी में
- प्रदेश में मतदाताओं की कुल संख्या — -13.88 करोड़ (मार्च, 2014 में)
- राज्य विधानमण्डल — -द्विसदनात्मक
- प्रथम विधानसभा का गठन — -8 मार्च, 1952
- वर्तमान में विधान सभा सदस्यों की कुल संख्या — -404 (403 निर्वाचित + 1 मनोनीत एंग्लो इण्डियन)
- वर्तमान 17वीं विधानसभा में महिला सदस्य हैं — -38 (9.40%)
- 17वीं विधानसभा में नेता विपक्ष हैं — -श्री राम गोविन्द चौधरी (सपा)
- सर्वाधिक विधानसभा सीटों वाला जिला — -इलाहाबाद (12 सीट)
- सबसे कम विधान सभा सीटों वाले जिले — -श्रावस्ती, महोबा, चित्रकूट (2-2 सीटें)
- राज्य विधान सभा में आरक्षित सीटों की संख्या — -86
- विधान परिषद् का गठन किया गया — -1937 में (1937 से अनवरत)
- वर्तमान में विधान परिषद् सदस्यों की संख्या — -100
- प्रदेश में लोक सभा सीटों की संख्या — -80
- प्रदेश में SC व ST के लिए आरक्षित सीटों की संख्या — -17 व 0

- मतदाताओं की संख्या की दृष्टि से सबसे बड़ा व सबसे छोटा संसदीय क्षेत्र **-गाजियाबाद व बागपत**
- प्रदेश में राज्य सभा सीटों की संख्या - 31
- न्यायिक अनुसंधान एवं प्रशिक्षण केन्द्र **-लखनऊ (1986 में)**
- उच्च न्यायालय की स्थापना - 1866 में
- उच्च न्यायालय में न्यायाधीशों की स्वीकृत संख्या - 160
- उच्च न्यायालय - इलाहाबाद (खण्डपीठ लखनऊ)
- जमींदारी उन्मूलन कानून, 1950 लागू हुआ - 1 जुलाई 1952 से
- प्रदेश में कुल 6 औद्योगिक न्यायाधिकरण हैं **-इलाहाबाद, लखनऊ, मेरठ, आगरा, कानपुर व गोरखपुर**
- प्रदेश में श्रम न्यायालय हैं - 20
- समभागों (मण्डलों) की संख्या - 18 (18वाँ अलीगढ़, अप्रैल 2008 में सृजित)
- सबसे बड़े समभाग (मण्डल) **-कानपुर, लखनऊ व मेरठ (6-6 जिले)**
- सबसे छोटे समभाग (मण्डल) **-मीरजापुर, आजम., बस्ती, झांसी व सहारनपुर (3-3 जिले)**
- राज्य में नगरों की कुल संख्या -915 (जनगणना-2011)
- जनगणना के समय जनगणना नगर -267
- सर्वाधिक जनगणना नगरों वाला जिला **-वाराणसी (34 नगर)**
- जनगणना के समय वैधानिक नगर -648
- जिलों की संख्या -75
- आवास एवं विकास परिषद् -54
- विकास प्राधिकरण -27
- विशेष क्षेत्र विकास प्राधिकरण -5
- तहसीलों की संख्या -316
- सर्वाधिक तहसीलों वाला जिला **-इलाहाबाद (8 जिले)**
- ब्लाकों की संख्या -821
- राज्य में योजनाबद्ध नगर **-3 (नोएडा, ग्रे. नो. व न्यू कानपुर सिटी)**
- नगर निकायों वाले कुल नगर -630
- नगर निकाय (निगम) -15 (नवीनतम फैजावाद, मथुरा
- नगर निकाय (नगर पंचायतें) -423
- नगर निकाय (पालिका परिषद्) -194
- जिला पंचायतें -75
- क्षेत्र पंचायतें -821
- न्याय पंचायतें -8135
- ग्राम पंचायतें/सभाएं -51914
- कुल आबाद ग्राम -97914
- कुल ग्राम -106774
- पंचायतों में महिलाओं को आरक्षण **-कुल सीट का 1/3 (33%)**
- प्रदेश में कुल कारागार संस्थाएं -67
- प्रदेश में जिला उपकारागारों की संख्या हैं -56
- प्रदेश में उपकारागारों की संख्या हैं **-3 (ज्ञानपुर, महोबा, देवबंद)**
- प्रदेश में केन्द्रीय कारागार हैं **-5 (बरेली, आगरा, बाराबंकी, फतेहगढ़ व नैनी में)**
- प्रदेश में आदर्श कारागार हैं **-लखनऊ में**
- प्रदेश में नारी बन्दी निकेतन **-लखनऊ में**
- किशोर सदन (अल्पवयस्क कारागार) **-बरेली में**
- सम्पूर्णानन्द कारागार प्रशिक्षण संस्थान **-लखनऊ (1940)**
- प्रदेश का पहला केन्द्रीय कारागार **-बरेली (1830)**
- अब तक कुल राष्ट्रपति शासन **-10 बार**
- प्रथम बार राष्ट्रपति शासन -25.02.1968 से 26.02.1969 तक
- निकटतम 10वाँ राष्ट्रपति शासन -08.03.2002 से 03.05.2002तक
- प्रथम मुख्यमंत्री **-पं. गो. बल्लभ पंत (01.04. 1946 से 27.12.1954)**
- राज्य एवं देश की प्रथम महिला मुख्यमंत्री **-सुचेता कृपलानी**
- राज्य की द्वितीय महिला मुख्यमंत्री **-सुश्री मायावती**
- सबसे कम उम्र के मुख्यमंत्री **-अखिलेश यादव (33वें)**

- उ. प्र. के मुख्यमंत्री व देश के प्रधानमंत्री -**चौ. चरणसिंह व विश्वनाथ प्रताप सिंह**
- राज्य एवं देश की प्रथम महिला राज्यपाल -**श्रीमति सरोजनी नायडू (15. 08.1947 से 02.03.1949)**
- वर्तमान राज्यपाल -**राम नाईक**
- स्वतंत्रता के बाद प्रथम विधानसभा अध्यक्ष -**राजर्षि पुरूषोत्तम दास टण्डन**
- सर्वाधिक बार राज्यपाल -**श्री आत्माराम गोविन्द खेर व केशरी नाथ त्रिपाठी (3-3 बार)**
- वर्तमान विधानसभा अध्यक्ष -**श्री हृदय नारायण दीक्षित**
- स्वातंत्रता के बाद प्रथम मुख्य मुख्य न्यायाधीश -**न्यायमूर्ति कमलाकान्त वर्मा (1946-47 तक)**
- प्रथम लोकायुक्त -**विश्वम्भर दयाल (14.09. 1977 से 13.09.1982)**
- वर्तमान लोकायुक्त -**न्यायामूर्ति श्री संजय मिश्रा (31.01.2016 से वर्तमान)**
- राज्य सूचना आयोग का गठन -**14.09.2005 को**
- राज्य मानवाधिकार आयोग का गठन -**07.10.2002 को**
- नागरिक सुरक्षा संगठन का गठन -**1962 में**
- एंटी टेररिस्ट स्क्वॉड (एटीएस) का गठन -**नवम्बर, 2007 में**
- राज्य सुरक्षा आयोग (अध्यक्ष सीएम) का गठन -**12 जुलाई, 2013 को**

राज्य के 18 मण्डल एवं सम्बद्ध जिले —

जिलों की सं.	मण्डल	सम्बद्ध जिले
6	लखनऊ	रायबरेली, सीतापुर, लखनऊ, उन्नाव, हरदोई व खीरी लखीमपुर
6	कानपुर	कानपुर देहात, कानपुर नगर, फर्रूखाबाद, कन्नौज व औरैया
6	मेरठ	मेरठ, बुलंदशहर, गौतमबुद्ध नगर, गाजियाबाद, बागपत व हापुड़
5	फैजाबाद	फैजाबाद, सुल्तानपुर, बाराबंकी, अम्बेडकर नगर व अमेठी
4	अलीगढ़	अलीगढ़, हाथरस, एटा व कासगंज
4	आगरा	आगरा, मैनपुरी, मथुरा व फिरोजाबाद
4	वाराणसी	वाराणसी, चन्दौली, गाजीपुर व जौनपुर
4	गोरखपुर	गोरखपुर, देवरिया, कुशीनगर व महराजगंज
4	देवीपाटन	गोंडा, बहराइच, बलरामपुर व श्रावस्ती
4	बरेली	बरेली, पीलीभीत, शाहजहांपुर व बदायूं
5	मुरादाबाद	मुरादाबाद, रामपुर, बिजनौर, संभल व अम. रोहा
4	इलाहाबाद	इलाहाबाद, फतेहपुर, कौशाम्बी व प्रतापगढ़
4	चित्रकूटध ाम	चित्रकूट, महोबा, हमीरपुर व बांदा
3	मीरजापुर	मीरजापुर, भदोही व सोनभद्र
3	आजमगढ़	आजमगढ़, बलिया व मऊ
3	बस्ती	बस्ती, सिद्धार्थ नगर व संतकबीरनगर
3	झाँसी	झाँसी, जालौन व ललितपुर
3	सहारनपुर	सहारनपुर, शामली व मुजफ्फरनगर

नवीन जिले व उनके मूल जिले —

कुशीनगर	13.05.94	देवरिया से
भदोही	20.06.94	वाराणसी से
महोबा	11.02.95	हमीरपुर से
अम्बेडकर नगर	29.09.95	फैजाबाद से
कौशाम्बी	04.04.97	इलाहाबाद से
अमरोहा	28.04.97	मुरादाबाद से
हाथरस	03.05.97	अलीगढ़ व मथुरा से
चित्रकूट	06.05.97	बांदा से
बलरामपुर	25.05.97	गोण्डा से
चन्दौली	25.05.97	वाराणसी से
श्रावस्ती	25.05.97	बहराइच से
गौतमबुद्ध नगर	15.09.97	गाजियाबाद व बुलन्द शहर से
संतकबीर नगर	05.9.97	बस्ती व सिद्धार्थनगर से
कन्नौज	18.09.97	फर्रूखाबाद से
औरैया	18.09.97	इटावा से
कासगंज	17.04.08	एटा से
संभल	28.09.11	मुरादाबाद व बदायूं से
हापुड़	28.09.11	गाजियाबाद से
शामली	28.0911	मुजफ्फरनगर से
अमेठी	05.07.13	रायबरेली व सुल्तानपुर से

- उत्तर प्रदेश सरकार ने दहेज प्रथा की समाप्ति हेतू निर्धन कन्याओं के विवाह के लिए उनके परिवार की आर्थिक करेगी इसके तहत प्रत्येक कन्या विवाह में ₹ 35,000 की सहायता दी जाएगी।

- उत्तर प्रदेश और दक्षिण कोरिया के मध्य कौशल विकास हेतु समझौता
- उत्तर प्रदेश सरकार ने "प्रकाश है तो विकास है" योजना आरंभ की-
- डॉ. आनंद प्रकाश उत्तर प्रदेश हिंदी-संस्थान द्वारा भारत भारती पुरस्कार हेतु चयनित
- उत्तर प्रदेश तीन तलाक संबंधी विधेयक के मसौदे पर सहमति जताने वाला पहला राज्य बना
- संयुक्त राष्ट्र जलवायु परिवर्तन संस्था ने काशी वनीय क्षेत्र को कार्बन क्रेडिट दी-
- गौरव पथ योजना के तहत मुख्य मार्ग से जुड़ेगे शहीदों के गांव
- उत्तर प्रदेश सरकार ने गोरखपुर वायुसेना स्टेशन का नाम "महायोगी गोरखनाथ" के नाम पर रखा है। आगरा हवाई अड्डे का नाम "पंडित दीनदयाल उपाध्याय" के नाम पर रख दिया गया है। दूसरी तरफ "विकलांग कल्याण विभाग" "दिव्यांग जन विकास सशक्तिकरण" के नाम से जाना जाएगा।
- बिजली चोरी रोकने हेतु उत्तर पद्रेश में 75 थाना क्षेत्रों की स्था. पना की गई है। बिजली चोरी रोकने पर विराम लगाने हेतू राज्य सरकार एक हेल्प लाइन नम्बर 912 जारी किया गया है। योजना को व्यापक रूप देने के लिए 'सर्बदा योजना' का शुभारंभ किया गया है।

उत्तर प्रदेश बजट 2018-19

- उत्तर प्रदेश के वित्त मंत्री राजेश अग्रवाल ने 16 फरवरी 2018 को विधानसभा में वित्तीय वर्ष 2018-19 के लिए 4 लाख 28 हजार 384 करोड़ 52 लाख रुपए का बजट पेश किया, यह पिछले वित्तीय वर्ष के बजट के सापेक्ष 11.4 प्रतिशत अधिक है, पिछले वर्ष 3.84 लाख करोड़ रुपए का बजट पेश किया गया था। यह योगी सरकार का दूसरा बजट है। इस बजट में कृषि, शिक्षा, रोजगार, ऊर्जा, गौ-रक्षा समेत कई मुद्दों पर जोर देने की कोशिश की गई है। यूपी सरकार के अनुसार यह अभी तक का सबसे बड़ा बजट है।

बजट के मुख्य तथ्य

- हर घर में बिजली पहुंचाई जा सके, इसके लिए इस बजट में 29883.05 करोड़ रूपए का प्रावधान किया गया है। यह पिछले वर्ष की तुलना में 54 फीसदी अधिक है।
- निजी आवासों पर ग्रिड संयोजित रूफटॉप सोलर पॉवर प्लांट स्थापना हेतु अनुदान योजना के लिऐ 25 करोड़ रुपए की व्यवस्था की गई है।
- गरीबी रेखा से नीचे जीवन-यापन करने वाले सभी वर्गों के परिवारों की पुत्रियों की शादी हेतु मुख्यमंत्री सामूहिक विवाह योजना के लिए 250 करोड़ रुपए की व्यवस्था प्रस्तावित की गई है।
- प्रधानमंत्री मातृ वन्दना योजना के लिये 291 करोड़ रुपये की बजट व्यवस्था की गई है. पीपीपी मोड पर 170 नेशनल मोबाइल मेडिकल यूनिट का संचालन किये जाने का निर्णय लिया गया है।
- प्रदेश में 770 सचल पशु चिकित्सालय संचालित किये जा रहें हैं। इसके लिए 27 करोड़ रुपये की व्यवस्था की गई है। राष्ट्रीय पशु स्वास्थ्य तथा रोग नियंत्रण कार्यक्रम हेतु 100 करोड़ रुपये की व्यवस्था की गई है। कान्हा गौ-शाला एवं बेसहारा पशु आश्रय योजना हेतु बजट में 98 करोड़ 50 लाख रुपये की व्यवस्था की गई है।
- किसानों के उत्थान के लिए सरकार ने प्राथमिक कृषि सहकारी समितियों के कम्प्यूटरीकरण हेतु 31 करोड़ रुपये की बजट व्यवस्था की है। किसानों को कम ब्याज दर पर फसली ऋण उपलब्ध कराने हेतु सब्सिडी योजना के तहत 200 करोड़ रुपये की व्यवस्था की गई है।
- बेसिक, माध्यमिक, उच्च शिक्षा के साथ तकनीकी शिक्षा के लिए 68263.20 करोड़ रुपये का प्रावधान है। इस बार सबसे ज्यादा बजट शिक्षा का रखा गया है।
- नगर विकास और नगरीय रोजगार के लिए 14654.22 करोड़ रुपये का प्रावधान किया गया है। ग्रामीण विकास के लिए 22110.72 करोड़ रुपये का प्रावधान है जो पिछले बार की तुलना में 28.8 फीसदी ज्यादा है।
- प्रदेश में सिंचाई की परियोजनाओं, बुंदेलखंड की 8 जरूरी सिंचाई परियोजनाओं, बाढ़ नियंत्रण और जल निकासी की अच्छी व्यवस्था के लिए 10938.19 करोड़ रुपये का बजट प्रस्तावित किया गया है, जो पिछली बार की तुलना में 54 फीसदी अधिक है।
- चिकित्सा और स्वास्थ्य, परिवार कल्याण, चिकिस्था शिक्षा और आयुष के लिए 21197.58 करोड़ रुपये का प्रावधान है जो पिछले बार की तुलना में 17.3 फीसदी ज्यादा है।
- राजकीय आयुर्विज्ञान संस्थान, ग्रेटर नोयडा में शैक्षणिक सत्र 2018-19 में एमबीबीएस की 100 सीटों पर पाठ्यक्रम प्रारम्भ किया जायेगा।
- प्रदेश में मेट्रो रेल परियोजनाओं पर 500 करोड़ रुपए खर्च किए जाएंगे। कानपुर, मेरठ एवं आगरा में मेट्रो परियोजनाओं के डीपीआर स्वीकृत हो गए हैं। बनारस, इलाहाबाद, झांसी एवं गोरखपुर की मेट्रो परियोजनाओं के डीपीआर को नई मेट्रो रेल नीति के अनुसार संशोधित किया जा रहा है।
- प्रदेश के पांच जनपदों के जिला चिकित्सालयों को अपग्रेड कर मेडिकल कॉलेज के रूप में पूर्ण करने के लिए 500 करोड़ रुपये की व्यवस्था की गई है। इसके तहत मेडिकल कॉलेजों के लिए 1751.47 करोड़ रुपये निर्धारित किए गए हैं। इसमें जिला चिकित्सालयों को मेडिकल कॉलेज के रूप में बदले जाएंगे और 8 नए मेडिकल कॉलेज भी बनाए जाएंगे।
- पंचायती राज के पास कई महत्वपूर्ण अभियान हैं। इसके लिए 17222.55 करोड़ रुपये का प्रावधान है, जो पिछले बार की तुलना में 16 फीसदी ज्यादा है।
- इलाहाबाद कुंभ को यादगार बनाने के लिए सरकार ने इस मद में

1305 करोड़ रुपये की योजनाओं को स्वीकृति दी है। मेले से पहले 14 शहरों को हवाई मार्ग से कुंभ नगरी को जोड़ने का प्रस्ताव है। 100 किमी. की परिधि में आने वाले प्रमुख तीर्थस्थल भी यातायात से जोड़े जाएंगे।

- प्रदेश में सड़कों के निर्माण कार्यों हेतु 11 हजार 343 करोड़ रुपये की बजट व्यवस्था की गई है। मार्गों के नवीनीकरण एवं मरम्मत कार्य के लिए 3324 करोड़ रुपये की बजट व्यवस्था की गई है।
- आम आदमी बीमा योजना हेतु 10 करोड़ रुपये, 'प्रधान मंत्री जीवन ज्योति बीमा योजना' हेतु 130 करोड़ 60 लाख रुपये तथा प्रधानमंत्री सुरक्षा बीमा योजना के लिये 4 करोड़ 75 लाख रुपये की व्यवस्था की गई है।
- राजकीय मेडिकल कालेज कानपुर, गोरखपुर, आगरा और इलाहाबाद में बर्न यूनिट की स्थापना के लिए 14 करोड़ रुपये की व्यवस्था की गई है।
- अंत्येष्टि स्थल के लिए 100 करोड़ रुपये का बजट दिया गया है, जिसमें सभी मत के लोगों के लिए अंत्येष्टि स्थल बनाने का कार्य होगा।
- बजट प्रस्तावों में राजकोषीय घाटा 44 हजार 53 करोड़ 32 लाख रुपये और अंतिम शेष एक हजार 284 करोड़ 23 लाख होना अनुमानित है।
- बजट में 44 हजार 53 करोड़ 32 लाख रुपए का राजकोषीय घाटा अनुमानित है। राज्य की ऋणग्रस्तता सकल राज्य घरेलू उत्पाद 29.8 प्रतिशत अनुमानित है। बजट में 27 हजार 99 करोड़ 10 लाख रुपए की राजस्व बचत अनुमानित है।
- सचिवालय की आंतरिक सुरक्षा के लिए 13.50 करोड़ रुपए, दीनदयाल उपाध्याय राजकीय मॉडल कॉलेज के लिए 26 करोड़ और कुंभ मेला के लिए 1500 करोड़ रुपए आवटित किया गया है।
- एकलव्य क्रीड़ा कोष की स्थापना के लिए 25 करोड़ रुपए, स्पोर्ट्स कॉलेज एवं स्टेडियम की स्थापना औक उसके विकास के लिए 74 करोड़ रुपए, राष्ट्रीय एवं अंतर्राष्ट्रीय प्रतियोगिताओं के विजेताओं के लिए 3 करोड़ रुपए का प्रावधान किया गया है।
- हथकरघा और हैंडलूम के लिए 50 करोड़, बुनकर को रियायती दर पर बिजली के लिए 150 करोड़, खादी के लिए 55 करोड़ का कुल बजट दिया गया। आईटी के तहत ई आफिस के लिए 30 करोड़, स्टार्टप फंड के लिए 250 करोड़, प्रधानमंत्री चिकित्सा शिक्षा के तहत सुपर एस्पेशिलिटी विभाग बनाए जाने हेतु 126 करोड़ रुपये पीजीआई में 200 बेड की बृद्धि की गई।
- प्रदेश के पांच जनपद फैजाबाद, बस्ती, बहराइच, फिरोजाबाद और शाहजहांपुर में जिला चिकित्सालय के लिए 500 करोड़ रुपये वन पर्यावरण के लिए कुल बजट 20 करोड़ दिया गया है। 14 लाख 384 करोड़ रुपये नई योजनाओ के लिए सरकार ने बजट दिया। इसबार कान्हा उपवन एवम बेसहारा पशुओं की देखभाल के लिए 98 करोड़ का प्रावधान किया गया है।
- नई पर्यटन नीति-2018 के तहत रामायण सर्किट, कृष्णा सर्किट, सूफी सर्किट, बौद्ध सर्किट, बुंदेलखंड सर्किट, जैन सर्किट के लिए 70 करोड़ रुपए बजट में ब्रज तीर्थ विकास परिषद की स्थापना एवं सुविधाओं के लिए 100 करोड़ रुपए। लोक निर्माण विभाग द्वारा प्रदेश की सड़कों के निर्माण कार्य हेतु 11343 करोड रुपए की बजट की व्यवस्था। पुलों के निर्माण के लिए 1817 करोड रुपए की व्यवस्था मार्गों की नवीनीकरण अनुरक्षण एवं मरम्मत कार्य के लिए वर्ष 2018 19 में 3324 करोड़ की बजट व्यवस्था RIDF योजना के अंतर्गत ग्रामीण क्षेत्रों में मार्गों के नवनिर्माण चौड़ीकरण और सुदृढ़ीकरण तथा सिद्ध के निर्माण हेतु 920 करोड़ की व्यवस्था है।
- पंचायती राज स्वच्छ भारत मिशन के अंर्तगत 5000 हजार करोड़ की व्यवस्था, श्मशान के लिए 100 करोड़ की व्यवस्था, लघु सिचाई के तहत 36 करोड़ की व्यवस्था नई औद्योगिक विकास के लिए 500 करोड़। सूक्ष्म एवं लघु माध्यम उदगम एक जनपद एक उद्योग के लिए 250 करोड़ मुख्यमंत्री युवा स्वरोजगार योजना के लिए 100 करोड़ का प्रावधान।
- कैलाश मानसरोवर भवन गाजियाबाद के लिए 94 करोड़ 26 लाख रुपए।
- दिव्यांग पेंशन योजना के लिए 575 करोड रुपए, एकलव्य क्रीड़ा कोष की स्थापना के लिए 25 करोड़ रुपए, स्पोर्ट्स कॉलेज एवं स्टेडियम की स्थापना एवं विकास के लिए 74 करोड़ रुपए, राष्ट्रीय एवं अंतर्राष्ट्रीय प्रतियोगिताओं के विजेताओं के लिए 3 करोड़ रुपए का प्रावधान।
- बजट में सर्व शिक्षा अभियान के लिए 18 हजार 167 करोड़ रुपए, बजट में कक्षा 1 से 8 तक नि:शुल्क किताबों के 76 करोड़, यूनिफॉर्म के लिए 40 करोड़, बजट में मिड डे मील के लिए 2 हजार 48 करोड़ रुपए, फल वितरण के लिए 167 करोड़ रुपए, माध्यमिक शिक्षा अभियान 480 करोड़ रुपए। दीनदयाल उपाध्याय राजकीय मॉडल विद्यालय 26 करोड़, राष्ट्रीय उच्चतर शिक्षा अभियान के लिए 167 करोड़ रुपए, अहिल्याबाई नि:शुल्क शिक्षा योजना के लिए 21 करोड़, महिला एवं बाल कल्याण के लिए 8 हजार 815 करोड़ रुपए, महिला सशक्तिकरण के अंतर्गत सबला योजना के लिए 351 करोड़ रुपए, बाल पुष्टाहार के लिए 3 हजार 780 करोड़ रुपए, मुख्यमंत्री सामूहिक विवाह योजना के लिए 250 करोड़, चिकित्सा एवं स्वास्थ्य - प्रधानमंत्री मातृ वंदना योजना के लिए 291 करोड रुपए की बजट में व्यवस्था।
- युवाओं के लिए 250 करोड़ के स्टार्टअप फण्ड, दीन दयाल ग्रामोद्योग योजना के लिए 10 करोड़, खादी मार्केटिंग के लिए 20 करोड़
- सरयू नहर परियोजना के लिए एक हजार 614 करोड़ रुपये।
- ग्राम विकास प्रधानमंत्री आवास योजना तहत ग्रामीणों के लिए वर्ष 2018-19 के बजट में योजना हेतु 11500 करोड रुपए की व्यवस्था प्रस्तावित है।

- औद्योगिक निवेश नीति 2012 हेतु 600 करोड़ रुपए तथा नई औद्योगिक नीति हेतु 500 करोड़ रुपए की बजट में व्यवस्था प्रस्तावित। पूर्वांचल एक्सप्रेस वे के निर्माण हेतु 1000 करोड़ रुपए तथा आगरा एक्सप्रेस वे के निर्माण हेतु 500 करोड़ रुपए की बजट व्यवस्था।

- मिड-डे मील के लिए 2 हजार 48 करोड़ का बजट। कक्षा 1-8 तक के छात्रों के किताबों और यूनिफार्म के लिए 116 करोड़ रुपए का प्रावधान। प्राथमिक स्कूलों में बिजली, फर्नीचर और पानी के लिए 500 करोड़ का बजट।

- अल्पसंख्यक कल्याण के लिए 2 हजार 757 करोड़ रुपए की व्यवस्था। अरबी फारसी मदरसों के आधुनिकीकरण के लिए 404 करोड़ का बजट। अरबिया पाठशालाओं को 486 करोड़ के अनुदान की व्यवस्था। मान्यता प्राप्त आलिया स्तर के 246 अरबी-फारसी मदरसों को अनुदान के लिए 215 करोड़ की व्यवस्था।

- बजट में बुंदेलखंड एक्सप्रेसवे के लिए 650 करोड़ और गोरखपुर लिंक एक्सप्रेसवे के लिए 550 करोड़ रुपए। लखनऊ आगरा के लिए 500 करोड़। वन डिस्ट्रिक्ट-वन प्रोडक्ट के लिए 250 करोड़। मुख्यमंत्री युवा स्व रोजगार के लिए 100 करोड़। ग्रामीण क्षेत्रों में 100 नए आयुर्वेदिक अस्पताल खुलेंगे। चिकित्सा एवं स्वास्थ्य में प्रधानमंत्री मातृ वंदना योजना के लिए 291 करोड़। यूपी में रोड के निर्माण के लिए 11 हजार 3 सौ 43 करोड़। पुलों के निर्माण के लिए 1 हजार 8 सौ 17 करोड़। सिंचाई सरयू नहर परियोजना के लिए 1 हजार 614 करोड़ रुपये का बजट। प्रधानमंत्री ग्राम सड़क योजना के लिए 2 हजार 8 सौ 73 करोड़।

- कुल व्यय: 3 लाख 21 हजार 520 करोड़ राजस्व लेखा, 1 लाख 6 हजार 864 करोड़। पूंजी लेखा। राजस्व बचत: 27 हजार 99 करोड़ 10 लाख राजस्व नसीहत अनुमानित हैं। वर्ष 2018-19 के बजट में 14 हजार 341 करोड़ 89 लाख रुपए की नई योजनाएं सम्मिलित की गई हैं।

- वित्त मंत्री राजेश अग्रवाल ने 4 लाख 28 हजार 384 करोड़ 52 लाख का बजट पेश किया। यह पिछले साल की तुलना में 11.4 प्रतिशत ज्यादा है। पिछले साल 3.84 लाख का बजट पेश किया गया था।

- कैबिनेट बैठक में बजट अनुमोदन के अलावा 9 प्रस्तावों को भी मंजूरी मिली। कानपुर और आगरा में जर्जर सरकारी भवनों के ध्स्विकरण को मंजूरी दी गई। बजट में इस बार ऊर्जा विभाग को तरजीह दी गई है। ऊर्जा क्षेत्र में सुधार के लिए ज्यादा पैसों का प्रावधान किया गया है।

- सरकार 2018-19 को युवा वर्ष घोषित कर सकती है। 7वें वेतनमान के एरियर के लिए बजट में इंतजाम की उम्मीद। लड़कियों की उच्च शिक्षा के लिए नया एलान संभव। रोजगार और कौशल विकास के साथ कई नई पहल की उम्मीद। तीन नए एक्सप्रेस-वे, पांच शहरों में मेट्रो की हो सकती है घोषणा। सबके लिए आवास, किसानों की आय बढ़ाने की हो सकती है घोषणा। युवा वर्ष में लैपटॉप की जगह नौकरी को मिलेगी।

1 प्रैक्टिस सेट

सामान्य ज्ञान

1. भारतीय दंड संहिता की कौन सी धारा ''आत्महत्या के लिए प्रयास'' से संबंधित है?
(a) धारा 311 (b) धारा 420
(c) धारा 309 (d) धारा 306

2. भारतीय दण्ड संहिता की धारा 124ए निम्नलिखित में से किससे संबंधित है?
(a) राजद्रोह (b) मानहानि
(c) रिश्वत (d) हत्या सहित डकैती

3. संसद को किस अनुच्छेद के अन्तर्गत संविधान का संशोधन करने का अधिकार है?
(a) अनुच्छेद - 349
(b) अनुच्छेद - 390
(c) अनुच्छेद - 368
(d) अनुच्छेद - 74

4. किस अनुच्छेद के अनुसार भारतीय संविधान में सर्वोच्च न्यायालय को न्यायिक पुनरावलोकन की शक्ति प्रदान की गई है?
(a) अनुच्छेद - 137
(b) अनुच्छेद - 368
(c) अनुच्छेद - 126
(d) अनुच्छेद - 226

5. किस अनुच्छेद के तहत अवशिष्ट विधायी शक्तियाँ केन्द्र के पास हैं?
(a) अनुच्छेद - 246
(b) अनुच्छेद - 248
(c) अनुच्छेद - 247
(d) अनुच्छेद - 245

6. भारत में राजनीतिक शक्ति का मुख्य स्त्रोत है–
(a) मतदाता
(b) संविधान
(c) संसद
(d) संसद एवं राज्य-विधानसभा

7. सर्वोच्च न्यायालय के न्यायाधीशों को पद शपथ किसके द्वारा दिलायी जाती है?
(a) राष्ट्रपति
(b) उपराष्ट्रपति
(c) लोकसभा के अध्यक्ष
(d) कानून मंत्री

8. भारतीय संविधान में सम्मिलित मौलिक अधिकारों की संख्या है–
(a) 5 (b) 6
(c) 7 (d) 8

9. संयुक्त राष्ट्र संघ की महासभा की बैठकें होती हैं–
(a) एक वर्ष में एक बार
(b) एक वर्ष में दो बार
(c) दो वर्ष में एक बार
(d) तीन वर्ष में एक बार

10. अंतर्राष्ट्रीय शांति दिवस मनाया जाता है?
(a) 14 सितम्बर (b) 16 सितम्बर
(c) 21 सितम्बर (d) 27 सितम्बर

11. कितने वर्ष की आयु में कोई भारतीय नागरिक भारत का प्रधानमंत्री बन सकता है ?
(a) 18 वर्ष (b) 21 वर्ष
(c) 25 वर्ष (d) 35 वर्ष

12. मूल भारतीय संविधान में शामिल राज्य के नीति निदेशक तत्वों की संख्या थी–
(a) 11 (b) 12
(c) 13 (d) 14

13. राष्ट्रपति का रिक्त पद अवश्य भर लिया जाना चाहिए–
(a) 1 माह के भीतर
(b) 3 माह के भीतर
(c) 6 माह के भीतर
(d) 1 वर्ष के भीतर

14. भारतीय संविधान निर्मात्री परिषद् की प्रथम बैठक हुई थी–
(a) 9 अगस्त, 1942 ई.
(b) 26 जनवरी, 1950 ई.
(c) 15 अगस्त, 1947 ई.
(d) 9 दिसम्बर, 1946 ई.

15. 'इण्डियन स्ट्रगल' पुस्तक के लेखक का नाम है–
(a) गोपाल कृष्ण गोखले
(b) लोकमान्य बालगंगाधर तिलक
(c) सरदार भगत सिंह
(d) सुभाष चन्द्र बोस

16. निम्नलिखित में से किसे भारतीय कृषक वर्ग का 'प्रथम आम विद्रोह' कहा जा सकता है?
(a) संथाल विद्रोह
(b) 1857 का विद्रोह
(c) बंगाल का नील विद्रोह
(d) मराठा कृषक विद्रोह

17. कानपुर में 1857 के विद्रोह का नेतृत्व किसने किया था?
(a) जीनत महल (b) बख्त खान
(c) तात्या टोपे (d) नाना साहेब

18. निम्नलिखित में से कौन भारतीय राष्ट्रीय कांग्रेस की प्रथम बैठक में उपस्थित नहीं हो पाया था ?
(a) दादाभाई नौरोजी
(b) सुरेन्द्रनाथ बनर्जी
(c) बदरुद्दीन तैयबजी
(d) रमेशचन्द्र दत्त

19. सैयद वंश का अन्त करने वाला शासक था–

(a) बहलोल लोदी

(b) सिकन्दर लोदी

(c) इब्राहिम लोदी

(d) उपर्युक्त में से कोई नहीं

20. 'टंक' नामक चाँदी के अरबी सिक्कों का प्रचलन किया था–

(a) कुतुबुद्दीन ऐबक

(b) इल्तुतमिश

(c) रजिया सुल्तान

(d) बलबन

21. निम्नलिखित किस प्रदेश में रेलमार्ग का सबसे बड़ा जाल बिछा है?

(a) महाराष्ट्र (b) आन्ध्र प्रदेश

(c) उत्तर प्रदेश (d) पश्चिम बंगाल

22. कार्यशीलता की दृष्टि से बच्चों और वृद्धों की जनसंख्या को कहते हैं-

(a) निष्क्रिय जनसंख्या

(b) युवा और प्रौढ़ जनसंख्या

(c) आश्रित जनसंख्या

(d) सामाजिक दृष्टि से आश्रित जनसंख्या

23. भारत में चन्दन की लकड़ी के वन सर्वाधिक कहाँ पाये जाते हैं ?

(a) असम की पहाड़ियों में

(b) शिवालिक की पहाड़ियों में

(c) नीलगिरि की पहाड़ियों में

(d) सतपुड़ा की पहाड़ियों में

24. उत्तर प्रदेश के किन जनपदों में मुख्यतया लाल मिट्टी पाई जाती है?

(a) सोनभद्र-मिर्जापुर

(b) इलाहाबाद-प्रतापगढ़

(c) कानपुर-लखनऊ

(d) फर्रूखाबाद-रायबरेली

25. मानचित्र रचना में अक्षांश एवं देशान्तर रेखाओं का उपयोग सर्वप्रथम किस देश के विद्वानों द्वारा किया गया ?

(a) चीनी विद्वानों (b) भारतीय विद्वानों

(c) मिस्त्र विद्वानों (d) यूनानी विद्वानों

26. कोझीकोड बन्दरगाह भारत के किस प्रदेश में स्थित है ?

(a) उड़ीसा (b) केरल

(c) आन्ध्र प्रदेश (d) तमिलनाडु

27. केन्द्रीय मंत्रिमंडल ने बच्चों को मुफ्त और अनिवार्य शिक्षा देने वाले किस अधिनियम में संशोधन को मंजूरी प्रदान की–

(a) बेसिक शिक्षा का अधिकार अधिनियम-2008

(b) शिक्षा का अधिकार अधिनियम-2008

(c) शिक्षा का अधिकार अधिनियम-2009

(d) मूलभूत अधिकार अधिनियम-2009

28. उत्तर प्रदेश में सर्वाधिक क्षेत्रफल वाला जिला है–

(a) सोनभद्र (b) सीतापुर

(c) हरदोई (d) लखीमपुर खीरी

29. उत्तर प्रदेश राज्य विधान परिषद् का गठन कब किया गया था?

(a) 1935 (b) 1936

(c) 1937 (d) 1938

30. उत्तर प्रदेश के किस जिले में गेहूं का उत्पादन सर्वाधिक होता है ?

(a) मेरठ (b) जौनपुर

(c) गोरखपुर (d) मैनपुरी

31. साहित्यकार आनंद प्रकाश दीक्षित को हाल ही में 'भारत भारती' सम्मान से अलंकृत किया गया है। यह सम्मान निम्न में से किसके द्वारा दिया जाता है?

(a) उत्तर प्रदेश सरकार

(b) साहित्य कला अकादमी

(c) भारत सरकार राजभाषा विभाग

(d) मध्यप्रदेश सरकार

32. निम्नलिखित में से किसकों पराजित कर भारत ने ब्लाइंड विश्व कप क्रिकेट टूर्नामेंट 2018 का खिताब जीता?

(a) पाकिस्तान (b) श्रीलंका

(c) अफगानिस्तान (d) सऊदी अरब

33. भारत ने हाल ही में किस देश के साथ सीमा पारगमन समझौते को मंजूरी दी?

(a) पाकिस्तान (b) म्यांमार

(c) चीन (d) नेपाल

34. सिक्किम राज्य ने अपना पहला ब्रांड एम्बेसेडर किसे घोषित किया है।

(a) सलमान खान (b) जावेद अख्तर

(c) ए. आर. रहमान (d) अमिताभ बच्चन

35. भारत ने हाल ही में अब तक का सबसे तेज़ और पहला मल्टीपेटाफ्लोप्स सुपर कंप्यूटर स्थापित किया गया है। इस संदर्भ में निम्न में से कौन-सा/से कथन सत्य है/हैं

1.कंप्यूटर को प्रत्यूष नाम दिया गया है।

2.यह कंप्यूटर पूणे में स्थापित किया गया है।

3.इससे मौसम और जलवायु पूर्वानुमान में सुधार होगा।

(a) केवल-1 (b) केवल-2

(c) केवल 1 और 2

(d) 1, 2 और 3 सभी

36. स्वच्छ भारत कार्यक्रम के तहत एक करोड़ से अधिक आबादी वाला दूसरा खुले में शौच मुक्त शहर घोषित किया गया।

(a) हैदराबाद (b) कोलकाता

(c) वाराणसी (d) जयपुर

37. एडवोकेट से सीधे सुप्रीम कोर्ट की जज के रूप में इंदु मल्होत्रा के नाम की सिफारिश की गयी। अब तक कितने महिला एडवोकेट को सीधे सुप्रीम कोर्ट के जज के रूप में चुना गया है?

(a) एक (b) दो

(c) तीन (d) चार

38. श्रीमति आनंदी बेन पटेल ने हाल ही में किस राज्य के राज्यपाल के रूप में शपथ ली है?

(a) बिहार (b) केरल

(c) मध्यप्रदेश (d) तमिलनाडु

39. केन्द्रीय कैबिनेट के फैसले के अनुसार एयर इंडिया में कितनी हिस्सेदारी तक विदेशी निवेश की अनुमति दी गई है?

(a) 21 प्रतिशत (b) 49 प्रतिशत

(c) 50 प्रतिशत (d) 51 प्रतिशत

40. प्रत्येक वर्ष 15 जनवरी को सेना दिवस के रूप में मनाया जाता है। इस वर्ष (2018) में मनाया गया है–

(a) 69 वां सेना दिवस

(b) 70 वां सेना दिवस

(c) 71 वां सेना दिवस

(d) 72वां सेना दिवस

सामान्य हिन्दी

निर्देश (41-50): दिए गए गद्यांश के आधार पर निम्नलिखित प्रश्नों के उत्तर दीजिए।

समस्याओं का हल ढूँढने की क्षमता पर एक अध्ययन किया गया। इसमें भारत में तीन तरह के बच्चों के बीच तुलना की गई - एक तरफ वे बच्चे जो दुकानदारी करते हैं पर स्कूल नहीं जाते, दूसरे ऐसे बच्चे जो दुकान सँभालते हैं और स्कूल भी जाते हैं और तीसरा समूह उन बच्चों का था जो स्कूल जाते हैं पर दुकान पर कोई मदद नहीं करते।

उनसे गणना के व इबारती सवाल पूछे गए। दोनों ही तरह के सवालों में उन स्कूली बच्चों ने जो दुकानदार नहीं हैं, मौखिक गणना या मनगणित का प्रयोग बहुत कम किया, बनिस्बत उनके जो दुकानदार थे। स्कूली बच्चों ने ऐसी गलतियाँ भी कीं, जिनका कारण नहीं समझा जा सका। इससे यह साबित होता है कि दुकानदारी से जुड़े हुए बच्चे हिसाब लगाने में गलती नहीं कर सकते क्योंकि इसका सीधा असर उनके काम पर पड़ता है, जबकि स्कूलों के बच्चे वही हिसाब लगाने में अक्सर भयंकर गलतियाँ कर देते हैं।

इससे यह स्पष्ट होता है कि जिन बच्चों को रोजमर्रा की जिंदगी में इस तरह के सवालों से जूझना पड़ता है, वे अपने लिए जरूरी गणितीय क्षमता हासिल कर लेते हैं।

लेकिन साथ ही इस बात पर भी गौर करना महत्त्वपूर्ण है कि इस तरह की दक्षताएँ एक स्तर तक और एक कार्य-क्षेत्र तक सीमित होकर रह जाती हैं। इसलिए वे सामाजिक व सांस्कृतिक परिवेश जो कि ज्ञान को बनाने व बढ़ाने में मदद करते हैं, वही उस ज्ञान को संकुचित और सीमित भी कर सकते हैं।

41. समस्याओं का हल खोजने पर आधारित अध्ययन किस विषय से जुड़ा हुआ था?

(a) सामाजिक विज्ञा (b) गणित

(c) भाषा (d) दुकानदारी

42. किन बच्चों ने सवाल हल करने में मौखिक गणित का ज्यादा प्रयोग किया?

(a) जो सिर्फ स्कूल जाते हैं

(b) जो बच्चे न तो दुकानदारी करते हैं और न ही स्कूल जाते हैं

(c) जो स्कूली बच्चे दुकानदारी नहीं करते

(d) जो दुकानदारी करते हैं

43. अनुच्छेद के आधार पर कहा जा सकता है कि–

(a) बच्चे रोज़मर्रा के जीवन में काम आने वाली दक्षताओं को स्वत: ही हासिल कर लेते हैं

(b) सिर्फ दुकानदार बच्चे ही गणित सीख सकते हैं

(c) बच्चों को गणित सीखना चाहिए

(d) बच्चों को गणित सीखने के लिए दुकानदारी करनी चाहिए

44. दुकानदार बच्चे हिसाब लगाने में प्राय: गलती नहीं करते क्योंकि

(a) वे कभी भी गलती नहीं करते

(b) गलती का असर उनके काम पर पड़ता है

(c) इससे उन्हें माता-पिता से डाँट पड़ेगी

(d) वे जन्म से ही बहुत ही दक्ष हैं

45. जो दक्षताएँ हमारे दैनिक जीवन में काम नहीं आतीं उनमें हमारा प्रर्दशन अक्सर–

(a) खराब-अच्छा होता रहता है

(b) संतोषजनक होता है

(c) खराब होता है

(d) अच्छा होता है

46. अनुच्छेद के आधार पर बताइए कि सामाजिक व सांस्कृतिक परिवेश ज्ञान को–

(a) सीमित कर सकता

(b) बनाने में मदद भी करता है और उसे संकुचित-सीमित भी कर सकता है

(c) बनाने में मदद करता है

(d) संकुचित कर सकता है

47. 'इक' प्रत्यय का उदाहरण है

(a) सांस्कृतिक (b) चूँकि

(c) सीमित (d) संकुचित

48. 'मनगणित' का अर्थ है–

(a) कठिन गणित

(b) मनगढ़ंत गणित

(c) मनपसंद गणित

(d) मन-ही-मन हिसाब करना

49. संयुक्त क्रिया का उदाहरण है–

(a) दुकान सँभालते हैं

(b) हिसाब लगाते हैं

(c) स्कूल जाते हैं

(d) अध्ययन किया गया।

50. जो बच्चे रोजमर्रा की जिंदगी में हिसाब लगाने वाले सवालों से जूझते हैं वे किस प्रकार की क्षमता हासिल कर लेते हैं?

(a) गणितीय क्षमता

(b) कार्यक्षेत्रीय क्षमता

(c) मौखिक-गणना की क्षमता

(d) दुकानदारी की क्षमता

51. 'कपटी मित्र' किस मुहावरे का अर्थ है?

(a) काठ का उल्लू होना

(b) अक्ल का दुश्मन

(c) आस्तीन का साँप

(d) उपर्युक्त में से कोई नहीं

52. 'खग ही जाने खग की भाषा' कथन का सामान्य अर्थ .... है।

(a) जो जिस संगति में रहता है वह उसका पूरा रहस्य जानता है।

(b) देखा-देखी काम करना

(c) बुरी संगति में कलंक लगता है।

(d) कोई काम स्वयं करना ही ठीक रहता है।

53. निम्नलिखित में से .... सही शब्द है।

(a) रसायनिक (b) रासायनिक

(c) रासायनीक (d) रसयानीक

54. बोलते या लिखते समय जब बहुत कम समय के लिए रुकना पड़ता है, तब इस चिह्न का प्रयोग किया जाता है,

इसे .... कहा जाता है।

(a) अर्द्ध विराम (b) अल्प विराम

(c) पूर्व विराम (d) इनमें से कोई नहीं

55. शैलजा किसका पर्यायवाची है?

(a) पार्वती (b) हिमालय

(c) लक्ष्मी (d) शची

56. पार्थ किसका पर्यायवाची है?

(a) पर्वत (b) श्रीकृष्ण

(c) अर्जुन (d) युधिष्ठिर

57. इनमें से कौन-सा शब्द घोड़े का पर्यायवाची नहीं है?

(a) घोटक (b) सैन्धव

(c) हय (d) गज

58. इनमें से कौन-सा शब्द जंगल का पर्यायवाची है?

(a) विटप (b) द्रुम

(c) शून्य (d) विपिन

59. उन्मीलन का विलोम होगा—

(a) खुलना (b) निमीलन

(c) निमीलित (d) उन्मीलित

60. विपत्ति का उचित विलोम है—

(a) सम्पत्ति (b) विपन्न

(c) सम्पन्न (d) सम्पदा

61. विरक्त का विलोम है—

(a) योगी (b) भोगी

(c) साधु (d) आसक्त

62. मानव का विलोम है—

(a) राक्षस (b) दानव

(c) देवता (d) इनमें से कोई नहीं

निर्देश (73-64): समोच्चरित भिन्नार्थक शब्द का चयन करें।

63. अंस–अंश—

(a) कंधा, भाग (b) भाग, कंधा

(c) किरण, सूर्य (d) कंधा, सूर्य

64. अक्ष–अक्षि—

(a) आँख, धुरी (b) धुरी, आँख

(c) प्रारंभ, आँख (d) धुरी, प्रारंभ

65. भारतीय संविधान में किसे राजभाषा घोषित किया गया है?

(a) प्यादे से फरजी भयो टेढ़ा-मेढ़ो जाय

(b) छछूंदर के सिर में चेमली का तेल

(c) तन पर नहीं लत्ता खाये पान अलबत्ता

(d) अहिरन साथ गड़रिया नाचे भेड़ी खाय सियार

74. किस क्रमांक में अकर्मक क्रिया है?

(a) वह दिन भर खाता रहा

(b) वह रात भर नहीं सोया

(c) वह ही सदा दुहता है

(d) उसी ने बोला था

75. 'परिश्रमी छात्र कभी असफल नहीं होते' में किस शब्द में विशेषण है?

(a) छात्र (b) असफल

(c) परिश्रमी (d) कभी

76. 'उसे क्या पता, जिसे कभी कोई कष्ट न हुआ हो।' में कौन सा सर्वनाम है?

(a) सम्बन्धवाचक

(b) निजवाचक

(c) प्रश्नवाचक

(d) अनिश्चयवाचक

77. किस क्रम में कर्मधारय समास का उदाहरण है?

(a) शुभागमन (b) मालगाड़ी

(c) अनभिज्ञ (d) मुनिश्रेष्ठ

78. किस क्रम में विवृत्त स्वर है?

(a) ई (b) ए

(c) उ (d) आ

79. कौन सा क्रम सही नहीं है?

(a) कर्मनिष्ठ - अधिकरण तत्पुरुष समास

(b) पुरुषोत्तम - बहुब्रीहि समास

(c) आपादमस्तक - अव्ययीभाव समास

(d) मंदबुद्धि - कर्मधारय तत्पुरुष समास

80. किस क्रम में 'ड़, ढ़' व्यंजन के लिए सटीक बात कहीं गई है?

(a) उत्क्षिप्त मूर्धन्य व्यंजन

(b) स्पर्शी व्यंजन

(c) स्पर्श-संघर्षी व्यंजन

(d) पार्श्विक व्यंजन

संख्यात्मक अभियोग्यता

81. 5 A 7 में 335 जोड़ने का परिणाम 8B2 प्राप्त होता है। 8B2, संख्या 3 में विभाज्य है तदनुसार, A का अधिकतम संभव मान कितना होगा?

(a) 8 (b) 2

(c) 1 (d) 4

82. 10, 15, 20, से पूर्णत: विभाज्य 4-अंकों वाली बड़ी संख्या कौन-सी है?

(a) 9990 (b) 9960

(c) 9980 (d) 9995

83. निम्न में कौन-सी संख्या 25 द्वारा विभाज्य है?

(a) 303310 (b) 373355

(c) 303375 (d) 22040

84. $\left(1-\frac{1}{n+1}\right)+\left(1-\frac{2}{n+1}\right)+......+\left(1-\frac{n}{n+1}\right)$ **का योगफल ज्ञात कीजिए:-**

(a) n (b) $\frac{1}{2}n$

(c) $(n+1)$ (d) $\frac{1}{2}(n+1)$

85. एक कक्षा में छात्रों की संख्या 'z' है। उनमें लड़कों की संख्या 'x' है। तदनुसार, उस कक्षा में लड़कियों की संख्या का भाग कितना है?-

(a) $\frac{x}{y}$ (b) $\frac{z}{x}$

(c) $1-\frac{x}{z}$ (d) $\frac{z}{x}-1$

86. तीन व्यक्ति एक साथ सुबह सैर करते है। उनके एक कदम की दूरी क्रमश: 80 सेंटीमीटर, 85 सेंटीमीटर और 90 सेंटीमीटर है। उन्हें न्यूनतम कितनी दूरी तय करनी होगी ताकि उस दूरी को प्रत्येक के कदमों की दूरी से पूर्ण संख्या में मापा जा सके?

(a) 122 मी 40 सेमी

(b) 123 मी 45 सेमी

(c) 122 मी 45 सेमी

(d) 122 मी 50 सेमी

87. ऑटोरिक्शा का किराया एक निर्धारित मूल्य एवं दूसरा तय की गई दूरी के किराए के योग के बराबर होता है। यदि 10 कि.मी. की दूरी हेतु कुल किराया ₹ 85 होता है एवं 15 कि.मी. की दूरी हेतु कुल किराया ₹ 120 होता है, तो 25 कि.मी. की दूरी हेतु कुल किराया होगा-

(a) ₹ 175 (b) ₹ 190
(c) ₹ 180 (d) ₹ 225

88. रेफ्रिजरेटर का एक निर्माता तीसरे वर्ष में 600 इकाई का उत्पादन करता है एवं सातवें वर्ष में 700 इकाई का उत्पादन करता है। यदि उत्पादन में वृद्धि प्रतिवर्ष एक समान हो, तो 7 वर्षों का कुल उत्पादन है-

(a) 4537 (b) 4375
(c) 4753 (d) 4735

89. एक समान्तर श्रेणी में प्रथम पद 11 है, nवाँ पद का 143 एवं दूसरे पद 15 है, तो इस श्रृखला के प्रथम n पदो का योग होगा--

(a) 2681 (b) 2861
(c) 2618 (d) 2816

90. किसी कक्षा के 65% छात्र कार्टून फिल्म, 70% डरावने फिल्म एवं 75% युद्ध पर आधारित फिल्में पसंद करते हैं, तो तीनों तरह की फिल्में पसंद करने वालों का न्यूनतम प्रतिशत होगा–

(a) 30% (b) 20%
(c) 10% (d) 5%

91. एक व्यक्ति अपने द्वारा तय की जाने वाली यात्रा की कुल दूरी को तीन बराबर भागों में विभाजित करता है और उन तीन भागों को क्रमशः 20, 15 एवं 10 कि.मी./घंटे की गति से तय करता है, तो पूरी यात्रा के दौरान उसकी औसत गति थी–

(a) $13\frac{11}{13}$ कि.मी./घं.
(b) $11\frac{11}{13}$ कि.मी./घं.
(c) $13\frac{3}{13}$ कि.मी./घं.
(d) $11\frac{3}{13}$ कि.मी./घं.

92. यदि P एवं R के कुल आयु को Q की आयु के दो गुणे में जोड़ा जाए, तो कुल योग 59 होगा। यदि Q एवं R के कुल आयु को P की आयु के तीन गुणे में जोड़ा जाए तो कुल योग 68 होगा और यदि P की आयु को Q की आयु के तीन गुणे एवं R की आयु के तीन गुणे में जोड़ा जाए तो कुल योग 108 होगा, तो P की आयु है–

(a) 17 वर्ष (b) 19 वर्ष
(c) 15 वर्ष (d) 12 वर्ष

93. एक व्यक्ति पहले 20 कि.मी. की दूरी 5 कि.मी./घंटे की गति से, तथा अगले 15 कि.मी. की दूरी 3 कि.मी./घंटे की गति से एवं अंतिम 10 कि.मी. की दूरी 2 कि.मी./घंटे की गति से तय करता है, तो पूरी यात्रा के दौरान उसकी औसत गति है–

(a) $3\frac{3}{14}$ कि.मी./घंटे
(b) $7\frac{3}{14}$ कि.मी./घंटे
(c) $5\frac{3}{14}$ कि.मी./घंटे
(d) $3\frac{5}{14}$ कि.मी./घंटे

94. दूध से भरा हुआ एक बर्तन जिसमें 40% पानी है। इस मिश्रण के कुछ भाग को 19% पानी वाले दूध के मिश्रण द्वारा विस्थापित किया गया, जिसके फलस्वरूप मूल मिश्रण में जल का प्रतिशत 26% हो गया, तो विस्थापित किए गए दूध की मात्रा है–

(a) $\frac{2}{3}$ ली. (b) $\frac{1}{3}$ ली.
(c) $\frac{3}{7}$ ली. (d) $\frac{4}{7}$ ली.

95. एक वस्तु के मूल्य में 10% की कमी की गई है, तो नए मूल्य को प्रारंभिक मूल्य के बराबर करने हेतु कितने प्रतिशत बढ़ाना होगा?

(a) 10% (b) $9\frac{1}{11}\%$
(c) $11\frac{1}{9}\%$ (d) 90%

निर्देश (प्र. सं. 96-100): निम्नलिखित सारणी का ध्यानपूर्वक अध्ययन कर उसके बाद दिए गए प्रश्नों के उत्तर दीजिए।

6 अलग-अलग स्कूलों की अलग-अलग कक्षाओं में पढ़ रहे विद्यार्थियों की संख्या

School	Classes					
	I	II	III	IV	V	VI
A	42	54	48	58	50	38
B	50	60	58	45	45	46
C	40	48	58	46	42	54
D	45	55	46	40	52	50
E	48	55	44	55	52	48
F	52	52	54	42	60	54

96. सभी स्कूलों में मिलकर कक्षा 1 में पढ़ने वाले विद्यार्थियों की लगभग औसत संख्या क्या है?

(a) 38 (b) 50
(c) 40 (d) 46

97. स्कूल E में कक्षा IV में पढ़ रहे बच्चों की संख्या, स्कूल D में कक्षा IV में पढ़ रहे बच्चों की संख्या का कितने प्रतिशत है?

(a) 128 (b) 132.5
(c) 124 (d) 137.5

98. दिए गए सभी स्कूलों में मिलकर किस कक्षा में विद्यार्थियों की कुल संख्या न्यूनतम है?

(a) V (b) VI
(c) I (d) IV

99. दी गई सभी कक्षाओं में मिलकर किस स्कूल में विद्यार्थियों की संख्या सबसे अधिक है?

(a) E (b) F
(c) B (d) A

100. स्कूल A और B में मिलकर कक्षा III में पढ़ रहे विद्यार्थियों की संख्या का स्कूल C और D में मिलकर कक्षा VI में पढ़ रहे विद्यार्थियों की संख्या से क्रमशः क्या अनुपात है?

(a) 53 : 52 (b) 43 : 47
(c) 25 : 27 (d) 39 : 38

निर्देश (प्र.सं. 101-105): नीचे दिए गए प्रश्नों के उत्तर देने के लिए इस पाई-चार्ट का अध्ययन कीजिए।

एक स्कूल में विभिन्न हॉबी कक्षाओं में भर्ती हुए विद्यार्थियों का प्रतिशत कुल विद्यार्थी = 3600

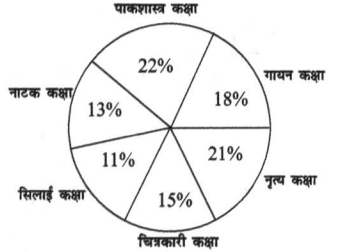

101. पाकशास्त्र कक्षा में भर्ती हुए विद्यार्थियों की संख्या नृत्य कक्षा में भर्ती हुए विद्यार्थियों की संख्या का कितना प्रतिशत है?

(a) 101.45 (b) 104.76
(c) 107.57 (d) 110.28

102. चित्रकारी कक्षा में कितने विद्यार्थी भर्ती हुए हैं?

(a) 550 (b) 80
(c) 450 (d) इनमें से कोई नहीं

103. चित्रकारी कक्षा में भर्ती हुए विद्यार्थियों की संख्या गायन कक्षा में भर्ती हुए विद्यार्थियों की संख्या का लगभग कितना प्रतिशत है?

(a) 78 (b) 80
(c) 83 (d) 66

104. गायन और नृत्य कक्षा में मिलकर भर्ती हुए विद्यार्थियों की संख्या का नाटक कक्षा में भर्ती हुए विद्यार्थियों की संख्या से क्रमशः क्या अनुपात है?

(a) 3 : 1 (b) 4 : 7
(c) 7 : 5 (d) 8 : 7

105. सिलाई और नाटक कक्षा में मिलकर भर्ती हुए विद्यार्थियों की कुल संख्या क्या है?

(a) 684 (b) 784
(c) 648 (d) 864

निर्देश (प्र.सं. 106-110): निम्नलिखित संख्या श्रृंखला में प्रश्नचिन्ह (?) के स्थान पर क्या आएगा?

106. 30 35 65 100 165 265?

(a) 270 (b) 330
(c) 430 (d) 395

107. 3 5 7 ? 13 17

(a) 9 (b) 10
(c) 11 (d) 13

108. 16 17 15 18 14 ?

(a) 10 (b) 17
(c) 18 (d) इनमें से कोई नहीं

109. 3125 256 ? 4 1

(a) 27 (b) 30
(c) 64 (d) 32

110. 2 3 6 18 108 ?

(a) 126 (b) 464
(c) 648 (d) 1944

111. प्राची ने पहले वर्ष में 6% की साधारण ब्याज दर पर और प्रत्येक उत्तरवर्ती वर्ष में 0.5% की बढ़ोतरी सहित एक ऋण लिया। चार वर्ष बाद उसने रु 3375 का ब्याज अदा किया। उसने कितना ऋण लिया था?

(a) ₹ 12500
(b) ₹ 14828
(c) ₹ 15800
(d) निर्धारित नहीं किया जा सकता

112. एक 240 मी लम्बी ट्रेन को, एक खम्भा पार करने में जितना समय लगता है, उतनी ही गति पर उसे अपने से दुगुनी लम्बाई वाले एक प्लेटफार्म को पार करने में, उससे 40 सेकण्ड अधिक लगते हैं। ट्रेन की गति क्या है?

(a) 6 मी/से (b) 24 मी/से
(c) 48 मी/से (d) 12 मी/से

113. शब्द 'RIDDLED' के अक्षरों को अलग-अलग कितने प्रकार से क्रमबद्ध किया जा सकता है?

(a) 1680 (b) 840
(c) 2520 (d) 5040

114. फेंसिग की प्रति फुट लागत रु 614 है तो 98.56 वर्ग फुट के क्षेत्रफल वाले वृत्ताकार प्लाट के गिर्द फेन्स के निर्माण में कितनी लागत आयेगी।

(a) ₹ 60515.84 (b) ₹ 30257.92
(c) ₹ 21612.80 (d) ₹ 13225.60

115. अर्पिता ने 9 वर्ष पहले शादी की थी। शादी के समय जो उसकी आयु थी, आज उससे उसकी आयु $1\frac{1}{3}$ गुना है। इस समय उसकी पुत्री की आयु के एक बटा छह है। दो वर्ष पूर्व उसकी पुत्री की आयु क्या थी?

(a) 6 वर्ष (b) 7 वर्ष
(c) 8 वर्ष (d) इनमें से कोई नहीं

निर्देश (प्र.सं. 116-120): नीचे दिए गए प्रश्नों के उत्तर देने के लिए इस ग्राफ का ध्यानपूर्वक अध्ययन कीजिए

विगत वर्षों में तीन कम्पनियों द्वारा अर्जित लाभ (लाखों में)

लाभ = आय - खर्च

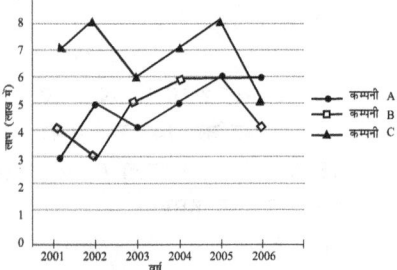

116. वर्ष 2005 में कम्पनी A की आय ₹ 1354300 थी तो उस वर्ष उसका व्यय कितना था?

(a) ₹ 921600 (b) ₹ 833500
(c) ₹ 798720 (d) ₹ 754300

117. वर्ष 2006 में कम्पनी B का व्यय ₹ 2211430 था तो उसी वर्ष में उसकी आय क्या थी?

(a) ₹ 2912260 (b) ₹ 2814680
(c) ₹ 2781968 (d) इनमें से कोई नहीं

118. सभी वर्षों में मिलकर कम्पनी A द्वारा अर्जित औसत लाभ लगभग कितना है?

(a) ₹ 328814 (b) ₹ 382000
(c) ₹ 483000 (d) ₹ 512000

119. वर्ष 2002 में कम्पनी A द्वारा अर्जित लाभ, इसी वर्ष में तीनों कम्पनियों द्वारा मिलकर अर्जित लाभ का कितने प्रतिशत है?

(a) 31.25 (b) 28.24
(c) 21.43 (d) 36.25

सेट 1

120. पिछले वर्ष की तुलना में वर्ष 2002 में कम्पनी C के लाभ में कितने प्रतिशत वृद्धि हुई थी? (निकटतम पूर्णांक तक पूर्णांकित)
    (a) 7   (b) 14
    (c) 21   (d) 28

तर्कशक्ति परीक्षण

121. यदि किसी सांकेतिक भाषा में LAWN को JCUP लिखा जाता है, तो उसी भाषा में SLIT को किस प्रकार लिखा जाएगा?
    (a) QNGV   (b) QJGV
    (c) QNVG   (d) NJGV

122. यदि किसी सांकेतिक भाषा में PRAISE को #@$27% तथा RESPIRE को @%7#2@% लिखा जाता है, तो उसी भाषा में REPAIR को किस प्रकार लिखा जाएगा?
    (a) @%#2$@
    (b) @%$#2@
    (c) @%#$2@
    (d) अपर्याप्त आंकड़े

123. नीचे दिए हुए चार विकल्पों में से कोई तीन किसी प्रकार से एक समान हैं तथा एक समूह बनाते हैं। कौन-सा एक उस समूह के अन्तर्गत नहीं आता?
    (a) बैंगनी   (b) नीला
    (c) लाल   (d) गुलाबी

124. यदि शब्द CONSTRUCTED के सभी स्वर उनके वर्णमाला के अगले अक्षरों से प्रतिस्थापित कर दिए जाएं तथा सभी व्यंजन उनके वर्णमाला के पहले अक्षरों से प्रतिस्थापित कर दिए जाएं तो दाएं सिरे से 9वां अक्षर क्या होगा?
    (a) T   (b) Q
    (c) P   (d) M

125. संख्या 71836942 के अंकों को यदि बढ़ते क्रम में रखा जाए, तो कितने अंक ऐसे हैं जिनके स्थान में परिवर्तन नहीं होगा?
    (a) एक   (b) दो
    (c) तीन   (d) पांच

126. शब्द URLE के अक्षरों से कितने अंग्रेजी के सार्थक शब्द बनाए जा सकते हैं, जबकि प्रत्येक शब्द, प्रत्येक अक्षर केवल एक बार प्रयोग होगा?
    (a) एक भी नहीं (b) एक
    (c) दो   (d) चार

127. यदि शब्द BASEMENT के दूसरे, तीसरे छठवें और आठवें अक्षरों से कोई एक सार्थक शब्द बनाया जा सकता है, तो उस शब्द का तीसरा अक्षर क्या होगा? यदि कोई शब्द बनना सम्भव न हो तो उत्तर 'X' दीजिए और यदि एक से अधिक शब्द बनने सम्भव हों तो उत्तर 'Y' दीजिए–
    (a) X   (b) Y
    (c) T   (d) N

128. निम्नलिखित अक्षर श्रेणी में अगला अक्षर क्या होगा?
    3 4 4 3 4 4 5 3 4 4 5 6 3 4 4 5 6 7 3 4 4 5 6
    (a) 3   (b) 5
    (c) 6   (d) 7

129. शब्द SEQUENTIAL में ऐसे कितने अक्षर युग्म हैं जिनके बीच उतने ही अक्षर लुप्त हैं जितने उनके बीच वर्णमाला में होते हैं?
    (a) एक भी नहीं (b) एक
    (c) दो   (d) तीन से अधिक

130. अंग्रेजी वर्णमाला में अक्षरों के क्रम के आधार पर निम्नलिखित अक्षर श्रेणी में प्रश्नवाचक चिन्ह (?) के स्थान पर कौन-सा अक्षर समूह होगा?
    GFD, JIG, MLJ, POM, ?
    (a) SPR   (b) SRP
    (c) RPS   (d) RSP

131. यदि किसी सांकेतिक भाषा में SATELLITE को FUBTLDSHK लिखा जाता है, तो उसी भाषा में LAUNCHING को किस प्रकार लिखा जाएगा?
    (a) DOUBFGMHO
    (b) OVBMCFMHG
    (c) OVMBCFMHG
    (d) DOUBCFMHG

132. यदि शब्द POETICAL के अक्षरों को अंग्रेजी वर्णमाला के क्रम में व्यवस्थित किया जाए तो इस पुनर्व्यवस्था के बाद कितने अक्षर अपरिवर्तित रहेंगे?
    (a) एक भी नहीं (b) एक
    (c) दो   (d) तीन

133. A, B, C, D और E पांच स्टील के बॉक्स हैं। E केवल A से भारी है। C, A और E से भारी है और B से कम भारी है जो सबसे भारी नहीं है। निम्न में से कौन-सा बॉक्स सबसे भारी है?
    (a) A   (b) B
    (c) C   (d) D

134. निम्न में से कौन-सा आरेख लाल, कपड़ों और गुलाबों के बीच सर्वाधिक उचित सम्बन्ध दर्शाता है?

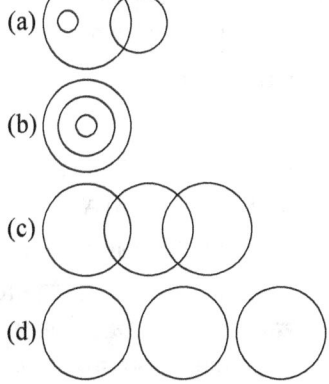

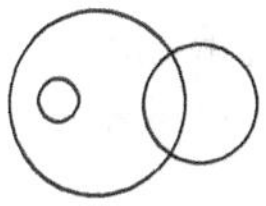

135. निम्नलिखित चार में से तीन किसी प्रकार समान हैं इसलिए उनका एक समूह बनता है। वह एक कौन-सा है जो इस समूह में नहीं आता?
    (a) ग्रैंडचाइल्ड (b) नीस
    (c) अंकल   (d) फादर

136. सुधा को ठीक से याद है कि उसकी माता का जन्मदिन शुक्रवार से पहले लेकिन सोमवार के बाद है। उसके भाई अभय को ठीक से याद है कि उनकी माता का जन्मदिन बुधवार के बाद लेकिन शनिवार से पहले है। उनकी माता का जन्मदिन निश्चित रूप से निम्न में से किस दिन पड़ता है?
    (a) मंगलवार   (b) बुधवार
    (c) गुरुवार   (d) शुक्रवार

137. आरती 5 किमी उत्तर दिशा की ओर चलती है, दाएं मुड़ती है और 10 किमी चलती है। अब वह बाएं मुड़ती है और 5 किमी चलती है। अन्त में वह एक बार फिर बाएं मुड़ती है और 10 किमी चलती है। अब वह निम्न में से किस दिशा में चल रहीहै?

(a) उत्तर पूरब (b) दक्षिण

(c) उत्तर (d) पश्चिम

निर्देश (प्र. सं. 138-142): निम्न जानकारी को ध्यान से पढ़िए और प्रश्नों के उत्तर दीजिए

A, B, C, D, E, F, G और H केंद्र की ओर मुँह करके एक वृत्त के गिर्द बैठे हुए हैं। E और G हमेशा एक दूसरे के निकट बैठते हैं। D, C के दाएं को तीसरे स्थान पर बैठता है। F, H के बाएं को दूसरे स्थान पर बैठता है। C कभी भी A के अगले स्थान पर नहीं बैठता जबकि D कभी भी G के अगले स्थान पर नहीं बैठता। H, D और C का पड़ोसी नहीं है।

138. F के एकदम दाएं को कौन बैठता है?

(a) D (b) E

(c) B (d) A

139. बैठने की व्यवस्था में अपने-अपने स्थान के आधार पर निम्नलिखित चार में से तीन किसी प्रकार समान हैं इसलिए उनका एक समूह बनता है। वह एक कौन-सा है जो इस समूह में नहीं आता है?

(a) CH (b) AB

(c) AC (d) DG

140. B और F के बीच कौन-सा जोड़ा बैठता है?

(a) HB (b) FD

(c) BG (d) AH

141. B के बाएं को दूसरे स्थान पर कौन बैठता है?

(a) F (b) C

(c) A (d) E

142. A और D के बीच कौन बैठता है?

(a) H (b) F

(c) C (d) E

निर्देश (प्र. सं. 143-144): नीचे दिए गए समूहों को पढ़िए और उनके बाद दिए गए प्रश्नों के उत्तर दीजिए।

279 543 926 247 438

143. प्रत्येक संख्या में 5 जोड़ने के बाद यदि सबसे छोटी संख्या के दूसरे अंक को सबसे बड़ी संख्या के तीसरे अंक में जोड़ दिया जाए तो निम्न में से कौन-सी संख्या आएगी?

(a) 3 (b) 5

(c) 6 (d) 9

144. यदि प्रत्येक संख्या में दूसरे और तीसरे अंक को परस्पर बदल दिया जाए, तो सबसे बड़ी संख्या कौन-सी होगी?

(a) 247 (b) 926

(c) 543 (d) 279

निर्देश (प्र. सं. 145): नीचे प्रत्येक प्रश्न में चार कथन और उसके बाद चार निष्कर्ष I, II, III, और IV दिए गए हैं। आपको दिए गए कथनों को सत्य मानना है भले ही वे सर्वज्ञात तथ्यों से भिन्न प्रतीत हों। सभी निष्कर्ष पढ़िए और तय कीजिए कि दिए गए निष्कर्षों में से कौन-सा दिए गए कथनों का तर्कसंगत रूप से अनुसरण करता है, सर्वज्ञात तथ्य चाहे कुछ भी हों।

145. कथनः

कुछ अक्षर शब्द है।

सभी शब्द वाक्य हैं।

कुछ वाक्य पैराग्राफ हैं।

कुछ पैराग्राफ पेज हैं।

निष्कर्ष

I. कुछ शब्द पैराग्राफ हैं।

II. कुछ अध्याय अक्षर नहीं हैं।

III. कोई अध्याय अक्षर नहीं है।

IV. कुछ अक्षर वाक्य हैं।

(a) केवल IV अनुसरण करता है।

(b) III और IV अनुसरण करता है।

(c) केवल या तो II या III अनुसरण करता है।

(d) केवल IV और या तो II या III अनुसरण करता है।

निर्देश (प्र.सं. 146-152): निम्नलिखित प्रत्येक प्रश्न में दिए गए विकल्पों में से संबंधित शब्द/अक्षर/संख्या को चुनिए।

146. काफी : कैफीन : : तंबाकू : ?

(a) टेनिन (b) नोवाकेन

(c) एलेक्सिन (d) निकोटिन

147. घनिष्ट : अपरिचित : : ?

(a) आंतरिक : दूरवर्ती

(b) बचे रहना : धैर्य

(c) दिलचस्पी : उदासीनता

(d) सर्वप्रिय : मैत्रीपूर्ण

148. नारियल : तेल : : फल : ?

(a) मीठा (b) स्वाद

(c) जूस (रस) (d) गुच्छा

149. (a) 111 (b) 263

(c) 383 (d) 551

150. (a) SPOKE (b) SMOKE

(c) KOPES (d) POKES

151. (a) इस्पात (b) पीतल

(c) पारा (d) तांबा

152. (a) नामे : जमा (b) लाभ : वृद्धि

(c) आय : व्यय (d) संपत्ति : वृद्धि

निर्देश (प्र.सं. 153-158): दिए गए विकल्पों में से सम्बन्धित शब्द/अक्षर/संख्या को चुनिए।

153. 720 : 840 : : 60 : ?

(a) 74 (b) 76

(c) 80 (d) 70

154. 225 : 256 : : 289 : ?

(a) 432 (b) 234

(c) 361 (d) 324

155. धन : दुरुपयोग : : लेखन : ?

(a) रचना (b) कला

(c) अशुद्धि (d) साहित्यिक चोरी

156. आशावादी : प्रसन्न : : निराशावादी : ?

(a) निकृष्ट (b) नगण्य

(c) स्वार्थी (d) उदास

157. YTOJ : XSNI : : WRMH : ?

(a) UPKF (b) VQLG

(c) TOJE (d) RMHC

158. EIGK : EACY : : RVTY : ?

(a) RMPL (b) RVSQ

(c) RNPL (d) RWUY

निर्देश (प्र.सं. 159-160): उस विकल्प को चुनिए जो अन्य तीन विकल्पों से भिन्न है।

159. (a) 9 (b) 27
(c) 35 (d) 18

160. (a) 10 – 90 (b) 9 – 72
(c) 8 – 56 (d) 11 – 115

मानसिक अभिरुचि, बुद्धिलब्धि एवं तार्किक क्षमता

161. मानवता की निरन्तरता के लिए क्या जरूरी है?
(a) सांस्कृतिक विमर्श को समझना
(b) साम्प्रदायिक विभाजन
(c) वर्चस्ववाद
(d) स्वेच्छाचारिता।

162. विविधता के बीच किसका महत्त्व बढ़ रहा है?
(a) एकता और समरसता
(b) कट्टरवाद
(c) अविश्वास की भावना
(d) सामुदायिक पहचान।

163. महिलाओं का घरेलू हिंसा से संरक्षण, अधिनियम किस सन् में पारित किया गया?
(a) 1999 (b) 2003
(c) 2001 (d) 2005

164. 'घरेलू हिंसा' में निम्नलिखित में से क्या शामिल नहीं है?
(a) ऐसा कार्य जिससे महिला के शारीरिक स्वास्थ्य को खतरा हो
(b) ऐसा कार्य जिससे महिला के मानसिक स्वास्थ्य की क्षति हो
(c) दहेज की मांग के कारण महिला का उत्पीड़न
(d) थकाने वाला अधिक घरेलू कार्य करना।

165 जनहित याचिका निम्नलिखित में से किसके द्वारा प्रस्तुत की जा सकती है?
(a) किसी भी व्यक्ति द्वारा
(b) किसी भी अधिवक्ता द्वारा
(c) किसी लोक-सेवक द्वारा
(d) किसी मान्यता प्राप्त सामाजिक संस्था द्वारा।

166. निम्नलिखित में से जनहित का कौन-सा अर्थ सही है?
(a) प्रत्येक व्यक्ति को रोजगार मिले
(b) जनता के प्रत्येक व्यक्ति का कल्याण हो
(c) प्रत्येक व्यक्ति को रहने को घर मिले
(d) उपरोक्त में से कोई नहीं।

167. निम्नलिखित में से बलात्कार की शिकार महिला की चिकित्सीय रिपोर्ट में किस तथ्य का उल्लेख नहीं होगा?
(a) उसके नाम, पते और आयु का
(b) उसके शरीर पर आई चोटों का
(c) बलात्कार के चिकित्सीय परीक्षण करने के चिकित्सक के अनुभव का
(d) इनमें से कोई नहीं

168. एक विवाहिता को इसलिए परेशान किया जाता है क्योंकि उसका पिता कंगाल है, जो आज तक एक मोटर साइकिल व कलर टीवी दहेज में नहीं दे सका। निम्न में से यह कौन-सा अपराध नहीं है?
(a) कोई अपराध नहीं है
(b) साधारण मांग है
(c) दहेज निषेधा अधिनियम धारा 3 का
(d) धारा 498ए भारतीय दण्ड विभाजन का।

169. 'विधि का शासन' सिद्धांत निम्नलिखित. में से किससे सम्बन्धित है?
(a) संविदा विधि से
(b) प्रशासनिक विधि से
(c) सिविल विधि से
(d) आपराधिक विधि से।

170. 'विधि का शासन' सिद्धांत भारतीय संविधान का आधारभूत ढांचा है, सर्वोच्च न्यायालय ने निम्नलिखित में से किस वाद में घोषित किया?
(a) गोलकनाथ वाद
(b) केशवानन्द भारती वाद
(c) मेनका गांधी वाद
(d) उपरोक्त में से कोई नहीं।

171. निम्नलिखित में से पुलिस महानिरीक्षक को कौन-सा अधिकार व शक्ति प्राप्त है?
(a) अपने क्षेत्र के किसी थाने में, थाना प्रभारी को जो अधिकार प्राप्त हैं, उनका प्रयोग स्वयं करना।
(b) किसी भी पुलिस थाने का निरीक्षण करना, जो उसकी अधिकारिता में हो
(c) कत्तव्यों की अवहेलना पर अपने अधीनस्थ की जांच कर उसे दण्डित करना
(d) उपरोक्त सभी।

172. निम्नलिखित में से अग्निशमन सेवा में सर्वोच्च पद कौन-सा होता है?
(a) मुख्य अग्निशमन अधिकारी
(b) निदेशक
(c) संयुक्त निदेशक
(d) फायरमैन।

173. निम्न में से एक सफल पुलिसकर्मी में किस प्रकार का बल होना चाहिए?
(a) शारीरिक बल
(b) मानसिक बल
(c) आत्मविश्वास व दृढ़ संकल्प
(d) चरित्र बल

174. निम्न में से मानसिक दृढ़ता के लिए क्या घातक है?
(a) विलासी जीवन
(b) कायरता
(c) कर्त्तव्य की अवहेलना
(d) प्राणों का मोह

175. अपहरण के अपराध के लिए, जिसमें फिरौती की मांग की गई हो, में सजा का प्रावधान है
(a) 5 वर्ष
(b) 10 वर्ष
(c) मृत्युदण्ड या आजीवन कारावास और जुर्माने का प्रावधान
(d) आजीवन कारावास।

176. 'क' 'ख' की हत्या करने के इरादे से 'ख' की झोंपड़ी तक गया। उसने देखा 'ख' झोंपड़ी में सो रहा है। झोंपड़ी का एक ही दरवाजा था, जिसे 'क'

ने बाहर से बन्द करके ताला लगा दिया। तत्पश्चात् उसने झोंपड़ी में आग लगा दी। 'ख' जलकर मर गया। 'क' उत्तरदायी है।

(a) घोर उपहित के लिए
(b) हत्या के लिए
(c) आपराधिक मानव वध के लिए जो हत्या है
(d) आग लगाने और हत्या के लिए।

177. विधि के समानता का तात्पर्य यह नहीं है कि

(a) मोटरचालक, साइकिल चालक या पैदल चलने वाले के प्रति पुलिस का व्यवहार समान हो
(b) पुलिस युक्तिपूर्वक काम न ले
(c) तेज रफ्तार से चलने पर एक गरीब टैक्सी चालक का चालान हो पर किसी नेता की प्राइवेट कार का नहीं
(d) सामाजिक पद और प्रतिष्ठा देखकर पक्षपात किया जाए

178. निम्नलिखित में से अल्पसंख्यकों के हित किस प्रकार सुरक्षित रखे जा सकते हैं?

(a) उन्हें अच्छी शिक्षा देकर
(b) उन्हें अनुमति देकर कि वे अपनी शिक्षण संस्थाए स्थापित करें और उनका प्रबन्ध करें
(c) अच्छी नौकरी देकर
(d) उन्हें सस्ती ब्याज दर पर आवास ऋण देकर

179. सरकार, प्रशासन व पुलिस के भरपूर प्रयत्न के बावजूद भी कानून व्यवस्था क्यों नहीं कायम हो पाती?

(a) पुलिस को जनता का सहयोग प्राप्त नहीं है
(b) गम्भीर अपराधों के अपराधी जमानत पर शीघ्र मुक्त हो जाते हैं
(c) अपराध की रिपोर्ट होने पर पुलिस तत्परता से कार्यवाही नहीं करती
(d) समाज के प्रभावशाली लोगों का संरक्षण अपराधियों को प्राप्त हैं

180. निम्नलिखित में से किस कारण की वजह से आप पुलिस सेवा में आना चाहते हैं?

(a) पुलिस सेवा ज्यादा तेजी से पदोन्नति व कैरियर में विकास का अवसर देती है
(b) पुलिस सेवा में पैसा बहुत प्राप्त होता है
(c) मैं शारीरिक व मानसिक रूप से स्वस्थ हूँ और पुलिस सेवा के लिए स्वयं को उपयुक्त समझता हूँ।
(d) अपने देश व जनता की सेवा करने के लिए

निर्देश (प्र. सं. 181-182): निम्नलिखित प्रत्येक प्रश्न में एक आकृति दी गई है। इन पर आधारित पूछे गए प्रश्नों का उत्तर दीजिए।

181. नीचे दी गई आकृति में कितने समानांतर चतुर्भुज हैं?

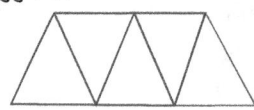

(a) 6 (b) 4
(c) 5 (d) 3

182. नीचे दी गई आकृति में कितने वर्ग हैं?

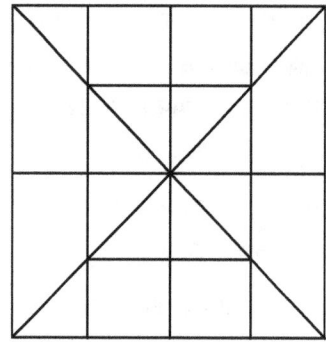

(a) 13 (b) 19
(c) 16 (d) 20

निर्देश (प्रश्न 183-185) : नीचे दिए गए प्रत्येक प्रश्न में एक कथन दिया गया है और इसके नीचे दो पूर्वधारणाएँ दी गई हैं, जिन्हें क्रमांक I और II से दिखाया गया है। कोई मानी हुई या गृहीत बात पूर्वधारणा कहलाती है। आपको दिए हुए कथन और दी हुई पूर्वधारणाओं को ध्यान में लेकर उन दो पूर्वधारणाओं में से कौन कथन में अन्तर्निहित है, इसका निर्णय करना है।

उत्तर दीजिए

(a) यदि केवल पूर्वधारणा I अन्तर्निहित है।
(b) यदि केवल पूर्वधारणा II अन्तर्निहित है।
(c) यदि केवल पूर्वधारणा I अथवा II अन्तर्निहित है।
(d) यदि दोनों I और II अन्तर्निहित हैं।

183. **कथन :** ''हम अभिनय क्षेत्र में सर्वोत्तम ट्रेनिंग देते हैं''- *एक विज्ञापन।*

पूर्वधारणाएँ :
I. लोग अभिनय ट्रेनिंग में रूचि रखते हैं।
II. लोग सर्वोत्तम ट्रेनिंग चाहते हैं।

184. **कथन :** जिसको तुम प्रेम करते हो, उसके लिए चॉकलेट सबसे अच्छा उपहार है।- *एक विज्ञापन।*

पूर्वधारणाएँ :
I. व्यक्ति प्राय: उन लोगों को उपहार देते हैं जिनसे वे प्रेम करते हैं।
II. ऐसे विज्ञापन प्राय: लोगों को प्रभावित करते हैं।

185. **कथन :** यदि इस वर्ष 15 जून के पहले वर्षा शुरू नहीं हुई, तो अधिकतर किसानों को कष्ट सहना पड़ेगा।

पूर्वधारणाएँ :
I. उचित समय पर वर्षा खेती के लिए अत्यावश्यक है।
II. अधिकतर किसान खेती के लिए वर्षा पर सामान्यतया निर्भर रहते हैं

186. एक रेलगाड़ी 40 किमी/घंटा की गति से 2 घंटे तक चलती है। फिर वह $4\frac{1}{2}$ घंटे 60 किमी/घंटा की गति से चली और फिर $3\frac{1}{2}$ घंटे 70 किमी/घंटा की दर से चली। रेलगाड़ी की औसत गति ज्ञात कीजिए।

(a) 80 किमी/घंटा
(b) 56.87 किमी/घंटा
(c) 57.1 किमी/घंटा
(d) 59.5 किमी/घंटा

187. एक परिवार में दादी, पिता, माता एवं उनके चार पुत्र पत्नियों के साथ हैं फिर प्रत्येक पुत्र को एक पुत्री तथा दो पुत्र हैं परिवार में कुल कितनी महिलाएं हैं?

(a) 12 (b) 14
(c) 9 (d) 10

188. राम की आयु श्याम की आयु से दोगुनी है और सुरेश की आयु से आधी है। यदि उनकी आयु का योग 70 हो, तो राम की आयु कितनी होगी?

(a) 30 वर्ष (b) 40 वर्ष
(c) 10 वर्ष (d) 20 वर्ष

189. संजय का स्थान अपने वर्ग में ऊपर से चौथा तथा नीचे से 41 वां है वर्ग में कुल कितने छात्र हैं?

(a) 45 (b) 46
(c) 43 (d) 44

190. निम्नलिखित संख्या श्रृंखला में प्रश्न चिह्न के स्थान पर कौन-सी संख्या आएगी?

48, 23, ? 4.25, 1.125

(a) 10.5 (b) 10
(c) 2.5 (d) 11

निर्देश: (प्र. सं. 191 से 200) नीचे दिए गए परिच्छेद को पढ़कर निम्नलिखित प्रश्नों में **सबसे उचित** विकल्प चुनिए।

परिच्छेद-

मनु बहन ने पूरे दिन की डायरी लिखी, लेकिन एक जगह लिख दिया, "सफाई वगैरह की।"

गाँधीजी प्रतिदिन डायरी पढ़कर उस पर अपने हस्ताक्षर करते थे। आज की डायरी पर हस्ताक्षर करते हुए गाँधीजी ने लिखा, "कातने की गति का हिसाब लिखा जाए, मन में आए हुए विचार लिखे जाएं, जो-जो पढ़ा हो, उसकी टिप्पणी लिखी जाए, 'वग़ैरह' का उपयोग नहीं होना चाहिए। डायरी में 'वग़ैरह' शब्द के लिए कोई स्थान नहीं है।"

जिसने जो पढ़ा हो, वह लिखा जाए। ऐसा करने से पढ़ा हुआ कितना पच गया है, यह मालूम हो जाएगा। जो बातें हुई हों वे लिखी जाएं। मनु ने अपनी गलती का अहसास किया और डायरी विद्या की पवित्रता को समझा।

गाँधीजी ने पुनः मनु से कहा–"डायरी लिखना आसान कार्य नहीं है। यह इबादत करने जैसी विद्या है। हमें शुद्ध व सच्चे रूप से प्रत्येक छोटी-बड़ी घटना को निष्पक्ष रूप से लिखना चाहिए चाहे कोई बात हमारे विरुद्ध ही क्यों न जा रही हो। इससे हम में सच्चाई स्वीकार करने की शक्ति प्राप्त होगी।"

191. मनु को अपनी किस गलती का अहसास हुआ?

(a) उन्होंने डायरी में 'वग़ैरह' शब्द का प्रयोग किया था।
(b) उन्होंने गाँधीजी की बात नहीं मानी थी।
(c) मनु ने डायरी में कातने की गति का हिसाब लिखा था।
(d) उन्होंने डायरी में सही-सही बातें लिखी थीं।

192. गाँधीजी ने 'वगैरह' शब्द पर अपनी आपत्ति क्यों जताई?

(a) वे चाहते थे कि बातों को ज्यों-का-त्यों लिखा जाए।
(b) 'वगैरह' शब्द की जगह 'आदि' शब्द का प्रयोग सही है।
(c) गाँधीजी चाहते थे कि सही भाषा का प्रयोग हो।
(d) 'वगैरह' शब्द में कार्य और विचार की स्पष्टता नहीं है।

193. गाँधीजी ने डायरी लिखने को इबादत करने-जैसा क्यों कहा है?

(a) दोनों मे सच्चाई और ईमानदारी चाहिए।
(b) दोनों में समय लगता है।
(c) दोनों कार्य हमारे कर्तव्यों में शामिल है।
(d) दोनों कार्य रोज़ किए जाते हैं।

194. डायरी लिखना इसलिए महत्त्वपूर्ण है, क्योंकि

(a) इससे व्यक्ति का समय अच्छा गुजर जाता है
(b) इसमें व्यक्ति स्वयं का विश्लेषण करता है और स्व-मूल्यांकन भी करता है
(c) इससे व्यक्ति पूरे दिन किए गए जमा-खर्च का हिसाब-किताब कर सकता है
(d) गाँधीजी इसे महत्त्वपूर्ण मानते हैं

195. गाँधीजी प्रतिदिन डायरी पढ़कर क्या करते थे?

(a) हस्ताक्षर करते थे ताकि जाँच का प्रमाण दिया जा सके।
(b) हस्ताक्षर करते थे क्योंकि यह नियम था।
(c) लोगों को उनकी गलती का अहसास कराते थे।
(d) डायरी पर हस्ताक्षर करते थे और यह देखते थे, कि व्यक्ति अपने कार्य और विचार में किस दिशा में जा रहा है।

196 यहां वगैरह शब्द किस संर्दभ में कही गई है

(a) सफाई के (b)सोने के
(c) खाने के (d)पढ़ने के

197. 'पढ़ा हुआ कितना पच गया है' का अर्थ है

(a) पढ़ा हुआ कितना आत्मसात् किया है।
(b) कितना सही उच्चारण के साथ पढ़ा है।
(c) पढ़े हुए का कितना विश्लेषण किया है।
(d) पढ़ा हुआ कितना समझ में आया है।

198. दिए गए परिच्छेद का उपयुक्त शीर्षक बताएं

(a) डायरी की महत्ता
(b) डायरी की पवित्रता
(c) डायरी की खोज
(d) इनमें से कोई नही

199. यहां इबादत के अर्थ है

(a) काम (b) पूजा
(c) ख्याल (d) इनमें से कोई नही

200. डायरी लेखन का प्रमुख उद्देश्य क्या है ?

(a) इबादत करने जैसी विद्या का अभ्यास
(b) छोटी-बड़ी घटना से परिचित होना
(c) अपने विरूद्ध लिखना
(d) सच्चाई स्वीकारने की शक्ति प्राप्त होना

उत्तरमाला

1.(c)	**2.**(a)	**3.**(c)	**4.**(a)	**5.**(b)
6.(a)	**7.**(a)	**8.**(c)	**9.**(a)	**10.**(c)
11.(c)	**12.**(d)	**13.**(c)	**14.**(d)	**15.**(d)
16.(c)	**17.**(d)	**18.**(b)	**19.**(a)	**20.**(b)
21.(c)	**22.**(c)	**23.**(c)	**24.**(a)	**25.**(d)
26.(b)	**27.**(c)	**28.**(d)	**29.**(c)	**30.**(c)
31.(a)	**32.**(a)	**33.**(b)	**34.**(c)	**35.**(d)
36.(a)	**37.**(a)	**38.**(c)	**39.**(b)	**40.**(b)
41.(b)	**42.**(d)	**43.**(a)	**44.**(b)	**45.**(a)
46.(b)	**47.**(a)	**48.**(d)	**49.**(d)	**50.**(a)
51.(c)	**52.**(a)	**53.**(b)	**54.**(b)	**55.**(a)
56.(c)	**57.**(d)	**58.**(d)	**59.**(b)	**60.**(a)
61.(d)	**62.**(b)	**63.**(a)	**64.**(b)	**65.**(c)
66.(b)	**67.**(a)	**68.**(a)	**69.**(b)	**70.**(d)
71.(c)	**72.**(a)	**73.**(c)	**74.**(b)	**75.**(c)
76.(a)	**77.**(a)	**78.**(d)	**79.**(b)	**80.**(a)
81.(d)	**82.**(b)	**83.**(c)	**84.**(b)	**85.**(c)
86.(a)	**87.**(b)	**88.**(b)	**89.**(c)	**90.**(c)
91.(a)	**92.**(d)	**93.**(a)	**94.**(a)	**95.**(c)
96.(d)	**97.**(d)	**98.**(c)	**99.**(b)	**100.**(a)
101.(b)	**102.**(d)	**103.**(c)	**104.**(a)	**105.**(d)
106.(c)	**107.**(b)	**108.**(d)	**109.**(a)	**110.**(d)
111.(a)	**112.**(d)	**113.**(b)	**114.**(c)	**115.**(d)
116.(d)	**117.**(d)	**118.**(c)	**119.**(a)	**120.**(b)
121.(a)	**122.**(c)	**123.**(d)	**124.**(d)	**125.**(a)
126.(c)	**127.**(b)	**128.**(d)	**129.**(d)	**130.**(b)
131.(b)	**132.**(b)	**133.**(d)	**134.**(c)	**135.**(a)
136.(c)	**137.**(d)	**138.**(d)	**139.**(c)	**140.**(d)
141.(c)	**142.**(b)	**143.**(c)	**144.**(b)	**145.**(d)
146.(d)	**147.**(d)	**148.**(c)	**149.**(c)	**150.**(b)
151.(c)	**152.**(b)	**153.**(d)	**154.**(d)	**155.**(c)
156.(d)	**157.**(b)	**158.**(d)	**159.**(c)	**160.**(d)
161.(a)	**162.**(a)	**163.**(d)	**164.**(b)	**165.**(a)
166.(b)	**167.**(c)	**168.**(d)	**169.**(a)	**170.**(b)
171.(d)	**172.**(b)	**173.**(c)	**174.**(a)	**175.**(c)
176.(d)	**177.**(b)	**178.**(b)	**179.**(d)	**180.**(c)
181.(a)	**182.**(c)	**183.**(d)	**184.**(d)	**185.**(a)
186.(d)	**187.**(d)	**188.**(d)	**189.**(a)	**190.**(a)
191.(a)	**192.**(a)	**193.**(a)	**194.**(b)	**195.**(d)
196.(a)	**197.**(c)	**198.**(b)	**199.**(b)	**200.**(d)

उत्तर सहित व्याख्या

81.(d) ∵ 8 B 2, 3 से विभाज्य है।

∴ B, 2, 5 तथा 8 हो सकती है।

∴ प्रश्नानुसार,

$$\begin{array}{r} 3\ 3\ 5 \\ +5\ A\ 7 \\ \hline 8\ B\ 2 \end{array} \quad \therefore\ 3 < B \le 9$$

∴ 'A' का मान $(8-1-3)$ या $(5-1-3)$ या 4 या 1 है।

∴ A का सबसे बड़ा संभव मान = 4

82.(b) 10, 15 तथा 20 से विभाजित सबसे बड़ी संख्या 9960 है।

83.(c)

84.(b) $\left(1-\frac{1}{n+1}\right)+\left(1-\frac{2}{n+1}\right)+....+\left(1-\frac{n}{n+1}\right)$

$=\frac{n+1-1}{n+1}+\frac{n+1-2}{n+1}+....+\frac{n+1-n}{n+1}$

$=\frac{|n|+(n-1)+....+1}{n+1}$

$=\frac{n(n+1)}{2(n+1)}=\frac{1}{2}n$

85.(c) लड़कियों का कक्षा में भाग

$=\frac{Z-x}{Z}=1-\frac{x}{Z}$

86.(a) अभीष्ट दूरी 80, 85, 90 का ल.स.

$= 5 \times 2 \times 8 \times 17 \times 9$

= 12240 सेमी.

= 122 मी. 40 सेमी.

87.(b) माना रिक्शा वाले द्वारा प्रति किमी दूरी तय करने में किराया $= x$

तथा निर्धारित किराया $= y$ रूपये

∴ प्रश्नानुसार,

$10x + y = 85$ ...(I)

$15x + y = 120$ ...(II)

समी. (I) तथा (II) को हल करने पर

$x =$ ₹ 7

$y =$ ₹ 15

25 किमी यात्रा के लिए किराया

= ₹ $(25x + y)$

= ₹ $(25 \times 7 + 15)$

= ₹ 190

88.(b) माना प्रथम वर्ष फ्रिज की उत्पादकता 'a' तथा प्रत्येक वर्ष उत्पादन में वृद्धि 'd' है।

स्पष्टतः चूंकि प्रत्येक वर्ष उत्पादन समान्तर श्रेणी है।

∴ तीसरे वर्ष में उत्पादन

$a + 2d = 600$ ...(I)

तथा सातवें वर्ष में उत्पादन

$a + 6d = 700$ ... (II)

समी. (I) तथा (II) को हल करने पर

$a = 550,\ d = 25$

∴ 7 वर्षों में कुल उत्पादन

$=\frac{n}{2}[2a+(n-1)d]$

$=\frac{7}{2}[2\times550+6\times25]$

$=\frac{7}{2}\times1250=4375$

89.(c) प्रथम पद $a = 11$

द्वितीय पद $= a + d = 15$

$d =$ द्वितीय पद − प्रथम पद $= 15 - 11 = 4$

$\because a_n = a + (n-1)d$

$\Rightarrow 143 = 11 + (n-1)d$

$\Rightarrow \frac{143-11}{4}+1=n$

$\Rightarrow n = 34$

$S_n=\frac{34}{2}[2\times11+(34-1)4]$

$= 17[22 + 132] = 2618$

90.(c)

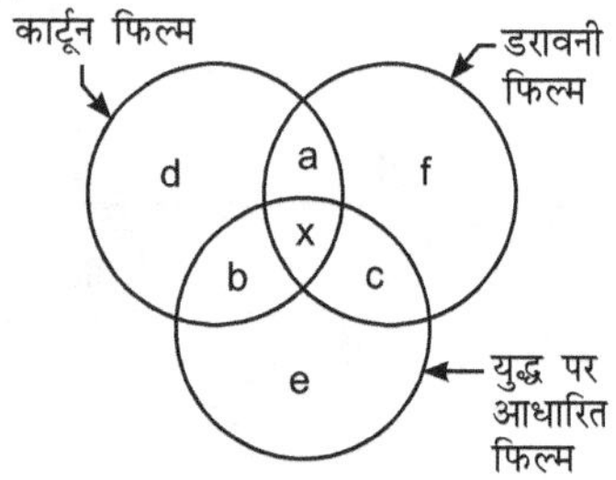

माना तीनों तरह की फिल्में पसंद करने वाले छात्रों की संख्या 'x' है

'x' न्यूनतम होगा यदि $d = e = f = 0$

$\therefore a + b + c + x = 100$

$\because a + b + x = 65$ ...(I)

$a + c + x = 70$ ...(II)

$b + c + x = 75$ ...(III)

तीनों समीकरणों को हल करने पर

$x = 10$

इस प्रकार कम से कम 10% छात्र तीनों प्रकार की फिल्में देखते हैं।

91.(a) माना प्रत्येक द्वारा तय की कुल दूरी x किमी. है

$\therefore$ औसत चाल $= \dfrac{3x}{\dfrac{x}{20}+\dfrac{x}{15}+\dfrac{x}{10}}$

$= \dfrac{3x}{\dfrac{3x+4x+6x}{60}}$

$= \dfrac{3x \times 60}{13x}$

$= \dfrac{180}{13} = 13\dfrac{11}{13}$ किमी/घन्टे

92.(d) $2Q + P + R = 59$ ...(I)

$Q + R + 3P = 68$ ...(II)

$P + 3Q + 3R = 108$ ...(III)

समी. (II +III) से

$4Q + 4P + 4R = 176$

$4(Q + P + R) = 176$

$\therefore Q + P + R = 44$

$\Rightarrow [Q + R = 44 - P] \times 3$

$3Q + 3R = 132 - 3P$ ...(IV)

समी . (III) एवं (IV) को हल करने पर

P = 12 वर्ष

93.(a) दिया है, P = 20 किमी., Q = 15 किमी. R = 10 किमी. $x = 5$ किमी/घन्टा, $y = 3$ किमी/घन्टा, $z = 2$ किमी/घन्टा

$\therefore$ अभीष्ट औसत चाल

$= \dfrac{P+Q+R}{\dfrac{P}{x}+\dfrac{Q}{y}+\dfrac{R}{z}} = \dfrac{20+15+10}{\dfrac{20}{5}+\dfrac{15}{3}+\dfrac{10}{2}}$

$= \dfrac{45}{4+5+5} = \dfrac{45}{14} = 3\dfrac{3}{14}$ किमी/घन्टा

94.(a) माना पुर्न स्थापित दूध की मात्रा $= x$ ली.

$\therefore$ प्रश्नानुसार,

$\dfrac{40}{100}(1-x)+\dfrac{19}{100}\times x = \dfrac{26}{100}\times 1$

$\Rightarrow 40 - 40x + 19x = 26$

$\Rightarrow 21x = 14$

$\Rightarrow x = \dfrac{2}{3}$ ली.

95.(c) माना वास्तविक मूल्य = ₹ x

$\therefore$ नया मूल्य = ₹ $\dfrac{9x}{10}$

अन्तर $= x - \dfrac{9x}{10} = \dfrac{x}{10}$

$\therefore$ नए मूल्य में प्रतिशत वृद्धि

$= \dfrac{\dfrac{x}{10}}{\dfrac{9x}{10}} \times 100 = \dfrac{100}{9}\% = 11\dfrac{1}{9}\%$

96. (d) कक्षा 1 में पढ़ने वाले विद्यार्थियों की औसत संख्या

$= \dfrac{42+50+40+45+48+52}{6}$

$= \dfrac{277}{6} = 46.16 = 46$ (लगभग)

97. (d) अभीष्ट प्रतिशत $= \dfrac{55\times100}{40} = 137.5$

98. (c) कक्षा I में छात्रों की कुल संख्या = 277

कक्षा II में छात्रों की कुल संख्या = 324

कक्षा III में छात्रों की कुल संख्या = 308

कक्षा IV में छात्रों की कुल संख्या = 286

कक्षा V में छात्रों की कुल संख्या = 301

कक्षा VI में छात्रों की कुल संख्या = 290

अतः कक्षा I में छात्रों की कुल संख्या न्यूनतम है।

99. (b) स्कूल A में छात्रों की कुल संख्या

$= 42 + 54 + 48 + 58 + 50 + 38 = 290$

स्कूल B में छात्रों की कुल संख्या

$= 50 + 60 + 58 + 45 + 45 + 46 = 304$

स्कूल C में छात्रों की कुल संख्या

$= 40 + 48 + 58 + 46 + 42 + 54 = 288$

स्कूल D में छात्रों की कुल संख्या

$= 45 + 55 + 46 + 40 + 52 + 50 = 288$

स्कूल E में छात्रों की कुल संख्या

$= 48 + 55 + 44 + 55 + 52 + 48 = 302$

स्कूल F में छात्रों की कुल संख्या

$= 52 + 52 + 54 + 42 + 60 + 54 = 314$

अतः स्कूल F में छात्रों की संख्या सबसे अधिक है।

100. (a) स्कूल A और B में मिलकर कक्षा III में पढ़ रहे विद्यार्थियों की संख्या

$= 48 + 58 = 106$

स्कूल **C** और **D** में मिलकर कक्षा **VI** में पढ़ रहे विद्यार्थियों की संख्या

$= 54 + 50 = 104$

अभीष्ट अनुपात = 106 : 104 = 53 : 52

101. (b) अभीष्ट प्रतिशत

$\dfrac{\text{पाकशास्त्र कक्षा में भर्ती हुए विद्यार्थियों की संख्या}}{\text{नृत्य कक्षा में भर्ती हुए विद्यार्थियों की संख्या}} \times 100$

$= \dfrac{22}{21} \times 100 = 104.76$

102. (d) चित्रकारी कक्षा में भर्ती विद्यार्थियों की संख्या

$= \dfrac{15}{100} \times 3600 = 540$

103. (c) अभीष्ट प्रतिशत $= \dfrac{15}{18} \times 100$

$= 83.33\%$

$= 83$ (लगभग)

104. (a) अभीष्ट अनुपात = (18 + 21) : 13

= 39 : 13 = 3 : 1

105. (d) सिलाई और नाटक कक्षा में भर्ती विद्यार्थियों की कुल संख्या

$= \dfrac{11+13}{100} \times 3600$

$= \dfrac{24}{100} \times 3600 = 864$

106. (c) 30+35 = 65; 35+65 = 100

65+100 = 165; 100+165 = 265

So, 165+265 = 430

107. (b)

3 → 5 → 7 → [10] → 13 → 17

+2, +2, +3, +3, +4

108. (d)

16 → 15 → 14 (−1, −1)

17 → 18 → [19] (+1, +1)

109. (a) $3125 \quad 256 \quad \boxed{27} \quad 4 \quad 1$

↓ ↓ ↓ ↓ ↓

$(5)^5 \; (4)^4 \; (3)^3 \; (2)^2 \; (1)^1$

अतः संख्या श्रृंखला में प्रश्न चिन्ह (?) के स्थान पर 27 आएगा।

110. (d) 2 3 6 18 108 [1944]

2×3, 3×6, 6×18, 18×108

111. (a) माना मूलधन = ₹ x

$x \times \dfrac{6}{100}+\dfrac{6.5}{100}+\dfrac{7.0}{100}+\dfrac{7.5}{100} = 3375$

या, $\dfrac{x}{100} \times 27 = 3375$

$x = \dfrac{3375\times100}{27}$

$=$ ₹12500

112. (d) माना ट्रेन की गति = x मी/से

तब , $\dfrac{240}{x} + 40 = \dfrac{240+480}{x}$

या, 240 + 40x = 720

या, 40x = 720 – 240

या, 40x = 480

$\therefore \quad x = \dfrac{480}{40} = 12$ मी/से

दूरी = 2 × 240 मी = 480 मी

& समय = 40 सेकंड

$\therefore$ चाल = $\frac{480}{40}$ = 12 मी/से

113. (b) शब्द **RIDDLED** में 7 अक्षर हैं। इसमें अक्षर D तीन हैं।

$\frac{7!}{3!} = \frac{7 \times 6 \times 5 \times 4 \times 3!}{3!} = 840$

114. (c) वृत्ताकार प्लाट की त्रिज्या

$= \sqrt{98.56 \times \frac{7}{22}}$

$= \sqrt{31.36} = 5.6$

$\therefore$ फेन्स की लम्बाई

$= 2 \times \frac{22}{7} \times 5.6 = 35.2$ फुट

$\therefore$ निर्माण में अभीष्ट लागत

= 35.2 × 614 = ₹21612.8

115. (d) माना शादी के समय पुत्री की आयु x वर्ष थी।

तब, $x + 9 = \frac{4}{3}x$

या, $\frac{x}{3} = 9$

या, x = 3 × 9 = 27 वर्ष

अर्पिता की वर्तमान आयु

= 27 + 9 = 36 वर्ष

उसकी पुत्री की 2 वर्ष पूर्व आयु

$= \frac{36}{6} - 2 = 6 - 2 = 4$ वर्ष

116. (d) वर्ष 2005 में कम्पनी **A** की आय

= ₹ 1354300

वर्ष 2005 में कम्पनी A का लाभ

= ₹ 600000

अभीष्ट व्यय = 1354300 – 600000 = ₹ 754300

117. (d) वर्ष 2006 में कम्पनी B का व्यय

= 2211430

वर्ष 2006 में कम्पनी B का लाभ

= 400000

अभीष्ट आय = 2211430 + 400000 = ₹ 2611430

118. (c) अभीष्ट औसत लाभ

$= \frac{(3+5+4+5+6+6)}{6}$ lakh

$= \frac{29}{6}$ लाख = 483333

= 483000 (लगभग)

119. (a) वर्ष 2002 में कम्पनी A द्वारा अर्जित लाभ = 5 लाख

वर्ष 2002 में कम्पनी A, B, व C द्वारा अर्जित लाभ

= 5 + 3 + 8 = 16 लाख

अभीष्ट प्रतिशत = $\frac{5}{16} \times 100$ = 31.25%

120. (b) अभीष्ट प्रतिशत वृद्धि (%)

$= \frac{8-7}{7} \times 100 = 14.28\%$

= 14% (लगभग)

121. (a) जिस प्रकार,

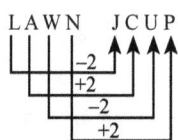

उसी प्रकार,

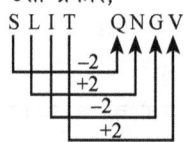

अत: कोड QNGV होगा।

122. (c) P R A I S E
↓ ↓ ↓ ↓ ↓ ↓
@ $ 2 7 %

और R E S P I R E
↓ ↓ ↓ ↓ ↓ ↓ ↓
@ % 7 # 2 @ %

अत: R E P A I R
↓ ↓ ↓ ↓ ↓ ↓
@ % # $ 2 @

123. (d) गुलाबी को छोड़कर अन्य सभी वर्णक्रम (spectrum) हैं।

124. (d) 11 10 9 8 7 6 5 4 3 2 1
C O N S T R U C T E D
↓ ↓ ↓ ↓ ↓ ↓ ↓ ↓ ↓ ↓ ↓
B P M R S Q V B S F C
↓ ↓ ↓ ↓ ↓ ↓ ↓ ↓ ↓ ↓ ↓
1 2 3 4 5 6 7 8 9 10 11

इसमें दाएँ से नौवाँ अक्षर 'M' है।

125. (a) संख्या : 7 1 8 3 [6] 9 4 2
आरोही क्रम में : 1 2 3 4 [6] 7 8 9
अत: अंक 6 का स्थान परिवर्तन नहीं होगा।

126. (c) दो सार्थक शब्द बनेंगे RULE , LURE

127. (b) शब्द **BASEMENT** के दूसरे, तीसरे, छठवें और आठवें अक्षर क्रमश: **A, S, E** और **T** हैं। इनसे बनने वाले सार्थक अंग्रेजी शब्द **SEAT** और **EAST** हैं।

128. (d) 344 3445 34456 344567 34456[7]

129. (d)

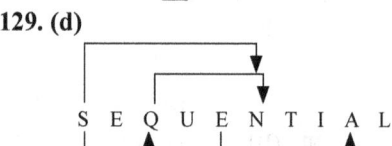

S-Q, Q-N, E-A, S-N चार अक्षर युग्म हैं।

130. (b) G $\xrightarrow{+3}$ J $\xrightarrow{+3}$ M $\xrightarrow{+3}$ P $\xrightarrow{+3}$ S

F $\xrightarrow{+3}$ I $\xrightarrow{+3}$ L $\xrightarrow{+3}$ O $\xrightarrow{+3}$ R

D $\xrightarrow{+3}$ G $\xrightarrow{+3}$ J $\xrightarrow{+3}$ M $\xrightarrow{+3}$ P

अत: प्रश्नवाचक चिन्ह (?) के स्थान पर SRP आएगा।

131. (b) जिस प्रकार,

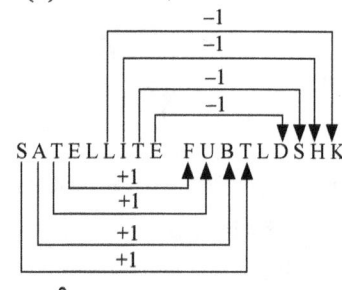

उसी प्रकार,

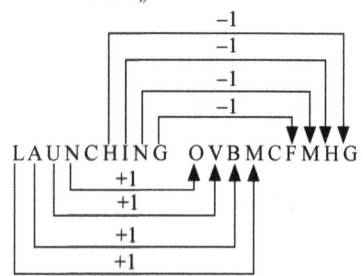

अत: कोड OVBMCFMHG होगा।

132. (b) P O [E] T I C A L
A C [E] I L O P T

केवल E एक अक्षर अपरिवर्तित है।

133. (d) D > B > C > E > A

134. (c) कुछ कपड़े लाल हो सकते हैं और कुछ गुलाब लाल हो सकते हैं।

135. (a) इसमें ग्रैंडचाइल्ड का लिंग ज्ञात नहीं है।

136. (c) सुधा के अनुसार,

→ मंगल, बुध, **गुरुवार**

उसके भाई के अनुसार,

→ **गुरुवार**, शुक्रवार , अतः **गुरुवार** को जन्मदिन है।

137. (d)

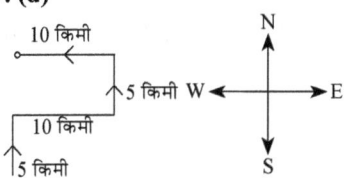

अतः आरती अब पश्चिम दिशा में जा रही है।

(138-142)

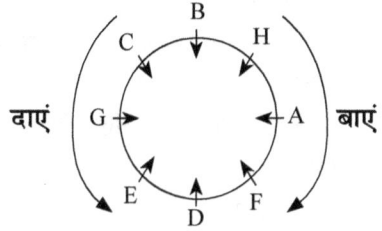

138. (d) 139. (c) 140. (d) 141. (c) 142. (b)

143. (c) प्रत्येक संख्या में 5 जोड़ने के बाद,

284 548 931 252 443

सबसे छोटी संख्या = 252 तथा

सबसे बड़ी संख्या = 931

∴ 5 + 1 = 6

144. (b) 297 534 962 274 483

∴ सबसे बड़ी संख्या 926 है।

145. (d)

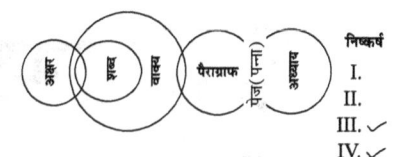

निष्कर्ष
I.
II.
III. ✓
IV. ✓

अतः केवल निष्कर्ष IV और या तो II या III अनुसरण करते हैं।

146.(d) जिस प्रकार कॉफी में कैफीन पाया जाता है, उसी प्रकार तंबाकू में निकोटिन पाया जाता है।

147.(c) जिस प्रकार घनिष्ठ तथा अपरिचित एक-दूसरे के विपरीतार्थक शब्द है, ठीक उसी प्रकार दिलचस्पी तथा उदासीनता एक दूसरे के विपरीतार्थक हैं।

148.(c) जिस प्रकार नारियल से तेल निकाला जाता है ठीक उसी प्रकार फल से जूस (रस) निकाला जाता है।

149.(c) संख्या 383 को छोड़कर अन्य सभी संख्याओं में पहले एंव तीसरे अंक का गुणनफल मध्य अंक के बराबर है यथा,

$1 \times 1 = 1; 2 \times 3 = 6; 5 \times 1 = 5; 3 \neq 8$

150.(b) शब्द SMOKE को छोड़कर अन्य सभी शब्दों में P अक्षर है।

151.(c) पारा को छोड़कर अन्य सभी ठोस अवस्था में पाए जाते हैं, जबकि पारा द्रव अवस्था में पाया जाता है।

152.(b) 'लाभ : वृद्धि' को छोड़कर अन्य सभीशब्द-युग्मों में विपरीत अर्थ वाले शब्द हैं।

153.(d) $720 \div 12 : 840 \div 12 :: 60 : \boxed{70}$

154.(d) $15 \times 15 = 225 : 16 \times 16 = 256 ::$ $17 \times 17 = 289 : 18 \times 18 = \boxed{324}$

155.(c) जिस प्रकार धन का कभी-कभी दुरूपयोग हो जाता है उसी प्रकार लेखन में भी कभी-कभी अशुद्धि (गलती) रह जाती है।

156.(d) जिस प्रकार आशावादी प्रसंन्न रहता है उसी प्रकार निराशावादी उदास रहता है

157.(b) जिस प्रकार,

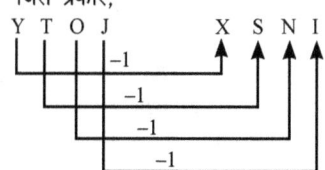

उसी प्रकार,

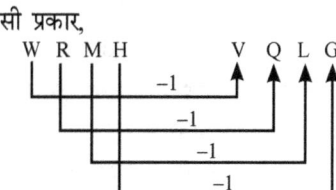

अतः (?) के स्थान पर VQLG अक्षर समूह आएगा।

158.(d) जिस प्रकार EIGK = 5 + 9 + 7 + **11** = 32

तथा EACY = 5 + 1 + 3 + 25 = 34

उसी प्रकार,

RVTY = 18 + 22 + 20 + 25 = 85

तथा RWUY = 18 + 23 + 21 + 25 = 87

159. (c) ∵ अन्य सभी '3' से भाज्य संख्याए है।

160. (d) 10 + 90 = 100

9 + 72 = 81

8 + 56 = 64

11 + 115 = 126

∵ अन्य सभी क्रमशः 10, 9 और 8 की वर्ग संख्या हैं।

जबकि 126 किसी संख्या का वर्ग नहीं है।

2 प्रैक्टिस सेट

सामान्य ज्ञान

1. **राष्ट्रीय सुरक्षा अधिनियम 1980 के अंतर्गत हिरासत की अधिकतम अवधि क्या है?**
   (a) तीस दिन (b) तीन महीने
   (c) छह महीने (d) बारह महीने
2. **दहेज लेना एवं देना किस विधि के अंतर्गत अपराध है?**
   (a) दहेज प्रतिषेध अधिनियम, 1961
   (b) घरेलू हिंसा अधिनियम
   (c) भारतीय दंड संहिता
   (d) उपरोक्त् में से कोई नहीं
3. **भारतीय संविधान की उद्देशिका में परिवर्तन किस संशोधन अधिनियम से किए गये थे?**
   (a) 38वाँ संशोधन अधिनियम, 1975
   (b) 40वाँ संशोधन अधिनियम, 1975
   (c) 42वाँ संशोधन अधिनियम, 1975
   (d) 44वाँ संशोधन अधिनियम, 1975
4. **भारतीय संविधान के किस अनुच्छेद के अन्तर्गत सर्वोच्च न्यायालय के न्यायाधीश पर महाभियोग चलाया जाता है।**
   (a) अनुच्छेद-120
   (b) अनुच्छेद-130
   (c) अनुच्छेद-124
   (d) अनुच्छेद-105
5. **भारतीय संविधान के किस अनुच्छेद में भारत के राष्ट्रपति का उल्लेख किया गया है।**
   (a) अनुच्छेद-50
   (b) अनुच्छेद-52
   (c) अनुच्छेद-55
   (d) अनुच्छेद-49
6. **"राज्य के नीति निर्देशक तत्व एक ऐसा चेक है जिसका भुगतान बैंक की इच्छा पर है।" यह कथन किसका है?**
   (a) के. टी. शाह
   (b) सुभाष कश्यप
   (c) डी. डी. बसु
   (d) आइवर जेनिंग्स
7. **संसद के किसी सदन की बैठक के लिए न्यूनतम गणपूर्ति कितनी होनी चाहिए ?**
   (a) समस्त सदस्य की संख्या का 1/10
   (b) समस्त सदस्य संख्या का 1/5
   (c) समस्त सदस्य संख्या का 1/6
   (d) समस्य सदस्य संख्या का 1/12
8. **आधुनिक राजनीतिक सिद्धांत के प्रमुख समर्थक हैं–**
   (a) चार्ल्स मेरियम
   (b) डेविड ईस्टन
   (c) हैरॉल्ड लासवेल
   (d) उपर्युक्त सभी
9. **लोकतंत्र की सफलता के लिए कौन-सी दलीय प्रणाली सर्वाधिक उपयुक्त है ?**
   (a) एक-दलीय (b) द्वि-दलीय
   (c) बहु-दलीय (d) दल-विहीन
10. **भारत की प्रथम पंचवर्षीय योजना का कार्यकाल था–**
    (a) सन् 1951-56 ई.
    (b) सन् 1947-52 ई.
    (c) सन् 1952-57 ई.
    (d) सन् 1956-61 ई.
11. **संघ लोक सेवा आयोग के सदस्यों की नियुक्ति की जाती है–**
    (a) प्रधानमंत्री द्वारा
    (b) लोक सेवा आयोग के अध्यक्ष द्वारा
    (c) गृह मंत्री द्वारा
    (d) राष्ट्रपति द्वारा
12. **'लोकतांत्रिक-विकेन्द्रीकरण' से तात्पर्य है–**
    (a) पंचायती राज की स्थापना
    (b) राज्यों के पक्ष में अधिक आर्थिक विकेन्द्रीकरण
    (c) नौकरशाही संरचना में शक्ति का विकेन्द्रीकरण
    (d) सरकार के तीनों अंगों में शक्तियों का बँटवारा
13. **मौर्य शासन प्रबन्ध के अन्तर्गत राजस्व व्यवस्था की देख-रेख करने वाले अधिकारी को कहा जाता था–**
    (a) समाहता
    (b) अर्थाध्यक्ष
    (c) सन्निधाता
    (d) इनमें से कोई नहीं
14. **हिन्दू, जैन एवं बौद्ध तीनों ही धर्मो का प्रतिनिधित्व करने वाली गुफा है–**
    (a) नासिक (b) पीतलखेरा
    (c) अजंता (d) एलोरा
15. **बौद्ध धर्म के अन्तर्गत 'माध्यमिक दर्शन' के प्रतिपादक थे–**
    (a) नागार्जुन (b) अश्वघोष
    (c) उपगुप्त (d) धर्मकीर्ति
16. **भारत के किस बन्दरगाह द्वारा सबसे अधिक मात्रा में लौह-अयस्क का निर्यात किया जाता है?**
    (a) चेन्नई और विशाखापत्तनम
    (b) कोलकाता और मुम्बई
    (c) मुम्बई और मर्मगाव
    (d) विशाखापत्तनम और मर्मगाव

17. **निम्नलिखित देश और राजधानी में कौन-सा युग्म गलत है?**
(a) चेकोस्लोवाकिया–प्राग
(b) डेनमार्क-कोपेन हेगेन
(c) इथीओपिया–सुवा
(d) उत्तरकोरिया–पियोनयांग

18. **संसार की छत किसको कहा जाता है?**
(a) हिमालय पर्वत
(b) रॉकी पर्वत
(c) मैक्सिको पठार
(d) पामीर पठार

19. **चट्टानों की घुलनशीलता किस क्षेत्र में प्रमुख है?**
(a) बालू का प्रस्तर क्षेत्र
(b) चूना पत्थर क्षेत्र
(c) ज्वालामुखी क्षेत्र
(d) जलोढ़ निर्मित क्षेत्र

20. **जोन स्ट्रेटा थ्योरी का प्रतिपादन किस भूगोलवेत्ता द्वारा किया गया?**
(a) टेलर (b) ब्लेंचार्ड
(c) हरबर्टसन (d) हार्टशार्न

21. **किस जनगणना वर्ष में भारत में जनसंख्या वृद्धि ऋणात्मक हुई थी?**
(a) 1901 में (b) 1911 में
(c) 1921 में (d) 1951 में

22. **निम्नलिखित में कौन सा नाभिकीय विखंडन रिऐक्टर में आवश्यक नहीं है?**
(a) विमेदक (b) शीतलक
(c) खरक (d) नियंत्रण मुक्ति

23. **लेजर प्रिंटर में निम्नलिखित में कौन सा एक लेजर प्रकार प्रयुक्त होता है?**
(a) डाइ लेजर
(b) गैस लेजर
(c) अर्द्धचालक लेजर
(d) उत्तेजद्रवी लेजर

24. **रासायनिक रूप से रेशम के रेशें प्रमुख–**
(a) प्रोटीन हैं
(b) कार्बोहाइड्रेट हैं
(c) सम्मिक्ष लिपित हैं
(d) बहुशर्कराइड और वस्त्र का मिश्रण हैं

25. **शहीद-ए-आजम कहा जाता है–**
(a) सुखदेव (b) राजगुरु
(c) भगत सिंह (d) उपर्युक्त सभी

26. **अंतर्राष्ट्रीय योग दिवस को संयुक्तराष्ट्र द्वारा सर्वसम्मति से पारित किया गया था-**
(a) 11 दिसंबर 2014
(b) 11 दिसंबर 2015
(c) 11 जून 2015
(d) 11 जून 2014

27. **केन नहर परियोजना में कौन-से दो राज्य शामिल हैं?**
(a) मध्य प्रदेश – उत्तर प्रदेश
(b) उत्तर प्रदेश – राजस्थान
(c) उत्तर प्रदेश – हरियाणा
(d) उत्तर प्रदेश – दिल्ली

28. **उत्तर प्रदेश के किस जिले में कुल क्षेत्रफल का सबसे कम प्रतिशत वन क्षेत्र है?**
(a) मिर्जापुर
(b) चित्रकूट
(c) संत रविदास नगर
(d) चंदौली

29. **इस परियोजना को रिहन्द बाँध परियोजना भी कहा जाता है–**
(a) शीतला जल विद्युत परियोजना
(b) गोविन्द वल्लभ सागर परियोजना
(c) शारदा जल विद्युत परियोजना
(d) पारीछा जल विद्युत परियोजना

30. **पूर्वोत्तर रेलवे जोन का मुख्यालय है-**
(a) लखनऊ (b) गोरखपुर
(c) इलाहाबाद (d) आगरा

31. **किस अनुच्छेद के अनुसार भारत राज्यों का संघ होगा?**
(a) अनुच्छेद 4 (b) अनुच्छेद 1
(c) अनुच्छेद 2 (d) अनुच्छेद 3

32. **राष्ट्रपति रामनाथ कोंविद ने हाल ही में किस संहिता में संशोधन के लिए अध्यादेश को मंजूरी प्रदान की?**
(a) सूचना का अधिकार
(b) जीएसटी संशोधन
(c) संपत्ति खरीद फरोख्त
(d) दिवाला एवं दिवालियापन

33. **महाराष्ट्र सरकार ने हाल ही में पिछड़े वर्गों के लिए नॉन-क्रीमीलेयर की सीमा को बढ़ाकर कितने लाख किया है?**
(a) 4 लाख (b) 8 लाख
(c) 9 लाख (d) 15 लाख

34. **हाल ही में भारत के स्वास्थ्य मंत्रालय द्वारा आंखों के किस रोग से भारत को मुक्त घोषित किया गया है?**
(a) रतौंधी (b) मोतियाबिंद
(c) ट्रेकोमा (d) स्कर्वा

35. **रोबर्ट मुगाबे के स्थान पर जिम्बाब्वे के राष्ट्रपति के रूप में किसे नियुक्त किया गया है?**
(a) जेम्स चैम्बरलिन
(b) एडम क्योरेसा
(c) पेत्रोविका नोगाशी
(d) एमर्सन मंनगाव्वा

36. **केंद्रीय मंत्रिमंडल ने हाल ही में महिलाओं से जुड़ी किस योजना को देशव्यापी विस्तार हेतु मंजूरी प्रदान की?**
(a) बेटी बचाओ बेटी पढ़ाओ
(b) सुकन्या योजना
(c) उज्जवला योजना
(d) निर्भया ग्राम ज्योति

37. **केंद्र सरकार ने कितने महानगरों में महिलाओं के लिए सुरक्षित शहर योजना शुरू की है?**
(a) 5 (b) 8
(c) 15 (d) 20

38. **केंद्र सरकार की बहुआयामी "सौभाग्य" परियोजना का संबंध किससे है?**
(a) बालिका शिक्षा
(b) बाल मृत्यु दर में कमी
(c) घरेलू विद्युतीकरण
(d) टूरिज्म को बढ़ावा देना

39. **वह देश, जहां मानव इच्छा मृत्यु को वैधानिक रूप से मान्यता प्रदान की गई?**
(a) ऑस्ट्रेलिया
(b) संयुक्त राज्य अमेरिका
(c) श्रीलंका
(d) चीन

40. वर्ष 2017 के प्रतिष्ठित मिस वर्ल्ड प्रतियोगिता की विजेता हैं?
(a) एकता सैलजा
(b) प्रियंका कुमारी
(c) सना दुआ
(d) मानुषी छिल्लर

सामान्य हिन्दी

गद्यांश

निर्देश : गद्यांश को पढ़कर निम्नलिखित प्रश्नों (प्र.सं. 41 से 45) में **सबसे उचित** विकल्प चुनिए।

समस्याओं का हल ढूँढनें की क्षमता पर एक अध्ययन किया गया। इसमें भारत में तीन तरह के बच्चों के बीच तुलना की गई - एक तरफ वे बच्चे जो दुकानदारी करते हैं पर स्कूल नहीं जाते, दूसरे ऐसे बच्चे जो दुकान सँभालते हैं और स्कूल भी जाते हैं और तीसरा समूह उन बच्चों का था जो स्कूल जाते हैं पर दुकान पर कोई मदद नहीं करते।

उनसे गणना के व इबारती सवाल पूछे गए। दोनों ही तरह के सवालों में उन स्कूली बच्चों ने जो दुकानदार नहीं हैं, मौखिक गणना या मनगणित का प्रयोग बहुत कम किया, बनिस्पत उनके जो दुकानदार थे। स्कूली बच्चों ने ऐसी गलतियाँ भी कीं, जिनका कारण नहीं समझा जा सका। इससे यह साबित होता है कि दुकानदारी से जुड़े हुए बच्चे हिसाब लगाने में गलती नहीं कर सकते क्योंकि इसका सीधा असर उनके काम पर पड़ता है, जबकि स्कूलों के बच्चे वही हिसाब लगाने में अक्सर भयंकर गलतियाँ कर देते हैं।

इससे यह स्पष्ट होता है कि जिन बच्चों को रोजमर्रा की जिंदगी में इस तरह के सवालों से जूझना पड़ता है, वे अपने लिए जरूरी गणितीय क्षमता हासिल कर लेते हैं।

लेकिन साथ ही इस बात पर भी गौर करना महत्त्वपूर्ण है कि इस तरह की दक्षताएँ एक स्तर तक और एक कार्य-क्षेत्र तक सीमित होकर रह जाती हैं। इसलिए वे सामाजिक व सांस्कृतिक परिवेश जो कि ज्ञान को बनाने व बढ़ाने में मदद करते हैं, वही उस ज्ञान को संकुचित और सीमित भी कर सकते हैं।

41. समस्याओं का हल खोजने पर आधारित अध्ययन किस विषय से जुड़ा हुआ था?
(a) सामाजिक विज्ञान (b) गणित
(c) भाषा (d) दुकानदारी

42. किन बच्चों ने सवाल हल करने में मौखिक गणित का ज्यादा प्रयोग किया?
(a) जो सिर्फ स्कूल जाते हैं
(b) जो बच्चे न तो दुकानदारी करते हैं और न ही स्कूल जाते हैं
(c) जो स्कूली बच्चे दुकानदारी नहीं करते
(d) जो दुकानदारी करते हैं

43. अनुच्छेद के आधार पर कहा जा सकता है कि
(a) बच्चे रोज़मर्रा के जीवन में काम आने वाली दक्षताओं को स्वत: ही हासिल कर लेते हैं
(b) सिर्फ दुकानदार बच्चे ही गणित सीख सकते हैं
(c) बच्चों को गणित सीखना चाहिए
(d) बच्चों को गणित सीखने के लिए दुकानदारी करनी चाहिए

44. दुकानदार बच्चे हिसाब लगाने में प्राय: गलती नही करते क्योंकि
(a) वे कभी भी गलती नही करते
(b) ग़लती का असर उनके काम पर पड़ता है
(c) इससे उन्हें माता-पिता से डाँट पड़ेगी
(d) वे जन्म से ही बहुत दक्ष है

45. जो दक्षताएँ हमारे दैनिक जीवन में काम नहीं आती उनमें हमारा प्रर्दशन अक्सर
(a) खराब-अच्छा होता रहता है
(b) संतोषजनक होता है
(c) खराब होता है
(d) अच्छा होता है

46. अनुच्छेद के आधार पर बताइए कि सामाजिक व सांस्कृतिक परिवेश ज्ञान को
(a) सीमित कर सकता
(b) बनाने में मदद भी करता है और उसे संकुचित सीमित भी कर सकता है
(c) बनाने में मदद करता है
(d) संकुचित कर सकता है

47. 'इक' प्रत्यय का उदाहरण है
(a) सांस्कृतिक (b) चूँकि
(c) सीमित (d) संकुचित

48. 'मनगणित' का अर्थ है-
(a) कठिन गणित
(b) मनगढ़ंत गणित
(c) मनपसंद गणित
(d) मन-ही-मन हिसाब करना

49. संयुक्त क्रिया का उदाहरण है-
(a) दुकान सँभालते हैं
(b) हिसाब लगाते हैं
(c) स्कूल जाते हैं
(d) अध्ययन किया गया।

50. जो बच्चे रोजमर्रा की जिंदगी में हिसाब लगाने वाले सवालों से जूझते हैं वे किस प्रकार की क्षमता हासिल कर लेते हैं?
(a) गणितीय क्षमता
(b) कार्यक्षेत्रीय क्षमता
(c) मौखिक-गणना की क्षमता
(d) दुकानदारी की क्षमता

निर्देश (51-52): वाक्यांशों के लिए एक शब्द का चयन करो।

51. जिसे जीतना कठिन हो—
(a) दुर्जय (b) दुर्गम
(c) अजेय (d) अविजित

52. जिसके पास कुछ भी न हो—
(a) दीन (b) अकिंचन
(c) कंगाल (d) निर्धन

निर्देश: निम्नलिखित शब्दों में उपसर्ग छाँटिए —

53. अध्यक्ष—
(a) अधि (b) अध
(c) अ (d) अक्ष

54. खुशदिल—
(a) खु (b) खुश
(c) दिल (d) इनमें से कोई नहीं

निर्देश: निम्नलिखित शब्दों में किस प्रत्यय का प्रयोग किया गया है—

55. कौन्तेय—
    (a) एय   (b) य
    (c) तेय   (d) कुन्ती

56. बचपन—
    (a) पन   (b) न
    (c) अन   (d) पा

निर्देश: निम्नलिखित शब्दों का सही संधि-विच्छेद कीजिए-

57. जगदीश
    (a) जग + दीश   (b) जगद् + ईश
    (c) जगत् + ईश (d) इनमें से कोई नहीं

58. पवन
    (a) पो + वन   (b*) पो + अन
    (c) पव + न   (d) प + वन

निम्नलिखित शब्दों में समास बताइए

59. यथाशक्ति
    (a) बहुब्रीहि   (b) तत्पुरुष
    (c) अव्ययीभाव (d) कर्मधारय

60. महोदय
    (a) तत्पुरुष   (b) कर्मधारय
    (c) बहुब्रीहि   (d) द्वन्द्व

61. 'ईद का चाँद' होने का अर्थ है—
    (a) सुन्दर होना   (b) शालीन होना
    (c) विनम्र होना   (d) कम दिखाई देना

62. 'आसमान टूट पड़ने' का अर्थ क्या है?
    (a) लॉटरी लगना
    (b) मुसीबत आना
    (c) क्रोध आना
    (d) ध्वस्त हो जाना

63. 'ऊँट के मुँह में जीरा' का क्या अर्थ है?
    (a) लम्बा होना
    (b) कम देना
    (c) अधिक खाने वाले को कम खुराक
    (d) उपर्युक्त में से कोई नहीं

64. 'उड़ती चिड़िया के पंख गिनना' का सही अर्थ क्या है?
    (a) होशियार होना
    (b) अनुभवी होना
    (c) मतलबी होना
    (d) मूर्ख होना

65. कान का कच्चा होना मुहावरे का सही अर्थ बताइए—
    (a) निरक्षर होना
    (b) बहरा होना
    (c) सुनी बात पर तुरन्त यकीन कर लेना
    (d) उपर्युक्त में से कोई नहीं

66. 'समय के चूक जाने पर उत्तेजना के वशीभूत होकर उलटा-सीधा बकना' के लिए निर्धारित कहावत .... है।
    (a) ओछे की प्रीति बालू की भीति
    (b) ओछे के घर जाना, जनम-जनम का ताना
    (c) औसर चूके डोमिनी गावे ताल-बेताल
    (d) कर ले सो काम भज ले सो राम

निर्देश: वाक्य में गलती पहचानिए।

67. (a) प्रवीणा गाने   (b) की अभ्यास
    (c) करती है   (d) कोई गलती नहीं।

68. निम्नलिखित शब्दों में .... सही वर्तनी वाला शब्द है।
    (a) नृत्यगना   (b) पूजनीय
    (c) केन्द्रीयकरण   (d) शुभैच्छुक

69. इन सबका रंग एक ही है .... रूप में भिन्नता जो भी हो।
    (a) ,   (b) ;
    (c) ।   (d) ?

70. 'ASSISTANT INCHARGE' का सही पारिभाषिक शब्द है-
    (a) प्रभारी सहायक
    (b) सहायक सचिव
    (c) उप-सचिव
    (d) अपर-सचिव

71. 'प्रमाणीकरण' शब्द का अर्थ द्योतक अंग्रेजी पारिभाषिक शब्द किस क्रमांक में है?
    (a) Corrigendum
    (b) Validation
    (c) Annuity
    (d) Authentication

72. राजस्थान के राजकीय विभागों में केवल हिन्दी भाषा और देवनागरी की रबर की मोहरों का उपयोग कब अनिवार्य किया गया?
    (a) सन् 1978 में
    (b) सन् 1976 में
    (c) सन् 1988 में
    (d) सन् 1999 में

73. 'BROCHURE' का हिन्दी समकक्ष शब्द है-
    (a) आय-व्यय   (b) बजट
    (c) सूची   (d) विवरणिका

74. 'शरीर का एक अंग' का द्योतक शब्द किस युग्म में है?
    (a) सुति-सृति   (b) तरुश-परुष
    (c) तन्वी-धन्वी (d) श्रोणि-द्रोणि

75. 'सबको एक समान समझकर व्यवहार करना' किस मुहावरे का अर्थ है?
    (a) सब धान बाईस पंसेरी
    (b) नौ दिन चले अढ़ाई कोस
    (c) जान न पहचान, बड़ी बीबी सलाम
    (d) खोदा पहाड़ निकली चुहिया

76. किस क्रम में बहुब्रीहि समास का उदाहरण नहीं है?
    (a) सिंहवाहिनी   (b) हिरण्यगर्भ
    (c) वसुंधरा   (d) देशवासी

77. किस क्रम में सघोष महाप्राण काकल्य व्यंजन है?
    (a) क   (b) छ
    (c) ह   (d) ल

78. 'यावज्जीवन' में कौन-सा समास है?
    (a) तत्पुरुष समास
    (b) अव्ययी भाव समास
    (c) बहुब्रीहि समास
    (d) द्वन्द्व समास

79. 'ज्ञ' व्यंजन किन ध्वनियों के मेल से बनता है?
    (a) ग् + अ   (b) ज् + ञ
    (c) ग् + ज   (d) ज् + अ

80. 'क्रिया का प्रभाव या फल जिसे संज्ञा/सर्वनाम पर पड़ता है,' उसे कौन-सा कारक कहते हैं?

(a) कर्ता कारक

(b) अपादान कारक

(c) सम्प्रदान कारक

(d) कर्म कारक

संख्यात्मक अभियोग्यता

81. कैलाश अपना टी.वी. बेचना चाहता है। उसके पास दो प्रस्ताव है, एक नगद ₹ 10,000 का एवं दूसरा ₹ 6,440 को 18% प्रति वर्ष के उधार पर जो कि 8 माह बाद उसे चुकाया जाएगा। दोनों में अच्छा प्रस्ताव कौनसा है?

(a) ₹ 6,440 उधार

(b) ₹ 6,440 नगद

(c) ₹ 6,440 उधार और ₹ 10,000 नगद दोनों

(d) इनमें से कोई नहीं

82. यदि किसी राशि का वर्तमान मूल्य दो वर्ष बाद 10% प्रति वर्ष की चक्रवृद्धि ब्याज की दर से ₹ 2000 है। राशि ज्ञात करें?

(a) ₹ 2420 (b) ₹ 4220

(c) ₹ 2400 (d) ₹ 4200

83. एक पुरूष एवं एक महिला जो कि एक दूसरे से 81 मी0 की दूरी पर है, एक ही समय में एक-दूसरे की ओर चलना शुरू करते है। यदि पुरूष की गति 5 मी0 प्रति घंटा जबकि महिला की गति 4 मी0 प्रति घंटा है, जब वे मिलेंगे, उस समय तक महिला द्वारा तय की गई दूरी है-

(a) 27 मी0

(b) 36 मी0

(c) 45 मी0

(d) इनमें से कोई नहीं

84. 100 मीटर के दौड़ में यदि A, B के 20 मीटर दौड़ने के बाद दौड़ना शुरू करता है तो A पांच सेकेण्ड से दौड़ जीत जाता है और यदि A, B से 40 मीटर बाद दौड़ना शुरू करता है तो दोनों एक साथ दौड़ पूरी करते है। 200 मीटर की दूरी तय करने में A को कितना समय लगेगा?

(a) 10 सेकेण्ड (b) 20 सेकेण्ड

(c) 30 सेकेण्ड (d) 40 सेकेण्ड

85. एक निश्चित दूरी को एक निश्चित गति से तय किया जाता है। यदि उस दूरी की आधी दूरी को उस निश्चित गति की 4 गुणा गति से तय किया जाता है, तो उन दोनों गतियों का अनुपात क्रमशः है-

(a) 1: 8 (b) 1: 4

(c) 4: 1 (d) 8: 1

86. तीन संख्याएं A, B और C, 12: 15 : 25 अनुपात में है, यदि इन संख्याओं का योग 312 है, तो B और A का अन्तर तथा C और B का अन्तर, के बीच अनुपात है-

(a) 3 : 7 (b) 10 : 3

(c) 3 : 10 (d) 5 : 1

87. सीता और गीता एक साझेदारी में सम्मिलित होती है, सीता ₹ 5000 जबकि गीता ₹ 4000 की सहयोग राशि प्रदान करती है। एक महीना बाद, गीता अपनी राशि का $\frac{1}{4}$ भाग निकालती है और आरंभ से तीन महीने बाद सीता पुनः ₹ 2000 सहयोग करती है। जिस समय गीता अपनी राशि निकालती है, रीता भी ₹ 7000 की राशि से व्यवसाय में सम्मिलित होती है। 1 वर्ष के बाद ₹ 1218 लाभ होता है। लाभ में रीता की हिस्सेदारी क्या होगी?

(a) ₹ 844.37

(b) ₹ 488.47

(c) ₹ 588.47

(d) इनमें से कोई नही

88. एक व्यक्ति धारा के प्रतिकूल 30 किमी और धारा के अनुकूल 44 किमी की दूरी 10 घंटे में तैरता है। पुनः वह व्यक्ति धारा के प्रतिकूल 40 किमी और धारा के अनुकूल 55 किमी 13 घंटे में तैरता है, तो धारा की चाल है-

(a) 3 किमी/घंटा

(b) 3.5 किमी/घंटा

(c) 4 किमी/घंटा

(d) 4.5 किमी/घंटा

89. एक टंकी में छेद होने के कारण टंकी 8 घंटें में खाली हो जाती है। एक नल जो 6 लीटर प्रति मिनट की दर से टंकी भरता है, को खोला जाता है और अब टंकी 12 घंटे में खाली हो जाती है। टंकी की क्षमता क्या है?

(a) 7860 लीटर

(b) 6840 लीटर

(c) 8640 लीटर

(d) इनमें से कोई नहीं

90. दो भरने वाले नलों के द्वारा एक टंकी क्रमशः 12 और 16 मिनट में भर सकती है। कुछ समय के लिए दोनों नलों को खोला जाता है लेकिन रूकावट के कारण पहले नल से होकर पानी की मात्रा का 7/8वां भाग और दूसरे नल से होकर पानी की मात्रा का 5/6 वां भाग ही टंकी में जाता है और अचानक ही रूकावट हट जाती है इसके तीन मिनट बाद टंकी भर जाती है। नलों से पूरी तरह पानी बहने से पहले कितने देर तक रूकावट हुई थी?

(a) 4.5 मिनट (b) 2.5 मिनट

(c) 3.5 मिनट (d) 5.5 मिनट

91. 600 मीटर की दौड़ में A, B को 60 मीटर से पराजित करता है और 500 मीटर की दौड़ में B, C को 25 मीटर से पराजित करता है। 400 मीटर की दौड़ में A, C को कितने मीटर से पराजित करेगा?

(a) 56 मीटर (b) 60 मीटर

(c) 58 मीटर (d) 54 मीटर

92. एक रेलगाड़ी की औसत गति अग्रगामी यात्रा की अपेक्षा वापसी यात्रा में 20% कम है। रेलगाड़ी गंतव्य स्टेशन पर वापसी यात्रा से

पहले आधे घंटे के लिए रूकती है। यदि 1000 किमी की यात्रा में कुल समय 23 घंटे लगते हैं, तो वापसी यात्रा में रेलगाड़ी की चाल निकालें।

(a) 60किमी/घंटा (b) 40किमी/घंटा

(c) 50किमी/घंटा (d) 55किमी/घंटा

93. ₹ 370 को A, B और C के बीच इस प्रकार विभाजित करना है कि $\frac{\text{A का हिस्सा}}{\text{B का हिस्सा}} = \frac{\text{B का हिस्सा}}{\text{C का हिस्सा}} = \frac{3}{4}$ हो, तो A का हिस्सा है-

(a) ₹ 240 (b) ₹ 120

(c) ₹ 100 (d) ₹ 90

94. ₹ 700 और ₹ 600 से X और Y ने क्रमशः एक साझा व्यवसाय प्रारंभ किया। 3 महीने के बाद X अपनी जमा राशि का $\frac{2}{7}$ भाग निकालता है। लेकिन 3 महीने के बाद निकाली गई राशि का $\frac{3}{5}$ भाग पुनः निवेश कर देता है। यदि वर्ष के अंत में लाभ ₹ 726 है, तो X को कितने रुपये इसमें से मिलना चाहिए।

(a) ₹ 336 (b) ₹ 366

(c) ₹ 633 (d) ₹ 663

95. मुम्बई एक्सप्रेस दिल्ली से 60 किमी/घंटा की चाल से 14:30 बजे मुम्बई के लिए रवाना होती है। उसी दिन राजधानी एक्सप्रेस दिल्ली से 16:30 बजे 80 किमी/घंटा की चाल से मुम्बई के लिए रवाना होती है। दिल्ली से कितनी दूरी पर दोनों रेलगाड़ियां मिलेंगी?

(a) 400 किमी. (b) 420 किमी.

(c) 480 किमी. (d) 440 किमी.

निर्देश (प्र.सं. 96-100): नीचे दिए गए प्रत्येक प्रश्न में एक प्रश्न और उसके नीचे I और II कथन दिए गए है। आपको यह तय करना है कि कथनों में दिया गया डाटा प्रश्न का उत्तर देने के लिए पर्याप्त है या नहीं। दोनों कथनों को पढ़िए और–

उत्तर (a) **दीजिए** यदि कथन कथन I और कथन II दोनों मिलकर प्रश्न का उत्तर देने के लिए आवश्यक है।

उत्तर (b) **दीजिए** यदि केवल कथन II में दिया गया डाटा प्रश्न का उत्तर देने के लिए पर्याप्त है जबकि केवल कथन I में दिया गया डाटा प्रश्न का उत्तर देने के लिए पर्याप्त नहीं है।

उत्तर (c) **दीजिए** यदि केवल कथन I या केवल कथन II में दिया गया डाटा प्रश्न का उत्तर देने के लिए पर्याप्त है।

उत्तर (d) **दीजिए** यदि कथन I और कथन II दोनों का डाटा प्रश्न का उत्तर देने के लिए पर्याप्त नहीं है।

96. कॉलेज में फ्रेशर्स की संख्या का सीनियर्स की संख्या से क्या अनुपात है?

I. कॉलेज में महिला और पुरुष का अनुपात 2 : 3 का है।

II. कॉलेज में 1125 महिला फ्रेशर्स हैं।

97. निधि की आयु कितनी है?

I. निधि रानी से तीन गुना छोटी है।

II. सुरेखा रानी की उम्र से दुगुनी है और उनकी आयु का योग 72 है।

98. स्कूल में लड़कियों की कुल संख्या का लड़कों की कुल संख्या से क्या अनुपात है?

I. पिछले वर्ष लड़कों की कुल संख्या का लड़कियों की कुल संख्या से अनुपात 4 : 5 था।

II. स्कूल में 3500 छात्र है जिनमें से 60% लड़के हैं।

99. श्री मेहता की मौजूदा आय कितनी है?

I. श्री मेहता की आय में हर वर्ष 10% वृद्धि होती है।

II. इस वर्ष उनकी आय में ₹ 2,500/- की वृद्धि होगी।

100. बस की गति कितनी है?

I. बस 80 किमी की दूरी 5 घंटे में तय करती है।

II. बस 160 किमी की दूरी 10 घंटे में तय करती है।

निर्देश (प्र.सं. 101-105): निम्नलिखित प्रश्नों का उत्तर देने के लिए नीचे दिए गए ग्राफ को ध्यान से पढ़ें।

एक वर्ष में विभिन्न द्वारा बनाए गए और बेचे गए कम्प्यूटरों की संख्या (संख्या लाखों में)

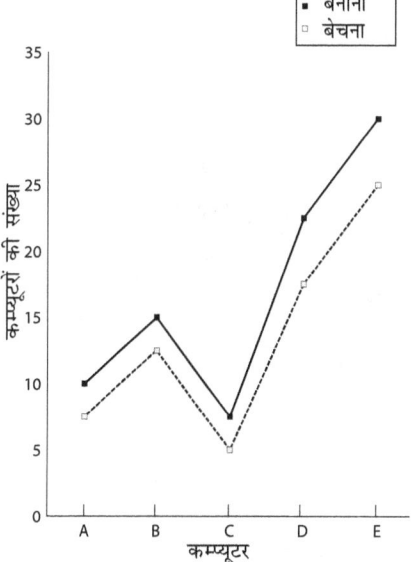

101. कम्पनी A और C द्वारा मिलाकर बनाए गए कम्प्यूटरों की संख्या का कम्पनी A और C द्वारा मिलकर बेचे गए कम्प्यूटरों की संख्या से क्रमशः अनुपात क्या है?

(a) 4 : 5 (b) 5 : 9

(c) 8 : 9 (d) 7 : 5

102. सब कम्पनियों द्वारा मिलाकर बनाए गए कम्प्यूटरों की औसत संख्या और सब कम्पनियों द्वारा मिलाकर बेचे गए कम्प्यूटरों की औसत संख्या के बीच का कितना अन्तर है?

(a) 350 (b) 35000

(c) 350000 (d) 3500000

103. कम्पनी B द्वारा बनाए गए कम्प्यूटरों की संख्या कम्पनी B द्वारा बेचे गए कम्प्यूटरों की संख्या का कितने प्रतिशत है? (दशमलव के बाद दो अंकों तक पूर्णांकित)

(a) 83.33 (b) 120

(c) 78.83 (d) 118

104. कम्पनी D द्वारा बनाए गए कम्प्यूटरों की संख्या कम्पनी E द्वारा बनाए गए कम्प्यूटरों की संख्या का कितने प्रतिशत है?
(a) 125 (b) 112.5
(c) 85 (d) 75

105. कम्पनी B द्वारा बनाए गए कम्प्यूटरों की संख्या सभी कम्पनियों द्वारा बनाए गए कम्प्यूटरों की संख्या का लगभग कितने प्रतिशत है?
(a) 22 (b) 18
(c) 14 (d) 8

निर्देश (प्र.सं 106-110): निम्नलिखित प्रश्नों का उत्तर देने के लिए इस सारणी को ध्यान से पढ़े:

विभिन्न विषयों में विभिन्न छात्रों को प्राप्त अंकों का प्रतिशत

छात्र	विषय							
	हिंदी (150)	अंग्रेजी (150)	गणित (150)	समाज (125)	भौतिक शास्त्र (75)	रसायन शास्त्र (75)	जीवशास्त्र (75)	संस्कृत (50)
अंकिता	60	64	67	59	70	65	68	70
बकुल	75	95	92	87	84	74	90	77
चेतन्य	93	71	76	74	79	62	64	82
दीपाली	66	56	70	66	71	64	72	58
गौरी	62	75	62	88	78	80	74	64
हिमानी	58	60	64	54	70	60	72	66

106. हिमानी को सब विषयों में मिलाकर कितने अंक मिले?
(a) 505 (b) 496
(c) 525 (d) 721

107. भौतिकशास्त्र में सब छात्रों को मिलाकर औसत कितने अंक मिले?
(a) 75.33 (b) 56.5
(c) 64.25 (d) 48

108. कितने छात्रों को एक से अधिक विषय में सर्वाधिक अंक मिले हैं?
(a) तीन (b) दो
(c) एक (d) कोई नहीं

109. अंकिता को संस्कृत में मिले अंक गौरी को उसी विषय में मिले अंकों के कितने प्रतिशत हैं? (दशमलव के बाद दो अंकों तक पूर्णांकित)
(a) 91.43 (b) 94.29
(c) 103.13 (d) 109.38

110. सभी विषयों में मिलाकर सर्वाधिक अंक किसे मिले हैं?
(a) चैतन्य (b) हिमानी
(c) दीपाली (d) इनमें से कोई नहीं

निर्देश (प्र. सं. 111-115): निम्नलिखित सारणी का अध्ययन कीजिए और नीचे दिए गए प्रश्नों का उत्तर दीजिए।

भारत से इलेक्ट्रॉनिक वस्तुओं का निर्यात (रु करोड़ में)

वर्ष	कुल निर्यात	इलेक्ट्रॉनिक वस्तुएँ
2001	5143	552
2002	5404	624
2003	5426	717
2004	5999	653

111. 2003 में कुल निर्यात में इलेक्ट्रॉनिक वस्तुओं का प्रतिशत लगभग कितना था?
(a) 13% (b) 19%
(c) 21% (d) 29%

112. 2003 से 2004 में इलेक्ट्रॉनिक वस्तुओं के निर्यात में गिरावट लगभग.....थी।
(a) 20% (b) 15%
(c) 9% (d) 12%

113. यदि वर्ष 2002 में इलेक्ट्रॉनिक वस्तुओं का निर्यात नहीं हुआ हो तो उस वर्ष कुल निर्यात कितना हुआ?
(a) 4770 (b) 4780
(c) 4790 (d) 16.8

114. 2002 से 2003 की अवधि में इलेक्ट्रॉनिक वस्तुओं के निर्यात में वृद्धि का प्रतिशत उसी वर्ष में कुल निर्यात में वृद्धि के प्रतिशत से लगभग अधिक था।
(a) 13.5 (b) 12.5
(c) 15.5 (d) 14.5

115. 2001 से 2004 तक 4 वर्ष की अवधि में इलेक्ट्रॉनिक निर्यात में लगभग......वृद्धि हुई।
(a) 16.3% (b) 15.3%
(c) 14.3% (d) 18.3%

116. 45 मिनट दिन का कितना हिस्सा होंगे?
(a) $\frac{1}{42}$ (b) $\frac{1}{24}$
(c) $\frac{1}{32}$ (d) $\frac{1}{48}$

117. जिन दो संख्याओं का गुणनफल 640 हो और दोनों संख्याओं का योग उनके अंतर से 32 से अधिक हो तो दोनों में से बड़ी संख्या क्या है?
(a) 45 (b) 52
(c) 55 (d) 40

118. समीर घर से एक रिजोर्ट तक 45 किमी/घण्टा की गति से ड्राइव करते हुए गया। उसी रास्ते से वापस आते समय वह ट्रैफिक में फंस गया और उसे एक घण्टा अधिक लगा और वह 40 किमी प्रति घण्टा की गति से ही ड्राइव कर सका। उसने एक दिशा में कितने किमी ड्राइव किया?
(a) 250 km (b) 300 km
(c) 310 km (d) इनमें से कोई नहीं

119. 20 लड़कों और 25 लड़कियों का समाजसेवकों का एक समूह है। सदस्यता अभियान के दौरान समान संख्या में लड़के और लड़कियाँ समूह में शामिल हुए (अर्थात् यदि 7 लड़के शामिल हुए तो 7 लड़कियाँ भी शामिल हुई)। यदि लड़के और लड़कियों का अनुपात 7 : 8 हो तो अब समूह में कितने सदस्य हैं?
(a) 75 (b) 65
(c) 70 (d) 55

120. वैशाली ने अपने घर में एयर कंडीशनर लेने के लिए रु 31897 खर्च किए, प्लाज्मा टेलीविजन खरीदने के लिए रु 38789 खर्च किए और कुल राशि का बाकि बचा 23% उसके पास नकद है। कुल राशि कितनी थी?
(a) ₹ 74625
(b) ₹ 86750
(c) ₹ 91800
(d) निर्धारित नहीं किया जा सकता

तर्कशक्ति परीक्षण

121. एक निश्चित कूट भाषा में 'JUST' को '# @ % $' तथा 'LATE' को '©↑$★' लिखा जाता है। तो 'TASTE' शब्द को उसी भाषा में कैसे लिखा जाएगा?

(a) ★↑%$★ (b) $↑%$★ s
(c) $↑%★$ (d) $%↑%★

122. निम्नलिखित चार में तीन किसी तरह समान हैं और इस तरह वे एक समूह बनाते हैं। उनमें से कौन-सा एक ऐसा है जो इस समूह में नहीं आता है ?

(a) 25 (b) 64
(c) 189 (d) 225

123. शब्द 'AIPR' के प्रत्येक अक्षर को केवल एक बार प्रयोग करके अंग्रेजी के कितने सार्थक शब्द बनाए जा सकते हैं?

(a) कोई नहीं (b) एक
(c) दो (d) चार

124. शब्द 'DOMESTIC' में अक्षरों में कितने युग्म ऐसे हैं जिनके बीच उतने ही अक्षर हैं जितने कि अंग्रेजी वर्णमाला में होते हैं?

(a) कोई नहीं (b) एक
(c) दो (d) तीन

125. संख्या '7346285' में कितने अंक ऐसे हैं जो संख्या में प्रारम्भ में उतनी दूर हैं जितना कि वे संख्या के अंकों को आरोही क्रम में व्यवस्थित करने पर होते हैं?

(a) कोई नहीं (b) एक
(c) दो (d) तीन

126. निम्नलिखित चार में से तीन किसी तरह समान हैं और इस प्रकार वे एक समूह बनाते हैं। उनमें से एक कौन-सा ऐसा है जो इस समूह में नहीं आता है?

(a) लड़का (b) लड़की
(c) बच्चा (d) आदमी

127. यदि नीले को हरा कहा जाता है, हरे को नारंगी कहा जाता है, नारंगी को पीला कहा जाता है, पीले को काला कहा जाता है, काले को लाल कहा जाता है तथा लाल को सफेद कहा जाता है, तो हल्दी का रंग क्या है?

(a) नारंगी (b) नीला
(c) सफेद (d) काला

128. शब्द 'INHERITANCE' के पहले, तीसरे, पाँचवें और ग्यारहवें अक्षरों को केवल एक बार प्रयोग करके यदि कोई सार्थक शब्द बनाना सम्भव हो, तो उस शब्द का दूसरा अक्षर ही आपका उत्तर होगा। यदि ऐसे एक से अधिक शब्द बनाए जा सकते हों तो उत्तर 'X' है, यदि इस प्रकार का कोई शब्द नहीं बनाया जा सकता हो, तो आपका उत्तर 'Y' है।

(a) E (b) N
(c) R (d) X

129. निम्नलिखित चार में से तीन किसी तरह समान हैं और इस प्रकार से अपना समूह बनाते हैं। उनमें से कौन-सा एक इस समूह में नहीं आता है?

(a) CE (b) KI
(c) FD (d) MK

130. नेहा, मदन की बहन संगीता के भाई की एकमात्र पुत्री है। नेहा, मदन से किस प्रकार सम्बन्धित है?

(a) पुत्री (b) भतीजी
(c) कजिन (d) भतीजी या पुत्री

निर्देश (प्र.सं. 141-143): ये प्रश्न नीचे दिए गए अक्षर/संख्या/प्रतीक व्यवस्था पर आधारित हैं। इसका सावधानीपूर्वक अध्ययन करके प्रश्नों के उत्तर दीजिए।

H T 6 # E 7 $ K I L % 3 P @ 2 A J T R U 4 * V D

131. उपर्युक्त व्यवस्था में ऐसे कितने प्रतीक हैं जिनमें से प्रत्येक के पहले एक संख्या तथा बाद में एक स्वर हैं?

(a) कोई नहीं (b) एक
(c) दो (d) चार

132. दाएँ से तेरहवें तत्व के दाएं पाँचवां तत्व कौन-सा है।

(a) F (b) t
(c) J (d) K

133. उपर्युक्त व्यवस्था के आधार पर निम्नलिखित श्रृंखला में प्रश्नचिन्ह के स्थान पर क्या आएगा?

T # 6, 7 K $, L 3 %, ?

(a) @A2 (b) A@2
(c) 2@ (d) 2P@

निर्देश (प्र.सं. 134-136): नीचे प्रत्येक प्रश्न में चार कथन और उसके बाद दो निष्कर्ष I और II दिए गए है। आपको दिए गए चार कथनों को सत्य मानना है भले ही वे सर्वज्ञात तथ्यों से भिन्न प्रतीत हों और फिर तय कीजिए कि दिया गया कौन-सा निष्कर्ष दिए गए चार कथनों का तर्कसंगत रूप से अनुसरण करता है, चाहे सर्वज्ञात तथ्य कुछ भी हों।

उत्तर (a) यदि केवल निष्कर्ष I अनुसरण करता है।

उत्तर (b) यदि केवल निष्कर्ष II अनुसरण करता है।

उत्तर (c) यदि निष्कर्ष I और II दोनों अनुसरण करते हैं।

उत्तर (d) यदि न तो निष्कर्ष 1 और न ही II अनुसरण करताहै

134. कथन

कुछ विद्यालय मैदान हैं।

कुछ मैदान विश्वविद्यालय हैं।

सभी विश्वविद्यालय संस्थान हैं।

सभी संस्थान कक्षा हैं।

निष्कर्ष

I. कुछ मैदान कक्षा हैं।

II. सभी विश्वविद्यालय कक्षा हैं।

135. कथन

कुछ छाते कोट हैं।

सभी कोट शर्ट हैं।

कोई शर्ट ब्लेजर नहीं है।

कुछ ब्लेजर सूट हैं।

निष्कर्ष

I. कुछ शर्ट छाते हैं।

II. कुछ सूट कोट हैं।

136. कथन

कुछ कम्प्यूटर बोर्ड हैं।

कुछ बोर्ड चॉक हैं।

सभी चॉक बल्ब हैं।

कोई बल्ब ट्यूबलाइट नहीं है।

निष्कर्ष

I. कुछ बल्ब कम्प्यूटर हैं।

II. कोई चॉक ट्यूबलाइट नहींहै।

निर्देश (प्र. सं. 137-140): इन प्रश्नों के उत्तर देने के लिए निम्नलिखित जानकारी को ध्यान से पढ़िए।

अश्विनी, प्रिया, सुधा, रानी, मीता, गीता और मुक्ता केन्द्र की ओर मुंह किए एक वृत्त के गिर्द बैठे हैं। अश्विनी मुक्ता के बाएं तीसरी ओर और रानी के तुरन्त दाएं है। प्रिया, गीता के बाएं दूसरी है जो मीता की निकटस्थ पड़ोसी नहीं है।

137. प्रिया के तुरन्त दाएं कौन है?

(a) मीता

(b) सुधा

(c) मुक्ता

(d) निर्धारित किया जा सकता है

138. रानी के बाएं दूसरा कौन है?

(a) अश्विनी (b) मीता

(c) प्रिया (d) गीता

139. निम्नलिखित में से किस जोड़े में प्रथम व्यक्ति दूसरे के तुरन्त बाएं बैठा है?

(a) रानी-मीता (b) अश्विनी-गीता

(c) सुधा-प्रिया (d) गीता-सुधा

140. निम्नलिखित में से किस समूह में प्रथम व्यक्ति शेष दोनों के बीच बैठा है?

(a) मीता-अश्विनी-गीता

(b) सुधा-रानी-गीता

(c) मुक्ता-प्रिया-रानी

(d) मुक्ता-प्रिया-सुधा

निर्देश (प्र. सं. 141-145): इनमें से प्रत्येक प्रश्न में अक्षरों का एक समूह और उसके बाद अंकों और प्रतीकों के चार संयोजन (i), (ii), (iii) और (iv) दिए गए है। नीचे दी गई योजना और शर्तों के अनुसार अक्षर, अंकों/प्रतीकों से कोड किए जाने हैं। जो संयोजन अक्षरों के समूह का सही निरूपण करता है उसका क्रमांक आपका उत्तर है।

अक्षर :	T	L	F	A	R	N	I	G	H	K	E	M	D	U
अंक/ :	3	9	%	$	2	4	★	6	1	5	#	@	7	8

प्रतीक कोड

शर्तें:

(i) पहला अक्षर स्वर और अन्तिम अक्षर व्यंजन है तो दोनों को स्वर के कोड से कोड करना है।

(ii) पहला और अन्तिम अक्षर दोनों ही व्यंजन है तो दोनों को © के रूप में कोड करना है।

(iii) पहला अक्षर व्यंजन और अन्तिम अक्षर स्वर है तो उनके कोड परस्पर बदल देने हैं।

(iv) यदि पहला और अंतिम अक्षर दोनों स्वर हैं तो दोनों के कोड यथावत् रहेंगें।

141. GTAFKU

(a) 63$%58 (b) 63$%56

(c) 83$%58 (d) 83$%56

142. EHMDRA

(a) #1@72$ (b) $L@72#

(c) #1@72# (d) $1@72$

143. ITDELM

(a) ★37#9@ (b) @37#9@

(c) ★3 7 # 9★ (d) @37#9★

144. FHKERD

(a) %15#27 (b) ©15#2©

(c) %15#2% (d) 715#2%

145. AHERFU

(a) $1#2%$ (b) 81#2%8

(c) 81 #2%$ (d) $1#2%8

निर्देश (प्र.सं. 146-148): निम्नलिखित में से उस शब्द/अक्षर/संख्या को चुनिए जो अन्य तीन विकल्पों से भिन्न है।

146. (a) YVX (b) EBD

(c) QNO (d) IFH

147. (a) DSET (b) FUGV

(c) BQCR (d) HWIY

148. (a) OIAE (b) BCDF

(c) AEIU (d) AOIU

निर्देश (प्र.सं. 149-150): निम्नलिखित प्रत्येक प्रश्न में दिए गए विकल्पों में से कौन-सा विकल्प शब्दों का सार्थक आरोही क्रम दर्शाएगा?

149. 1. बालक 2. व्यवसाय

3. विवाह 4. शिशु

5. शिक्षा

(a) 2,1,4,3,5 (b) 5,4,1,3,2

(c) 4,1,5,2,3 (d) 1,3,5,2,4

150. 1. पलस्तर 2. रंगाई

3. नींव 4. दीवारें

5. छतगीरी (भीतरी छत)

(a) 3,4,1,2,5 (b) 5,4,3,2,1

(c) 3,4,5,1,2 (d) 1,2,3,4,5

151. निम्नलिखित शब्दों को अंग्रेजी शब्दकोश के अनुसार क्रम से रखने पर कौन-सा शब्द तीसरे स्थान पर होगा ?

(a) KNACK (b) KNIT

(c) KNOW (d) KNOB

152. दी गई अक्षर-शृंखला के खाली स्थानों पर क्रम से रखने पर निम्नलिखित में से कौन-सा अक्षर-समूह उसे पूरा करेगा ?

_bc c_a abc _ba ab_

(a) acac (b) acbc

(c) abcc (d) abac

निर्देश (प्र.सं. 153-156): निम्नलिखित प्रत्येक प्रश्न के नीचे दिए गए विकल्पों में से उसे चुनिए जो अनुक्रम को पूरा करेगा।

153. A C E, B D F, C E G, ?

(a) HED (b) DFH

(c) CED (d) DEM

154. AZBY, CXDW, EVFU, ?

(a) GXHW (b) STHO

(c) GTHS (d) SHTG

155. 33, 48, 65, 84 , ? , ?

(a) 105, 128 (b) 101, 118

(c) 105,126 (d) 99,110

156. 2, 10, 26, 50, ?

(a) 78 (b) 50

(c) 74 (d) 82

157. दी गई संख्या शृंखला में गलत संख्या ज्ञात कीजिए

2, 10, 30, 68, 120, 222

(a) 150 (b) 120

(c) 160 (d) 151

158. सविता ने एक लड़के का यह कहकर परिचय कराया कि वह मेरे मामाजी के पिता की इकलौती पुत्री का पुत्र है। लड़का सविता का क्या लगता है ?

(a) भाई (b) भतीजा

(c) दामाद (d) पुत्र

159. निम्नलिखित विकल्पों में से वह शब्द चुनिए जो दिए गए शब्द के अक्षरों का प्रयोग करके नहीं बनाया जा सकता

DEPARTMENT
(a) TREAT (b) TATE
(c) MATURE (d) PART

160. निम्नलिखित विकल्पों में से वह शब्द चुनिए जो दिए गए शब्द के अक्षरों का प्रयोग करके बनाया जा सकता है
EXPERIENCE
(a) EXPIRE (b) EXPENSE
(c) PERCIVE (d) EMPIRE

मानसिक अभिरुचि, बुद्धिलब्धि एवं तार्किक क्षमता

161. साम्प्रदायिक सद्भाव की जरूरत है?
(a) क्षेत्रीय आधार पर
(b) राष्ट्रीय आधार पर
(c) अन्तर्राष्ट्रीय आधार पर
(d) उपरोक्त में से कोई नहीं।

162. भारत में साम्प्रदायिकता की समस्या कब से मौजूद है?
(a) प्राचीन काल से
(b) मध्य काल से
(c) आधुनिक काल से
(d) कभी नहीं।

163. 'घरेलू हिंसा' में निम्नलिखित में से क्या-क्या शामिल है?
(a) महिला पर चरित्रहीन होने का आरोप लगाना
(b) बेटे को जन्म न देने के कारण महिला को अपमानित करना
(c) महिला को या उसके बच्चों को जान से मारने की धमकी देना
(d) उपरोक्त सभी।

164. घरेलू हिंसा से सम्बन्धित रिपोर्ट मिलने पर, एक पुलिस अधिकारी का कर्त्तव्य है कि वह महिला को सूचित करे
(a) कि उसे आर्थिक सहायता दिलाई जाए।
(b) कि उसका अधिकार है कि वह प्रार्थना-पत्र प्रस्तुत कर सकती है।
(c) कि उसके अलग रहने का आदेश पर दिया जाए।
(d) वह अपने प्रार्थना-पत्र में उपरोक्त आदेशों पर प्रार्थना कर सकती है।

165. एक जनहित वाद के बारे में निम्नलिखित में से कौन-सा कथन सही नहीं है?
(a) जनहित वाद को याचिकाकर्ता, बिना न्यायालय की अनुमति कभी भी वापस ले सकता है।
(b) जनहित वाद जनता की समस्याओं के निराकरण हेतु प्रस्तुत किये जाते हैं।
(c) जनता के हित में कोई भी सामाजिक संस्था अथवा जन-प्रतिनिधि जनहित वाद प्रस्तुत कर सकता है।
(d) उपरोक्त सभी।

166. शिक्षा का अधिकार किसे प्राप्त है ?
(a) निर्धनों के बच्चों को
(b) श्रमिकों के बच्चों को
(c) वेश्याओं के बच्चों को
(d) उपरोक्त सभी को

167. महिलाओं की स्थिति में सुधार न होने के क्या कारण हैं?
(a) लड़के-लड़की की परवरिश में अन्तर प्रारम्भ से किया जाता है।
(b) महिलाएं सदैव पराश्रित होती हैं, बचपन में पिता पर, युवावस्था में पति पर व वृद्धावस्था में पुत्र पर।
(c) महिलाओं की स्थिति सुधारने के लिए बने कानून बेअसर साबित हुए हैं।
(d) महिलाएं अपने अधिकारों के प्रति जागरूक नहीं हैं।

168. भारत की महिलाओं का स्वतन्त्रता से पूर्व तथा स्वतन्त्रता के बाद की स्थिति में क्या परिवर्तन आया है?
(a) कोई खास सुधार नहीं हुआ।
(b) काफी सुधार हुआ है।
(c) आज महिलाएं ज्यादा स्वावलम्बी हो गई हैं।
(d) आज भी महिलाओं को स्वतन्त्र निर्णय लेने की स्वतन्त्रता नहीं है।

169. 'कानून के समक्ष समानता' का सिद्धांत, भारतीय संविधान के अनुच्छेद 14 में वर्णित, किस देश से लिया गया है?
(a) अमेरिका (b) जर्मनी
(c) चीन (d) ब्रिटेन।

170. भारत में विधि के ऊपर कोई नहीं है और शासन आदमियों का नहीं बल्कि नियमों का है। उपरोक्त कथन निम्नलिखित में से किस न्यायाधीश का है?
(a) न्यायमूर्ति मार्कण्डेय काटजू
(b) न्यायमूर्ति अरिजित पसायत
(c) न्यायमूर्ति अफताब आलम
(d) न्यायमूर्ति पीएन भगवती।

171. 'पुलिस कस्टडी रिमाण्ड' से आप क्या समझते हैं?
(a) थाना हवालात में अभियुक्त को बन्द रखना
(b) अपराध में प्रयुक्त हथियार की बरामदगी हेतु व पूछताछ हेतु अभियुक्त को पुलिस द्वारा अपनी अभिरक्षा में रखना
(c) अभियुक्त को कारागार में बन्द रखना
(d) उपरोक्त सभी

172. पुलिस वारण्ट के बिना कब गिरतार कर सकती है?
(a) जिसके विरुद्ध संज्ञेय अपराध करने की विश्वसनीय सूचना मिलती है
(b) जब कोई व्यक्ति पुलिस अधिकारी की उपस्थिति में संज्ञेय अपराध करता है
(c) जब कोई व्यक्ति फरार अपराधी घोषित हो चुका है
(d) उपरोक्त सभी मामलों में।

173. क्यों अधिकतर पुलिसजन पुलिस सेवा में असन्तुष्ट रहते हैं?
(a) साहसिक कार्यों से उत्पन्न थकान के कारण
(b) सामाजिक लांछनों के कारण
(c) अपराधियों तथा चाटुकारों वेळ साथ के कारण
(d) कठोर अनुशासन के कारण

174. पुलिसजन 'सामाजिक कल्याण' के लिए किस तरह अपना योगदान दे सकते हैं?
(a) दुखियों का सहारा बनकर
(b) खोए हुए को उनके परिजनों से मिलाकर
(c) भय और अपराध मुक्त वातावरण देकर
(d) पारिवारिक झगड़ों में मध्यस्थता कराकर

175. अपराध प्रक्रिया संहिता की धाारा 144 का क्या प्रावधान है?

(a) मानव जीवन के स्वास्थ्य का खतरा दूर करना

(b) किसी व्यक्ति को बाधा या क्षति से राहत

(c) दंगे का निवारण

(d) उपरोक्त सभी।

176. एक हजार रुपये व पांच सौ रुपये के नकली नोट बड़ी संख्या में बाजारों व बैंकों तक में पाए जा रहे हैं। जाली करेंसी नोटों के विरुद्ध कार्यवाही भारतीय दण्ड संहिता की किस धारा के अन्तर्गत की जाती है?

(a) धारा 241

(b) धारा 246

(c) धारा 489क से 489-ड़ तक

(d) धारा 237

177. पुलिस का कार्य यह नहीं है कि

(a) न्यायालय के आदेश पर शंका करे

(b) कानून के औचित्य पर टिप्पणी करे

(c) अपनी जाति वालों का पक्ष ले

(d) व्यक्तिगत द्वेष-भावना से कार्य करें

178. निम्नलिखित में से अनुसूचित जाति एवं जनजाति (अत्याचार निवारण) अधिनियम के अन्तर्गत अपराध की विवेचना हेतु विवेचक की नियुक्ति किसके आदेशानुसार की जाएगी?

(a) पुलिस अधीक्षक

(b) पुलिस महानिदेशक

(c) राज्य सरकार

(d) उपरोक्त में से कोई नही

179. यदि आप अपने भाई-बहन के साथ शहर में रहते हैं, आपकी नियुक्ति एक छोटे स्थान पर की जाती है। तो आप

(a) छोटी जगह कार्य पर जाने से मना कर देंगे

(b) वहां अरुचिपूर्वक चले जायेंगे परन्तु अपना कर्त्तव्य-पालन जिम्मेदारीपूर्वक नहीं करेंगे

(c) छोटी जगह भी पूरी जिम्मेदारी और उत्साह से काम करेंगे, और अच्छे स्थान पर नियुक्ति के प्रयास और उचित अवसर की प्रतीक्षा करेंगे

(d) अपने भाग्य को दोष देंगे

180. यदि बाजार में दो लोग झगड़ रहे हैं तो पुलिस कांस्टेबिल के रूप में आप

(a) तुरन्त उनके पास जाकर उन्हें अलग करेंगे व उन्हें झगड़ा बन्द करने के लिए कहेंगे

(b) चुपचाप वहां से हट जायेंगे

(c) जिस व्यक्ति को आप जानते हैं, बिना कारण जाने उसका पक्ष लेंगे व दूसरे को थाने में बन्द कर देंगे

(d) दोनों को दो-दो डण्डे लगायेंगे

निर्देश (181-183) निम्न आकृतियों में से कौन-सी आकृति प्रश्नसूचक स्थान पर आएगी?

181. प्रश्न - आकृतियां

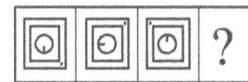

उत्तर - आकृतियां

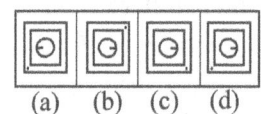

(a) (b) (c) (d)

182. प्रश्न - आकृतियां

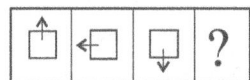

उत्तर - आकृतियां

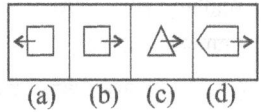

(a) (b) (c) (d)

183. प्रश्न - आकृतियां

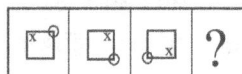

उत्तर - आकृतियां

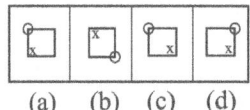

(a) (b) (c) (d)

184. महेश की आयु 60 वर्ष है। राम महेश से '5' वर्ष छोटा है और राजू से 4 वर्ष बड़ा है। राजू का सबसे छोटा भाई बाबू है और वह उससे '6' वर्ष छोटा है। महेश और बाबू की आयु में कितना अंतर है?

(a) 13 वर्ष (b) 06 वर्ष

(c) 18 वर्ष (d) 15 वर्ष

185. एक खुदरा दुकान में, 54 अलमारियाँ थीं। प्रत्येक अलमारी में 28 रैक बने थे। प्रत्येक रैक में 10 बॉक्स रखे थे। प्रत्येक बॉक्स में 4 कमीजें रखी थीं। एक दिन 500 बॉक्स बेचे गए और 250 खरीदे गए। उस दिन कितनी कमीजें थीं?

(a) 59,480 (b) 60,380

(c) 59,360 (d) 59,580

186. पाँच मित्रों a, b, c, d, e की आयु में जिनमें प्रत्येक में 2 वर्ष का अंतर है, जिनका जोड़ 60 है, तो c की आयु कितनी है?

(a) 8 वर्ष (b) 12 वर्ष

(c) 14 वर्ष (d) 20 वर्ष

निर्देश (प्रश्न 187-189): नीचे दिए गए प्रत्येक प्रश्न में एक कथन दिया गया है और इसके नीचे दो पूर्वधारणाएँ दी गई हैं, जिन्हें क्रमांक I और II से दिखाया गया है। कोई मानी हुई या गृहीत बात पूर्वधारणा कहलाती है। आपको दिए हुए कथन और दी हुई पूर्वधारणाओं को ध्यान में लेकर उन दो पूर्वधारणाओं में से कौन कथन में अन्तर्निहित है, इसका निर्णय करना है।

उत्तर दीजिए

(a) यदि केवल पूर्वधारणा I अन्तर्निहित है।

(b) यदि केवल पूर्वधारणा II अन्तर्निहित है।

(c) यदि केवल पूर्वधारणा I अथवा II अन्तर्निहित है।

(d) यदि दोनों I और II अन्तर्निहित हैं।

187. कथन : क्रीड़ांगन में प्रवेश करने से पहले यह सूचना पढ़िए।

पूर्वधारणाएँ :

I. लोग शिक्षित हैं।

II. कोई अंधा व्यक्ति मैदान में नहीं आता है।

188. कथन : घाटा पूर्ति के लिए करों को बढ़ाया जाए।

पूर्वधारणाएँ :

I. घाटा हुआ है।

II. वर्तमान कर बहुत कम है।

189. कथन : राज्य सरकार ने स्कूल फीस बढ़ाने के पहले सभी निजी स्कूलों के प्रबन्धन को माता/पिता की सहमति लेने के लिए कहा है।

पूर्वधारणाएँ :

I. फीस में बढ़ोत्तरी करने सम्बन्धी चर्चा करने के लिए अधिकांश निजी स्कूल के प्रबन्धन माता/पिता को बुलाएँगे।

II. अधिकांश माता/पिता स्कूल फीस में किसी भी बढ़ोत्तरी के लिए सहमत नहीं होंगे।

190. आपके विद्यालय में रक्त दान शिविर लगा हुआ है तब आप क्या करेंगे?

(a) आप अपने दोस्तों को रक्त देने के लिए प्रेरित करेंगे।

(b) आप रक्त दान करेंगे।

(c) आपको इस पर विश्वास नहीं है और आप रक्त दान नहीं करेंगे।

(d) आपकों इस पर विश्वास नहीं है लेकिन आप दूसरे को प्रेरित करेंगे।

191. आप पार्क में बैठे हुए हैं तभी आप देखते हैं कि एक युवक पार्क के पास स्कूटर खड़ा कर वहां से तेजी निकल रहा है तब आप क्या करेंगे?

(a) आप उसका पीछा करेंगे।

(b) आप नजदीक के टेलीफोन बुथ से पुलिस को इसकी सूचना देंगे।

(c) आप उस युवक को बुलाएंगे।

(d) आप उस पर ध्यान नहीं देंगे।

192. आप अपने दोस्त के घर पर तास खेल रहे हैं तभी आपके दोस्त से गलती से बिजली का तार पकड़ा जाता है। तब आप क्या करेंगे?

(a) आप उसका हाथ पकड़ कर अलग करने की कोशिश करेंगे।

(b) आप तार को पकड़ कर छुड़ाने का कोशिश करेंगे।

(c) आप चिल्लाकर लोगों को बुलाएंगे।

(d) आप लकड़ी के डण्डा से तार छुड़ाने की कोशिश करेंगे।

निर्देश (प्रश्न संख्या 193-197): नीचे एक परिच्छेद दिया गया है और उसके नीचे उस परिच्छेद में दिए गए तथ्यों के आधार पर लगाए जा सकने वाले कुछ सम्भावित अनुमान दिए गए हैं। आप हर एक अनुमान की परिच्छेद के संदर्भ में अलग-अलग परीक्षा कर उसकी सत्यता या असत्यता की मात्रा निश्चित कीजिए।

उत्तर दीजिए

a. यदि अनुमान "निश्चित रूप से सत्य है" अर्थात् वह दिए गए तथ्यों का उचित रूप से अनुसरण करता है।

b. यदि "डाटा पर्याप्त नहीं है" अर्थात् दिए हुए तथ्यों से अनुमान सत्य है अथवा असत्य यह आप नहीं कह सकते।

c. यदि अनुमान "संभवत: असत्य है" यद्यपि दिए गए तथ्यों के संदर्भ में "निश्चित रूप से असत्य" नहीं है।

d. यदि अनुमान "निश्चित रूप से असत्य है" अर्थात् दिए हुए तथ्यों का संभवत: अनुसरण नहीं करता है अथवा दिए गए तथ्यों के विपरीत जाता है।

परिच्छेद-

भारत में सदा से ही निर्माण उद्योग का अपना एक वैशिष्ट्य रहता आया है। हमने सिद्ध कर दिया है कि भारत आधुनिक युग के साथ आ गया है तथा उसके अंतर्राष्ट्रीय बाजार में सर्वोतम के विरूद्ध प्रतिस्पर्धा में उतरने में कोई कमी नहीं है। फिर भी यह समय है, जबकि अन्य शक्तियां अंतर्राष्ट्रीय रूप से इसके विकास पर समुचित महत्त्व दे रही है। किसी भी अर्थव्यवस्था की नींव इसके मूलभूत ढांचे में निहित है। चाहे वह बिजली, बन्दरगाह मार्ग, गृहनिर्माण, रेलवे अथवा उद्योग हों, निर्माण क्षेत्र को मुख्य भूमिका अदा करनी है। भारत के श्रम गहन निर्माण उद्योग को देर से ही, किन्तु उसे भारी परिवर्तन से गुजरना पड़ा है। इसे समुन्नत डिजाइन, विषम निर्धारण तथा समय से कार्य करने की मांग में वृद्धि, वृहत्तर मशीनीकरण तथा विकसित देशों में प्रचलित गहन निर्माण प्रक्रिया संबंधी संयंत्र को अपनाना; इन सबका सामना करना पड़ रहा है। निर्माण में अपनाए जाने वाले आधुनिक तरीकों तथा टेक्नॉलॉजी तथा अल्प समय में ऊंची गुणवत्ता वाले निर्माण पर अधिक महत्त्व एवं जोर दिया जा रहा है।

193. भारत की निर्माण कंपनियों को अंतर्राष्ट्रीय बाजार में अपने को अभी भी स्थापित करना है।

194. भारत में वर्षों से निर्माण क्षेत्र श्रमजनित होता आया है।

195. भारत के नीति-निर्धारकों ने अभी तक निर्माण क्षेत्र को एक व्यवहार्य उद्योग के महत्त्व को नहीं समझा है।

196. विकसित देशों का निर्माण क्षेत्र भारत में निर्माण क्षेत्र में अपेक्षा गुणवत्ता में बहुत श्रेष्ठ है।

197. भारत में निर्माण कंपनियों परियोजना की कालावधि को घटाकर तथा आधुनिक उपकरणों का प्रयोग करके अपने लाभ को अधिकतम कर सकती है।

198. पाँच वर्ष पहले राजू और रानी की आयु का अनुपात 1:10 था। आज उनकी आयु का योग 32 वर्ष है। 10 वर्ष बाद उनकी आयु क्या होगी?

(a) 7, 27 (b) 17, 35

(c) 15, 55 (d) 18, 38

199. एक दीवार बनाने के लिए 254 ईंटे लगती हैं। बिल्डर को ऐसी 88 दीवारें बनाती हैं। उसके पास 20,100 ईंटें हैं और 500 का ऑर्डर और दिया है। कितनी और ईंटों की जरूरत होगी?

(a) 2352 (b) 1352

(c) 1752 (d) 2052

200. निम्न समीकरण एक विशेष प्रणाली के आधार पर हल किए गए हैं। उसी आधार पर अनुत्तरित समीकरण का सही उत्तर ज्ञात कीजिए।

$4\times5=42$, $5\times6=56$

$6\times7=72$, $7\times8=?$

(a) 84 (b) 90

(c) 92 (d) 102

उत्तरमाला

1.(d)	**2.**(a)	**3.**(c)	**4.**(d)	**5.**(c)
6.(a)	**7.**(a)	**8.**(d)	**9.**(b)	**10.**(a)
11.(d)	**12.**(a)	**13.**(a)	**14.**(d)	**15.**(a)
16.(d)	**17.**(c)	**18.**(d)	**19.**(b)	**20.**(a)
21.(c)	**22.**(c)	**23.**(b)	**24.**(a)	**25.**(c)
26.(a)	**27.**(a)	**28.**(c)	**29.**(b)	**30.**(b)
31.(b)	**32.**(d)	**33.**(b)	**34.**(c)	**35.**(d)
36.(a)	**37.**(b)	**38.**(c)	**39.**(a)	**40.**(d)
41.(b)	**42.**(d)	**43.**(a)	**44.**(b)	**45.**(a)
46.(b)	**47.**(a)	**48.**(d)	**49.**(a)	**50.**(a)
51.(a)	**52.**(d)	**53.**(a)	**54.**(b)	**55.**(a)
56.(a)	**57.**(c)	**58.**(b)	**59.**(c)	**60.**(b)
61.(d)	**62.**(b)	**63.**(c)	**64.**(a)	**65.**(c)
66.(c)	**67.**(b)	**68.**(b)	**69.**(b)	**70.**(a)
71.(d)	**72.**(b)	**73.**(d)	**74.**(d)	**75.**(a)
76.(d)	**77.**(c)	**78.**(b)	**79.**(b)	**80.**(d)
81.(d)	**82.**(a)	**83.**(b)	**84.**(c)	**85.**(d)
86.(c)	**87.**(b)	**88.**(a)	**89.**(c)	**90.**(a)
91.(c)	**92.**(b)	**93.**(d)	**94.**(b)	**95.**(c)
96.(d)	**97.**(a)	**98.**(b)	**99.**(a)	**100.**(c)
101.(d)	**102.**(c)	**103.**(a)	**104.**(d)	**105.**(b)
106.(c)	**107.**(b)	**108.**(a)	**109.**(d)	**110.**(d)
111.(a)	**112.**(c)	**113.**(b)	**114.**(d)	**115.**(d)
116.(c)	**117.**(d)	**118.**(d)	**119.**(a)	**120.**(c)
121.(b)	**122.**(c)	**123.**(b)	**124.**(c)	**125.**(c)
126.(c)	**127.**(d)	**128.**(d)	**129.**(a)	**130.**(d)
131.(a)	**132.**(c)	**133.**(a)	**134.**(c)	**135.**(a)
136.(b)	**137.**(c)	**138.**(d)	**139.**(a)	**140.**(d)
141.(d)	**142.**(a)	**143.**(c)	**144.**(b)	**145.**(d)
146.(c)	**147.**(d)	**148.**(b)	**149.**(c)	**150.**(c)
151.(d)	**152.**(c)	**153.**(b)	**154.**(c)	**155.**(a)
156.(d)	**157.**(b)	**158.**(a)	**159.**(c)	**160.**(a)
161.(b)	**162.**(c)	**163.**(d)	**164.**(d)	**165.**(a)
166.(d)	**167.**(c)	**168.**(a)	**169.**(d)	**170.**(d)
171.(b)	**172.**(d)	**173.**(b)	**174.**(c)	**175.**(d)
176.(c)	**177.**(c)	**178.**(d)	**179.**(c)	**180.**(a)
181.(d)	**182.**(a)	**183.**(a)	**184.**(d)	**185.**(a)
186.(b)	**187.**(a)	**188.**(a)	**189.**(a)	**190.**(b)
191.(b)	**192.**(d)	**193.**(a)	**194.**(c)	**195.**(b)
196.(a)	**197.**(a)	**198.**(b)	**199.**(c)	**200.**(b)

उत्तर सहित व्याख्या

81.(d) 8 वें महीने में ₹ 6440 का मूल्य

$$= \frac{6440 \times 100}{100 + 18 \times \frac{8}{12}} = \frac{6440 \times 100}{112}$$

$= ₹\ 5750$

∴ स्पष्ट ₹ 10000 का सबसे अच्छा ऑफर है।

82.(a) दिया है, PW = ₹ 2000

T = 2 वर्ष, R = 10%, A = ?

सूत्र से

$$PW = \frac{A}{\left(1 + \frac{R}{100}\right)^2}$$

$$2000 = \frac{A}{\left(1 + \frac{10}{100}\right)^2}$$

$$2000 = \frac{A \times 10 \times 10}{11 \times 11}$$

$$A = \frac{2000 \times 11 \times 11}{10 \times 10}$$

$= 20 \times 121 = ₹\ 2420$

83.(b) आदमी तथा औरत की संगत चाल

= (4 + 5) = 9 मी./घण्टा

∴ 81 मी. तय करने में लिया गया समय

$= \frac{81}{9} = 9$ घण्टा

∴ 9 घण्टें में औरतों द्वारा तय की गई दूरी $= 9 \times 4 = 36$ मी.

84.(c) माना A तथा B की चाल क्रमशः V_1 तथा V_2 है।

$$\therefore \frac{V_1}{100} + 5 = \frac{80}{V_2} \quad ...(i)$$

$$\text{तथा } \frac{V_1}{100} = \frac{60}{V_2} \quad ...(ii)$$

समी० (*i*) तथा (*ii*) को हल करने पर

$V_2 = 4,\ V_1 = \frac{100}{15}$

∴ A द्वारा लिया गया समय $= \frac{200}{\frac{100}{15}}$

= 30 सेकण्ड

85.(d) माना '*y*' घण्टें में *x* किमी दूरी तय की जाती है।

∴ पहली चाल $= \frac{x}{y}$ किमी/घण्टा

पुनः $\frac{x}{2}$ किमी० 4*y* घण्टें में तय करता है।

∴ नई चाल $= \left(\frac{x}{2} \times \frac{1}{4y}\right)$ km/hr

चालों का अनुपात $= \frac{x}{y} : \frac{x}{8y}$

$= 8 : 1$

86.(c) माना A, B तथा C तीन संख्याएँ, क्रमशः 12*x*, 15*x* तथा 25*x* हैं।

∴ $12x + 15x + 25x = 312$

$\Rightarrow x = \frac{312}{52} = 6$

∴ अभीष्ट अनुपात $= \frac{15 \times 6 - 12 \times 6}{25 \times 6 - 15 \times 6}$

$= \frac{3 \times 6}{10 \times 6} = \frac{3}{10} = 3 : 10$

87.(b) सीता, गीता और रीता के निवेश का अनुपात

$= (5000 \times 3 + 7000 \times 9) : (4000 \times 1 + 3000 \times 11) : (7000 \times 11)$

$= 78000 : 37000 : 77000$

$= 78 : 37 : 77$

∴ लाभ में रीता का भाग

$$= \frac{77}{78 + 37 + 77} \times 1218$$

$= ₹\ 488.47$

88.(a) माना व्यक्ति तथा धारा की चाल क्रमशः *x* किमी/घण्टा तथा *y* किमी/घण्टा है।

∴ प्रश्नानुसार,

$$\frac{30}{x - y} + \frac{44}{x + y} = 10 \quad ...(i)$$

$$\text{तथा } \frac{40}{x - y} + \frac{55}{x + y} = 13 \quad ...(ii)$$

समी० (*i*) तथा (*ii*) को हल करने पर

y = 3 किमी/घण्टा

89.(c) माना नल, टंकी को *x* घण्टें में भर सकता है।

$$\therefore \frac{x \times 8}{x - 8} = 12$$

$\Rightarrow 8x = 12x - 96$

$\Rightarrow x = 24$ घण्टें

∴ टंकी की क्षमता $= 24 \times 60 \times 6$

= 8640 ली०

90.(a) टंकी का 3 मिनट में भरा गया भाग

$$= \frac{3}{12} + \frac{3}{16} = \frac{21}{48} = \frac{7}{16}$$

माना शेष $\frac{9}{16}$ भाग *x* मिनट में भरा था

$$\therefore \frac{x}{12} \times \frac{7}{8} + \frac{x}{16} \times \frac{5}{6} = \frac{9}{16}$$

$$\Rightarrow x\left(\frac{7 + 5}{96}\right) = \frac{9}{16}$$

$$\Rightarrow x = \frac{9}{16} \times \frac{96}{12} = 4.5 \text{ मिनट}$$

91.(c) 600 मीटर की दौड़ में दूरियों का अनुपात

A : B
600 : 540
10 : 9

500 मीटर की दौड़ में दूरियों का अनुपात

B : C
500 : 475
20 : 19

$\therefore$ A : B : C = (10 × 20) : (9 × 20) : (19 × 9)
= 200 : 180 : 171

$\therefore$ जब A दौड़ता है, 200 मी० → तो C दौडेगा = 171 मी०

$\therefore$ जब A दौड़ता है, 1 मी० → तो C दौडेगा $= \frac{171}{200}$ मी०

$\therefore$ जब A दौड़ता है, 400 मी० → तो C दौडेगा $= \frac{171 \times 400}{200} = 342$ मी०

$\therefore$ A, C का हरायेगा = 400 – 342 = 58 मी०

92.(b) माना अग्रगामी यात्रा में रेलगाड़ी की चाल = x किमी/घण्टा

$\therefore$ वापसी यात्रा में रेलगाड़ी की चाल = $0.8x$ किमी/घण्टा

$\therefore$ कुल समय $= \frac{500}{x} + \frac{1}{2} + \frac{500}{0.8x}$

$\Rightarrow 23 = \frac{1125}{x} + \frac{1}{2}$

$\Rightarrow x = 1125 \times \frac{2}{45} = 50$ किमी/घण्टा

$\therefore$ वापसी यात्रा में रेलगाड़ी की चाल = 0.8x
= 0.8 × 50 = 40 किमी/घण्टा

93.(d) $\frac{A}{B} = \frac{3\times3}{4\times3} = \frac{9}{12} : \frac{B}{C} = \frac{3\times4}{4\times4} = \frac{12}{16}$

$\therefore$ A : B : C = 9 : 12 : 16

'A' का भाग $= \frac{9}{37} \times 370 =$ ₹ 90

94.(b) 'x' का निवेश

$= (700 \times 3) + \left(700 \times \frac{5}{7} \times 3\right) + \left(500 + 200 \times \frac{3}{5}\right) \times 6$

= ₹ 7320

'y' का निवेश = 600 × 12 = ₹ 7200

'x' को शेयर से लाभ

$= \frac{7320}{(7320 + 7200)} \times 726 =$ ₹ 366

95.(c) माना दोनों रेलगाड़ियाँ x किमी दूरी पर दिल्ली से मिलती है।

$\therefore x = 60 \times t_1$ (मुम्बई एक्सप्रेस)

तथा $x = 80(t_1 - 2)$ (राजधानी एक्प्रेस)

$\Rightarrow 60t_1 = 80t_1 - 160$

$\Rightarrow 20t_1 = 160 \Rightarrow t_1 = 8$ घण्टे

$\therefore$ अभीष्ट दूरी $= x = 60 \times t_1 = 60 \times 8$

$x = 480$ किमी०

96. **(d)** डाटा अपर्याप्त है।

97. **(a)** कथन II से,

रानी की आयु $= \frac{1\times72}{(1+2)} = \frac{72}{3}$
= 24 वर्ष

कथन II और II से,

निधि की आयु $= 24 \times \frac{1}{3}$
= 8 वर्ष

98. **(b)** कथन II से,

लड़कों की संख्या $= \frac{60}{100} \times 3500$
= 2100

लड़कियों की संख्या = 3500 – 2100 = 1400

$\therefore$ अभीष्ट अनुपात = 1400:2100=2:3

99. **(a)** कथन I और II से,

मेहता की वर्तमान आय

$= \frac{100 \times 2500}{100} =$ ₹ 25000

100. **(c)** कथन I से,

बस की गति $= \frac{80}{5} = 16$ किमी/घण्टा

कथन II से,

बस की गति $= \frac{160}{10} = 16$ किमी/घण्टा

101. **(d)** कम्पनी A और C द्वारा बनाए कम्प्यूटरों की संख्या

= 10+7.5 = 17.5

कम्पनी A और C द्वारा बेचे गए कम्प्यूटरों की संख्या

= 7.5 + 5=12.5

अभीष्ट अनुपात $= \frac{17.5}{12.5} = 7:5$

102. **(c)** सब कम्पनियों द्वारा बनाए गए कम्प्यूटरों की औसत संख्या

$\frac{10+15+7.5+22.5+30}{5}$

$= \frac{85}{5} = 17$ लाख

सब कम्पनियों द्वारा बेचे गए कम्प्यूटरों की औसत संख्या

$\frac{7.5+12.5+5+17.5+25}{5}$

$= \frac{67.5}{5} = 13.5$ लाख

अभीष्ट अन्तर

= 17 – 13.5 = 3.5 लाख

103. **(a)** अभीष्ट प्रतिशत

$= \frac{\text{कम्पनी B द्वारा बेचे गये कम्प्यूटर}}{\text{कम्पनी B द्वारा बनाये गये कम्प्यूटर}} \times 100$

$= \frac{12.5}{15} \times 100 = 83.33\%$

104. **(d)** अभीष्ट प्रतिशत

$= \frac{\text{कम्पनी D द्वारा बनाये गये कम्प्यूटर}}{\text{कम्पनी E द्वारा बनाये गये कम्प्यूटर}} \times 100$

$= \frac{22.5}{30} \times 100 = 75\%$

105. **(b)** अभीष्ट प्रतिशत

$= \frac{\text{कम्पनी B द्वारा बनाए गए कम्प्यूटर की संख्या}}{\text{सभी कम्पनी द्वारा बनाए गए कम्प्यूटरों की संख्या}} \times 100$

$= \frac{15}{10+15+7.5+22.5+30} \times 100$

$= \frac{15}{85} \times 100 = 18\%$(लगभग)

106. **(c)** हिमानी को सभी विषयों में मिले प्राप्तांक

$= \frac{58\times150}{100} + \frac{60\times150}{100} + \frac{64\times150}{100} + \frac{54\times125}{100} + \frac{70\times75}{100} + \frac{60\times75}{100} + \frac{72\times75}{100} + \frac{66\times50}{100}$

= 87 + 90 + 96 + 67.5 + 52.5 + 45 + 54 + 33 = 525

107. **(b)** सभी छात्रों को भौतिक शास्त्र में मिले औसत अंक

$= 452 \times \frac{75}{100} \times \frac{1}{6} = 56.5$

108. **(a)** चार्ट देखने से पता चलता है, कि बकुल को अंग्रेजी, गणित,

भौतिकशास्त्र, जीवशास्त्र में सर्वाधिक प्रतिशत मिले। चैतन्य को हिन्दी तथा संस्कृत एवं गौरी को समाजशास्त्र एवं रसायन शास्त्र में सर्वाधिक प्रतिशत मिला। जब प्रतिशत सर्वाधिक हैं तो अंक भी सर्वाधिक होगा।

109. (d) अभीष्ट प्रतिशत अंक

$= \frac{\text{अंकित द्वारा संस्कृत में प्राप्त अंक}}{\text{गौरी द्वारा संस्कृत में प्राप्त अंक}} \times 100$

$= \frac{70}{64} \times 100 = 109.38\%$

110. (d) बकुल ने 4 विषयों में सर्वाधिक % पाया है।

111. (a) अभीष्ट प्रतिशत

$= \frac{\text{वर्ष 2003 में इलेक्ट्रॉनिक वस्तुएं}}{\text{2003 में कुल निर्यात}}$

$= \frac{717 \times 100}{5426} = 13.2\% = 13\%$(लगभग)

112. (c) अभीष्ट प्रतिशत

$= \frac{\text{2003 में निर्यात} - \text{2004 में निर्यात}}{\text{2003 में निर्यात}}$

$= \frac{717 - 653}{717} \times 100 = 8.93\%$

$= 9\%$

113. (b) अभीष्ट निर्यात = 5404 - 624 = 4780 (करोड)

114. (d) अभीष्ट प्रतिशत वृद्धि

$= \left(\frac{717 - 624}{624}\right) - \left(\frac{5426 - 5404}{5404} \times 100\right)$

$= (14.9 - 0.4) = 14.5\%$

115. (d) अभीष्ट प्रतिशत वृद्धि

$= \frac{653 - 552}{552} \times 100 = \frac{101}{552} \times 100$

$18.29\% = 18.3\%$

116. (c) अभीष्ट हिस्सा

$= \frac{45}{24 \times 60} = \frac{3}{24 \times 4} = \frac{1}{32}$

117. (d) माना संख्याएँ x और y हैं।

$xy = 640$

तथा $x + y = (x - y) + 32$

$2y = 32$

$y = 16$

तथा $x = \frac{640}{16} = 40$

अतः बड़ी संख्या 40 है।

118. (d) माना एक तरफ की दूरी x किमी है।

तो, $\frac{x}{40} - \frac{x}{45} = 1$

या, $\frac{45x - 40x}{1800} = 1$

या, $\frac{5x}{1800} = 1$

$\therefore x = \frac{1 \times 1800}{5} = 360$ किमी

119. (a) माना सदस्यता अभियान में x लड़के और x लड़कियाँ बढ़ी।

तब, $\frac{20 + x}{25 + x} = \frac{7}{8}$

या, $160 + 8x = 175 + 7x$

या, $8x - 7x = 175 - 160$

$\therefore x = 15$

अब समूह में सदस्यों की संख्या

$= (20 + 15) + (25 + 15)$

$= 35 + 40 = 75$

120. (c) कुल राशि

$= \frac{100 \times (31897 + 38789)}{(100 - 23)}$

$= \frac{100 \times 70686}{77} = ₹\ 91800$

121. (b) प्रश्नानुसार,

J U S T और L A T E

↓ ↓ ↓ ↓ ↓ ↓ ↓ ↓

@ % $ © ↑ $ ★

अतः

T A S T E

↓ ↓ ↓ ↓ ↓

$ ↑ % $ ★

122. (c) 189 को छोडकर, शेष अन्य सभी पूर्ण वर्ग संख्याएं हैं।

123. (b) एक अर्थ पूर्ण शब्द PAIR बनेगा

124. (c)

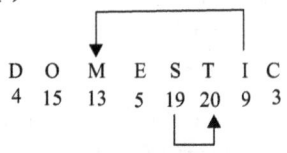

अतः केवल दो युग्म ST तथा IM है।

125. (c) संख्या: 7 (3) (4) 6 2 8 5

आरोही क्रम में:

2 (3) (4) 5 6 7 8

अतः अभीष्ट अंक दो है।

126. (c) बच्चे को छोड़कर शेष अन्य के लिंग ज्ञात हैं।

127. (d) हल्दी का रंग पीला होता है, जबकि प्रश्न में पीले को काला कहा गया है; अतः हल्दी का रंग काला होगा।

128. (d) दिए गए शब्द के पहले, तीसरे, पांचवें तथा ग्यारहवें अक्षर क्रमशः I, H, R तथा E हैं, जिनसे बनने वाले सार्थक शब्द हैं। HIRE, HEIR

129. (a)

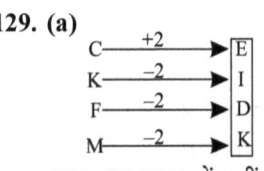

अतः CE समूह में नहीं आता है।

130. (d)

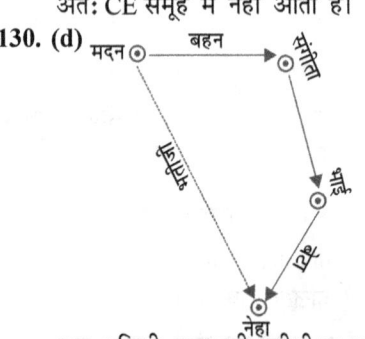

अतः नन्दिनी, मदन की भतीजी या पुत्री है।

131. (b)

संख्या	प्रतीक	स्वर
6	#	E

132. (c) दाएं से तेरहवाँ 3 तथा 3 के दाएं पाचवां 'J' है।

133. (a) [H] T # 6 [E] 7 K $ [I] L 3 % [P] @ A 2 [J]

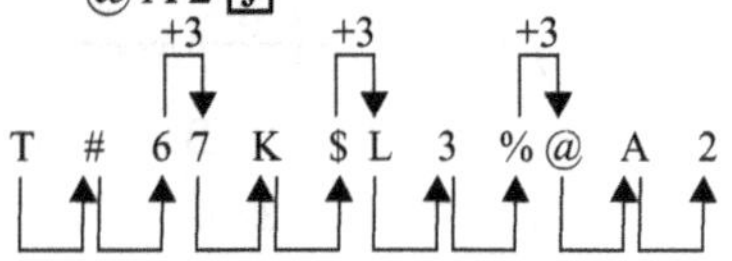

अतः श्रृंखला में प्रश्नचिन्ह (?) के स्थान पर @ A 2 आएगा।

134. (c)

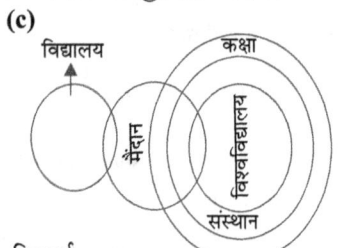

निष्कर्ष

I. ✓ II. ✓

अतः निष्कर्ष I और II दोनों अनुसरण करते हैं।

135. (a)

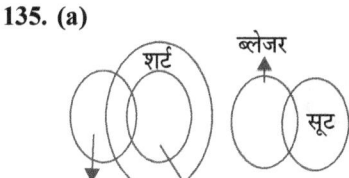

निष्कर्ष

I. ✓ II. ×

अत: केवल निष्कर्ष I अनुसरण करते हैं।

136. (b)

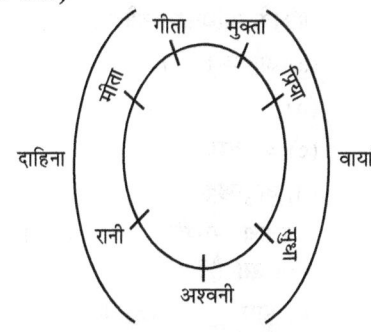

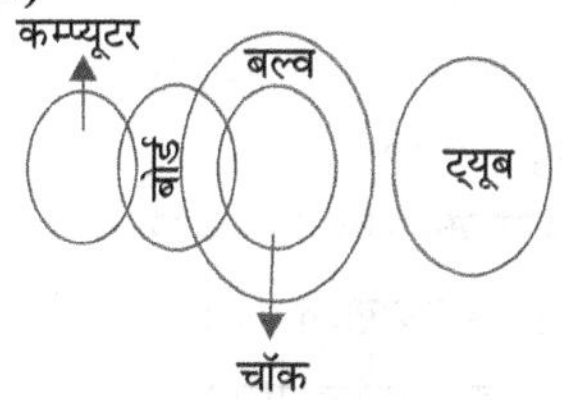

निष्कर्ष

I. × II. ✓

अत: केवल निष्कर्ष II अनुसरण करता हैं।

(137-140)

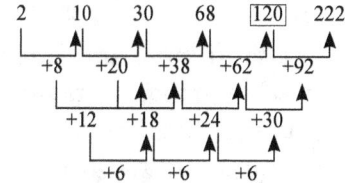

137. (c) **138. (d)** **139. (a)** **140. (d)**

141. (d) G T A F K U
↓ ↓ ↓ ↓ ↓ ↓
8 3 $ % 5 6

शर्त (iii) लागू होती है।

142. (a) E H M D R A
↓ ↓ ↓ ↓ ↓ ↓
1 @ 7 2 $

शर्त (iv) लागू होती है।

143. (c) I T D E L M
↓ ↓ ↓ ↓ ↓ ↓
★ 3 7 # 9 ★

शर्त (i) लागू होती है।

144. (b) F H K E R D
↓ ↓ ↓ ↓ ↓ ↓
© 1 5 # 2 ©

शर्त (ii) लागू होती है।

145. (d) A H E R F U
↓ ↓ ↓ ↓ ↓ ↓
$ 1 # 2 % 8

शर्त (iv) लागू होती है।

146. (c)

5 2 4 9 6 8 17 14 15 25 22 24
E B D I F H Q N O Y V X
−3 +2 −3 +2 −3 +1 −3 +2

147. (d)

2 17 3 19 4 19 5 52
B Q C R D S E T
+1 +1 +1 +1

6 21 7 22 8 23 9 25
F U G V H W I Y
+1 +1 +1 +2

148. (b) 'BCDF' को छोड़कर और सभी अक्षर-समूहों में चारों अक्षर स्वर अक्षर हैं।

149. (c) प्रदत्त शब्दों का आरोही क्रम निम्न प्रकार से है

4. शिशु, 1. बालक, 5. शिक्षा,
2. व्यवसाय, 3. विवाह

150. (c) प्रदत्त शब्दों का आरोही क्रम निम्न प्रकार से है

3. नींव, 4. दीवारें, 5. छतगीरी,
1. पलस्तर, 2. रंगाई

151. (d) प्रदत्त शब्दों को शब्दकोश के अनुसार सजाने पर

1. (a) KNACK, **2.** (b) KNIT,
3. (d) KNOB, **4.** (c) KNOW,

अत: तीसरे स्थान का शब्द = KNOB

152. (c) प्रदत्त अक्षर-श्रृंखला निम्नवत् है

abc/cba/abc/cba/abc ⇒ a b c c

153. (b) प्रदत्त अक्षर श्रृंखला निम्नवत् है

A —+1→ B —+1→ C —+1→ D
C —+1→ D —+1→ E —+1→ F
E —+1→ F —+1→ G —+1→ H

अत: ? = DFH

154. (c) प्रदत्त अक्षर श्रृंखला निम्नवत् है

A —+2→ C —+2→ E —+2→ G
Z —−2→ X —−2→ V —−2→ T
B —+2→ D —+2→ F —+2→ H
Y —−2→ W —−2→ U —−2→ S

अत: ? = GTHS

155. (a) प्रदत्त अक्षर श्रृंखला निम्नवत् है

33 48 65 84 105 128
+15 +17 +19 +21 +23
+2 +2 +2 +2

अत: ?, ? = 105, 128

156. (d) प्रदत्त अक्षर श्रृंखला निम्नवत् है

2 10 26 50 82
+8 +16 +24 +32
+8 +8 +8

अत: ? = 82

157. (b) प्रदत्त अक्षर श्रृंखला निम्नवत् है

130

2 10 30 68 120 222
+8 +20 +38 +62 +92
+12 +18 +24 +30
+6 +6 +6

अत: गलत संख्या होगी = 120
सही संख्या = 130

158. (a) प्रश्नानुसार, संबंध आरेख बनाने पर

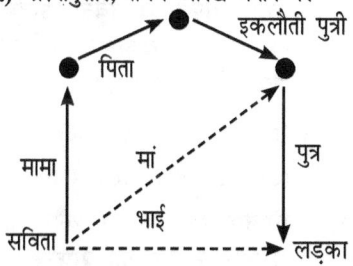

अत: उपरोक्त आरेख से यह स्पष्ट होता है कि वह लड़का, सविता का भाई है।

159. (c) प्रदत्त शब्द DEPARTMENT से 'MATRUE' शब्द नहीं बनाया जा सकता है, क्योंकि इसके मूल शब्द में 'U' अक्षर नहीं है।

160. (a) प्रदत्त शब्द EXPERIENCE से 'EXPIRE' शब्द बनाया जा सकता है, क्योंकि इसी शब्द के सभी अक्षर इसके मूल शब्द में विद्यमान हैं।

3 प्रैक्टिस सेट

सामान्य ज्ञान

1. **हाल ही में दक्षिण क्षेत्रीय बैडमिंटन का खिताब किसने जीता है?**
   (a) नेपाल (b) बांग्लादेश
   (c) श्रीलंका (d) भारत
2. **निम्नलिखित में से किस कंपनी ने हाल ही में उत्तर प्रदेश में देश का दूसरा सबसे बड़ा रूफटॉप सोलर प्लांट लगाया है?**
   (a) भेल इंडिया (b) गेल इंडिया
   (c) भारतीय रेल (d) सेल इंडिया
3. **हाल ही में भारत और किस देश ने अवैध प्रवासियों की वापसी और आपराधिक रिकॉर्ड साझा करने हेतु एक एमओयू पर हस्ताक्षर किए हैं?**
   (a) इराक (b) ब्रिटेन
   (c) जापान (d) पाकिस्तान
4. **किस राज्य में बिना अनुमति के लाउडस्पीकर बजाने पर प्रतिबंध लगा दिया दिया गया है?**
   (a) गुजरात (b) महाराष्ट्र
   (c) उत्तर प्रदेश (d) बिहार
5. **निम्नलिखित में से कौन-सी राज्य सरकार सीवर की सफाई के लिए बंदीकूट नामक रोबोट का इस्तेमाल करेगी?**
   (a) हरियाणा (b) गुजरात
   (c) आंध्रप्रदेश (d) केरल
6. **कृषि का आरम्भ हुआ-**
   (a) मध्य पाषाण काल में
   (b) पुरापाषाण काल में
   (c) नव पाषाण काल में
   (d) ताम्र पाषाण काल में
7. **सोने के सर्वाधिक सिक्के किस काल में जारी किये गये?**
   (a) मौर्यकाल
   (b) हिन्द यवन काल
   (c) गुप्त काल
   (d) कुषाण काल
8. **भारत में दास प्रथा कब अवैध घोषित हुई?**
   (a) 1843 में (b) 1853 में
   (c) 1863 में (d) 1873 में
9. **आर्य समाज किसके विरुद्ध है?**
   (a) ईश्वर के अस्तित्व
   (b) धार्मिक अनुष्ठान व मूर्ति पूजा
   (c) हिन्दुत्व
   (d) इस्लाम
10. **भारत के किस राज्य में कोयले के सर्वाधिक भण्डार हैं?**
    (a) बिहार (b) छत्तीसगढ़
    (c) उत्तर प्रदेश (d) झारखण्ड
11. **कर्क रेखा भारत के कितने राज्यों से होकर गुजरती है?**
    (a) 5 (b) 6
    (c) 7 (d) 8
12. **सबसे लम्बी तटीय रेखा वाला राज्य है?**
    (a) महाराष्ट्र (b) गुजरात
    (c) आन्ध्र प्रदेश (d) तमिलनाडु
13. **दस डिग्री (10°) चैनल किसके बीच स्थित है?**
    (a) छोटा अंडमान एवं बड़ा अंडमान
    (b) छोटा अंडमान एवं बड़ा निकोबार
    (c) छोटा निकोबार एवं बड़ा निकोबार
    (d) छोटा निकोबार एवं बड़ा अंडमान
14. **निम्नलिखित में से किस देश के साथ भारत की अन्तर्राष्ट्रीय सीमा नहीं है?**
    (a) पाकिस्तान (b) बांग्लादेश
    (c) भूटान (d) श्रीलंका
15. **11 दिसम्बर, 1946 को किसे संविधान सभा का स्थायी अध्यक्ष चुना गया था?**
    (a) जवाहरलाल नेहरू
    (b) डॉ. राजेन्द्र प्रसाद
    (c) डॉ. बी. आर. अम्बेडकर
    (d) के. एम. मुन्शी
16. **भारत का सर्वोच्च न्यायालय नागरिकों के मौलिक अधिकारों की रक्षा करता है-**
    (a) अनुच्छेद - 61
    (b) अनुच्छेद - 74
    (c) अनुच्छेद - 371
    (d) अनुच्छेद - 32
17. **भारतीय पंचांग का अन्तिम माह कौन-सा है?**
    (a) माघ (b) चैत
    (c) पौष (d) फाल्गुन
18. **राष्ट्रीय ध्वज की लम्बाई व चौड़ाई का क्या अनुपात है?**
    (a) 3 : 3 (b) 2 : 2
    (c) 2 : 3 (d) 3 : 2
19. **भारतीय अर्थव्यवस्था में उदारीकरण का अग्रदूत किसे माना जाता है?**
    (a) डॉ. मनमोहन सिंह
    (b) अटल बिहारी वाजपेयी
    (c) पी. चिदम्बरम
    (d) वी.पी. सिंह
20. **भारत में करेंसी जारी करता है—**
    (a) भारतीय रिज़र्व बैंक
    (b) वित्त मंत्रालय
    (c) वित्त सचिव
    (d) वित्त मंत्री

21. भारतीय रिजर्व बैंक की स्थापना की गयी–

(a) 1935 (b) 1945

(c) 1949 (d) 1950

22. ऑल इण्डिया रेडियो को आकाशवाणी का नाम कब दिया गया?

(a) 1957 (b) 1950

(c) 1927 (d) 1936

23. सबसे विषैला साँप है-

(a) मूष सर्प (b) पायथन

(c) करैत (d) वृक्षीय साँप

24. किस वनस्पति खाद्य में अधिकतम प्रोटीन होता है?

(a) चना (b) मटर

(c) सोयाबीन (d) अरहर

25. प्रकाश वर्ष किसकी इकाई है?

(a) दूरी की

(b) समय की

(c) प्रकाश तीव्रता की

(d) द्रव्यमान की

26. घेंघा रोग (Goiter) किस ग्रन्थि के बढ़ने के कारण होता है?

(a) अवटू (Thyroid)

(b) परावटू (Parathyroid)

(c) अधिवृक्क (Adrenal)

(d) पिट्यूटरी (Pituitary)

27. निम्न में कौन-सा कीट नहीं है?

(a) खटमल (b) मकड़ी

(c) घरेलू मक्खी (d) मच्छर

28. भारत में सबसे पहले पारसी और यूरोपीयन के बीच क्रिकेट स्पर्धा कब हुई थी?

(a) 1889 में (b) 1892 में

(c) 1890 में (d) 1891 में

29. भारत ने प्रथम बार टेस्ट सीरीज कब जीती थी?

(a) 1951–52 (b) 1954–55

(c) 1953–54 (d) 1952-53

30. ओलम्पिक खेल कितने वर्षों के अंतराल में आयोजित किए जाते हैं?

(a) 3 वर्ष के अंतराल पर

(b) 5 वर्ष के अंतराल पर

(c) 4 वर्ष के अंतराल पर

(d) 6 वर्ष के अंतराल पर

31. कपास की उपज के लिए उपयुक्त मिट्टी होती है–

(a) लैटेराइट (b) लाल

(c) कांप (d) काली

32. आल्पस पर्वत के उत्तरी ढाल के सहारे स्विट्जरलैण्ड में बहने वाली स्थानीय पवन है–

(a) बोरा (b) चिनूक

(c) फॉन (d) मिस्ट्रल

33. प्रदूषित जल से होने वाला रोग है–

(a) पीलिया (b) पेचिश

(c) टाईफाइड (d) उपर्युक्त सभी

34. ताप विकिरण का कौन-सा रंग उच्चतम ताप निरूपित करता है?

(a) रक्त लाल

(b) गहरा चेरी लाल

(c) गेरूआ

(d) श्वेत

35. मेरू क्षति का उपचार किसके द्वारा निकलने की संभावना है?

(a) जीव चिकित्सा

(b) स्टेम कोशिका चिकित्सा

(c) जीनोग्राफ्ट

(d) आधान

36. निम्न में कौन सी धातु इटाई रोग पैदा करती है?

(a) कैडमियम (b) क्रोमियम

(c) कोबाल्ट (d) कॉपर

37. राज्य सरकार द्वारा संचालित पूर्वदशम छात्रवृत्ति योजना कब प्रारंभ की गई थी?

(a) 1990 (b) 1991

(c) 1992 (d) 1995

38. क्षेत्रफल की दृष्टि से उत्तरप्रदेश का भारत के राज्यों में स्थान है-

(a) द्वितीय (b) चतुर्थ

(c) तृतीय (d) पंचम

39. निम्नलिखित में से कौन उत्तर प्रदेश के मुख्यमंत्री नहीं रहे हैं?

(a) गोविन्द बल्लभपंत

(b) टी. एन. सिंह

(c) नित्यानंद स्वामी

(d) राम नरेश यादव

40. उत्तर प्रदेश में किस ऋतु में वायु अपरदन अधिक होता है?

(a) ग्रीष्म ऋतु (b) शीत ऋतु

(c) बसंत ऋतु (d) वर्षा ऋतु

सामान्य हिन्दी

निर्देश (41-50): दिए गए गद्यांश को ध्यान से पढ़ें और निम्नलिखित प्रश्नों के उत्तर दीजिए।

क्या आपने कभी महसूस किया है कि किसी सवाल का सही उत्तर मिल जाने के बाद सिर्फ उकताहट के सिवा कुछ बाकी नहीं बचता। इसके बाद सारे रास्ते बंद से लगने लगते हैं। दूसरी ओर एक गलत जवाब उतना ही रोचक होता है जितना कोई रहस्यमय कत्ल!

मुझे इस बात पर आश्चर्य होता है कि अपने अट्ठाईस वर्षों के अध्यापन के अनुभव में मैंने गलत उत्तरों से कितना कुछ सीखा है। अपनी खुद की और अपने विद्यार्थियों, दोनों द्वारा की गई गलतियों से। अब जब भी कोई विद्यार्थी किसी प्रश्न का गलत उत्तर देता है तो मैं उससे सबसे पहले यह पूछता हूँ कि उसने ऐसा उत्तर क्या सोचकर दिया?

कला-संकाय के छात्र अक्सर यह शिकायत करते हैं कि विज्ञान-संबंधी परीक्षाएँ उतनी रोमांचक नहीं होतीं– क्योंकि उनके प्रश्नों और उत्तरों का सही-सही अनुमान लगाया जा सकता है। यदि व्यक्ति को किसी प्रश्न को हल करने का तरीका पहले से ही मालूम है तो उसके लिए कोई चुनौती नहीं बचती। यह सही है, भौतिक विज्ञान के शिक्षक बहुत कड़ी मेहनत करते हैं और सुनिश्चित करना चाहते हैं कि उनके विद्यार्थी सही उत्तर तक पहुँच पाएं।

हालांकि यह भी अपनी जगह सच है कि भौतिक विज्ञान के शिक्षक के लिए सबसे मजेदार स्थिति तब पैदा होती है जब विद्यार्थी एक ऐसा गलत जवाब दे जिसमें गलती होते हुए भी कुछ सोचने के लिए मजबूर कर देने

की क्षमता हो। यही वह स्थिति होती है जब भौतिकी के किसी पहलू पर पकड़ बनाने की कोशिश कर रहे विद्यार्थी के दिमाग की कशमकश को समझा जा सकता है।

बहुत-से गलत जवाबों की तह में कुछ सही तथ्य और सोचने की शक्ति छुपी होती है। हो सकता है कि उत्तर देने वाला अपना तर्क सही न दे पाया हो या शिक्षक द्वारा दी गई व्याख्या को सही प्रकार से न समझ पाया हो, या फिर ऐसा भी हो सकता है कि जिस रूप में उसके समक्ष तथ्य प्रस्तुत किए गए उन्हीं में कोई कमी रह गई हो। हो सकता है कि भौतिक विज्ञान के सहज नियमों को समझने में ही कोई भूल हुई हो।

41. गलत जवाब को रोचक क्यों कहा गया है?

(a) गलत जवाब रोचक ही होते हैं
(b) गलत जवाब में बेतुकी बातें होती हैं
(c) गलत जवाब पर हँसने को मिलता है
(d) गलत जवाब प्रश्नकर्त्ता को सोचने के लिए प्रेरित कर सकते हैं

42. लेखक ने अपने और अपने विद्यार्थियों के गलत जवाब से क्या सीखा?

(a) सवालों के सही जवाब
(b) लोगों के सोचने के तरीके अलग-अलग होते हैं
(c) गलत जवाब देने से रोमांच समाप्त हो जाता है
(d) लोग गलत जवाब देकर रोमांच महसूस करते हैं

43. कला-संकाय के छात्रों को विज्ञान की परीक्षाएँ उतनी रोमांचक नहीं लगती थीं, क्योंकि-

(a) विज्ञान के सभी सवालों के जवाब सुनिश्चित हैं
(b) विज्ञान की परीक्षाओं में अच्छे सवाल नहीं होते थे
(c) विज्ञान की परीक्षाएँ अनुमान लगाने का अवसर नहीं देतीं क्योंकि उसके जवाब तयशुदा हैं
(d) विज्ञान की परीक्षाओं में चुनौतीपूर्ण प्रश्न होते हैं

44. अनुच्छेद के आधार पर इनमें से कौन-सा कथन गलत है?

(a) भौतिक विज्ञान के शिक्षक बच्चों से सही जवाब चाहते थे
(b) भौतिक विज्ञान के शिक्षक सही उत्तर के लिए बहुत मेहनत करते थे
(c) गलत जवाब बच्चों के दिमाग में चल रही चिंतन प्रक्रिया को उजागर करने की कोशिश करते हैं
(d) गलत उत्तर से दिमाग में कशमकश होने लगती है

45. गलत जवाब का क्या कारण नहीं हो सकता?

(a) तर्क का अभाव, तथ्यों की सही उपलब्धि
(b) समझ न आना
(c) व्याख्या को सही रूप में प्रस्तुत न करना
(d) नियमों में कमियाँ

46. पाठ में मुख्य रूप से यह कहा गया है कि-

(a) गलत जवाब बच्चों की चिंतन-प्रक्रिया को कुंद कर देते हैं
(b) गलत जवाब शिक्षकों को अच्छे लगते हैं
(c) गलत जवाब यह बताता है कि बच्चे के दिमाग में क्या चल रहा है
(d) गलत जवाब की मुख्य जिम्मेदारी बच्चे की है

47. 'विज्ञान' में 'इक' प्रत्यय लगाने से शब्द बनेगा

(a) विज्ञानिक (b) वैज्ञानिक
(c) वेज्ञानिक (d) विज्ञानीक

48. परीक्षा, प्रश्न, गलती शब्द के बहुवचन रूप हैं

(a) परीक्षाएँ, प्रश्नों, गलतियाँ
(b) परीक्षाओं, प्रश्नों, गलतियों
(c) परीक्षायें, प्रश्न, गलतियों
(d) परीक्षाएँ, प्रश्न, गलतियाँ

49. 'पंचवटी' शब्द में समास होगा-

(a) कर्मधारय समास
(b) बहुव्रीहि समास
(c) द्विगु समास
(d) द्वन्द समास

50. बहुत-से गलत जवाबों की तह में कुछ सही .... और सोचने की शक्ति छुपी रहती है।

(a) तथ्य (b) अनुभव
(c) प्रमाण (d) विचार

51. अम्बुद-अम्बुधि—

(a) कमल, सागर (b) सागर, कमल
(c) बादल, सागर (d) सागर, बादल

52. गुण-दोष का विवेचन करने वाला—

(a) आलोचना (b) समीक्षा
(c) आलोचक (d) अध्यापक

53. जिसकी कोई उपमा न हो—

(a) उपमेय (b) उपमान
(c) अनुपम (d) इनमें से कोई नहीं

निम्नलिखित शब्दों में उपसर्ग छांटिए—

54. सुशील—

(a) स (b) सु
(c) शील (d) ल

55. अनुशासन—

(a) अ (b) सन
(c) अनु (d) इनमें से कोई नहीं

निर्देश: निम्नलिखित शब्दों में किस प्रत्यय का प्रयोग किया गया है—

56. बुधिया—

(a) धिया (b) या
(c) इया (d) आ

57. मधुरता—

(a) ता (b) रता
(c) आ (d) मधुर

58. एकैक

(a) एक + एक
(b) एक + ऐक
(c) ऐक + ऐक
(d) इनमें से कोई नहीं

59. महा + ईश

(a) महाशय (b) महेश
(c) महीश (d) इनमें से कोई नहीं

60. दशानन

(a) अव्ययीभाव (b) कर्मधाारय
(c) बहुव्रीहि (d) द्विगु

61. आजन्म, प्रत्येक, बेअसर, सस्नेह में .... समास है।

(a) कर्मधार्‌य (b) द्वन्द्व

(c) अव्ययीभाव (d) द्विगु

62. कान खड़े होना का अर्थ क्या है?

(a) सतर्क हो जाना

(b) अनुभवी होना

(c) मूर्ख बनना

(d) उपर्युक्त में से कोई नहीं

63. मूर्ख के लिए कौन-सा मुहावरा प्रयुक्त नहीं होता ?

(a) काठ का उल्लू

(b) अक्ल का दुश्मन

(c) औंधी खोपड़ी का

(d) आँखों का तारा

64. काला अक्षर भैंस बराबर का अर्थ है—

(a) पढ़ा-लिखा होना

(b) मूर्ख बनना

(c) निरक्षर होना

(d) बुद्धिमान होना

65. इनमें से किस मुहावरे का अर्थ 'क्रोध' से जुड़ा नहीं है?

(a) खून खौलना

(b) आँखें लाल-पीली करना

(c) आग बबूला होना

(d) नाक रगड़ना

66. अक्ल सठियाना मुहावरे का अर्थ क्या है?

(a) बुद्धि भ्रष्ट होना

(b) गन्दा करना

(c) सहायता करना

(d) पोल खोलना

67. 'उलटे बांस बरेली को' कहावत का उपयुक्त अर्थ .... है।

(a) दुष्ट के साथ अधिक दुष्टता

(b) विपरीत काम करना

(c) भक्ति के अनुसार आवभगत

(d) अनमेल संयोग

निर्देश: निम्न वाक्यांश के लिए एक शब्द का चयन करें–

68. वह व्यक्ति जिसकी पत्नी मर गई हो

(a) अविवाहित (b) विधुर

(c) अकेला (d) पत्नीविहीन

69. सही वर्तनी वाला शब्द .... है।

(a) संगृहीत (b) संग्रहीत

(c) संगृहित (d) सगृहित

70. जीना किसे कहते हैं .... उस दिन मालूम हुआ।

(a) , (b) ;

(c) : (d) ।

71. 'STAY ORDER' का सही परिभाषित शब्द है-

(a) आदेश

(b) स्थगन आदेश

(c) कुछ समय के लिए आदेश

(d) स्थायी आदेश

72. किस शब्द के सामने उसके अर्थ का सही विपरीतार्थक शब्द नहीं है?

(a) ऋतु-अलीक

(b) अमर-मृत्यु

(c) निषिद्ध-विहित

(d) जरठ-शिशुक

73. किस क्रमांक में सही संधि का उदाहरण नहीं है?

(a) मृद् + मय - मृण्मय

(b) प्र + ढ़ - प्रौढ़

(c) मन: + प्रसाद - मनोप्रसाद

(d) प्रति + एक - प्रत्येक

74. किस क्रमांक में संधि-विच्छेद है?

(a) वधूल्लास = वधू + उल्लास

(b) पद्धति = पत् + हति

(c) कुलटा = कुल् + अटा

(d) जलोर्मि = जल + उर्मि

75. किस क्रमांक में शब्द-युग्म का सही अर्थ-भेद है?

(a) तरणि-तरणी = नौका और सूर्य

(b) अनल-अनिल = हवा और अग्नि

(c) मरीचि-मरीची = रश्मि और रवि

(d) श्लील-सलील = स्वैरी और शिष्ट

76. किस क्रमांक में लोकोक्ति के सामने उसका सही अर्थ है?

(a) अरहर की टट्टी गुजराती ताला = दिखावे का बेढंगा शौक

(b) ढाक के वही तीन पात = अन्तिम निर्णायक मत

(c) तबले की बला बंदर के सिर = किसी के अपराध का किसी अन्य को दण्ड

(d) बाप न मारी मेंढकी बेटा तीरअंदाज = बेमेल तुलना

77. किस क्रम में विराम चिह्न का ठीक प्रयोग नहीं हुआ है?

(a) जी हां, मैं भी आपके साथ चलूंगा

(b) कम्प्यूटर : आज के युग की अनिवार्यता

(c) सैनिक (प्रणाम करते हुए) - महाराज की जय हो

(d) वाह आपने तो कमाल कर दिया?

78. किस क्रम में सम्प्रदान कारक का सही प्रयोग हुआ है?

(a) बच्चों के लिए मिठाई लाओ।

(b) हाथ से घड़ी गिर गई।

(c) हिमालय से नदी निकलती है।

(d) आसमान का रंग नीला है।

79. नीचे दिए गए विकल्पों में से तत्सम शब्द का चयन कीजिए

(a) विवाद (b) छिति

(c) थान (d) रात

80. रेखांकित का कारक बताइए-

'<u>मेंढक को</u> पत्थर से मत मारो'।

(a) अधिकरण कारक

(b) संबंध कारक

(c) करण कारक

(d) कर्म कारक

संख्यात्मक अभियोग्यता

81. किसी राशि पर 7% वार्षिक की दर से 2 वर्षों का साधारण ब्याज उतना ही है जितना कि ₹ 1750 पर 5% प्रति वर्ष की दर से 4 वर्षों में होता है। वह राशि है-

(a) ₹ 2500

(b) ₹ 2050

(c) ₹ 2550

(d) इनमें से कोई नहीं

82. **साधारण ब्याज पर ₹ 800, 3 वर्षों में ₹ 920 हो जाता है। यदि ब्याज की दर को 3% बढ़ा दिया जाए तो कितना मिश्रधन प्राप्त होगा?**

(a) ₹ 972

(b) ₹ 982

(c) ₹ 992

(d) निर्धारित नहीं किया जा सकता

83. **कपिल कार्यकारी साझेदार के रूप में लाभांश का 1/10 भाग लेता है। शेष लाभांश कपिल और सुधीर आपस में 4:5 के अनुपात में बांट लेते हैं। यदि कपिल का लाभांश ₹ 325 है, तो सुधीर का लाभांश ज्ञात करें?**

(a) ₹ 325

(b) ₹ 650

(c) निर्धारित नहीं किया जा सकता

(d) इनमें से कोई नहीं

84. **एक कूलर का नगद मूल्य ₹ 4042 है। एक आदमी ₹ 1520 नगद और शेष राशि 5% प्रतिवर्ष चक्रवृद्धि ब्याज की दर से तीन किश्तों में देना निश्चित किया। प्रत्येक किस्त कितने की होगी?**

(a) ₹ 926.10

(b) ₹ 915.21

(c) ₹ 912

(d) इनमें से कोई नहीं

85. **कितने प्रतिशत वार्षिक चक्रवृद्धि ब्याज की दर से ₹ 2000 का $1\frac{1}{2}$ वर्षों में ₹ 2662 हो जायेगा, जबकि ब्याज प्रति छमाही संयोजित होता है?**

(a) 10%

(b) 20%

(c) 15%

(d) इनमें से कोई नहीं

86. **एक विद्यार्थी ने एक कम्प्यूटर एवं एक रंगीन छपाई यंत्र खरीदा। कम्प्यूटर को 10% हानि एवं रंगीन छपाई यंत्र को 20% लाभ पर बेचने पर उसे कोई हानि नही होती है। परन्तु यदि वह कम्प्यूटर को 5% लाभ पर एवं रंगीन छपाई यंत्र को 15% की हानि पर बेचता तो उसे कुल ₹ 800 की हानि होती। रंगीन छपाई यंत्र का क्रय मूल्य है-**

(a) ₹ 8000 (b) ₹ 16000

(c) ₹ 9000 (d) ₹ 5334

87. **एक आदमी किसी पुस्तक को 20% लाभ पर बेचता है। यदि वह उसे 20% कम कीमत पर खरीदा होता और ₹ 18 कम पर बेचा होता, तो उसे 25% का लाभ होता। पुस्तक का क्रय मूल्य है-**

(a) ₹ 80 (b) ₹ 70

(c) ₹ 60 (d) ₹ 90

88. **किसी ट्रांजिस्टर के अंकित मूल्य में ₹ 32 की कमी करने के पश्चात् भी एक दुकानदार को 15% का लाभ होता है। ट्रांजिस्टर को अंकित मूल्य पर बेचने से दुकानदार को प्रतिशत लाभ क्या मिलेगा, यदि क्रय मूल्य ₹ 320 है?**

(a) 25%

(b) 20%

(c) 10%

(d) इनमें से कोई नहीं

89. **प्रति दर्जन की दर से एक व्यक्ति कुछ सेब खरीदता है और 8 गुणे प्रति सैकड़ा की दर से बेच देता है। उस व्यक्ति का प्रतिशत लाभ या हानि क्या है?**

(a) 4% हानि (b) $8\frac{1}{4}$% हानि

(c) 4% लाभ (d) $6\frac{1}{4}$% लाभ

90. **दो रेलगाड़ियां 50 कि.मी./घंटा और 60 कि.मी./घंटा की चाल से एक-दसरे की ओर स्टेशन A और स्टेशन B से चलतीं हैं। मिलने वाले स्थान पर दूसरी रेलगाड़ी का चालक पाता है कि उसकी रेलगाड़ी ने 120 कि.मी. की अधिक दूरी तय कर ली है। A और B के बीच की दूरी क्या है?**

(a) 1320 कि.मी. (b) 1100 कि.मी.

(c) 1200 कि.मी. (d) 960 कि.मी.

91. **एक विद्यार्थी के 8 विषयों के प्राप्तांकों का औसत 87 है। उनमें से अधिकतम अंक दूसरे अधिकतम अंक से दो ज्यादा है। यदि इन दो विषयों को हटा दिया जाए तो शेष विषयों का औसत 85 है, तो उनके द्वारा अर्जित अधिकतम अंक है?**

(a) 94 (b) 91

(c) 89 (d) 96

92. **चार मित्रों में से पहले तीन मित्रों के परीक्षा में प्राप्तांकों का औसत 15 और आखिरी तीन मित्रों का परीक्षा में प्राप्त अंकों का औसत 16 है, तो प्रथम मित्र को प्राप्त अंक आखिरी तीन के प्राप्तांकों के औसत का कितना प्रतिशत है?**

(a) $66\frac{2}{3}$%

(b) 300%

(c) $33\frac{1}{3}$%

(d) इनमें से कोई नहीं

93. **एक व्यक्ति ₹ 8000 शेयर बाजार में एक वर्ष हेतु निवेश करता है। वर्ष के अंत में उसे 15% का लाभ होता है। पुनः वह उस राशि का (लाभ सहित) दूसरे वर्ष भी निवेश करता है। दूसरे वर्ष के अंत में उसे 15% की हानि होती है। उन दो वर्षों के उपरांत निवेश पर कुल लाभ या हानि ज्ञात करें।**

(a) लाभ 3.25%

(b) हानि 2.25%

(c) ना हानि ना लाभ

(d) हानि 5%

94. **एक कालोनी की जनसंख्या 3 साल पहले 3600 थी और अभी 4800 है। इसी क्रम में 3 साल बाद इसकी जनसंख्या क्या होगी, यदि इन वर्षों में भी जनसंख्या वृद्धि की दर समान रहती है एवं इनमें सालाना चक्रवृद्धि होती है?**

(a) 6000 (b) 6400

(c) 7200 (d) 9600

95. यदि दो संख्याओं का समांतर माध्य 5 और गुणोत्तर माध्य 4 है तो संख्याएं है-

(a) 4, 6 (b) 4, 7

(c) 3, 8 (d) 2, 8

निर्देश (96-105): निम्नलिखित प्रश्नों में प्रश्नचिन्ह (?) के स्थान पर क्या आएगा?

96. $4895 + 364 \times 0.75 - 49 = ?$

(a) 5119 (b) 3895

(c) 4805 (d) 5210

97. $5\frac{1}{4} + 6\frac{2}{3} + 7\frac{1}{6} = ?$

(a) $19\frac{1}{2}$ (b) $19\frac{11}{12}$

(c) $19\frac{1}{12}$ (d) $19\frac{4}{5}$

98. $[(144)^2 - 48 \times 18] \div 36 = \sqrt{?}$

(a) 23328 (b) 36

(c) 216 (d) 46656

99. $(27)^{18} \div (27)^3 = ?$

(a) $(27)^{54}$ (b) $(27)^{21}$

(c) $(27)^{15}$ (d) $(3)^{18}$

100. $156 + 16 \times 1.5 - 21 = ?$

(a) 126 (b) 175

(c) 237 (d) 159

101. $434.43 + 43.34 + 3.44 + 4 + 0.33 = ?$

(a) 421.45 (b) 455.54

(c) 485.54 (d) 447

102. $24336 \div ? = 78 \times 24$

(a) 6 (b) 13

(c) 16 (d) 17

103. $(98)^{45} \times (98)^{-35} = ?$

(a) 98 (b) $(98)^2$

(c) $(98)^{-5}$ (d) $(98)^{10}$

104. $(78.95)^2 - (43.35)^2 = ?$

(a) 4353.88 (b) 4305

(c) 4235.78 (d) 4148.65

105. (23.6 % of 1254) – (16.6% of 834) = ?

(a) 159.5 (b) 157.5

(c) 155.5 (d) 153.5

निर्देश (106-110): इनमें से प्रत्येक प्रश्न में परिवर्ती a और b सहित दो समी. I और II दिए गए हैं। a और b के मूल्य का पता लगाने के लिए आपको दोनों समीकरण हल करने हैं।

उत्तर दीजिए यदि

(a) $a < b$ (b) $a \leq b$

(c) यदि a और b के बीच सम्बन्ध स्थापित नहीं किया जा सकता है।

(d) $a > b$

106. I. $16a^2 = 1$

II. $3b^2 + 7b + 2 = 0$

107. I. $a^2 + 5a + 6 = 0$

II. $b^2 - 7b + 12 = 0$

108. I. $a^2 + 2a + 1 = 0$

II. $b^2 = \pm 4$

109. I. $a^2 - 5a + 6 = 0$

II. $2b^2 - 13b + 21 = 0$

110. I. $2a^2 + a - 1 = 0$

II. $12b^2 - 17b + 6 = 0$

111. 200 मी लम्बी एक ट्रेन अपने से दोगुनी लम्बाई के प्लेटफार्म को 36 सेकण्ड में पार करती है। किमी/घण्टा में ट्रेन की गति कितनी है?

(a) 60 (b) 62

(c) 64 (d) 66

112. A द्वारा एक दिन में किया गया कार्य, B द्वारा एक दिन में किए गए कार्य का आधा है। B द्वारा एक दिन में किया गया कार्य, C द्वारा एक दिन में किए गए कार्य का आधा है। अकेले C, सात दिन में कार्य पूरा कर सकता हैं। A, B और C तीनों मिलकर कितने दिन में कार्य पूरा कर सकते हैं?

(a) 28 (b) 62

(c) 4 (d) 21

113. अलग-अलग कितनी तरह से शब्द DAILY के अक्षरों को क्रमबद्ध किया जा सकता है?

(a) 60 (b) 48

(c) 96 (d) 120

114. एक द्विअंकी संख्या के अंकों को परस्पर बदलने के बाद प्राप्त संख्या, मूल संख्या से 63 कम है। यदि संख्या के अंकों का योग 11 है तो मूल संख्या क्या है?

(a) 29 (b) 92

(c) 74 (d) 87

115. एक भिन्न के अंश को 200% और हर को 300% बढ़ाने पर परिणामी भिन्न $\frac{15}{26}$ बनती है। मूल भिन्न क्या थी?

(a) $\frac{8}{11}$ (b) $\frac{8}{13}$

(c) $\frac{9}{13}$ (d) $\frac{10}{13}$

116. एक वस्तु को रु. 996 में बेचकर हुआ लाभ और उस वस्तु को रु 894 में बेचकर हुई हानि दोनों समान है। उस वस्तु की लागत कीमत क्या है?

(a) ₹ 935 (2) ₹ 940

(c) ₹ 945 (4) ₹ 975

117. राज और सिरी की आयु क्रमशः 6 : 5 के अनुपात में है। 9 वर्ष बाद इनकी आयु का अनुपात 9 : 8 होगा। उनकी आयु के बीच का अन्तर कितना है?

(a) 9 yr (b) 8 yr

(c) 6 yr (d) 3 yr

118. ₹ 84000 की एक राशि पर तीन साल के अन्त में उपचित साधारण ब्याज ₹ 30240 है। इसी राशि पर, इसी दर पर, इसी अवधि के लिए उपचित चक्रवृद्धि ब्याज कितना होगा?

(a) ₹ 30013 (b) ₹ 31013.95

(c) ₹ 32013.95 (d) ₹ 34013.95

119. 75 लड़कियों की एक कक्षा की लड़कियों की कुल आयु 1050 है, इनमें से 25 की औसत आयु 12 वर्ष और दूसरी 25 की 16 वर्ष है। शेष लड़कियों की औसत आयु का पता लगाइए।

(a) 12 वर्ष (b) 13 वर्ष

(c) 14 वर्ष (d) 18 वर्ष

120. एक संख्या का एक बटा पांच 81 है। उस संख्या का 68% क्या होगा?

(a) 195.2 (b) 275.4

(c) 225.6 (d) 165.8

तर्कशक्ति परीक्षण

निर्देश (121-125): निम्नलिखित श्रेणी अक्षर-अंक प्रतीक पर आधारित हैं

A 8 B 6 # 7 H U % 3 $ F V R 2 I @ ↑ 4 1 W E 9 © L 5

121. निम्नलिखित में से कौन-सा तत्व दाएं सिरे से 15वें तत्व के दाएं से 7वां हैं?

(a) 4 (b) %

(c) 6 (d) 7

122. यदि उपर्युक्त श्रेणी में से सभी प्रतीक निकाल दिए जाएं तो बाएं सिरे से 8वां तत्व निम्नलिखित में से कौन-सा होगा?

(a) @ (b) $

(c) U (d) 3

123. उपर्युक्त श्रेणी में ऐसे कितने प्रतीक है, जिनमें से प्रत्येक के तुरन्त बाद एक व्यंजन हो तथा तुरन्त पहले एक संख्या हो?

(a) एक भी नहीं (b) एक

(c) दो (d) तीन

124. उपर्युक्त श्रेणी में ऐसे कितने अंक है, जिनमें से प्रत्येक के तुरन्त बाद एक स्वर हो, परन्तु तुरन्त पहले कोई अंक न हो?

(a) एक भी नहीं (b) एक

(c) दो (d) तीन

125. निम्नलिखित चार में से कोई तीन उपर्युक्त श्रेणी में अपने क्रमानुसार एक समान हैं तथा एक वर्ग की रचना करते हैं तो कौन-सा एक ऐसा है जो उस वर्ग के अन्तर्गत नहीं आता है?

(a) B7# (b) 14↑

(c) F2R (d) W©E

126. निम्नलिखित चार में से कोई तीन किसी प्रकार से एक समान हैं तथा एक समूह की रचना करते हैं। कौन-सा एक ऐसा है जो उस समूह के अन्तर्गत नहीं आता?

(a) लोहा (b) तांबा

(c) जस्ता (d) पीतल

127. निम्नलिखित चार में से कोई तीन किसी प्रकार से एक समान हैं तथा एक समूह की रचना करते हैं। कौन-सा एक ऐसा है जो उस समूह के अन्तर्गत नहीं आता है?

(a) 29 (b) 39

(c) 47 (d) 41

128. यदि किसी सांकेतिक भाषा में ROSE को # 43 $ तथा FIRST को 5 ★ # 37 लिखा जाता है, तो STORE उसी भाषा में किस प्रकार लिखा जाएगा?

(a) 473$# (b) 473#$

(c) 374#$ (d) 374$#

129. शब्द 'ADER' के अक्षरों से कितने सार्थक शब्द बनाए जा सकते हैं, जबकि प्रत्येक अक्षर केवल एक बार प्रयोग करना है?

(a) एक भी नहीं (b) एक

(c) दो (d) तीन

130. शब्द DISTINGUISH में ऐसे कितने अक्षर युग्म हैं, जिनमें प्रत्येक के बीच उतने ही अक्षर छूटे हों जितने कि उनके बीच अंग्रेजी वर्णमाला में हो?

(a) एक भी नहीं (b) एक

(c) दो (d) चार

निर्देश (131-135): इन प्रश्नों के उत्तर देने के लिए निम्नलिखित जानकारी का ध्यानपूर्वक अध्ययन कीजिए।

A, B, C, D, E, F, G और H केन्द्र की ओर मुंह किए एक वृत्त के गिर्द बैठे है। F, C के दाएं तीसरा और H के बाएं दूसरा है। D, C या H का निकटतम पड़ोसी नहीं है। E, A के तुरन्त दाएं है जो G के दाएं दूसरा है।

131. C के बाएं दूसरा कौन है?

(a) A (b) B

(c) E (d) G

132. C के तुरन्त दाएं कौन है?

(a) A (b) B

(c) D (d) B or E

133. व्यक्तियों के किस जोड़े में पहला व्यक्ति दूसरे व्यक्ति के दाएं बैठा है?

(a) CB (b) AE

(c) DB (d) DE

134. G और D के बीच कौन बैठा है?

(a) H (b) B

(c) F (d) E

135. H के सन्दर्भ में, B का सही स्थान निम्नलिखित में से कौन-सा है?

I. दाएं से दूसरा

II. दाएं से चौथा

III. बाएं से चौथा

IV. बाएं से दूसरा

(a) केवल (b) केवल II

(c) केवल III (d) II और III दोनों

निर्देश (136-140): नीचे दिए गए प्रत्येक प्रश्न में एक प्रश्न और उसके नीचे दो कथन I और II दिए गए हैं। आपको यह तय करना है कि कथनों में दिया गया डाटा प्रश्न का उत्तर देने के लिए पर्याप्त है या नहीं। दोनों कथनों को पढ़िए और नीचे दिए गए विकल्पों में से सुमेलित विकल्प चुनिए।

(a) यदि केवल कथन I में दिया गया डाटा प्रश्न का उत्तर देने के लिए पर्याप्त है, जबकि केवल कथन II में दिया गया डाटा प्रश्न का उत्तर देने के लिए पर्याप्त नहीं है।

(b) यदि कथन I और कथन II दोनों का डाटा मिलकर प्रश्न का उत्तर देने के लिए आवश्यक है।

(c) यदि या तो केवल कथन I या केवल कथन II में दिया गया डाटा प्रश्न का उत्तर देने के लिए पर्याप्त हैं।

(d) यदि कथन I और कथन II दोनों का डाटा मिलकर भी प्रश्न का उत्तर देने के लिए पर्याप्त नहीं है।

136. यदि कोई दो व्यक्ति एक साथ स्टेशन नहीं पहुंचे, तो L, M, J, T और R में से स्टेशन पर सबसे पहले कौन पहुंचा?

I. M केवल J और T के बाद पहुंचा।

II. L, R से पहले पहुंचा।

सेट 3

137. टावर 'Q' के सन्दर्भ में टावर 'P' किस दिशा में है?
    I. P, H के पश्चिम में है, जो Q के दक्षिण में है।
    II. F, Q के पश्चिम में है और P के उत्तर में हैं।

138. कक्षा में ऊपर से रीटा का क्रमांक कौन-सा है?
    I. 42 विद्यार्थियों की कक्षा में रीटा नीचे से 29वीं है।
    II. रीटा, रजत से 10 क्रमांक नीचे है।

139. कोड भाषा में 'Walks' का कोड क्या है?
    I. इस कोड भाषा में 'she walks fast' को 'he ka to' लिखा जाता है।
    II. इस कोड भाषा में 'she learns fast' को 'jo ka he' लिखा जाता है।

140. K का N से क्या सम्बन्ध है?
    I. N, M का भाई है जो K की पुत्री है।
    II. F, K का पति है।

निर्देश (141-145): इन प्रश्नों में अंकों का एक समूह और उसके बाद अक्षरों और प्रतीकों के चार संयोजन (a), (b), (c) और (d) दिए गए हैं।

अंकों को नीचे दी गई योजना और शर्तों के मुताबिक कोडबद्ध किया जाना है। आपको पता लगाना है कि चार में से कौन-सा संयोजन अंकों के समूह को सही ढंग से निरूपित करता है। उस संयोजन का क्रमांक ही आपका उत्तर होगा।

अंक	:	5	1	2	8	6	3	9	0	4	7
अक्षर/प्रतीक कोड	:	H	$	T	A	U	%	#	F	R	@

शर्तें:
(i) यदि पहला अंक विषम और अन्तिम अंक सम है, तो उनके कोड परस्पर परिवर्तित किए जाएंगे।
(ii) यदि पहला और अन्तिम अंक सम है, तो दोनों को ★ कोड दिया जाएगा।
(iii) यदि पहला अंक सम और अन्तिम अंक विषम है तो दोनों को अन्तिम अंक का कोड दिया जाएगा।

141. 471536
    (a) ★@$H%★
    (b) R@$H%U
    (c) U@$H%★
    (d) R@$HR%

142. 697845
    (a) U#@ARU (b) U#@ARH
    (c) H#@ARH (d) H#@ARU

143. 590247
    (a) @#FTRH (b) H#FTR@
    (c) H#FTRH (d) @#FTR@

144. 374862
    (a) %@RAUT (b) %@RAU%
    (c) ★@RAU★ (d) T@RAU%

145. दिए गए विकल्पों में से लुप्त संख्या ज्ञात कीजिए।
    (a) 1
    (b) 26
    (c) 39
    (d) 45

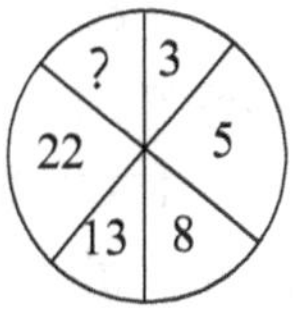

146. यदि E = 5 और TEA = 26 तो TEACHER = ?
    (a) 59 (b) 57 (c) 60 (d) 75

147. यदि COMPUTER को कूट भाषा में OCPMTURE लिखा जाता है, तो उसी कूट भाषा में कौन-सा विकल्प OHKCYE लिखा जाएगा ?
    (a) HOYECK (b) HCOKEY
    (c) HOCKEY (d) HCOKEY

148. यदि X का अर्थ +, Z का अर्थ ÷, Y का अर्थ − , और P का अर्थ × है, तो दिए गए समीकरण का मान ज्ञात कीजिए
    10 P 2 X 5 Y 5 = ?
    (a) 25 (b) 10 (c) 20 (d) 15

149. कुछ समीकरण एक विशेष पद्धति के आधार पर हल किए गए हैं। उसी आधार पर अनुत्तरित समीकरण का सही उत्तर ज्ञात कीजिए। यदि 3 ÷ 5 = 5, 4 ÷ 7 = 8, 8 ÷ 7 = 6 तो 9 ÷ 6 होगा ?
    यदि ÷ को × से प्रदर्शित किया जाए।
    (a) 4 (b) 3
    (c) 6 (d) 9

150. दिए गए समीकरण को संतुलित करने तथा ★ चिह्नों का सही क्रम समूह चुनिए
    28 ★ 4 ★ 9 ★ 16
    (a) ÷ + =   (b) − = ×
    (c) + ÷ =   (d) − × +

निर्देश (प्र.सं. 151-152): दिए गए विकल्पों में से लुप्त संख्या ज्ञात कीजिए।

151. 8   15   22
     29   ?   43
     50   57   64
    (a) 33 (b) 34
    (c) 50 (d) 36

152. 7   9   5
      8   3   5
      2   5   ?
     112 135 900
    (a) 65 (b) 6
    (c) 60 (d) 70

153. एक व्यक्ति अपने घर से सीधे उत्तर दिशा में 10 मीटर गया और बायीं ओर घूमकर 25 मीटर चला। वह फिर दायीं ओर मुड़ा और 5 मीटर चला और फिर दायीं ओर मुड़कर 25 मीटर चला। अब वह किस दिशा की ओर चल रहा है ?
    (a) दक्षिण   (b) पूरब
    (c) पश्चिम   (d) उत्तर

154. A और B एक ही स्थान से चलना प्रारंभ करते हैं। A उत्तर की ओर 3 किमी जाता है और दायीं ओर मुड़कर 4 किमी चलता है। B पश्चिम की ओर 5 किमी चलकर दायीं ओर मुड़ता है और 3 किमी जाता है। वे एक-दूसरे से कितनी दूरी पर हैं ?
    (a) 5 किमी.   (b) 9 किमी.
    (c) 10 किमी. (d) 8 किमी.

155. पांच व्यक्ति A, B, C, D व E आपके सामने मुंह करके एक पंक्ति में इस प्रकार बैठे हैं कि D, C के बायीं ओर है और B, E के दायीं ओर है। A, C के दायीं ओर है और B, D के बायीं ओर है। यदि E पंक्ति के एक-छोर पर बैठा है, तो पंक्ति के बीच में कौन बैठा है?
    (a) B (b) C
    (c) A (d) D

156. यदि राम का घर कृष्णा के घर के दक्षिण में स्थित है और गोविन्दा का घर कृष्णा के घर के पूरब में स्थित है, तो राम का घर गोविन्दा के घर से किस दिशा में स्थित है?
    (a) उत्तर-पूरब   (b) उत्तर-पश्चिम
    (c) दक्षिण-पूरब (d) दक्षिण-पश्चिम

निर्देश (प्र.सं. 157): निम्नलिखित प्रत्येक प्रश्न में दो कथनों के आगे दो निष्कर्ष I और II दिए गए हैं। आपको कथनों को सत्य मानकर विचार करना है चाहे वे सामान्यत: ज्ञात तथ्यों से भिन्न प्रतीत होते हों। आपको निर्णय करना है कि दिए गए निष्कर्षों में से कौन-सा निष्कर्ष दिए गए कथनों का तार्किक रूप से अनुसरण करता है। भले ही सर्वज्ञात तथा कुछ भी हों।

157. कथन: सभी बच्चे विद्यार्थी हैं।
सभी विद्यार्थी खिलाड़ी हैं।

निष्कर्ष: **I.** सभी खिलाड़ी विद्यार्थी हैं।
II. सभी बच्चे खिलाड़ी हैं।

(a) केवल निष्कर्ष I निकलता है।
(b) केवल निष्कर्ष II निकलता है।
(c) निष्कर्ष I और II दोनों निकलते हैं।
(d) न निष्कर्ष I निकलता है और न ही निष्कर्ष II

निर्देश (प्र.सं. 158-160): नीचे दिए गए प्रश्न में तीन प्रश्न-आकृतियों के बाद चौथी के स्थान पर प्रश्नसूचक (?) चिह्न दिया गया है। पहली और दूसरी प्रश्न-आकृतियों में आपस में जो सम्बन्ध है वही सम्बन्ध तीसरी और चौथी आकृतियों में है। उत्तर-आकृतियों में से उस आकृति को चुनिए जो प्रश्नसूचक चिह्न वाले स्थान पर उचित उपयुक्त हो।

158. प्रश्न-आकृतियां

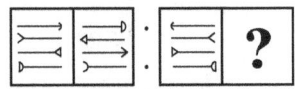

उत्तर-आकृतियां

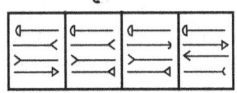

(a) (b) (c) (d)

159. प्रश्न-आकृतियां

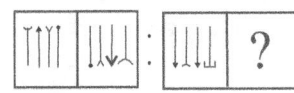

उत्तर-आकृतियां

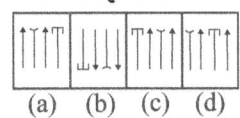

(a) (b) (c) (d)

160. प्रश्न-आकृतियां

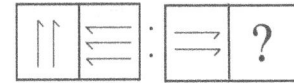

उत्तर-आकृतियां

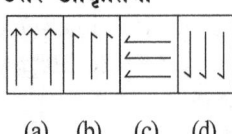

(a) (b) (c) (d)

मानसिक अभिरुचि, बुद्धिलब्धि एवं तार्किक क्षमता

161. संविधान ने मूल अधिकार किसे प्रदान किए हैं?
(a) प्रत्येक नागरिक को
(b) महिलाओं को
(c) बुजुर्गों को
(d) विदेशी यात्रियों को।

162. साम्प्रदायिक सद्भाव के लिए पुलिस क्या कर सकती है?
(a) सामाजिक एकता निर्माण
(b) मानवीय चेतना में वृद्धि
(c) उन्माद पैदा करना
(d) विभाजन।

163. निम्न में से कौन-सा उपचार अपराधियों के सुधार हेतु नहीं है?
(a) पैरोल (अन्तरिम जमानत)
(b) प्राचीरविहीन बन्दीगृह (खुला कारागार)
(c) रिमाण्ड होम
(d) परिवीक्षा (सद्व्यवहार का आश्वासन)।

164. 'क्रिमिनालॉजी' पुस्तक के लेखक कौन हैं?
(a) गारोफैलो (b) टैफ्ट
(c) अल्बर्ट मौरिस (d) ये सभी।

165. सार्वजनिक उपद्रव अथवा सार्वजनिक असुविधा का अपराध, भारतीय दण्ड विधान की किस धारा में परिभाषित है?
(a) धारा 283 (b) धारा 280
(c) धारा 284 (d) धारा 268

166. सर्वोच्च न्यायालय में जनहित याचिका, भारतीय संविधान के किस अनुच्छेद के अन्तर्गत प्रस्तुत की जाती है?
(a) अनुच्छेद 32 (b) अनुच्छेद 19
(c) अनुच्छेद 39 (d) अनुच्छेद 46

167. 'स्त्रियों की दशा में सुधार न होने तक विश्व के कल्याण का कोई मार्ग नहीं है।' उपरोक्त कथन निम्नलिखित में से किसने कहा है?
(a) ईश्वरचन्द्र विद्यासागर
(b) स्वामी विवेकानन्द
(c) महात्मा गांधी
(d) जवाहरलाल नेहरू।

168. महिला-सशक्तीकरण से क्या अभिप्राय है?
(a) महिलाओं का शारीरिक रूप से सशक्त होना
(b) महिलाओं के विकास के लिए उन्हें पुरुष के बराबर सामाजिक-स्तर प्राप्त होना
(c) महिलाओं का आर्थिक रूप से सशक्त होना
(d) महिलाओं के मूलभूत अधिकारों को वास्तविकता में उन्हें प्रदान करना।

169. 'कानून के समक्ष समानता' का आशय है?
(a) समस्त वर्गों का साधारण कानूनों के अधीन होना
(b) कसी भी व्यक्ति को विशेषधिकार न दिया जाना
(c) सरकारी कर्मचारियों व साधारण नागरिकों की सामान्य न्यायालयों द्वारा सुनवाई
(d) उपरोक्त सभी।

170. निम्लिखित में से दीवानी न्यायालयों एवं प्रशासनिक न्यायालयों से मिलकर बनने वाली दुहरी न्याय प्रणाली किस देश में है?
(a) भारत (b) फ्रांस
(d) जर्मनी (d) इंग्लैण्ड

171. यदि कोई पुलिस अधिकारी किसी व्यक्ति को गिरफ्तार करता है तो उस समय वह
(a) अपने नाम की प्लेट वर्दी पर अवश्य लगाएगा
(b) गिरफ्तारी मेमो पर, किसी प्रतिष्ठित व्यक्ति या गिरफ्तार व्यक्ति के परिवार के सदस्य से हस्ताक्षर कराएगा
(c) अभियुक्त को सूचित करेगा कि उसे अधिकार है कि वह अपनी गिरफ्तारी की सूचना अपने सम्बन्धी या मित्र तक पहुँचाए
(d) उपरोक्त सभी।

172. निम्न में से सिविल व सशस्त्र पुलिस कांस्टबिलों (रंगरूटों) का प्रशिक्षण व परीक्षा किस अधिकारी द्वारा संचालित होते हैं?

(a) पुलिस महानिदेशक

(b) पुलिस उपमहानिरीक्षक

(c) पुलिस महानिरीक्षक

(d) वरिष्ठ पुलिस अधीक्षक

173. यदि पुलिस अच्छा कार्य करे तो जनता से उसे क्या प्राप्त होगा?

(a) मैत्री (b) प्रेम

(c) आदर (d) विश्वास

174. एक पुलिस कर्मचारी में मानसिक दृढ़ता किस प्रकार की होनी चाहिए?

(a) जो कहे उसे पूरा करे

(b) कभी भी हतोत्साहित न हो

(c) किसी का भी दबाव न माने

(d) व्यसनों से दूर रहें

175. श्याम कुल्हाड़ी से काम कर रहा था तभी कुल्हाड़ी का सिरा निकलकर पास में खड़े एक व्यक्ति को लग गया और वह व्यक्ति मर गया श्याम ने कोई अपराध नहीं किया यदि

(a) उसने उस आदमी को नहीं देखा

(b) उसकी कुल्हाड़ी तेज न हो

(c) कथित सावधानी का अभाव नहीं था

(d) उसका कृत्य कानूनी है।

176. यदि किसी स्थल पर दुर्घटना घट गई हो तो दुर्घटना स्थल पर पुलिस को सर्वप्रथम क्या व्यवस्था करनी चाहिए?

(a) भीड़ व यातायात पर नियन्त्रण करना

(b) शान्ति व्यवस्था बनाए रखना

(c) जीवित बचे लोगों के लिए कैम्प, भोजन, पानी, दवाओं की व्यवस्था

(d) चिकित्सा सुविधा उपलब्ध कराना, गम्भीर घायलों को अस्पताल पहुँचाना।

177. यदि कोई व्यक्ति जिसे अनुसूचित जाति व जनजाति क्षेत्र से निकाल दिया गया है यदि पुनः वहां वापस लौट आता है, विशेष न्यायाधीश क्या आदेश पारित करेगा?

(a) वापस लौटने की अनुमति दे सकता है

(b) उसे गिरफ्तार करा सकता है

(c) बन्धापत्र शर्तों के अनुसार ले सकता है

(d) उसके नाम व फोटों लेने का आदेश दे सकता है

178. अनुसूचित जाति एवं अनुसूचित जनजाति (अत्याचार निवारण) अधिनियम के अन्तर्गत अपराधी परिवीक्षा (अधिनियम का लाभ किस आयु के अपराधी को मिल सकता है?

(a) 24 वर्ष (b) 23 वर्ष

(c) 20 वर्ष (d) 16 वर्ष

179. निम्नलिखित में से व्यक्ति के व्यवहार पर किन कारकों का सबसे अधिक प्रभाव पड़ता है?

(a) आनुवंशिक गुणों का (Heredity)

(b) उसकी शिक्षा व प्रशिक्षण का

(c) उसके धैर्य और बुद्धि-कौशल का

(d) उसके संवेगों व भावनाओं का

180. अपने जीवन और व्यवहार में अनुकूलता की योग्यता रखने वाले व्यक्ति

(a) सबको अपना बना लेते हैं

(b) अपने कार्यों में सफल होते हैं

(c) अनुशासनप्रिय होते हैं

(d) संघर्ष व टकराव से दूर रहते हैं

निर्देश (प्र.सं.181 से 183 तक) नीचे दी गई प्रत्येक प्रश्न आकृति एक वर्गाकार पारदर्शक कागज के सदृश्य है। उत्तर आकृतियों में से एक ऐसी आकृति चुनिए, जो पारदर्शी कागज को बीच की बिन्दुयुक्त रेखा पर मोड़ने पर प्राप्त होगी।

181. प्रश्न-आकृति

उत्तर-आकृति

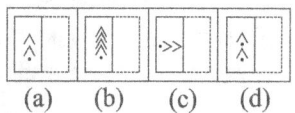

(a) (b) (c) (d)

182. प्रश्न-आकृति

उत्तर-आकृति

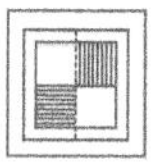

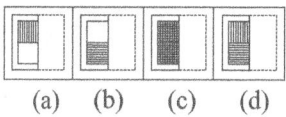

(a) (b) (c) (d)

183. प्रश्न-आकृति

उत्तर-आकृति

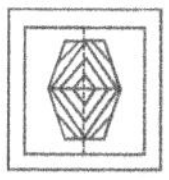

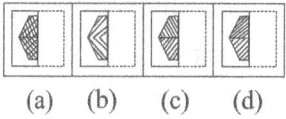

(a) (b) (c) (d)

निर्देश (प्र.सं.184 से 187 तक) नीचे दिए गए प्रत्येक प्रश्न में एक कथन दिया गया है और इसके नीचे दो पूर्वधारणाएँ दी गई, जिन्हे क्रमांक I तथा II से दिखाया गया है। आपको दिए हुए कथन और दी हुई पूर्वधारणाओं में से कौन कथन में अंतर्निहित है, इसका निर्णय करना है।

a. यदि केवल पूर्वधारणा I अन्तर्निहित है

b. यदि केवल पूर्वधारणा II अन्तर्निहित है

c. यदि केवल पूर्वधारणा I अथवा II अन्तर्निहित है

d. यदि दोनो I तथा II अन्तर्निहित है

184. कथन : लोगों के कुछ समूहों के विरोध को ध्यान में रखते हुए, देश के भीतर ओलम्पिक मशाल के रिले के दौरान सरकार ने व्यापक सुरक्षा व्यवस्था की है।

पूर्वधारणाएँ :

I. इसके बावजूद भी विरोधी लोग ओलम्पिक मशाल के रिले में व्यवधान डाल सकते हैं।

II. देश के भीतर अपनी यात्रा के दौरान ओलम्पिक मशाल शान्तिपूर्वक गुजर सकती है।

185. कथन : राज्य सरकार ने जनता के सम्पर्क में रहने वाले अपने सभी कर्मचारियों को सहनशीलता और सहानुभूतिपूर्वक व्यवहार करने के अनुदेश दिए हैं।

पूर्वधारणाएँ :

I. अन्यथा आम जनता को सरकारी अधिकारी सताते रहेंगे।

II. अधिकांश सरकारी अधिकारी निर्देशों का अनुपालन करेंगे।

186. कथन : मोहन ने अपने पुत्र के विवाह के अवसर पर लगभग 200 लोगों को निमंत्रित किया और पास के एक होटल में लगभग 200 लोगों के भोजन की व्यवस्था की।

पूर्वधारणाएँ :

I. मोहन द्वारा निमंत्रित बहुत-से लोग अवसर के दिन अनुपस्थित रह सकते हैं।

II. मोहन द्वारा निमंत्रित अधिकांश लोग विवाह समारोह में आएँगे।

187. कथन : पेटल साइकिलें द्रुत, चलने में हल्की, आकर्षक, विश्वसनीय, उत्तमशिल्प एवं अद्यतम स्वचालन- *एक विज्ञापन।*

पूर्वधारणाएँ :

I. दूसरी ऐसी कोई साइकिल नहीं है, जिसमें इनमें से कोई भी विशेषता है।

II. लोग लागत की चिन्ता नहीं करते हैं

निर्देश (प्रश्न संख्या188-192)–नीचे एक परिच्छेद दिया गया है और उसके नीचे उस परिच्छेद में दिए गए तथ्यों के आधार पर लगाए जा सकने वाले कुछ सम्भावित अनुमान दिए गए हैं। आप हर एक अनुमान की परिच्छेद के संदर्भ में अलग-अलग परीक्षा कर उसकी सत्यता या असत्यता की मात्रा निश्चित कीजिए।

उत्तर दीजिए

a. यदि अनुमान "निश्चित रूप से सत्य है" अर्थात् वह दिए गए तथ्यों का उचित रूप से अनुसरण करता है।

b. यदि "डाटा पर्याप्त नहीं है" अर्थात् दिए हुए तथ्यों से अनुमान सत्य है अथवा असत्य यह आप नहीं कह सकते।

c. यदि अनुमान "संभवत: असत्य है" यद्यपि दिए गए तथ्यों के संदर्भ में "निश्चित रूप से असत्य" नहीं है।

d. यदि अनुमान "निश्चित रूप से असत्य है" अर्थात् दिए हुए तथ्यों का संभवत: अनुसरण नहीं करता है अथवा दिए गए तथ्यों के विपरित जाता है।

परिच्छेद-

हाल ही के वर्षों में एशिया वैशिक अर्थव्यवस्था के विकास का केन्द्र बन गया है। इस क्षेत्र में चीन और जापान के बाद भारत और दक्षिण कोरिया तीसरी और चौथी सबसे बड़ी अर्थव्यवस्थाएं हैं। यद्यपि एशिया की विकास गाथा मुख्यत: भारत और चीन के गिर्द घूमती है, इन देशों के लिए एक प्रमुख व्यावसायिक निवेश भागीदार के रूप में दक्षिण कोरिया की मुख्य भूमिका रही है। 1962 में अपनी पहली पंचवर्षीय आर्थिक विकास योजना की शुरुआत से दक्षिण कोरिया ने बहिर्मुर्खी आर्थिक नीतियां अपनायी है। इसका परिणाम था शेष विश्व के कोरियाई अर्थव्यवस्था का उच्च विकास और एक एकीकरण। इसके बाद उच्च सुसंगत आर्थिक विकास ने एशिया में दक्षिण कोरिया को एक-उच्च-आय की अर्थव्यवस्था बना दिया। अन्य विकसित देशों की तुलना में अब भी दक्षिण कोरिया में विकास तीव्र गति से हो रहा है। दूसरी ओर भारत अपनी स्वतंत्रता के शुरुआती वर्षों तक आयात प्रतिस्थापन नीति अपनायी थी। 1990 के दशक से भारत ने व्यापक आर्थिक नीति सुधार लागू किए हैं। और उसका बाजार चारों अर्थव्यवस्थाओं की ओर बढ़ रहा है। इसक परिणाम है पिछड़े डेढ़ दशक में उच्च आर्थिक विकास।

188. अंतर्राष्ट्रीय समुदाय केवल कोरियाई अर्थव्यवस्था को सुदृढ़ मानता है।

189. पिछले दशक में जापान का आर्थिक विकास एशिया में सबसे अधिक हुआ।

190. कोरियाई अर्थव्यवस्था अपने दृष्टिकोण में भारतीय अर्थव्यवस्था से परंपरागत रूप से भिन्न है।

191. 1990 के पहले भारत का आर्थिक विकास वर्तमान विकास दर से अधिक था।

192. भारत और चीन दोनों को मिलाकर एशियाई अर्थव्यवस्था का चालक माना जाता है।

193. आपके नए बॉस बने है तब.........

(a) आप अलग सामान्य रहेंगे।

(b) आप गर्मजोशी के साथ उनका स्वागत करेंगे।

(c) आप उनका चमचागिरी करेंगे ताकि वे भविष्य में आपका मदद करें।

(d) आपको सामंजस्य बैठाने में मुश्किल हो रही क्योंकि आप अभी भी पुराने वॉस के प्रति बफादार हैं।

194. आप एक समारोह में गये हुए हैं अचानक ही वेटर ने आपके बॉस के शरीर पर गर्म सूप गिरा देता है उस समय आप क्या करेंगे?

(a) आप जोर-जोर से वेटर को डाँटने लगेंगे।

(b) आप प्राथमिक उपचार की व्यवस्था करेंगे और उनको हॉस्पिटल ले जाने का प्रबंध करेंगे।

(c) आप वेटर को साफ करने के लिए कहेंगे।

(d) आप पानी लेकर उनके शरीर पर डाल देंगे।

195. आप पार्क में क्रिकेट खेल रहे हैं। आप बॉल को मारते हैं तो वह पड़ोस के मकान के खिड़की का शीशा तोड़ देता है तब आप क्या करेंगे?

(a) जाकर मकान मालिक से बॉल मांगेंगे।

(b) जाकर गलती मान लेंगे।

(c) जाकर चुपके से बॉल को उठा लाएंगें।

(d) जाकर मॉफी मांग कर उसकी क्षति की पूर्ति करेंगे।

196. गोविन्द की आयु 48 वर्ष है। वह अभी अपने पुत्र प्रेम की आयु से दुगुनी आयु का है। प्रेम 7 वर्ष पूर्व कितने वर्ष का था?

(a) 16 वर्ष (b) 17 वर्ष

(c) 13 वर्ष (d) 18 वर्ष

197. आयु में *'X'* चार वर्ष बड़ा है *'Y'* से, जो कि *'Z'* से दोगुना बड़ा है। यदि *'X', 'Y'* और *'Z'* की आयु का योग 34 वर्ष है, तो *'X'* की आयु कितनी है?

(a) 8 वर्ष (b) 10 वर्ष

(c) 12 वर्ष (d) 16 वर्ष

198. एक हवाई जहाज 340 किमी/घंटा की गति से एक दूरी को 8 घंटे में तय करता है। उस दूरी को $2\frac{2}{3}$ घंटे में तय करने के लिए उसे कितनी गति के अनुसार यात्रा करनी होगी?

(a) 660 किमी/घंटा

(b) 700 किमी/घंटा

(c) 680 किमी/घंटा

(d)1020 किमी/घंटा

199. नल में से पानी 5 लीटर प्रति मिनट की दर से बहता है। प्रति 25 लीटर क्षमता वाली 5 बाल्टियाँ भरने में कितना समय लगेगा?

(a) 5 मिनट (b) 125 मिनट

(c) 25 मिनट (d) 50 मिनट

200. यदि विनय, सुनील और फिरोज से लंबा है। नसीम, सुनील से छोटा है टिल्लू, फिरोज से लंबा है, लेकिन नसीम से छोटा है उन सब में सबसे छोटा कौन है?

(a) विनय (b) टिल्लू

(c) फिरोज (d) नसीम

उत्तरमाला

1.(d)	2.(b)	3.(b)	4.(c)	5.(d)
6.(c)	7.(c)	8.(a)	9.(b)	10.(d)
11.(d)	12.(b)	13.(b)	14.(d)	15.(b)
16.(d)	17.(d)	18.(d)	19.(a)	20.(a)
21.(a)	22.(a)	23.(c)	24.(c)	25.(a)
26.(a)	27.(b)	28.(b)	29.(d)	30.(c)
31.(d)	32.(c)	33.(d)	34.(d)	35.(b)
36.(a)	37.(d)	38.(b)	39.(c)	40.(a)
41.(d)	42.(b)	43.(c)	44.(d)	45.(a)
46.(c)	47.(b)	48.(d)	49.(c)	50.(a)
51.(c)	52.(c)	53.(c)	54.(b)	55.(c)
56.(c)	57.(a)	58.(a)	59.(b)	60.(c)
61.(c)	62.(a)	63.(d)	64.(c)	65.(d)
66.(a)	67.(b)	68.(b)	69.(c)	70.(a)
71.(b)	72.(b)	73.(c)	74.(b)	75.(c)
76.(c)	77.(d)	78.(a)	79.(a)	80.(c)
81.(a)	82.(c)	83.(a)	84.(a)	85.(b)
86.(b)	87.(d)	88.(a)	89.(a)	90.(a)
91.(a)	92.(c)	93.(b)	94.(b)	95.(d)
96.(a)	97.(c)	98.(d)	99.(c)	100.(d)
101.(c)	102.(b)	103.(d)	104.(a)	105.(b)
106.(d)	107.(a)	108.(c)	109.(b)	110.(a)
111.(a)	112.(c)	113.(d)	114.(b)	115.(d)
116.(c)	117.(d)	118.(d)	119.(c)	120.(b)
121.(a)	122.(d)	123.(c)	124.(b)	125.(d)
126.(d)	127.(b)	128.(c)	129.(d)	130.(d)
131.(a)	132.(b)	133.(c)	134.(c)	135.(d)
136.(d)	137.(c)	138.(a)	139.(b)	140.(b)
141.(a)	142.(c)	143.(b)	144.(d)	145.(c)
146.(c)	147.(c)	148.(c)	149.(a)	150.(a)
151.(d)	152.(c)	153.(b)	154.(b)	155.(d)
156.(d)	157.(b)	158.(d)	159.(c)	160.(d)
161.(a)	162.(a)	163.(c)	164.(d)	165.(d)
166.(a)	167.(b)	168.(b)	169.(b)	170.(b)
171.(d)	172.(c)	173.(d)	174.(b)	175.(c)
176.(d)	177.(b)	178.(d)	179.(d)	180.(d)
181.(a)	182.(d)	183.(b)	184.(b)	185.(d)
186.(b)	187.(d)	188.(d)	189.(b)	190.(c)
191.(d)	192.(b)	193.(b)	194.(b)	195.(d)
196.(b)	197.(d)	198.(d)	199.(c)	200.(c)

उत्तर सहित व्याख्या

81.(a) माना P = ₹ x, r = 7%, t = 2 वर्ष

$\therefore$ सा. ब्याज $= \frac{P \times r \times t}{100}$

$= \frac{x \times 7 \times 2}{100} = \frac{7x}{50}$

$\therefore$ प्रश्नानुसार,

$\Rightarrow \frac{7x}{50} = \frac{1750 \times 5 \times 4}{100}$

$\Rightarrow 7x = 1750 \times 10$

$\Rightarrow x = \frac{175 \times 100}{7}$

$\therefore x =$ ₹ 2500

82.(c) P = ₹ 800

सा. ब्याज = ₹ 920 − ₹ 800 = ₹ 120

$t = 3$ वर्ष

$\because$ सा. ब्याज $= \frac{P \times t \times r}{100}$

$r_1 = \frac{\text{SI} \times 100}{\text{P} \times t} = \frac{120 \times 100}{800 \times 3}$

$r_1 = 5\%$

यदि दर में 3% की वृद्धि होती है तो

$r_2 = r_1 + 3 = 5 + 3 = 8\%$

तथा t = 3 वर्ष

$\therefore \text{SI} = \frac{\text{P} \times r \times t}{100}$

$= \frac{800 \times 8 \times 3}{100} = 64 \times 3 =$ ₹ 192

$\therefore$ कुल धनराशि

= ₹ 800 + ₹ 192 = ₹ 992

83.(a) माना लाभ = ₹ x कपिल को मिली धनराशि = ₹ $\frac{x}{10}$

शेष धनराशि = ₹ $\left(x - \frac{x}{10}\right)$ = ₹ $\frac{9x}{10}$

$\therefore$ प्रश्नानुसार,

कपिल का भाग = ₹ $\left(\frac{x}{10} + \frac{9x}{10} \times \frac{4}{9}\right)$

$= \frac{x}{10} \quad \frac{x}{5} =$ ₹ $\frac{x}{2}$

पुनः प्रश्न से, $\frac{x}{2}$ = ₹ 325

$\Rightarrow x =$ ₹ 650

$\therefore$ सुधीर का हिस्सा $= x - \frac{x}{2} = \frac{x}{2}$

= ₹ 325

84.(a) कूलर का क्रय मू. = ₹ 4042 माना प्रत्येक किस्त = ₹ x

$\therefore$ प्रश्नानुसार

$\Rightarrow x\left(1 + \frac{5}{100}\right) + x\left(1 + \frac{5}{100}\right) + x$

$= (4042 - 1520)\left(1 + \frac{5}{100}\right)^3$

$x =$ ₹ 926.10

85.(b) दिया है,

P = ₹ 200, A = ₹ 2662

$n = 1\frac{1}{2}$ वर्ष = 3 अर्द्ध वार्षिक

$\therefore$ दर $= \frac{r}{2}\%$

$\therefore$ प्रश्नानुसार

$\left(1 + \frac{\frac{r}{2}}{100}\right)^3 = \frac{\text{A}}{\text{P}}$

$\left(1 + \frac{r}{200}\right)^3 = \frac{2662}{2000}$

$\left(1 + \frac{r}{200}\right) = \left(\frac{11}{10}\right)^3$

$1 + \frac{r}{200} = \frac{11}{10}$

$\frac{r}{200} = \frac{11}{10} - 1$

$\frac{r}{200} = \frac{1}{10}$

$\therefore r = \frac{200}{10} = 20\%$

86.(b) माना रंगीन प्रिटंर तथा कम्प्यूटर सिस्टम का क्रय मूल्य क्रमशः 'x' तथा y रूपए है।

∴ प्रश्नानुसार

$x \times \frac{120}{100} + y \times \frac{90}{100} = x + y$

$\Rightarrow 0.2x = 0.1y$ ...(*i*)

$x \times \frac{85}{100} + y \times \frac{105}{100} = x + y - 800$

$\Rightarrow 0.05y = 0.15x - 800$ ...(*ii*)

समी० (i) व (ii) से, x = ₹ 16000

87.(d) माना पुस्तक क्रयमूल्य $= x$

$\therefore (1.2x - 18) - 0.8x = 0.25 \times 0.08x$

$0.4x - 18 = 0.20x$

$\Rightarrow x = \frac{18}{0.20}$ = ₹ 90

88.(a) ट्रांजिस्टर का क्रय मूल्य = ₹ 320

ट्राजिस्टर का विक्रय मूल्य = 320 × 1.15 = ₹ 368

ट्राजिस्टर का अंकित मूल्य = 368 + 32 = ₹ 400

∴ अभीष्ट लाभ %

$= \frac{400 - 320}{320} \times 100 = 25\%$

89.(a) माना 12 सेबों का क्रय मू० = ₹ 100

∴ 1 सेब का क्रय मू० $= \frac{100}{12} = \frac{25}{3}$

∴ 100 सेबो का विक्रय मू० ₹ 800 होगा तथा 1 सेब का विक्रय मू०

$= \frac{800}{100} = 8$ रू

∴ हानि $= \left(\frac{25}{3} - 8\right) = \frac{1}{3}$ रू

हानि प्रतिशत $= \frac{\text{हानि}}{\text{क्रय मू०}} \times 100$

$= \frac{\frac{1}{3}}{\frac{25}{3}} \times 100 = \frac{1}{3} \times \frac{3}{25} \times 100 = 4\%$

90.(a) माना पहली रेलगाडी द्वारा तय की गई दूरी $= x$ किमी/घण्टा

∵ दोनों रेलगाड़ियां एक ही दिशा में यात्रा तय करती है।

$\therefore \frac{x}{50} = \frac{x + 120}{60}$

$\Rightarrow 60x = 50x + 6000$

$\Rightarrow x = 600$

∴ कुल दूरी $= x + (x + 120)$

= 1320 किमी०

91.(a) 8 विषयों में विद्यार्थियों द्वारा प्राप्त कुल अंक = 8 × 87 = 696

तथा 6 विषयों में विद्यार्थियों द्वारा प्राप्त कुल अंक = 6 × 85 = 510

∴ पहले मित्र का स्कोर

= 696 – 510 = 186

माना प्रथम उच्चतम अंक $= x$ तथा द्वितीय उच्चतम अंक $= x - 2$

$\therefore x + x - 2 = 186$

$\Rightarrow 2x = 188$

$\Rightarrow x = 94$

अधिकतम अंक = 94

92.(c) प्रथम तीन मित्रो का कुल स्कोर

= 15 × 3 = 45

तथा अंतिम तीन मित्रों का कुल स्कोर

= 16 × 3 = 48

∴ चार मित्र का स्कोर = 45 + 19 = 64

∴ पहले मित्र का स्कोर = 64 – 48 = 16

∴ अभीष्ट प्रतिशत

$= \frac{16}{48} \times 100\% = 33\frac{1}{3}\%$

93.(b) Trick हानि प्रतिशत

$= \frac{(15)^2}{100} = 2.25\%$

94.(b) माना जनसंख्या में वृद्धि दर = R% प्रतिवर्ष

$\therefore 4800 = 3600\left[1 + \frac{R}{100}\right]^3$

$\Rightarrow \frac{4}{3} = \left[1 + \frac{R}{100}\right]^3$ ...(*i*)

तीन वर्ष बाद जनसंख्या

$= 4800\left[1 + \frac{R}{100}\right]^3$

$= 4800 \times \frac{4}{3} = 6400$

95.(d) माना दो संख्याएं x तथा y है,

∴ उनका समान्तर माध्य $= \frac{x + y}{2} = 5$

$\Rightarrow x + y = 10$ ...(*i*)

तथा गुणोत्तर माध्य $= \sqrt{xy} = 4$

$\Rightarrow xy = 16$

$\because (x - y)^2 = (x + y)^2 - 4xy$

$= 100 - 64 = 36$

$\therefore x - y = 6$ ...(*ii*)

समी० (i) तथा (ii) से,

$x = 8$ तथा $y = 2$

∴ अभीष्ट संख्याए 8 तथा 2 है।

96. (a) ? = 4895 + 364 × 0.75 – 49

= 4895 + 273 – 49 = 5119

97. (c) विधि I:

$? = 5\frac{1}{4} + 6\frac{2}{3} + 7\frac{1}{6}$

$= \frac{21}{4} + \frac{20}{3} + \frac{43}{6}$

$= \frac{63 + 80 + 86}{12} = \frac{229}{12}$

$= 19\frac{1}{12}$

विधि II:

$(5 + 6 + 7)\left(\frac{1}{4} + \frac{2}{3} + \frac{1}{6}\right)$

$= 18\left(1\frac{1}{12}\right)$

$= 19\frac{1}{12}$

98. (d) $\sqrt{?} = [(144)^2 \div 48 \times 18] \div 36$

$= \left[\frac{20736}{48} \times 18\right] \div 36$

$= \frac{7776}{36} = 216$

$\therefore ? = (216)^2 = 46656$

99. (c) $? = (27)^{18} \div (27)^3$

$= (27)^{18-3}$ $(\because a^m \div a^n = a^{m-n})$

$= (27)^{15}$

100. (d) ? = 156 + 16 × 1.5 – 21

= 156 + 24 – 21 = 159

101. (c) ? = 434.43 + 43.34 + 3.44 + 4 + 0.33

= 434.43 + 51.11 = 485.54

102. (b) $\frac{24336}{?} = 78 \times 24$

$? = \frac{24336}{78 \times 24}$

? = 13

103. (d) $? = (98)^{45} \times (98)^{-35}$

$? = (98)^{45-35} = (98)^{10}$

104. (a) $? = (78.95)^2 - (43.35)^2$

? = 6233.1025 – 1879.2225

= 4353.88

105. (b) $? = \left(\dfrac{23.6}{100} \times 1254\right) - \left(\dfrac{16.6}{100} \times 834\right)$

$= 295.944 - 138.444 = 157.5$

106. (d) कथन I से,

$16a^2 = 1$

$a = \pm \dfrac{1}{4}$

कथन II से,

$3b^2 + 7b + 2 = 0$

$3b^2 + 6b + b + 2 = 0$

$3b(b+2) + 1(b+2) = 0$

$\Rightarrow (3b+1)(b+2) = 0$

$\Rightarrow b = -2$ या $-\dfrac{3}{4}$

$\therefore a > b$

107. (a) कथन I से, $a > b$

$a^2 + 5a + 6 = 0$

$\Rightarrow a^2 + 2a + 3a + 6 = 0$

$\Rightarrow (a+2)(a+3) = 0$

$\Rightarrow (a+2)(a+3) = 0$

$a = -2, -3$

कथन II से,

$b^2 - 7b + 12 = 0$

$\Rightarrow b^2 - 4b - 3b + 12 = 0$

$\Rightarrow b(b-4) - 3(b-4) = 0$

$\Rightarrow (b-3)(b-4) = 0$

$b = 3, 4$

$\therefore a < b$

108. (c) कथन I से,

$a^2 + 2a + 1 = 0$

$\Rightarrow (a+1)^2 = 0$

$\Rightarrow a = -1$

कथन II से,

$b^2 = +4$

$\Rightarrow b = +2$ or ± 2

$\therefore$ अत: a और b के बीच सम्बन्ध स्थापित नहीं किया जा सकता।

109. (b) कथन I से,

$a^2 - 5a + 6 = 0$

$\Rightarrow a^2 - 3a - 2a + 6 = 0$

$\Rightarrow a(a-3) - 2(a-3) = 0$

$\Rightarrow (a-3)(a-2) = 0$

$a = 2$ या 3

कथन II से,

$2b^2 - 13b + 21 = 0$

$\Rightarrow 2b^2 - 6b - 7b + 21 = 0$

$\Rightarrow 2b(b-3) - 7(b-3) = 0$

$\Rightarrow (b-3)(2b-7) = 0$

$b = 3$ या $\dfrac{7}{2}$

$a \leq b$

110. (a) कथन I से,

$2a^2 + a - 1 = 0$

$\Rightarrow 2a^2 + 2a - a - 1 = 0$

$\Rightarrow 2a(a+1) - 1(a+1) = 0$

$\Rightarrow (2a-1)(a+1) = 0$

$a = -1$ या $\dfrac{3}{4}$

कथन II से,

$\Rightarrow 12b^2 - 8b - 9b + 6 = 0$

$\Rightarrow 4b(3b-2) - 3(3b-2) = 0$

$\Rightarrow (3b-2)(4b-3) = 0$

$b = \dfrac{2}{3}$ या $\dfrac{3}{4}$

$\therefore a < b$

111. (a) ट्रेन की गति $= \dfrac{200+400}{36}$

$= \dfrac{600}{36} = \dfrac{50}{3}$ मी/से

$= \dfrac{50}{3} \times \dfrac{18}{5} = 60$ किमी/घण्टा

112. (c) माना A एक काम को x दिन में पूरा करता है।

B उसी काम को $\dfrac{x}{2}$ दिन में और C उसी काम को $\dfrac{x}{4}$ दिन में पूरा करेगा।

$\therefore \dfrac{x}{4} = \dfrac{7}{1}$

$\Rightarrow x = 4 \times 7$

$x = 28$

$\therefore \dfrac{1}{28} + \dfrac{1}{14} + \dfrac{1}{7} = \dfrac{1+2+4}{28}$

$= \dfrac{7}{28} = \dfrac{1}{4}$

अत: तीनों मिलकर 4 दिन में पूरा कर लेंगे।

113. (d) DAILY शब्द में 5 अक्षर हैं

अभीष्ट प्रकार $= {}^5P_5$

$= 5! = 5 \times 4 \times 3 \times 2 \times 1 = 120$

114. (b) माना संख्या $(10x + y)$ है,

$\because (10x + y) - (10y + x) = 63$

$\Rightarrow 9x - 9y = 63$

$\Rightarrow x - y = 7$

और $x + y = 11$

$x = 9$

$y = 2$

अत: अभीष्ट संख्या $= 92$

115. (d) माना भिन्न $\dfrac{x}{y}$

$\because \dfrac{x + 2x}{y + 3y} = \dfrac{15}{26}$

$\Rightarrow \dfrac{3x}{4y} = \dfrac{15}{26}$

$\therefore \dfrac{x}{y} = \dfrac{15}{26} \times \dfrac{4}{3} = \dfrac{60}{78}$

$\dfrac{x}{y} = \dfrac{10}{13}$

116. (c) वस्तु का क्रय मूल्य

$= \dfrac{1890}{2} = ₹945$

117. (d) माना निशी और बिनी की आयु क्रमश: $6x$ और $5x$ वर्ष है।

$\therefore \dfrac{6x+9}{5x+9} = \dfrac{9}{8}$

$\Rightarrow 48x + 72 = 45x + 81$

$\Rightarrow 48x - 45x = 81 - 72$

$\Rightarrow 3x = 9$

$x = 3$

अभीष्ट अन्तर

$6x - 5x = x = 3$ वर्ष

118. (d) वार्षिक ब्याज दर $= \dfrac{30240 \times 100}{84000 \times 3}$

$= 12\%$

$\therefore$ चक्रवृद्धि ब्याज

$= 84000\left[\left(1 + \dfrac{12}{100}\right)^3 - 1\right]$

$= 84000\left[\left(1 + \dfrac{3}{25}\right)^3 - 1\right]$

$= 84000\left[\left(\dfrac{28}{25}\right)^3 - 1\right]$

$= 84000\left[\dfrac{28 \times 28 \times 28 - 25 \times 25 \times 25}{25 \times 25 \times 25}\right]$

$= 84000 \times \dfrac{6327}{15625}$

$= ₹34013.95$

119. (c) शेष लड़कियों की औसत आयु

$$= \frac{1050-(25\times12+25\times16)}{25}$$

$$= \frac{1050-(300+400)}{25}$$

$$= \frac{1050-700}{25} = 14 \text{ वर्ष}$$

120. (b) माना संख्या x है।

$$\because \quad x\times\frac{1}{5} = 81$$

$$\Rightarrow \quad x = 81\times5 = 405$$

$$\therefore \quad \frac{x\times68}{100} = \frac{405\times68}{100}$$

$$x = 275.4$$

121. (a) दाएं सिरे से 15वां तत्त्व 'F' है तथा 'F' से दाएं 7वां '4' है।

122. (d) श्रेणी में से सभी प्रतीक निकालने के बाद

A8B67HU3FVR2I41WE9L5

बाएं से आठवां

इसमें बाएं सिरे से 8वां तत्व 3 है।

123. (c) A8B6#7HU%[3$F]V R2I@↑41WE9©[L5]

124. (b)

व्यंजन	संख्या	स्वर
R	2	I

125. (d) $B \xrightarrow{+3} 7 \xrightarrow{-1} \#$

$1 \xrightarrow{+3} 4 \xrightarrow{-1} \uparrow$

$F \xrightarrow{+3} 2 \xrightarrow{-1} R$

$9 \xrightarrow{+3} 5 \xrightarrow{-1} L$

$W \xrightarrow{+3} © \xrightarrow{-2} E$

अत: W © E उस वर्ग के अन्तर्गत नहीं आता है।

126. (d) पीतल को छोड़कर अन्य सभी धातुएं हैं।

127. (b) 39 को छोड़कर अन्य सभी अभाज्य संख्याएं हैं।

128. (c) R O S E और F I R S T

↓ ↓ ↓ ↓   ↓ ↓ ↓ ↓ ↓

\# 4 3 $ 5 ★ # 3 7

इसी प्रकार,

S T O R E

↓ ↓ ↓ ↓ ↓

3 7 4 # $

129. (d) सार्थक शब्द बनेंगे–

READ, DEAR and DARE

130. (d)

D I S T I N G U I S H

4 9 19 20 9 14 7 21 9 19 8

चार अक्षर युग्म बने हैं।

निर्देश (131-135) के लिए

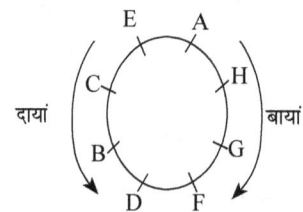

131. (a) 132. (b) 133. (c) 134. (c)

135. (d)

136. (d) कथन I से

(J तथा T) > M > (L तथा R)

कथन II से,

L > R

कथन I और II से,

(J तथा T) > M > L > R

137. (c) कथन I से,

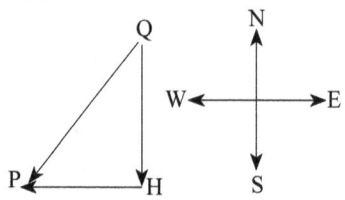

∴ P, Q के दक्षिण-पश्चिम है।

कथन II से,

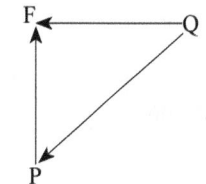

P, Q के दक्षिण-पश्चिम में है।

138. (a) कथन I से,

सूत्र से,

व्यक्ति का क्रमांक = कुल विद्यार्थियों की संख्या - विद्यार्थी का क्रमांक + 1

रीटा का ऊपर से क्रमांक = 42 – 29 + 1 = 14th

139. (b) कथन I से,

she walks fast → he ka to

कथन II से,

she learns fast → jo ka he

∴ कथन I से II से मिलकर,

walks → to

140. (b) कथन I से,

N ←(भाई)— M ←(पुत्री)— K

∴ K, N की मां या पिता हो सकता है।

कथन II से,

F —(पति)— K

∴ कथन I और II से,मिलकर K, N की मां है।

141. (a) 4 7 1 5 3 6

↓ ↓ ↓ ↓ ↓ ↓

★ @ $ H % ★

शर्त (ii) लागू होती है।

142. (c) 6 9 7 8 4 5

↓ ↓ ↓ ↓ ↓ ↓

H # @ A R H

शर्त (iii) लागू होती है।

143. (b) 5 9 0 2 4 7

↓ ↓ ↓ ↓ ↓ ↓

H # F T R @

शर्त (ii) लागू होती है।

144. (d) 3 7 4 8 6 2

↓ ↓ ↓ ↓ ↓ ↓

T @ R A U %

शर्त (i) लागू होती है।

145. (c) जिस प्रकार,

$3\times2-1=5$

$5\times2-2=8$

$8 \times 2 - 3 = 13$

$13 \times 2 - 4 = 22$

ठीक उसी प्रकार, $22 \times 2 - 5 = \boxed{39}$

146. (c) जिस प्रकार, $E \Rightarrow 5$

तथा, $TEA \Rightarrow 20 + 5 + 1 = 26$

ठीक उसी प्रकार, TEACHER

$= 20 + 5 + 1 + 3 + 8 + 5 + 18 = 60$

147. (c) जिस प्रकार,

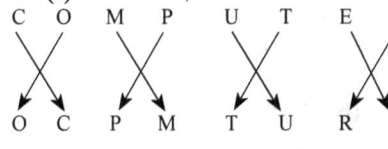

उसी प्रकार,

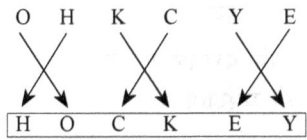

148. (c) प्रश्नानुसार,

$X \Rightarrow +, Z \Rightarrow \div, Y \Rightarrow -; P \Rightarrow \times$

$? = 10 P 2 X 5 Y 5$

$= 10 \times 2 + 5 - 5$

$= 20 + 5 - 5 = 20$

149. (a) प्रश्नानुसार,

$3 \div 5 \Rightarrow 3 \times 5 = 1\underline{5} \Rightarrow 5$

$4 \div 7 \Rightarrow 4 \times 7 = 2\underline{8} \Rightarrow 8$

$8 \div 7 \Rightarrow 8 \times 7 = 5\underline{6} \Rightarrow 6$

ठीक उसी प्रकार,

$9 \div 6 \Rightarrow 9 \times 6 = 54 \Rightarrow 4$

150. (a) प्रश्नानुसार,

28 ★ 4 ★ 9 ★ 16

$\Rightarrow 28 \div 4 + 9 = 16$

$\Rightarrow 7 + 9 = 16$

$\Rightarrow 16 = 16$

151. (d) जिस प्रकार,

$8 \xrightarrow{+7} 15 \xrightarrow{+7} 22$

तथा $50 \xrightarrow{+7} 57 \xrightarrow{+7} 64$

उसी प्रकार,

$29 \xrightarrow{+7} 36 \xrightarrow{+7} 43$

अत: ? = 36

152. (c) जिस प्रकार,

$112 \div (7 \times 8) = 112 \div 56 = 2$

तथा

$135 \div (9 \times 3) = 135 \div 27 = 5$

उसी प्रकार,

$900 \div (3 \times 5) = 900 \div 15 = 60$

अत: ? = 60

153. (b) प्रश्नानुसार, व्यक्ति के चलने का क्रम निम्नवत् है

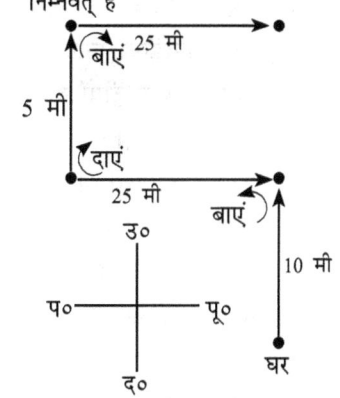

अत: उपरोक्त आरेख से यह स्पष्ट होता है कि व्यक्ति पूरब की ओर चल रहा है।

154. (b) प्रश्नानुसार, A और B के चलने का क्रम निम्नवत् है

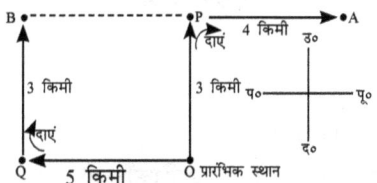

OP = 3 किमी

PA = 4 किमी

OQ = 5 किमी

QB = 3 किमी

OP = QB = 3 किमी

BP = OQ = 5 किमी

∴ अभीष्ट दूरी = AB = BP + PA

= 5 + 4 = 9 किमी

155. (d) प्रश्नानुसार,

व्यक्ति के चलने का क्रम निम्नवत् है

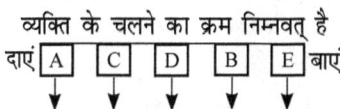

अत: उपरोक्त आरेख से यह स्पष्ट होता है कि पंक्ति के बीच में D बैठा है।

156. (d) प्रश्नुनसार,

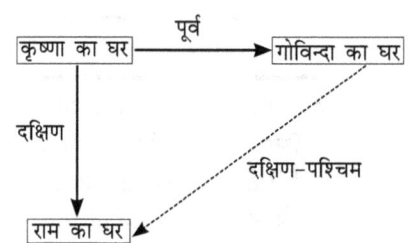

अत: उपरोक्त आरेख से यह स्पष्ट होता है कि राम का घर, गोविन्दा के घर से दक्षिण-पश्चिम में स्थित है।

157. (b) कथनानुसार,

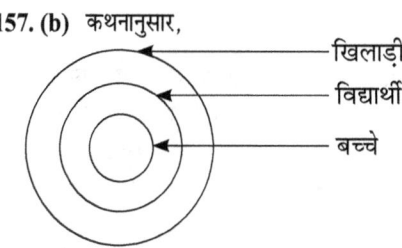

निष्कर्ष : **I.** गलत **II.** सही

158. (d) प्रश्न आकृति की पहली आकृति से दूसरी आकृति में सभी डिजाइन एक स्थान नीचे की ओर खिसका जाती है तथा सबसे नीचे वाली डिजाइन सबसे उपर पहुंच जाती है तथा सम्पूर्ण डिजाइन पलट जाती है।

159. (c) प्रश्नाकृति की पहली आकृति से दूसरी आकृति का डिजाइन 180° घूम जाती है।

160. (d) प्रश्नाकृति की पहली आकृति से दूसरी आकृति में एक डिजाइन की वृद्धि हो जाती है तथा सम्पूर्ण डिजाइन दक्षिणावर्त दिशा 90° घूम कर पलट जाती है।

4 प्रैक्टिस सेट

सामान्य ज्ञान

1. **किसी भी अपराध को अंजाम देने के लिए साझा साजिश यानी कॉमन कॉन्सपिरेसी का मामला अपराध की श्रेणी में आता है, आईपीसी की किस धारा में इसका प्रावधान है?**
   (a) धारा 120ए और 120बी
   (b) धारा 3
   (c) धारा 153ए
   (d) धारा 186
2. **अगर कोई व्यक्ति सरकारी काम में बाधा पहुंचाता है तो उस पर आईपीसी की किस धारा के तहत मुकदमा चलाया जाता है?**
   (a) धारा 302 (b) धारा 186
   (c) धारा 304ए (d) धारा 292
3. **किसे 'आधुनिक भारत का जनक' कहते हैं?**
   (a) लाला लाजपत राय
   (b) महात्मा गाँधी
   (c) राजा राममोहन राय
   (d) भगत सिंह
4. **किस प्रदेश में ब्रिटिश के विरुद्ध बिरसा मुंडा ने आन्दोलन का संचालन किया था?**
   (a) पंजाब (b) छोटा नागपुर
   (c) तराई (d) मणिपुर
5. **'आधुनिक युग का मनु' किसे कहा जाता है ?**
   (a) एम.जी. राणाडे
   (b) बी. आर. अम्बेडकर
   (c) बी.एन. राव
   (d) महात्मा गाँधी
6. **निम्नलिखित में से किसकी स्थापना ज्योतिबा फुले ने की ?**
   (a) सत्यशोधक समाज
   (b) दलित वर्ग मिशन समाज
   (c) बहुजन समाज
   (d) युवा अम्बेडकर ब्रिग्रेड
7. **लक्षद्वीप समूह में द्वीपों की संख्या है-**
   (a) 26 (b) 36
   (c) 37 (d) 43
8. **पोर्ट ब्लेयर स्थित है-**
   (a) उत्तरी अंडमान में
   (b) दक्षिणी अंडमान में
   (c) मध्य अंडमान में
   (d) छोटा अंडमान में
9. **भारत के किस प्रदेश की सीमाएँ तीन देशों क्रमशः नेपाल, भूटान एवं चीन से मिलती हैं ?**
   (a) अरुणाचल प्रदेश
   (b) मेघालय
   (c) पश्चिम बंगाल
   (d) सिक्किम
10. **मत देने का अधिकार होता है-**
    (a) एक मौलिक अधिकार
    (b) एक राजनीतिक अधिकार
    (c) एक नागरिक अधिकार
    (d) एक कानूनी अधिकार
11. **भारत का संविधान किस अनुच्छेद के अन्तर्गत एक निर्वाचन आयोग की नियुक्ति करता है?**
    (a) अनुच्छेद - 324 के अन्तर्गत
    (b) अनुच्छेद - 321 के अन्तर्गत
    (c) अनुच्छेद - 322 के अन्तर्गत
    (d) अनुच्छेद - 323 के अन्तर्गत
12. **संविधान में 'मंत्रिमण्डल' शब्द का प्रयोग किस अनुच्छेद में हुआ है?**
    (a) अनुच्छेद - 74
    (b) अनुच्छेद - 356
    (c) अनुच्छेद - 76
    (d) अनुच्छेद - 352
13. **प्रथम पंचवर्षीय योजना में किस क्षेत्र को प्रमुखता दी गई थी?**
    (a) औद्योगिक क्षेत्र को
    (b) कृषि क्षेत्र को
    (c) सेवा क्षेत्र को
    (d) निर्यात को
14. **अर्थशास्त्र का जनक कहा जाता है-**
    (a) कौटिल्य (b) एडमस्मिथ
    (c) मार्शल (d) प्रो. मेहता
15. **वर्तमान में किस बेरोजगारी की समस्या अत्यंत गंभीर है?**
    (a) खुली बेरोजगारी
    (b) छुपी बेरोजगारी
    (c) ग्रामीण बेरोजगारी
    (d) शिक्षित बेरोजगारी
16. **भारत में धातु मुद्रा का निर्गमन करता है-**
    (a) रिजर्व बैंक
    (b) भारतीय स्टेट बैंक
    (c) नीति आयोग
    (d) भारत सरकार
17. **मुद्रा स्फीति में लाभ होता है-**
    (a) सेवा प्रदाता को
    (b) ऋणी को
    (c) बचत कर्त्ता को
    (d) पेंशन प्राप्तकर्त्ता को

18. मानव शरीर की सबसे मजबूत हड्डी कौन सी होती है-

(a) हाथ (b) गला

(c) जाँघ(फीमर) (d) रीढ़

19. दर्द निवारक दवा एस्प्रीन की खोज किसने की थी?

(a) फेलिक्स हॉफमैन

(b) डॉन लोगी वियर्ड

(c) जॉन केमनी

(d) सैमुएल मार्स

20. भारतीय कृषि अनुसंधान संस्थान कहाँ स्थित है?

(a) करनाल (b) नई दिल्ली

(c) कोयम्बटूर (d) लखनऊ

21. ट्रांसफार्मर के कोड के लिए सर्वोत्तम द्रव क्या है?

(a) नर्म लोहा (b) स्टेनस स्टील

(c) जस्ता (d) ताँबा

22. सीट्स पत्तों पर पीले धब्बे किसकी कमी के कारण होते हैं?

(a) मैग्नीशियम (b) जस्ता

(c) एल्युमीनियम (d) इनमें से कोई नहीं

23. .... एक माइक्रोप्रोसेसर आधारित कम्प्यूटिंग डिवाइस है।

(a) सर्वर (b) वर्कस्टेशन

(c) मेनफ्रेम (d) पर्सनल कम्प्यूटर

24. ROM का पूर्णरूप क्या है?

(a) Random Only Memory

(b) Random Other Memory

(c) Readable Only Memory

(d) Read Only Memory

25. .... इंटरनेट का स्टैण्डर्ड प्रोटोकॉल है।

(a) HTML (b) फ्लैश

(c) TCP/IP (d) Java

26. CAD का तात्पर्य है-

(a) कम्प्यूटर एल्गोरिथम फॉर डिजाइन

(b) कम्प्यूटर एरिया डिस्कवर डिजाइन

(c) कम्प्यूटर एडेड डिजाइन

(d) कम्प्यूटर एप्लिकेशन इन डिजाइन

27. पेन ड्राइव को कम्प्यूटर से जोड़ने के लिए प्रयोग होता है-

(a) पैरेलल पोर्ट (b) यूएसबी पोर्ट

(c) नेटवर्क पोर्ट (d) सिरीयल पोर्ट

28. वर्तमान में ऊर्जा संकट से उबरने के लिए किस प्रकार की ऊर्जा प्राप्त किए जाने की आवश्यकता है ?

(a) सौर ऊर्जा

(b) पवन ऊर्जा

(c) भूगर्भीय ताप ऊर्जा

(d) उपर्युक्त सभी

29. 'रेड डाटा बुक' का सम्बन्ध किससे है?

(a) बाघों से

(b) विलुप्तता के संकट से ग्रस्त जीवों से

(c) गेंडों से (d) हाथियों से

30. ताजमहल के पीले पड़ने तथा उसके क्षरण होने का मुख्य कारण क्या है?

(a) अम्लीय वर्षा (b) क्षारीय वर्षा

(c) NO_2 की अधिकता

(d) ओजोन क्षरण

31. निम्नलिखित में से किस राज्य की कैबिनेट ने संगठित अपराध से निपटने हेतु यूपीकोका विधेयक की मंजूरी दी?

(a) पंजाब (b) झारखण्ड

(c) बिहार (d) उत्तर प्रदेश

32. उत्तर प्रदेश सरकार ने किस तिथि को 'उत्तर प्रदेश दिवस के रूप में मनाने का फैसला किया है?

(a) 22 जनवरी (b) 23 जनवरी

(c) 24 जनवरी (d) 25 जनवरी

33. हाल ही में इसरो द्वारा सूर्य का अध्ययन करने के लिए प्रस्तावित मिशन का क्या नाम है?

(a) सूर्या–1 (b) कर्ण एस–1

(c) अर्जुन–11 (d) आदित्य एल–1

34. वह राज्य, जहां देश की प्रथम ग्रीन यूनिवर्सिटी की स्थापना की जा रही है–

(a) तमिलनाडु (b) आंध्र प्रदेश

(c) कर्नाटक (d) पश्चिम बंगाल

35. 2017 के लिए अंतर्राष्ट्रीय बाल शांति पुरस्कार से किसे सम्मानित किया गया है?

(a) मोहम्मद अल जोंडी

(b) कैलाश सत्यार्थी

(c) जॉन मैक्स

(d) एलेक्सांद्रा हयुगोविच

36. हाल ही में कोलकाता और बांग्लादेश के बीच कौन-सी रेल सेवा शुरू की गई है?

(a) बंधन एक्सप्रेस

(b) परोक्ष एक्सप्रेस

(c) पत्रकार एक्सप्रेस

(d) अहमियत एक्सप्रेस

37. भारतीय ओलंपिक संघ (आइओए) का नया अध्यक्ष किसे नियुक्त किया गया?

(a) नरिंदर बत्रा

(b) सुनिल रावत

(c) रमेश सिंह

(d) मनोज बत्रा

38. भारत और अफगानिस्तान के बीच दूसरा मालवाहक हवाई मार्ग खोला गया है। यह निम्न में से किन दो स्थानों के बीच है?

(a) कोलकाता और काबुल

(b) कोलकाता और कंधार

(c) मुम्बई और कंधार

(d) मुम्बई और काबुल

39. ग्रामीण आबादी के वित्तीय समावेशन हेतु कौन-सी परियोजना आरंभ की गयी?

(a) दर्पण परियोजना

(b) महारत परियोजना

(c) अर्पण परियोजना

(d) कैशलेस इंडिया परियोजना

40. भारतीय नेवी में बतौर पायलट शामिल होने वाली पहली महिला अधिकारी का नाम क्या है?

(a) शुभांगी स्वरूप

(b) रूपा चौहान

(c) डेज़ी क्रेग

(d) आस्था सहगल

सामान्य हिन्दी

निर्देश (41-45): दिए गए गद्यांश के आधार पर निम्नलिखित प्रश्नों के उत्तर दीजिए।

विश्व सात महाद्वीपों में विभक्त है। उन सभी में एशिया सबसे बड़ा महाद्वीप है। भारतवर्ष एशिया महाद्वीप के अन्तर्गत आता है। भारत की आबादी एक अरब को भी पार कर चुकी है। भारत एक धर्म-निरपेक्ष देश है। सभी जाति के लोग आपस में मिल-जुलकर रहते हैं। एक कृषि प्रधान देश होने के कारण यहाँ अधिकतर लोग गाँवों में रहते हैं। भारत की मुख्य पैदावार चना, दलहन, गेहूँ, धान, तिलहन, मसाले इत्यादि हैं। अमरूद, सेब, नारंगी, पपीता एवं केले आदि फल भी यहाँ पैदा होते हैं। इस देश के मुख्य त्यौहार हैं—दीपावली, होली, दशहरा, ईद, क्रिसमस इत्यादि। यहाँ का मुख्य राष्ट्रीय पर्व 15 अगस्त एवं 26 जनवरी है।

41. विश्व में महाद्वीपों की संख्या कितनी है?
(a) 4 (b) 5
(c) 7 (d) 9

42. भारत किस महाद्वीप के अन्तर्गत आता है?
(a) एशिया (b) अफ्रीका
(c) उत्तरी अमेरिका
(d) दक्षिणी अमेरिका

43. वर्तमान समय में भारत की आबादी कितनी है?
(a) 90 करोड़
(b) 1 करोड़
(c) 1 अरब से अधिक
(d) 2 अरब से अधिक

44. कृषि प्रधान देश होने के कारण भारत की अधिकतर जनता कहाँ रहती है?
(a) नगरों में (b) गाँवों में
(c) कस्बों में (d) शहरों में

45. 26 जनवरी एवं 15 अगस्त को हम किस पर्व के रूप में मनाते हैं?
(a) राष्ट्रीय पर्व
(b) सामाजिक पर्व
(c) धार्मिक पर्व
(d) प्रांतीय पर्व

46. शुष्क का विलोम है—
(a) आर्द्र (b) आर्द्रता
(c) शुष्कता (d) इनमें से कोई नहीं

47. अर्वाचीन का विपरीतार्थक शब्द है—
(a) नवीन (b) प्राचीन
(c) अधुनातन (d) आधुनिक

48. स्वस्थ का सही विलोम है—
(a) रोगी (b) अस्वस्थ
(c) स्थूल (d) सूक्ष्म

49. स्थूल का विलोम है—
(a) कृश (b) सूक्ष्म
(c) विस्तृत (d) सीमित

50. अलि–आली—
(a) भ्रमर, सखी (b) सखी, भ्रमर
(c) मित्र, भौंरा (d) भौंरा, मित्र

51. उपल–उत्पल—
(a) कण्डा, ओला
(b) ओला, कण्डा
(c) ओला, कमल
(d) कमल, ओला

52. हाथी का बच्चा—
(a) वत्स (b) कलभ
(c) रासभ (d) बछड़ा

53. उपकार को न मानने वाला व्यक्ति—
(a) कृतज्ञ (b) कृतज्ञता
(c) कृतघ्न (d) कृतघ्नता

54. अनुशासन में उपसर्ग है—
(a) अ (b) सन
(c) अनु (d) इनमें से कोई नहीं

55. अपयश में प्रयुक्त उपसर्ग है-
(a) अति (b) अधि
(c) अप (d) उत्

56. गमन पठन, वन्दन में प्रयुक्त प्रत्यय .... है।
(a) अ (b) अक
(c) अन् (d) आ

57. कृत, तृप्त, मृत, पठित में .... है।
(a) क्तिन (b) क्त
(c) तत्य (d) यत्

58. गायक का संधि विच्छेद है—
(a) गा + अक (b) गा + यक
(c) गै + अक (d) गे + अक

59. निम्न का संधि-विच्छेद है—
राजा + ऋषि
(a) राजर्षि (b) राजार्षि
(c) राजऋषि (d) इनमें से कोई नहीं

60. नर-नारी, वेद-पुराण में .... समास है।
(a) कर्मधारय (b) बहुब्रीहि
(c) द्वन्द्व (d) अव्ययीभाव

61. नीलकमल में विशेषण-विशेष्य संबंध है, तो इसमें .... है।
(a) द्विगु (b) बहुब्रीहि
(c) कर्मधारय (d) तत्पुरूष

62. 'चाँद का टुकड़ा होना' का सही अर्थ इनमें से क्या है?
(a) पत्थर दिल होना
(b) शीतल होना
(c) सुन्दर होना
(d) कुरूप होना

63. 'घी के दीये जलाना' मुहावरा किस अर्थ में प्रयुक्त होता है?
(a) समृद्ध होना
(b) प्रसन्नता व्यक्त करना
(c) दुःखी होना
(d) भयभीत होना

64. 'घुटने टेकना' मुहावरा का अर्थ क्या है?
(a) भाग जाना (b) हार मान लेना
(c) विजयी होना (d) दुःखी होना

65. 'चिकना घड़ा होना' का तात्पर्य क्या है?
(a) चिकना होना (b) समृद्ध होना
(c) निर्लज्ज होना (d) भयहीन होना

66. 'छाती पर साँप लोटना' मुहावरा किस अर्थ में आता है?
(a) क्रुद्ध होना
(b) ईर्ष्या करना
(c) संकट में पड़ना
(d) भयभीत होना

67. 'आगे नाथ न पीछे पगहा' कहावत का उपयुक्त अर्थ .... है।
(a) जिसका कोई ना हो
(b) बुरे काम का बुरा नतीजा
(c) बिना किसी कारण झगड़ा करना
(d) चारों ओर संकट ही संकट

निर्देश: वाक्य में गलती पहचानिए-

68. (a) जो स्त्री अपने कामकाज को
(b) अपने बच्चों से अधिक महत्वाकांक्षी मानती है,
(c) उसे विवाह नहीं करना चाहिए।
(d) कोई गलती नहीं।

69. यह एक .... समस्या है।
(a) अंतराष्ट्रीय (b) अन्तर्राष्ट्रीय
(c) अंतरराष्ट्रीय (d) अंतरर्राष्ट्रीय

70. Document का सही परिभाषिक शब्द है—
(a) लेख्य
(b) दस्तावेज
(c) (a) व (b) दोनों
(d) इनमें से कोई नहीं

71. किस क्रमांक में 'विशेषण' शब्द है?
(a) नति (b) बलाहक
(c) पुष्पित (d) सुषुप्ति

72. 'DEFACTO' का हिन्दी समानार्थी है–
(a) कमी (b) तथ्यात्मक
(c) वास्तविक (d) कमजोर

73. संविधान निर्मात्री सभा ने हिन्दी को भारत गणराज्य की राजभाषा घोषित करने वाली धारा का अनुमोदन कब किया?
(a) 14 सितम्बर 1947
(b) 14 सितम्बर 1949
(c) 14 सितम्बर, 1951
(d) 14 सितम्बर, 1956

74. किस क्रमांक में सार्वनामिक विशेषण वाला वाक्य है?
(a) ऊंची दुकान फीका पकवान
(b) यह पानी तो सब का है
(c) मुट्ठी भर दाने के लिए भिखारी दौड़ा
(d) थोड़े आमों की कीमत ज्यादा है

75. निम्न वाक्य में अनेक शब्द से एक शब्द बताएँ जिसके आने की तिथि पता नहीं हो-
(a) अतिथि (b) संबंधी
(c) राहगीर (d) इनमें से कोई नहीं

76. राजभाषा नियम 1976 में 'ग' क्षेत्र में कौन सा राज्य सम्मिलित है?
(a) बिहार (b) मध्यप्रदेश
(c) असम (d) पंजाब

77. किस क्रम में निश्चयवाचक सर्वनाम का सही उदाहरण है?
(a) अरे नालायक! तू इधर क्या कर रहा है।
(b) इस पुस्तक को देखो, यह कितनी उपयोगी है।
(c) कोई कुछ भी कहे, हमें क्या।
(d) आपका शुभ नाम क्या है?

78. 'राजभाषा अधिनियम' कब पारित हुआ?
(a) 1955 (b) 1963
(c) 1956 (d) 1949

79. किस क्रम में शुद्ध वर्तनी नहीं है?
(a) गरिष्ठ (b) तश्तरी
(c) चारूताई (d) नीरव

80. किस क्रम में वृद्धि संधि नहीं है?
(a) स्व + ऐच्छिक - स्वैच्छिक
(b) महा + ऊर्जा - महोर्जा
(c) जल + ओक - जलौक
(d) वसुधा + एव - वसुधैव

संख्यात्मक अभियोग्यता

81. $9997 \times 10003 = ?$
(a) 9999991 (b) 99999911
(c) 99999991 (d) 9999911

82. उस समचतुर्भुज का क्षेत्रफल क्या होगा यदि उसके विकर्णों की लंबाई 12 सेमी तथा 14 सेमी है-
(a) 42 (b) 168
(c) 84 (d) 63

83. दो शहरों के बीच उड़ान का किराया 9 : 11 के अनुपात में बढ़ गया है किराए में हुई बढ़ोत्तरी क्या है, अगर मूल किराया 18,000 रुपए थी?
(a) 22000 (b) 3600
(c) 4000 (d) 20000

84. तीन संख्याओं का औसत 40 है उनमें से पहली संख्या अन्य दोनों के योग का $\frac{1}{3}$ है, तो पहली संख्या क्या है?
(a) 20 (b) 50
(c) 25 (d) 30

85. यदि $\left(\frac{-1}{2}\right)\times(x-5)+3=\frac{-5}{2}$ तो x का मान क्या है?
(a) 16 (b) 4
(c) −6 (d) - 4

86. समीकरण $\sqrt{\frac{x}{x+3}}-\sqrt{\frac{x+3}{x}}=\frac{3}{2}$ का हल क्या है?
(a) 1 (b) 2
(c) 4 (d) −2

87. यदि $a-b=1$ और $ab=b$ हो, तो a^3-b^3 का मान क्या होगा?
(a) 21 (b) 23
(c) 19 (d) 25

88. एक संख्या अपने व्यूत्क्रमानुपाती के 58 गुना से $\frac{3}{4}$ बड़ी है, वह संख्या कौन सी है?
(a) - 8 (b) 12
(c) - 12 (d) 8

89. यदि $x^2+\frac{1}{x^2}=2$ हो तो x^6 का मान क्या है?
(a) 6 (b) 0
(c) 1 (d) 3

90. तीन क्रमागत प्राकृतिक संख्याओं का योग ....से हमेशा विभाजित होता है।
(a) 3 (b) 9
(c) 15 (d) 21

91. यदि $x=1+\sqrt{2}+\sqrt{3}$ हो, तो $x-\frac{1}{x-1}$ का मान है-
(a) $1-2\sqrt{3}$ (b) $1+2\sqrt{3}$
(c) $\sqrt{3}-\sqrt{2}+1$ (d) $1+\sqrt{2}-\sqrt{3}$

92. यदि $x^2+y^2+z^2+2=2(y-x)$, तो $x^3+y^3+z^3$ का मान है
(a) 0 (b) 1
(c) 2 (d) 3

93. यदि $x=\frac{\sqrt{3}}{2}$, तो $\frac{\sqrt{1+x}+\sqrt{1-x}}{\sqrt{1+x}-\sqrt{1-x}}=?$
(a) $\sqrt{3}$ (b) 2
(c) $\sqrt{2}$ (d) $\sqrt{5}$

94. यदि $x = 5 + 2\sqrt{6}$ हो, तो $\left(\sqrt{x} + \frac{1}{\sqrt{x}}\right)$ का मान होगा
    (a) $2\sqrt{2}$ (b) $3\sqrt{2}$
    (c) $2\sqrt{3}$ (d) $3\sqrt{3}$

95. टेलीग्राफ का खम्भा तूफान के कारण एक बिन्दु से टूटता है और उसका शीर्ष धरातल को, खम्भे के आधार से 20 मीटर दूर, धरातल से 30° का कोण बनाते हुए स्पर्श करता है। खम्भे की ऊंचाई क्या है?
    (a) $\frac{40}{\sqrt{3}}$ मीटर (b) $20\sqrt{3}$ मीटर
    (c) $40\sqrt{3}$ मीटर (d) 30 मीटर

निर्देश (96-100): निम्नलिखित संख्या श्रृंखला में प्रश्नचिन्ह (?) के स्थान पर क्या आयेगा?

96. 1108 1117 1142 1191 ? 1481
    (a) 1312 (b) 1300
    (c) 1272 (d) 1204

97. 8484 4248 2112 1074 513 ?
    (a) 201 (b) 280.5
    (c) 256.5 (d) इनमें से कोई नहीं

98. 154 162 226 ? 954 1954
    (a) 242 (b) 554
    (c) 442 (d) 642

99. 124 228 436 ? 1684 3348
    (a) 844 (b) 852
    (c) 872 (d) 834

100. 25 30 70 260 1280 ?
    (a) 6400 (b) 7680
    (c) 6380 (d) 7660

101. शब्द 'OPERATE' के अक्षरों को अलग-अलग कितनी तरह से क्रमबद्ध किया जा सकता है?
    (a) 5040 (b) 720
    (c) 2520 (d) 360

102. एक द्विअंकीय संख्या के दोनों अंकों को परस्पर बदलने के बाद प्राप्त संख्या, मूल संख्या से 18 कम है। संख्या के दोनों अंकों का योग 16 है। मूलसंख्या क्या है?
    (a) 97
    (b) 87
    (c) 79
    (d) निर्धारित नहीं किया जा सकता

103. विश्रामों को छोड़कर एक बस की गति 64 किमी/घंटा है और विश्रामों सहित बस की गति 48 किमी/घंटा है। प्रति घंटा बस कितने समय विश्राम के लिए रुकती है?
    (a) 12.5 मिनट (b) 15 मिनट
    (c) 10 मिनट (d) 18 मिनट

104. दो संख्याओं के बीच का अंतर 3 और उनके वर्गों के बीच का अंतर 63 है। इनमें से बड़ी संख्या कौन-सी है?
    (a) 12
    (b) 9
    (c) 15
    (d) निर्धारित नहीं किया जा सकता

105. दो उम्मीदवारों के बीच कालेज के एक चुनाव में, एक को कुल वैध वोट के 55% वोट मिले। कुल वोट 15200 थे। 15% वोट वैध नहीं थे। दूसरे उम्मीदवार की प्राप्त वैध वोट कितने थे?
    (a) 7106 (b) 6840
    (c) 8360 (d) 5814

106. ₹ 45000 की राशि पर 4 वर्ष के अन्त में ₹ 15300 साधारण ब्याज मिलता है। इतनी ही अवधि में इसी ब्याज दर पर इसी राशि पर लगभग कितना चक्रवृद्धि ब्याज मिलेगा?
    (a) ₹ 18244 (b) ₹ 19500
    (c) ₹ 16285 (d) ₹ 17364

107. $\frac{3}{5}, \frac{1}{8}, \frac{8}{11}, \frac{4}{9}, \frac{2}{7}, \frac{5}{7}$ और $\frac{5}{12}$ इन सभी भिन्नों को उनके मूल्य के अवरोधी क्रम में लगाया जाए तो कौन-सा तीसरा?
    (a) $\frac{1}{8}$ (b) $\frac{4}{9}$
    (c) $\frac{5}{12}$ (d) इनमें से कोई नहीं

108. 1150 का $\frac{4}{5}$, 1248 के $\frac{5}{6}$ से कितना कम है?
    (a) 140 (b) 115
    (c) 125 (d) 120

109. एक संख्या के 45% का 15%, 105.3 है। इस संख्या का 24% कितना है?
    (a) 385.5 (b) 374.4
    (c) 390 (d) 375

110. ऐसी दो संख्याएँ हैं कि पहली संख्या के दुगुने और दूसरी संख्या के तिगुने का योग 300 है और पहली संख्या के तिगुने और दूसरी संख्या के दुगुने का योग 265 है। इनमें से बड़ी संख्या क्या है?
    (a) 24 (b) 39
    (c) 85 (d) 74

111. 21 बाइंडर 1400 किताबों को 15 दिन में बाइंड कर सकते हैं। 800 किताबों को 20 दिन में बाइंड करने के लिए कितने बाइंडर जरूरी हैं?
    (a) 7 (b) 9
    (c) 12 (d) 14

112. प्रतीक ने 20% लाभ पर कार्तिक को एक म्यूजिक सिस्टम बेचा और कार्तिक ने इसे स्वस्तिक को 40% लाभ पर बेचा। यदि स्वस्तिक ने म्यूजिक सिस्टम के लिए ₹ 1050 अदा किए तो प्रतीक ने इसके लिए कितनी राशि अदा की थी?
    (a) ₹ 8240
    (b) ₹ 7500
    (c) ₹ 6250
    (d) निर्धारित नहीं किया जा सकता

113. चार कमाने वाले सदस्यों के एक परिवार की औसत मासिक आय ₹ 15,130 थी। परिवार में एक पुत्री का विवाह हुआ और वह घर से विदा हो गई। इससे परिवार की औसत मासिक आय घटकर ₹ 14660 हो गई। विवाहित पुत्री की मासिक आय कितनी है?
    (a) ₹ 15350
    (b) ₹ 12000
    (c) ₹ 16540
    (d) निर्धारित नहीं किया जा सकता

114. फराह का विवाह 8 वर्ष पहले हुआ था। विवाह के समय उसकी जितनी आयु थी, उससे आज उसकी आयु $1\frac{2}{7}$ गुनी है। इस समय उसकी पुत्री की आयु उसकी आयु से एक छठमांस है। 3 वर्ष पूर्व उसकी पुत्री की आयु कितनी थी?
    (a) 6 वर्ष
    (b) 4 वर्ष
    (c) 3 वर्ष
    (d) निर्धारित नहीं किया जा सकता

115. यदि 25a + 25b = 115 है तो a और b का औसत क्या है?

(a) 4.6 (b) 2.5

(c) 4.5 (d) इनमें से कोई नहीं

116. स्वप्निल, आकाश और विनय एक वृत्ताकार स्टेडियम के गिर्द दौड़ना आरंभ करते है। वे अपनी परिक्रमा क्रमश: 36, 48 और 42 सेकण्ड में पूरी करते हैं। कितने सेकण्ड के बाद वे आरम्भ बिन्दु पर एक साथ होंगे?

(a) 504 s (b) 940 s

(c) 1008 s (d) 470 s

117. 250 प्रश्नों वाली एक परीक्षा में जस्सी ने पहले 125 प्रश्नों में से 40% के उत्तर सही दिए। सम्पूर्ण परीक्षा में उसका ग्रेड 60% हो इसके लिए उसे शेष 125 प्रश्नों में से कितने प्रतिशत के उत्तर सही देने होंगे?

(a) 75

(b) 80

(c) 60

(d) निर्धारित नहीं किया जा सकता

118. A, B, C, D और E निरन्तर 5 विषम संख्याएँ हैं। A और C का योग 146 है। E का मूल्य कितना है?

(a) 75 (b) 81

(c) 71 (d) 79

119. 5 पेडेंट और 8 चेन की लागत ₹ 145785 है। 15 पेंटेड और 24 चेन की लागत क्या होगी?

(a) ₹ 325285 (b) ₹ 439355

(c) ₹ 550000 (d) इनमें से कोई नहीं

120. एक भिन्न का अंश 220% और हर 150% बढ़ाने पर परिणामी भिन्न $\frac{4}{5}$ है। मूल भिन्न क्या है?

(a) $\frac{5}{8}$ (b) $\frac{3}{5}$

(c) $\frac{4}{5}$ (d) $\frac{5}{6}$

तर्कशक्ति परीक्षण

121. छः मित्रों L, M, N, P, Q एवं S में प्रत्येक की ऊँचाई अलग-अलग है। N, P एवं Q से लम्बा है परन्तु M से छोटा है। P केवल Q से लम्बा है जबकि S केवल L से छोटा है। निम्नलिखित में से कौन-सा युग्म सबसे लंबे एवं सबसे छोटे मित्रों को प्रदर्शित करता है?

(a) M, P

(b) L, Q

(c) P, Q

(d) निर्धारित नहीं किया जा सकता

122. एक निश्चित कूट भाषा में KITE को %2$# तथा STUD को @$57 लिखा जाता है। उसी कूट भाषा में DESK किस प्रकार लिखा जाएगा?

(a) 8%©# (b) ©8%#

(c) #7%@ (d) 7#@%

123. निम्नलिखित अक्षर-श्रृंखला में अगला अक्षर क्या आएगा?

b a c b a c d b a c d e b a c d e f b a c def

(a) c (b) d

(c) g (d) f

124. अजय को ठीक से याद है कि रजनी का जन्मदिन शुक्रवार के पहले परंतु मंगलवार के बाद है। रोहन को ठीक से याद है कि रजनी का जन्म दिन बुधवार के बाद परंतु शनिवार से पहले है। निम्नलिखित में से किस दिन रजनी का जन्मदिन निश्चित रूप से पड़ता है?

(a) सोमवार (b) मंगलवार

(c) बुधवार (d) बृहस्पतिवार

125. निम्नलिखित वर्णसमूह अंग्रेजी वर्णमाला में अपने स्थान के आधार पर एक निश्चित पैटर्न का निर्माण करते हैं तथा एक वर्णमाला क्रम बनाते हैं। इस पैटर्न के आधार पर निम्नलिखित में से कौन-सा एक वर्ण समूह प्रश्नवाचक चिन्ह (?) के स्थान पर आएगा?

XDH, VGJ, TJL, RMN,?

(a) QOP (b) PPP

(c) SNO (d) QLM

126. यदि शब्द WEBPAGE के सभी स्वरों को अंग्रेजी वर्णमाला के अगले अक्षर से और प्रत्येक व्यंजन को ठीक उसके पहले आने वाले अक्षर द्वारा प्रतिस्थापित कर दिया जाए तो निम्नलिखित में से कौन-सा अक्षर तीन बार आएगा?

(a) G (b) F

(c) Q (d) V

127. शब्द DOCUMENTARY में ऐसे अक्षरों के कितने युग्म हैं जिनमें से प्रत्येक के बीच शब्द में उतने ही अक्षर हैं जितने उनके बीच अंग्रेजी वर्णमाला में होते हैं?

(a) कोई नहीं (b) एक

(c) दो (d) तीन

128. अक्षरों TPSI से, प्रत्येक शब्द में प्रत्येक अक्षर का केवल एक बार प्रयोग करते हुए, चार अक्षरों वाले अंग्रेजी के कितने अर्थपूर्ण शब्द बनाए जा सकते हैं?

(a) एक (b) दो

(c) तीन (d) चार

129. यदि संख्या 26839514 के अंकों को अवरोही क्रम में सजाया जाए तो कितने अंकों के स्थान अपरिवर्तित रहेंगे?

(a) एक (b) दो

(c) तीन (d) कोई नहीं

निर्देश (130-134): नीचे दिए गए प्रत्येक प्रश्न में चार कथन और उसके बाद चार निष्कर्ष I, II, III और IV दिए गए हैं। आपको दिए गए चारों कथनों को सत्य मानना है भले ही वे सर्वज्ञात तथ्यों से भिन्न हों। सभी निष्कर्षों को पढ़िए, फिर तय कीजिए कि दिए गए निष्कर्षों में से कौन-सा निष्कर्ष दिए गए कथनों का तर्कसंगत रूप से अनुसरण करता है, चाहे सर्वज्ञात तथ्य कुछ भी हों।

130. कथन: कुछ बल्ले खिलौने हैं। कुछ खिलौने प्लास्टिक है। कुछ प्लास्टिक आइने हैं। कोई आइना ग्लास नहीं है।

निष्कर्ष:

I. कुछ खिलौने आइने हैं।

II. कुछ प्लास्टिक ग्लास हैं।

III. कुछ बल्ले आइने हैं।

IV. कोई ग्लास प्लास्टिक नहीं हैं।

(a) केवल III अनुसरण करता है

(b) केवल या तो II या IV अनुसरण करता है

(c) केवल या तो I या III अनुसरण करता है

(d) केवल या तो III या IV अनुसरण करता है

131. कथन : सभी ग्रह सितारे हैं। सभी सितारे एस्टेराइड हैं। सभी एस्टेराइड चाँद हैं। कुछ चाँद चट्टान हैं।

निष्कर्ष:

I. सभी एस्टेराइड ग्रह हैं।

II. सभी एस्टेराइड सितारे हैं।

III. सभी चाँद सितारे हैं।

IV. कुछ चट्टान सितारे हैं।

(a) कोई अनुसरण नहीं करता है

(b) केवल I अनुसरण करता है

(c) केवल II अनुसरण करता है

(d) केवल या तो I या II अनुसरण करता है

132. कथन: कुछ कैमरे कैल्क्यूलेटर हैं। कुछ कैल्क्यूलैटर डायरी है। सभी नोट-बुक डायरी है। सभी डायरी कम्प्यूटर है।

निष्कर्ष:

I. कुछ नोट-बुक कैल्क्यूलेटर है।

II. कुछ कैल्क्यूलेटर कम्प्यूटर है।

III. सभी नोट-बुक कम्प्यूटर हैं।

IV. कुछ डायरी कैमरे हैं।

(a) कोई अनुसरण नहीं करता है

(b) केवल II अनुसरण करता है

(c) केवल III अनुसरण करता है

(d) II और III दोनों अनुसरण करते हैं

133. कथन: सभी स्नातक एडवोकेट हैं। कुछ एडवोकेट जज हैं। सभी जज सिपाही हैं। कुछ सिपाही डाक्टर हैं।

निष्कर्ष:

I. कुछ डॉक्टर एडवोकेट हैं।

II. सभी स्नातक जज हैं।

III. कुछ डॉक्टर स्नातक हैं।

IV. कुछ सिपाही एडवोकेट हैं।

(a) निम्न में से कोई नहीं

(b) केवल I अनुसरण करता है

(c) केवल II अनुसरण करता है

(d) या तो III या IV अनुसरण करता है।

134. कथन: सभी साँप गरुड़ हैं। कुछ गरुड़ खरगोश हैं। सभी खरगोश पक्षी हैं। कुछ पक्षी जानवर हैं।

निष्कर्ष:

I. कुछ जानवर साँप हैं।

II. कुछ पक्षी साँप हैं।

III. कुछ पक्षी गरुड़ हैं।

IV. सभी पक्षी खरगोश हैं।

(a) कोई अनुसरण नहीं करता है

(b) केवल II अनुसरण

(c) केवल III अनुसरण करता है

(d) II और III दोनों अनुसरण करते हैं

निर्देश (135-139): इन प्रश्नों के उत्तर देने के लिए निम्नलिखित जानकारी का ध्यानपूर्वक अध्ययन कीजिए।

P, Q, R, S, T, U, V और W केन्द्र की ओर मुंह किए एक वृत्ताकार टेबल के इर्द-गिर्द बैठे हैं। P, W के दाएं तीसरा और Q के बाएं तीसरा है। S, T के दाएं दूसरा बैठा है। V, R के बाएं दूसरा बैठा है। T, Q का पड़ोसी नहीं है। U न तो T और न ही W का पड़ोसी है।

135. दक्षिणावर्त दिशा में गणना करने पर, निम्नलिखित में से किस जोड़े के बीच केवल एक व्यक्ति बैठा है?

(a) निम्न में से कोई नहीं

(b) V, Q

(c) W, P (d) R, P

136. बैठने की व्यवस्था में उनके स्थान के आधार पर निम्नलिखित चार में से तीन किसी प्रकार समान हैं अतः उनका एक समूह बनता है। वह एक कौन-सा है जो इस समूह में नहीं आता है?

(a) W, T (b) P, U

(c) P, Q (d) R, P

137. V के बाएं दूसरा कौन बैठा है?

(a) R (b) P

(c) U (d) T

138. P की स्थिति से आरम्भ करते हुए सभी आठ वर्णमालाक्रम में दक्षिणावर्त क्रमबद्ध किए जाएं तो कितने सदस्यों को बैठने की स्थिति (P को छोड़कर) में परिवर्तन नहीं होगा?

(a) कोई नहीं (b) एक

(c) दो (d) तीन

139. U और P के बीच कौन बैठा है?

(a) S (b) R

(c) V (d) Q

निर्देश (140-142): नीचे प्रत्येक प्रश्न निम्नलिखित अक्षर/संख्या/प्रतीक व्यवस्था पर आधारित हैं इसका ध्यान पूर्वक अध्ययन कर इन प्रश्नों के उत्तर दीजिए:

3 D 6 $ C 4 E 8 # N 5 F 1 A P ★ 9 M @ K 2 B % 7 H U

140. उपरोक्त व्यवस्था के आधार पर #51 का NFA से जैसा सम्बन्ध है वैसा ही सम्बन्ध P9@ का निम्नलिखित में से किस अक्षर/संख्या/प्रतीक समूह से है?

(a) KB7 (b) M★A

(c) ★M2 (d) ★MK

141. उपरोक्त व्यवस्था में ऐसे कितने व्यंजन हैं जिनमें से प्रत्येक के तुरन्त पहले एक संख्या है किंतु तुरन्त बाद दूसरा व्यंजन नहीं है?

(a) कोई नहीं (b) दो

(c) चार (d) पांच

142. उपरोक्त व्यवस्था में अपने स्थान के आधार पर निम्नलिखित चार में से तीन किसी प्रकार समान हैं अतः उनका एक समूह बनता है। वह एक कौन-सा है जो इस समूह में नहीं आता है?

(a) A★F (b) MK9

(c) 2%@ (d) $4D

निर्देश (प्र.सं. 143-145): निम्नलिखित जानकारी का ध्यानपूर्वक अध्ययन कर नीचे दिए गए प्रश्नों के उत्तर दीजिए।

छः व्यक्तियों J, K, L, M, N तथा O में से प्रत्येक ने अलग-अलग अंक अर्जित किए। J को K एवं M से अधिक अंक मिले। O को J से कम अंक मिले। N को J से अधिक अंक

मिले परन्तु उसे सर्वाधिक अंक नहीं मिले। K को O से कम अंक मिले परन्तु उसे सबसे कम अंक नहीं मिले।

143. कितने व्यक्तियों को O से अधिक अंक मिले ?

(a) एक (b) दो
(c) तीन (d) चार

144. निम्नलिखित में से किसे सर्वाधिक अंक मिले ?

(a) L (b) K
(c) N (d) O

145. यदि K को 65 अंक मिले तो M को संभवत: कितना अंक मिल सकता है?

(a) 68 (b) 72
(c) 74 (d) 62

निर्देश (प्र.सं. 146-154): निम्नलिखित प्रत्येक प्रश्न में दिए गए विकल्पों में से संबंधित शब्द/अक्षर/संख्या को चुनिए।

146. विद्यार्थी : पुस्तक : : डाकिया : ?

(a) वर्दी (b) वितरण
(c) साइकिल (d) डाक

147. निरक्षरता : शिक्षा : : सूखा ?

(a) बांध (b) वर्षा
(c) नदी (d) कुआं

148. बढ़ई : फर्नीचर : : ?

(a) बांध : अभियंता
(b) पुस्तक : लेखक
(c) बावर्ची : सूप
(d) संपादक : पत्रिका

149. LOM : NMK : : PKI : ?

(a) RHG (b) RIH
(c) RIG (d) SHG

150. JTIS : HRGQ : : FPEO : ?

(a) DNCM (b) CNDM
(c) CNDQ (d) DCNQ

151. BAD : CBE : : ? : IVSU

(a) HALT (b) GOOD
(c) HSPR (d) HURT

152. 5 : 30 : : 8 : ?

(a) 50 (b) 80
(c) 69 (d) 50

153. 12 : 30 : : 20 : ?

(a) 32 (b) 35
(c) 48 (d) 42

154. 3 : 28 : : 5 : ?

(a) 125 (b) 126
(c) 179 (d) 124

निर्देश (प्र.सं. 155-160): निम्नलिखित में से उस शब्द/अक्षर/संख्या को चुनिए जो अन्य तीन विकल्पों से भिन्न है।

155. (a) गोंद (b) सीमेंट
(c) सरेस (d) ताला

156. (a) जीवनी (जीवन-चरित)
(b) जिअरॉग्राफी (विद्युत-छायामुद्रण)
(c) फोटोग्राफी (छाया-चित्रण)
(d) लिथोग्राफी (अश्ममुद्रण)

157. (a) तेल-दीपक (b) पेट्रोल-कार
(c) धुआं-आग (d) कोयला-इंजन

158. (a) 17 (b) 25
(c) 23 (d) 19

159. (a) 6121 (b) 2710
(c) 7364 (d) 1036

160. (a) 27-126 (b) 21-98
(c) 7-29 (d) 75-126

मानसिक अभिरुचि, बुद्धिलब्धि एवं तार्किक क्षमता

161. संयुक्त राष्ट्र के घोषणा-पत्र में 'विश्वास' को क्या माना गया है?

(a) मूल अधिकार
(b) सामान्य अधिकार
(c) 'a' तथा 'b' दोनों
(d) इनमें से कोई नहीं।

162. अपराधशास्त्र के अधीन कम गम्भीर अपराध की संज्ञा निम्नलिखित में से किसे दी गई है?

(a) श्वेतवसन अपराध
(b) महिलाओं के विरुद्ध अपराध
(c) धर्म से सम्बन्धित अपराध
(d) बाल अपराध

163. जब पिता रात को ड्यूटी देते हैं और माता दिन में तो बच्चे प्राय: सड़क पर ड्यूटी देते हुए मिलते हैं।' यह किसका कथन है?

(a) सिरिल बर्ट (b) सदरलैण्ड
(c) हेकरवाल (d) मार्टिन न्यूमेयर

164. बाल-अपराध का सबसे महत्वपूर्ण कारण अपराधी क्षेत्र है।' यह कथन किसका है?

(a) शॉ और मैके
(b) मार्टिन न्यूमेयर
(c) शेल्डन और ग्लूक
(d) मावरर।

165. जनहित वादों द्वारा निम्नलिखित में से कौन-से प्रशासनिक कार्य नियन्त्रित नहीं किए जा सकते हैं?

(a) जन-कल्याण कोष का गबन करना, किसी जन-अधिकारी द्वारा
(b) संवैधानिक कर्त्तव्यों का उल्लंघन करना अथवा अवहेलना करना
(c) सरकार द्वारा पेट्रोल व डीजल की मूल्य वृद्धि करना
(d) किसी नदी के क्षेत्र को क्षति पहुंचाकर, किसी राजमार्ग का निर्माण करना।

166. जनहित वाद भारतीय संविधान के किस अनुच्छेद के अन्तर्गत उच्च न्यायालय में दाखिल किए जा सकते हैं?

(a) अनुच्छेद 18 (b) अनुच्छेद 23
(c) अनुच्छेद 226 (d) अनुच्छेद 32

167. भारत के स्वतन्त्रता के 71 वर्ष बाद भी महिलाएं स्वयं को सुरक्षित क्यों नहीं महसूस करतीं?

(a) महिलाएँ स्वभाव से ही डरपोक होती हैं
(b) उनको घर या बाहर कोई स्थान सुरक्षित नहीं लगता
(c) घरेलू हिंसा, मारपीट, छेड़छाड़, उत्पीड़न अब आम बात हो चुके हैं
(d) घर से बाहर निकलते ही उनके मन में किसी अनहोनी की आशंका रहती है।

168. निम्नलिखित में से धारा 494 भारतीय दण्ड विधान किस अपराध से महिलाओं की सुरक्षा करता है?

(a) पत्नी के जीवित होते हुए पति दूसरा विवाह न करे
(b) कपटपूर्ण सम्भोग से
(c) अन्य पुरुष की पत्नी से उनके पति के यौन सम्बन्ध से
(d) अन्य पुरुष की विवाहित पत्नी को अन्य पुरुष से सम्भोग के आशय से फुसलाकर ले जाना।

169. निम्नलिखित में से 'विधि के शासन' का क्या अर्थ है?

(a) विवेकाधिकार सर्वोच्च है

(b) कानून सर्वोच्च है

(c) संसद सर्वोच्च है

(d) राष्ट्रपति सर्वोच्च है।

170. जहाँ कहीं विवेकाधिकार है वहीं मनमानी करने की गुंजाइश होती है। उपरोक्त कथन निम्नलिखित में से किसका है?

(a) ग्रिफिथ एण्ड स्टीट

(b) प्रो. डायसी

(c) सी. के. थक्कर

(d) यार्डले।

171. एक 23 वर्षीय कॉलेज छात्र के साथ, सामूहिक बलात्कार किया गया है। पुलिस अधिकारी उसका बयान कहां लेगा?

(a) उसके कॉलेज में

(b) न्यायायल में

(c) उसके घर जाकर, उसके माता-पिता आदि की उपस्थिति में, यथासम्भव महिला पुलिस अधिकारी द्वारा

(d) थाने पर बुलाकर।

172. एक पटाखा फैक्ट्री में भीषण आग लग गई है। फायर बिग्रेड के अधिकारी स्थिति को किस प्रकार नियन्त्रित करेंगे?

(a) भीड़ को पीछे हटाने का आदेश देंगे जिससे बुझाने में बाधा न हो

(b) अधिक जल की उपलब्धता के सभी साधन जुटाएं

(c) उस सड़क या रास्ते को बन्द कर देंगे, जहां आग लगी है

(d) उपरोक्त सभी कार्य कर जीवन व सम्पत्ति की सुरक्षा करेंगे।

173. निम्नलिखित में से चरित्र के विकास में क्या सहायक है?

(a) कठोर वचनबद्धता

(b) प्रबल इच्छा-शक्ति

(c) गलत कार्य करने से इनकार

(d) विषम परस्थितियों की चुनौती को स्वीकार करना

174. महिलाएं भी पुलिस सेवा के लिए सर्वथा उपयुक्त हैं, क्योंकि

(a) उनमें चरित्र बल व मानसिक दृढ़ता पुरुषों से कम नहीं होती

(b) उनमें भी साहस, सामर्थ्य व बुद्धि पुरुषों से कम नहीं होती

(c) वे पुरुषों से अधिक कर्त्तव्यनिष्ठ व समर्पण भावना से कार्य कर रही है

(d) वे पुरुषों से अधिक सहनशील व संवेदनशील होती हैं

175. जातिवाद को समाप्त करने में कौन-सा कारक सहायक नहीं है?

(a) उचित शिक्षा

(b) अन्तर्जातीय विवाह

(c) जाति व्यवस्था को बढ़ावा

(d) आर्थिक एवं सांस्कृतिक समानता।

176. केन्द्र सरकार की ओर से पुलिस के आधुनिकीरण के लिए क्या योजना बनाई जा रही है?

(a) उत्तर प्रदेश सरकार के लिए, पुलिस आधुनिकी- करण हेतु केन्द्र सरकार ने वर्ष 2009-10 के लिए 220 करोड़ रुपए का बजट स्वीकृत किया है

(b) इस राशि से नक्सली व दस्यु प्रभावित इलाकों के लिए 9 एम. एम. व ग्लाक पिस्टले व मशीनगन खरीदी जायेंगी

(c) आधुनिक राकेट लांचर व नई तकनीक से युक्त आसू गैस गन खरीदने का प्रस्ताव है

(d) उपरोक्त सभी कार्य पुलिस आधुनिकीकरण योजना के अन्तर्गत होंगे।

177. एक उच्च जाति का व्यक्ति, अनुसूचित जाति के एक व्यक्ति को, उसके पक्ष में वोट न डालने पर बुरी तरह पीटता है और मूत्र पान के लिए विवश करता है। अनुसूचित जाति के व्यक्ति को क्या करना चाहिए?

(a) क्षमा मांगनी चाहिए

(b) पंचायत में यह मामला उठाना चाहिए

(c) चुप बैठ जाना चाहिए

(d) थाने जाकर रिपोर्ट लिखवानी चाहिए

178. अल्पसंख्यकों एवं अल्प अधिकार वालों के प्रति आपका व्यवहार कैसा होना चाहिए?

(a) समानता का व्यवहार

(b) भाषा, धर्म, आर्थिक तथा सामाजिक स्तर पर भेदभाव न करना

(c) प्राशासनिक व सामाजिक स्तर पर उनके उत्थान का प्रयास करना चाहिए

(d) उपरोक्त सभी

179. निम्न में से किस वजह से व्यक्ति को अपने वातावरण व परिस्थितियों से समायोजन करना चाहिए?

(a) लोकप्रियता प्राप्त करने व सम्बन्ध अच्छे बनाने के लिए

(b) तनावमुक्त रहने के लिए

(c) स्वस्थ एवं सफल जीवन के लिए

(d) उपरोक्त सभी

180. निम्नलिखित में से व्यक्तित्व में विकास के लिए आप क्या सुझाव देंगे?

(a) अपने प्रशिक्षण प्रोग्राम को सही ढंग से पूरा करें

(b) स्वयं को चुस्त-दुरुस्त रखने के लिए प्रतिदिन सुबह की सैर, योग व व्यायाम करें

(c) दूसरों से सम्मान महत्व के साथ पेश आयें

(d) अधिक-से-अधिक ज्ञान व अनुभव अर्जित करे

निर्देश (प्रश्न 181-183) : निम्न दी गई आकृतियों में से निम्न आकृति को छांटिए।

181.

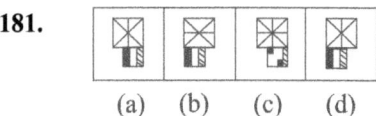

(a) (b) (c) (d)

182.

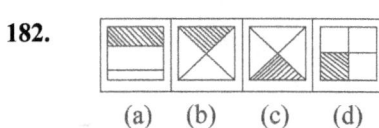

(a) (b) (c) (d)

183.

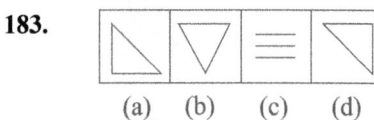

(a) (b) (c) (d)

184. एक नाव शान्त जल में 30 किमी प्रति घंटा की गति से यात्रा कर सकती है। यदि नदी की गति 6 किमी प्रति घंटा है, तो नाव को नदी के बहाव की ओर 108 किमी जाने में कितना समय लगेगा?

(a) 2 घंटे (b) 5 घंटे

(c) 3 घंटे (d) 4 घंटे

185. विकास जमीन से उठकर खड़े होने में 15 सेकण्ड और जमीन पर बैठने में 11 सेकण्ड का समय लेता है। वह इस प्रक्रिया को कुछ समय तक जारी रखता है। 93 सेकण्ड में वह कितनी बार खड़ा होगा?

(a) 4 बार (b) 3 बार

(c) 6 बार (d) 5 बार

186. माँ की आयु उसकी पुत्री की आयु से तीन गुनी है। छः वर्ष पहले, माँ की आयु पुत्री की आयु से पाँच गुनी थी। 6 वर्ष पहले पुत्री की आयु क्या थी?

(a) 36 वर्ष (b) 6 वर्ष

(c) 12 वर्ष (d) 30 वर्ष

निर्देश (प्रश्न 187-189) : नीचे दिए गए प्रत्येक प्रश्न में एक कथन दिया गया है और इसके नीचे दो पूर्वधारणाएँ दी गई हैं, जिन्हें क्रमांक I और II से दिखाया गया है। कोई मानी हुई या गृहीत बात पूर्वधारणा कहलाती है। आपको दिए हुए कथन और दी हुई पूर्वधारणाओं को ध्यान में लेकर उन दो पूर्वधारणाओं में से कौन कथन में अन्तर्निहित है, इसका निर्णय करना है।

उत्तर दीजिए

(a) यदि केवल पूर्वधारणा I अन्तर्निहित है।

(b) यदि केवल पूर्वधारणा II अन्तर्निहित है।

(c) यदि केवल पूर्वधारणा I अथवा II अन्तर्निहित है।

(d) यदि दोनों I और II अन्तर्निहित हैं।

187. कथन : ''जाओ और फाइल ले आओ''-*एक अधिकारी अपने सहायक को आदेश देता है।*

पूर्वधारणाएँ :

I. फाइल गोपनीय है।

II. फाइल कहाँ है, सहायक को इसकी जानकारी है।

188. कथन : ''इस पेय को या तो ऐसे ही पिया जा सकता है अथवा इसमें बर्फ मिलाने के बाद''-*एक विज्ञापन।*

पूर्वधारणाएँ :

I. लोगों की पसन्द में भिन्नता होती है।

II. कुछ लोग पेय से इसलिए आकर्षित होंगे, क्योंकि इसे ऐसे ही पिया जा सकता है।

189 कथन : ''वापस आते समय, आप राजकोट होते हुए आ सकते हैं, क्योंकि यह सबसे निकटतम रास्ता है''-*एक ट्रैवल एजेण्ट एक दम्पत्ति को बताता है।*

पूर्वधारणाएँ :

I. दम्पत्ति सबसे निकटतम वाले रास्ते से आना चाहते हैं।

II. दम्पत्ति को रास्ते की लम्बाई के बारे में कोई दिलचस्पी नहीं है।

निर्देश (190-194): नीचे एक परिच्छेद दिया गया है और उसके नीचे उस परिच्छेद में दिए गए तथ्यों के आधार पर निकाले जा सकने वाले कुछ संभावित अनुमान दिए गए है, आप हर एक अनुमान की परिच्छेद के संदर्भ में अलग-अलग परीक्षा कर उसकी सत्यता या असत्यता की मात्रा निश्चित कीजिए।

उत्तर (a) दीजिये, यदि अनुमान 'निश्चित रूप से सत्य है' अर्थात् वह दिए गए तथ्यों का उचित रूप से अनुकरण करता है।

उत्तर (b) दीजिये, यदि अनुमान 'प्रायः सत्य है' यद्यपि दिए हुए तथ्यों के संदर्भ में 'निश्चित रूप से सत्य, नहीं है।

उत्तर (c) दीजिये, यदि 'दिए हुए तथ्य काफी नहीं है' यद्यपि दिए हुए तथ्यों से अनुमान सत्य है अथवा असत्य यह आप नहीं कह सकते हैं।

उत्तर (d) दीजिए, यदि अनुमान 'निश्चित रूप से असत्य है' अर्थात् वह दिए हुए तथ्यों को संभवतः अनुकरण नहीं करना है अथवा वह दिए हुए तथ्यों के विपरित जाता है।

परिच्छेद-

जैसे ही FMCG उद्योग ने फिर से उभरने के संकेत देने शुरू किए, तेल की कीमतों और बढ़ती मुद्रास्फीति ने खेल बिगाड़ने का खतरा पैदा कर दिया। हालांकि पिछले कुछ समय से इनपुट और पैकेजिंग लागत बढ़ती चली आ रही है, कंपनियों ने, जब तक परिणाम ठीक-ठाक रहे, इसके साथ रहना सीख लिया है, आज भी उद्योग जगत् का ज्यादातर हिस्सा महसूस करता है कि पेट्रोल, डीजल और LPG की कीमतों का उपभोक्ता वस्तुओं की मांग पर बहुत ज्यादा असर नहीं पड़ेगा—कारपोरेट चौकन्ने है कि ईधन की कीमतों के बढ़ने से प्रयोज्य आय घट जाएगी। वे हालांकि इस बात से चिंतित है कि कच्चे माल और पैकेजिंग की बढ़ती कीमतों और प्रतिस्पर्धा के चलते कीमतों को न बढ़ा सकने की पृष्ठभूमि ने उनकी अपने-अपने वास्तविक लाभ-हानि कम होने वाले हैं। साथ ही, उनका कहना है कि डीजल के दाम बढ़ने से लागत के तत्काल बढ़ने की उम्मीद नहीं है, क्योंकि उनमें से अधिकतर ने ट्रांसफोर्टरों के साथ लंबी अवधि की संविदाएं की हैं।

190. FMCG कंपनियां अन्य कंपनियों की तुलना में अधिक लाभ कमाती हैं।

191. विगत समय में FMCG कंपनियां अधिक लाभ नहीं कमा रही थीं।

192. FMCG कंपनियों के सामने बाजार में अधिक प्रतिस्पर्धा नहीं है।

193. ईंधन के दाम बढ़ने के बाद खरीदारों की व्यय क्षमता अप्रभावित रहेगी।

194. FMCG कंपनियों के लाभ मोटे तौर पर वर्ष में व्यवसाय की मात्रा पर निर्भर करता है।

195. दिए गए विकल्पों में से विषम संख्या/संख्या युग्म ज्ञात कीजिए-

(a) 81-45 (b) 72-91

(c) 117-99 (d) 135-126

196. (a) 43 (b) 53

(c) 63 (d) 73

197. (a) 25, 36 (b) 144, 169

(c) 100, 121 (d) 9, 64

198. (a) 72 (b) 45

(c) 81 (d) 28

199. (a) 6243 (b) 2643

(c) 8465 (d) 4867

200. आप एक नदी के पास से गुजर रहे है और आप तैरना जानते हैं अचानक ही एक बच्चे के डूबने की आवाज आती है तब आप क्या करेंगे?

(a) आप कुशल तैराक के आने का इंतजार करेंगे।

(b) आप बच्चे को बचाने के लिए कूद पड़ेगें।

(c) आप चिल्ला कर लोगों को इकट्ठा करेंगे।

(d) आप बच्चे के माता-पिता के पास जाकर विचार-विमर्श करेंगे।

उत्तरमाला

1.(a)	2.(b)	3.(c)	4.(b)	5.(b)
6.(a)	7.(b)	8.(a)	9.(d)	10.(b)
11.(a)	12.(d)	13.(b)	14.(b)	15.(d)
16.(d)	17.(b)	18.(c)	19.(a)	20.(b)
21.(a)	22.(a)	23.(d)	24.(d)	25.(c)
26.(c)	27.(b)	28.(d)	29.(b)	30.(a)
31.(d)	32.(c)	33.(d)	34.(d)	35.(a)
36.(a)	37.(a)	38.(d)	39.(a)	40.(a)
41.(c)	42.(a)	43.(c)	44.(b)	45.(a)
46.(a)	47.(b)	48.(a)	49.(b)	50.(a)
51.(c)	52.(b)	53.(c)	54.(c)	55.(c)
56.(c)	57.(b)	58.(c)	59.(a)	60.(c)
61.(c)	62.(c)	63.(b)	64.(b)	65.(c)
66.(b)	67.(a)	68.(b)	69.(b)	70.(c)
71.(c)	72.(c)	73.(b)	74.(b)	75.(a)
76.(c)	77.(b)	78.(b)	79.(c)	80.(b)
81.(c)	82.(c)	83.(c)	84.(d)	85.(a)
86.(a)	87.(c)	88.(d)	89.(c)	90.(a)
91.(b)	92.(a)	93.(a)	94.(c)	95.(b)
96.(a)	97.(d)	98.(c)	99.(b)	100.(d)
101.(c)	102.(a)	103.(b)	104.(a)	105.(d)
106.(d)	107.(d)	108.(d)	109.(b)	110.(d)
111.(b)	112.(c)	113.(c)	114.(c)	115.(d)
116.(c)	117.(b)	118.(d)	119.(d)	120.(a)
121.(b)	122.(d)	123.(c)	124.(d)	125.(b)
126.(b)	127.(c)	128.(c)	129.(d)	130.(b)
131.(a)	132.(d)	133.(a)	134.(c)	135.(d)
136.(c)	137.(c)	138.(b)	139.(a)	140.(d)
141.(d)	142.(b)	143.(c)	144.(a)	145.(d)
146.(d)	147.(b)	148.(d)	149.(c)	150.(a)
151.(d)	152.(c)	153.(d)	154.(b)	155.(d)
156.(a)	157.(c)	158.(b)	159.(a)	160.(c)
161.(a)	162.(d)	163.(d)	164.(c)	165.(c)
166.(c)	167.(c)	168.(a)	169.(b)	170.(b)
171.(c)	172.(d)	173.(b)	174.(a)	175.(c)
176.(d)	177.(d)	178.(b)	179.(d)	180.(c)
181.(c)	182.(a)	183.(c)	184.(c)	185.(a)
186.(b)	187.(b)	188.(d)	189.(a)	190.(c)
191.(b)	192.(d)	193.(b)	194.(c)	195.(b)
196.(c)	197.(d)	198.(c)	199.(b)	200.(b)

उत्तर सहित व्याख्या

81. (c) ? = 9997 × 10003

(10000 −3) (10000 + 3)

$= (10000)^2 - (3)^2$

= 100000000−9

99999991

82. (c) समचतुर्भुज का क्षेत्रफल

$= \frac{1}{2} \times$ (विकर्णों का गुणनफल)

$= \frac{1}{2} \times 12 \times 14 = 84$ वर्ग सेमी

83.(c) पुराना किराया = 18000 रुपए

∴ नया किराया $= \left(\frac{11}{9} \times 18000\right)$ रुपए

= 22000 रुपए

∴ वृद्धि = (22000−18000) रुपए

= 4000 रुपए

84. (d) माना पहली संख्या $= x$

∴ दूसरी + तीसरी संख्या $= 3x$

$\therefore x + 3x = 40 \times 3$

$\Rightarrow 4x = 120$

$\Rightarrow x = \frac{120}{4} = 30$

85. (a) $\frac{-1}{2} \times (x-5) + 3 = \frac{-5}{2}$

$\Rightarrow \frac{-x}{2} + \frac{5}{2} + 3 = \frac{-5}{2}$

$\Rightarrow \frac{x}{2} = \frac{5}{2} + \frac{5}{2} + 3$

$\Rightarrow 5 + 3 = 8$

$x = 8 \times 2 = 16$

86. (a) $\sqrt{\frac{x}{x+3}} - \sqrt{\frac{x+3}{x}} = \frac{3}{2}$

$\Rightarrow \frac{x - x - 3}{\sqrt{x} \cdot \sqrt{x+3}} = \frac{3}{2}$

$\therefore 2 = \sqrt{x}\left(\sqrt{x+3}\right)$

दोनों पक्षों का वर्ग करने पर

$x^2 + 3x - 4 = 0$

$(x - 1)(x + 4) = 0$

$x = 1$

87. (c) a − b = 1, ab = 6

$\therefore a^3 - b^3 = (a-b)^3 + 3ab\,(a-b)$

$= (1)^3 + 3 \times 6 \times 1$

1 + 18 = 19

88. (d) दिए गए विकल्प (d) से

$x - \frac{58}{x} = 8 - \frac{58}{8}$

$\Rightarrow 8 - \frac{29}{4} = \frac{32-29}{4} = \frac{3}{4}$

89.(c) $x^2 + \frac{1}{x^2} = 2$

$\Rightarrow (x^4 + 1) = 2x^2$

$\Rightarrow x^4 - 2x^2 + 1 = 0$

$\Rightarrow (x^2-1)^2 = 0 \Rightarrow x^2 - 1 = 0 \Rightarrow x^2 = 1$

$\therefore x^6 = 1$

91. (b) दिया है,

$x = 1 + \sqrt{2} + \sqrt{3}$ ...(I)

$\therefore \frac{1}{x-1} = \frac{1}{1+\sqrt{2}+\sqrt{3}-1}$

$= \frac{1}{\sqrt{3}+\sqrt{2}}$

$= \frac{1}{\sqrt{3}+\sqrt{2}} \times \frac{\sqrt{3}-\sqrt{2}}{\sqrt{3}-\sqrt{2}} = \frac{\sqrt{3}-\sqrt{2}}{3-2}$

$= \frac{1}{x-1} = \sqrt{3} - \sqrt{2}$

$(I) + (II) \Rightarrow x + \frac{1}{x+1} = 0$

$= 1 + \sqrt{2} + \sqrt{3} + \sqrt{3} - \sqrt{2} = 1 + 2\sqrt{3}$

92. (a) $x^2 + y^2 + z^2 + 2 = 2(y - x)$

$(x^2 + 2x + 1) + (y^2 - 2y + 1) + z^2 = 0$

$(x + 1)^2 + (y - 1)^2 + z^2 = 0$

$x = -1, y = 1, z = 0$

$\therefore x^3 + y^3 + z^3 = (-1)^3 + (1)^3 + 0^3$

$= -1 + 1 + 0 = 0$

93. (a) $\frac{\sqrt{1+x}+\sqrt{1-x}}{\sqrt{1+x}-\sqrt{1-x}} \times \frac{\sqrt{1+x}+\sqrt{1-x}}{\sqrt{1+x}+\sqrt{1-x}}$

$= \frac{1+\sqrt{1-x^2}}{x} = \frac{1+\frac{1}{2}}{\frac{\sqrt{3}}{2}} = \sqrt{3}$

94. (c) $x = 5+2\sqrt{6}$

$\sqrt{x} = \sqrt{5+2\sqrt{6}}$

$= \sqrt{(\sqrt{3})^2+(\sqrt{2})^2+2\sqrt{3}.\sqrt{2}}$

$= \sqrt{(\sqrt{3}+\sqrt{2})^2}$

$\sqrt{x} = \sqrt{3}+\sqrt{2}$

$\frac{1}{\sqrt{x}} = \sqrt{3}-\sqrt{2}$

$\sqrt{x}+\frac{1}{\sqrt{x}} = \sqrt{3}+\sqrt{2}+\sqrt{3}-\sqrt{2}$

$= 2\sqrt{3}$

95. (b)

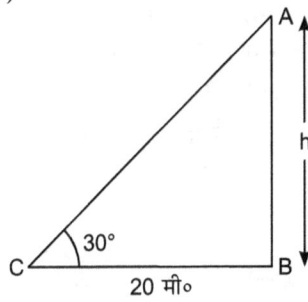

प्रश्नानुसार,

माना टेलीफोन खम्भे की ऊँचाई $= h$

$\therefore$ ΔABC में

$\tan 30° = \frac{h}{20}$

$h = \frac{20}{\sqrt{3}} = AB$

तथा $\cos 30° = \frac{20}{AC}$

$AC = \frac{20\times 2}{\sqrt{3}} = \frac{40}{\sqrt{3}}$

$\therefore$ खम्भें की ऊँचाई $= AB + AC$

$= \frac{20}{\sqrt{3}}+\frac{40}{\sqrt{3}} = \frac{60}{\sqrt{3}}$

$= \frac{60\sqrt{3}}{3} = 20\sqrt{3}$ मी.

96. (a) 1108 1117 1142 1191 [1312] 1481

$+(3)^2$ $+(5)^2$ $+(7)^2$ $+(11)^2$ $+(13)^2$

अत: श्रृंखला में (?) के स्थान पर 1312 आएगा।

97. (d) 8484 4248 2112 1074 513 [286.5]

$\times\frac{1}{2}+6$ $\times\frac{1}{2}+12$ $\times\frac{1}{2}+18$ $\times\frac{1}{2}+24$ $\times\frac{1}{2}+30$

अत: श्रृंखला में (?) के स्थान पर 286.5 आएगा।

98. (c) 154 162 226 [442] 954 1954

$+(2)^3$ $+(4)^3$ $+(6)^3$ $+(8)^3$ $+(10)^3$

अत: श्रृंखला में (?) के स्थान पर 442 आएगा।

99. (b) 124 228 436 [852] 1684 3348

×2–20 ×2–20 ×2–20 ×2–20 ×2–20

अत: श्रृंखला में (?) के स्थान पर 852 आएगा।

100. (d) 25 30 70 260 1280 [7660]

×2–20 ×3–20 ×4–20 ×5–20 ×6–20

अत: श्रृंखला में (?) के स्थान पर 7660 आएगा।

101. (c) शब्द OPERATE में 7 अक्षर हैं जिसमें E दो बार आया है।

अत: क्रमचयों की संख्या $= \frac{7!}{2!}$

$= \frac{7\times6\times5\times4\times3\times2!}{2!}$

$= 7 \times 6 \times 5 \times 4 \times 3$

$= 2520$

102. (a) माना मूल संख्या $(10x + y)$ है

तथा $x + y = 16$ ...(i)

तथा $(10x + y) - (10y + x) = 18$

$\Rightarrow 10x + y - 10y - x = 18$

$\Rightarrow 9x - 9y = 18$

$x - y = 2$ ...(ii)

समी (i) और समी (ii) को जोड़ने पर

$x + y = 16$

$x - y = 2$

$2x = 18$

$\therefore$ $x = 9$

तथा $y = 7$

अभीष्ट संख्या $= 10x + y$

$= 90 + 7$

$= 97$

नोट यह समस्या इस उत्तर विकल्प से हल की जा सकती है।

$97 - 79 = 18$

एवं $9 + 7 = 16$

103. (b) 1 घण्टें में बस की रुकने (विश्राम) वाली दूरी = 64 – 48 = 16 किमी

अभीष्ट विश्राम का समय

$= \frac{16}{64}\times 60 = 15$ मिनट

104. (a) माना संख्याएँ x एवं y हैं जहाँ $x > y$

प्रश्नानुसार,

$x^2 - y^2 = 63$ ...(i)

$x - y = 3$ ...(ii)

समी (i) को समी (ii) से भाग देने पर,

$x^2 - y^2 = 63$

$x - y = 3$

$x + y = 21$ ...(iii)

समी (ii) और समी (iii) को जोड़ने पर,

$x - y = 3$

$x + y = 21$

$2x = 24$

$x = 12$

$\therefore$ बड़ी संख्या =12

105. (d) अवैध वोटों की संख्या

$= 15200 \times \frac{15}{100} = 2280$

वैध वोटों की संख्या

$= 15200 - 2280 = 12920$

दूसरे उम्मीदवार को मिले वैध वोटों की संख्या

$= 12920 \times \frac{(100-55)}{100}$

$= 12920 \times \frac{45}{100} = 5814$

106. (d) दर $= \frac{SI\times100}{P\times T} = \frac{15300\times100}{45000\times4}$

= 8.5% वार्षिक

चक्रवृद्धि ब्याज=

$P\left[\left(1+\frac{r}{100}\right)^t - 1\right]$

$= 45000\left[\left(1+\frac{85}{100}\right)^4 - 1\right]$

$= 45000\ [(1 + 0.085) - 1]$

$= 45000\ [1.3858587 - 1]$

$= 45000\ [0.3858587]$

= 17364.64 = ₹ 17364

107. (d) $\frac{3}{5},\frac{1}{8},\frac{8}{11},\frac{4}{9},\frac{2}{7},\frac{5}{7},\frac{5}{12}$

$\because \frac{3}{5} = 0.600,\ \frac{1}{8} = 0.125$

$\frac{8}{11} = 0.727,\ \frac{4}{9} = 0.444$

$\frac{2}{7} = 0.285, \frac{5}{7} = 0.714$

$\frac{5}{12} = 0.416$

∴ अवरोही क्रम

$\frac{8}{11}, \frac{5}{7}, \frac{3}{5}, \frac{4}{9}, \frac{5}{12}, \frac{2}{7}, \frac{1}{8}$

अत: तीसरे क्रम पर $\frac{3}{5}$ है।

108. (d) अभीष्ट अन्तर

$= \left(\frac{5}{6} \text{ का } 1248\right) - \left(\frac{4}{5} \text{ का } 1150\right)$

$= 1040 - 920 = 120$

109. (b) माना संख्या $= x$ है

$\because \frac{15}{100}$ का $\frac{45}{100} x = 105.3$

$x \times \frac{45}{100} \times \frac{15}{100} = 105.3$

$x = \frac{1053 \times 100 \times 100}{45 \times 15}$

$x = 1560$

$\therefore \frac{24}{100}$ का $x = 1560 \times \frac{24}{100}$

$= 374.40$

110. (d) माना संख्याएँ x और y हैं।

$2x + 3y = 300$ ...(i)

$3x + 2y = 265$ ...(ii)

समी (i) में 2 को और समी (ii) में 3 का गुणा करने पर,

$4x + 6y = 600$

$9x + 6y = 795$

$-5x = -195$

$\Rightarrow x = \frac{195}{5}$

$\Rightarrow x = 39$

समी (i) से

$2 \times 39 + 3y = 300$

$78 + 3y = 300$

$3y = 300 - 78$

$3y = 222$

$y = \frac{222}{3}$

$y = 74$

∴ बड़ी संख्या = 74

111. (b)

किताबों की संख्या	दिन	बाइंडरों की संख्या
1400 ↓	15 ↑	21 ↓
800	20	x

$\because \left.\begin{matrix} 1400 : 800 \\ 20 : 15 \end{matrix}\right\} :: 21 : x =$

$\Rightarrow 1400 \times 20 \times x = 800 \times 15 \times 21$

$x = \frac{800 \times 15 \times 21}{1400 \times 20} = 9$

अत: 9 बाइंडरों की आवश्यकता पड़ेगी।

112. (c) माना म्यूजिक सिस्टम का क्रय मूल्य = ₹ x

140% का 120% का x = 10500

$\Rightarrow x \times \frac{120}{100} \times \frac{140}{100} = 10500$

$\Rightarrow x = \frac{10500 \times 100 \times 100}{120 \times 140}$

= ₹ 6250

113. (c) चार सदस्यों की कुल मासिक आय = ₹ 4 × 15130 = 60520

तीन सदस्यों (पुत्री के अतिरिक्त) की कुल मासिक आय

= ₹ (3 × 14660) = ₹ 43980

∴ विवाहित पुत्री की मासिक आय

= 60520 – 43980 = ₹ 16540

114. (c) माना फराह की वर्तमान आयु x वर्ष है।

$x = 1\frac{2}{7}(x - 8)$

$= \frac{9}{7}(x - 8)$

$\Rightarrow x = \frac{9}{7}x - \frac{72}{7}$

$\Rightarrow x = \frac{9x - 72}{7}$

$\Rightarrow 7x = 9x - 72$

$\Rightarrow 9x - 7x = 72$

$\Rightarrow 2x = 72$

$\Rightarrow x = 36$

∴ पुत्री की वर्तमान आयु

$= \frac{1}{6} \times 36 = 6$

∴ 3 वर्ष पूर्व पुत्री की आयु

= 6 – 3 = 3 वर्ष

115. (d) $25a + 25b = 115$

$\Rightarrow a + b = \frac{115}{25} = 4.6$

$\Rightarrow a + b = 4.6$

∴ अभीष्ट औसत

$\Rightarrow \frac{a+b}{2} = \frac{4.6}{2} = 2.3$

116. (c)

2	36	48	42
3	18	24	21
2	6	8	7
	3	4	7

36, 48 एवं 42 सेकण्ड का लघुत्तम समापवर्त्य = 2 × 3 × 2 × 3 × 4 × 7

= 1008 सेकण्ड

अत: स्वप्निल, आकाश एवं विनय 1008 सेकण्ड पश्चात् आरम्भिक बिन्दु पर मिलेंगे।

117. (b) 250 का 60% = $\frac{250 \times 60}{100} = 150$

पहले 125 प्रश्नों में सही उत्तरों की संख्या

$= \frac{125 \times 40}{100}$

$= 50$

शेष सही उत्तरों की संख्या = 150 – 50 = 100

125 का x% = 100

$\Rightarrow \frac{x \times 125}{100} = 100$

$\Rightarrow x = \frac{100 \times 100}{125}$

$x = 80\%$

118. (d) माना क्रमिक विषम संख्याएँ

x, x + 2, x + 4, x + 6 और x + 8.

$\therefore A + C = 146$

$\Rightarrow x + x + 4 = 146$

$\Rightarrow 2x = 146 - 4 = 142$

$\therefore x = 71$

$\therefore E = x + 8$

$= 71 + 8 = 79$

119. (d) माना एक पेंडेंट की लागत= ₹ x

एवं एक चेन की लागत = ₹ y

$\therefore 5x + 8y = 145785$

दोनों तरफ 3 से गुणा करने पर,

$$15x + 23y = 3 \times 145785$$
$$= ₹\,437355$$

120. (a) माना मूल भिन्न $= \dfrac{x}{y}$.

$$\therefore \frac{x + \frac{x \times 220}{100}}{y + \frac{y \times 150}{100}} = \frac{4}{5}$$

$$\frac{\frac{320}{100}x}{\frac{250}{100}y} = \frac{4}{5}$$

$$\Rightarrow \frac{x \times 320}{y \times 250} = \frac{4}{5}$$

$$\Rightarrow \frac{x}{y} = \frac{4 \times 250}{5 \times 320} = \frac{1000}{1600}$$

$$\Rightarrow \frac{x}{y} = \frac{5}{8}$$

121. (b) L > S > M > N > P > Q

122. (d) K I T E and S T U D

↓ ↓ ↓ ↓   ↓ ↓ ↓ ↓

% 2 $ #   @ $ 5 7

D E S K

↓ ↓ ↓ ↓

7 # @ %

123. (c) अक्षर श्रृंखला निम्न प्रकार आगे बढ़ रही है।

bac, bacd, bacde, bacdef, bacdefg

124. (d) अजय के अनुसार, रजनी का जन्मदिन बुधवार या बृहस्पतिवार को पड़ेगा।

रोहन के अनुसार, रजनी का जन्मदिन बृहस्पतिवार या शुक्रवार को पड़ेगा। दोनों के अनुसार, रजनी का जन्मदिन बृहस्पतिवार को है।

125. (b) X $\xrightarrow{-2}$ V $\xrightarrow{-2}$ T $\xrightarrow{-2}$ R $\xrightarrow{-2}$ P

D $\xrightarrow{+3}$ G $\xrightarrow{+3}$ J $\xrightarrow{+3}$ M $\xrightarrow{+3}$ P

H $\xrightarrow{+2}$ J $\xrightarrow{+2}$ L $\xrightarrow{+2}$ N $\xrightarrow{+2}$ P

प्रथम वर्णमाला अक्षरों को उनके विपरीत क्रम (−2) में रखा गया है जबकि मध्य एवं अन्तिम अक्षरों को वर्णमाला क्रम में (+3) तथा (+2) के अन्तराल में रखा गया है।

126. (b) W E B P A G E

↓ ↓ ↓ ↓ ↓ ↓ ↓

V F A O B F F

127. (c) D O C U M E N T A R Y

4 15 3 21 13 5 14 20 1 18 25

अत:, यहाँ दो जोडे हैं - MR और RT.

128. (c) तीन अर्थपूर्ण शब्द बनते हैं।

SPIT, TIPS, PITS

129. (d) संख्या : 2 6 8 3 9 5 1 4

अवरोही क्रम : 9 8 6 5 4 3 2 1

इस प्रकार किसी भी अंक का स्थान अपरिवर्तित नहीं रहेगा।

130. (b)

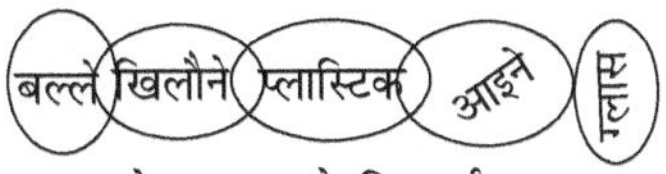

अत: केवल या तो निष्कर्ष II या IV अनुसरण करता है।

131. (a)

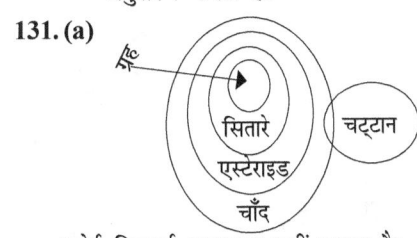

कोई निष्कर्ष अनुसरण नहीं करता है।

132. (d)

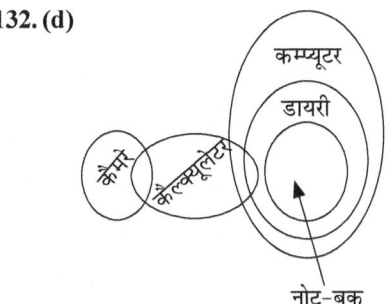

निष्कर्ष II और III दोनों अनुसरण करते हैं।

133. (a)

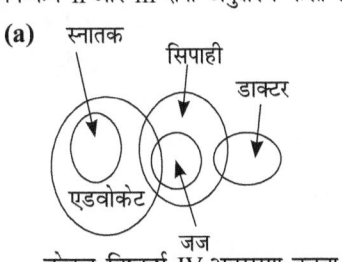

केवल निष्कर्ष IV अनुसरण करता है।

134. (c)

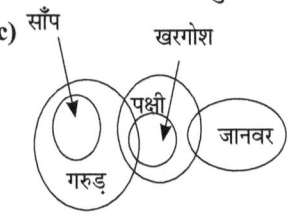

केवल निष्कर्ष III अनुसरण करता था।

(135-139)

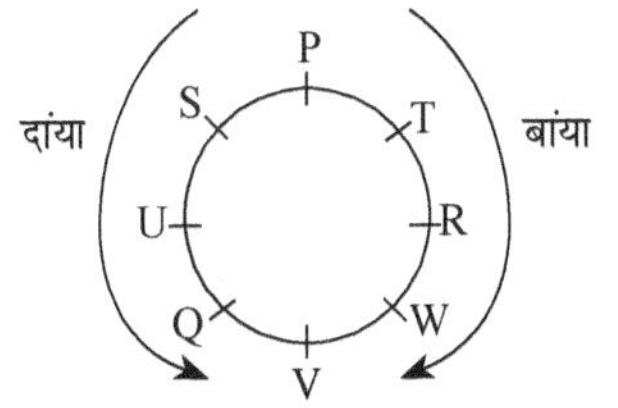

135.(d) **136.(c)** **137.(c)**

138.(b)

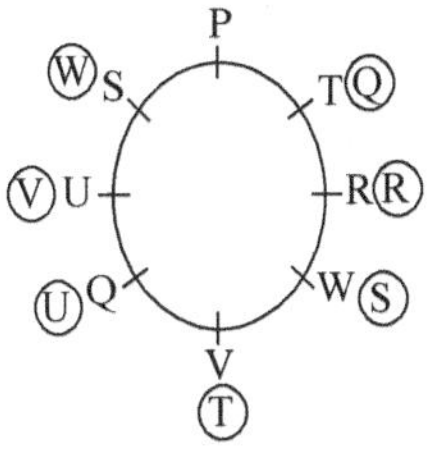

R सदस्य के बैठने के स्थिति में परिवर्तन नहीं होगा।

139. (a) U और P के बीच 'S' बैठा है।

140. (d) जिस प्रकार, # $\xrightarrow{+1}$ N

5 $\xrightarrow{+1}$ F

1 $\xrightarrow{+1}$ A

उसी प्रकार, P $\xrightarrow{+1}$ ★

9 $\xrightarrow{+1}$ M

@ $\xrightarrow{+1}$ K

141. (d)

संख्या	व्यंजन	संख्या/प्रतीक/स्वर
3	D	6
5	F	1
9	M	@
2	B	%
7	H	U

142. (b) A $\xrightarrow{+2}$ ★ $\xrightarrow{+4}$ F

M $\xrightarrow{+2}$ K $\xrightarrow{+3}$ 9

2 $\xrightarrow{+2}$ % $\xrightarrow{+4}$ @

$ $\xrightarrow{+2}$ 4 $\xrightarrow{+4}$ D

इसलिए MK9 इस समूह में नहीं है।

(143-145)

L > N > J > O > K > M

143. (c) **144. (a)** **145. (d)**

146.(d) जिस प्रकार 'विद्यार्थी' 'पुस्तक' को पढ़ते हैं ठीक उसी प्रकार 'डाकिया' 'डाक' को गंतव्य स्थान पर पहुंचाते हैं।

147. (b) जिस प्रकार 'निरक्षरता' 'शिक्षा' के द्वारा दूर हो जाती है ठीक उसी प्रकार 'सूखा' 'वर्षा' के द्वारा दूर हो जाती है।

148. (d) जिस प्रकार 'बढ़ई' फर्नीचर बनाता है ठीक उसी प्रकार, 'संपादक' 'पत्रिका' संपादित करता है।

149. (c) जिस प्रकार,

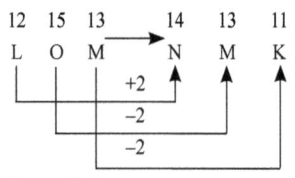

ठीक उसी प्रकार,

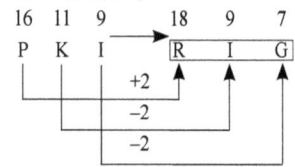

अतः ? = RIG

150. (a) जिस प्रकार,

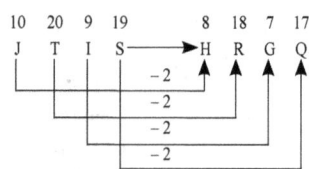

ठीक उसी प्रकार,

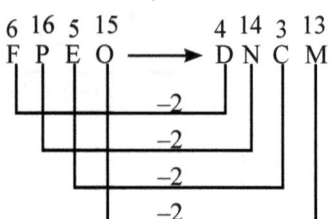

अतः (?) के स्थान पर DNCM आएगा।

151. (d) जिस प्रकार,

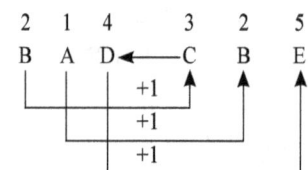

ठीक उसी प्रकार,

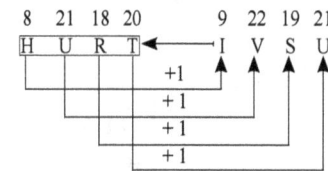

अतः ? = HURT

152. (c) जिस प्रकार, ठीक उसी प्रकार,

```
   5      30        8      69
   └──────┘         └──────┘
   (5)² + 5         (8)² + 5
```

अतः ? = 69

153. (d) जिस प्रकार, ठीक उसी प्रकार,

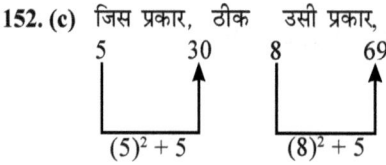

अतः ? = 42

154. (b) जिस प्रकार, ठीक उसी प्रकार,

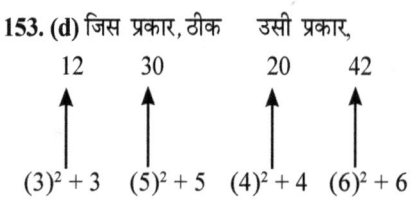

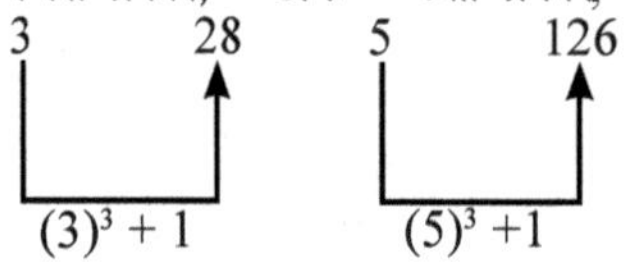

अतः ? = 126

155. (d) ताला को छोड़कर अन्य सभी चिपकने और जोड़ने में प्रयोग किया जाता है।

156. (a) जीवनी को छोड़कर अन्य सभी मुद्रण के प्रकार हैं जबकि जीवनी किसी व्यक्ति के जीवन की घटनाओं के बारे में जानकारियां देता है।

157. (c) 'धुआं-आग' को छोड़कर अन्य सभी में एक वस्तु के लिए दूसरी वस्तु आवश्यक है अर्थात् कार में पेट्रोल, इंजन में कोयला तथा दीपक में तेल की आवश्यकता होती है।

158. (b) संख्या 25 को छोड़कर अन्य सभी अभाज्य संख्या हैं, जबकि संख्या 25 एक पूर्ण वर्ग संख्या है।

159. (a) संख्या 6121 को छोड़कर अन्य सभी सम संख्याएं हैं।

160. (c) $\frac{98}{21} = \frac{14}{3}; \frac{126}{75} = \frac{14}{3}; \frac{126}{27} = \frac{29}{7}$

5 प्रैक्टिस सेट

सामान्य ज्ञान

1. **निम्नलिखित में से कौन-सा देश नवम्बर 2018 में होने वाले महिला टी-20 विश्वकप की मेजबानी करेगा?**
(a) भारत (b) इग्लैंड
(c) ऑस्ट्रेलिया (d) वेस्टइंडीज

2. **किस राज्य के हाईकोर्ट ने सरकारों को 'दलित' शब्द इस्तेमाल करने पर रोक लगाई है?**
(a) बिहार (b) पंजाब
(c) मध्य प्रदेश (d) झारखण्ड

3. **किस राज्य सरकार ने 'बाला साहेब ठाकरे शहीद सम्मान' योजना की शुरुआत की है?**
(a) बिहार (b) महाराष्ट्र
(c) गुजरात (d) पंजाब

4. **अमेरिका ने किस देश की 5 कंपनियों पर प्रतिबंध लगाया है?**
(a) ईरान (b) इराक
(c) पाकिस्तान (d) भारत

5. **हाल ही में शुरू की गई प्रधानमंत्री की वेबसाइट 'पीएमइंडिया' कितनी भाषाओं में उपलब्ध है?**
(a) 2 (b) 3
(c) 11 (d) 13

6. **भारत के किस शहर में वातानुकूलित उपनगरीय लोकल ट्रेन सेवा शुरू की गई है?**
(a) पटना (b) लखनऊ
(c) मुंबई (d) रांची

7. **उत्तर कोरिया और दक्षिण कोरिया ने किन खेलों के लिए एक ही झंडे के नीचे मार्च पर सहमति जताई है?**
(a) कॉमनवेल्थ गेम्स
(b) एशियाई खेल
(c) शीतकालीन ऑलम्पिक
(d) विश्व हॉकी चैम्पियनशिप

8. **सर्वोच्च न्यायालय ने 1984 के सिख विरोधी दंगों की दोबारा जांच के लिए किसकी अध्यक्षता में एसआईटी गठित करने का फैसला किया है?**
(a) राजदीप सिंह
(b) मदन बी लोकुर
(c) अभिषेक दुलार
(d) शिवनारायण धींगरा

9. **हाल ही में किस स्थान पर विश्व की सबसे लम्बी (347 किमी.) जलमग्न सुरंग की खोज की गई?**
(a) मेक्सिको (b) ब्राजील
(c) ऑस्ट्रेलिया (d) सेन फ्रांसिस्को

10. **निम्न में किस शहर में स्थित 'तीन मूर्ति चौक' का नाम बदलकर 'तीन मूर्ति हाइफा चौक' किया गया है?**
(a) जयपुर (b) दिल्ली
(c) पटना (d) रांची

11. **भारत में सिक्कों/मुद्रा का प्रचलन कब हुआ?**
(a) 600 ई.पू. में
(b) अशोक के शासन काल में
(c) 300 ई.पू. में
(d) कनिष्क के शासन काल में

12. **अजन्ता कला कृतियाँ निम्न में से किससे सम्बन्धित हैं?**
(a) मौर्य काल (b) गुप्त काल
(c) हड़प्पा काल (d) बुद्ध काल

13. **निम्न में से भारत के किन क्षेत्रों में 200 मिमी वर्षा होती है?**
(a) केरल, तमिलनाडु, कर्नाटक
(b) जम्मू कश्मीर
(c) प. बंगाल, ओडिशा, बिहार
(d) असम, मणिपुर, त्रिपुरा

14. **'मानसून' किस भाषा का शब्द है?**
(a) अरबी (b) अंग्रेजी
(c) फ्रेंच (d) स्पेनिश

15. **अरावली एवं विंध्य शृंखलाओं के मध्य कौन-सा पठार स्थित है ?**
(a) मालवा का पठार
(b) छोटानागपुर का पठार
(c) दक्कन का पठार
(d) प्रायद्वीप पठार

16. **भारत के तट रेखा की लम्बाई है-**
(a) 6,100 किमी (b) 6,200 किमी
(c) 6,175 किमी (d) 6,500 किमी

17. **कौन-से देश पाक जलडमरूमध्य से जुड़े हुए हैं?**
(a) भारत और श्रीलंका
(b) उत्तर और दक्षिण कोरिया
(c) ब्रिटेन और फ्रांस
(d) भारत और पाकिस्तान

18. **डॉ. बी. आर. अम्बेडकर का संविधान सभा में निर्वाचन हुआ था?**
(a) पश्चिम बंगाल से
(b) मुम्बई प्रेजीडेन्सी से
(c) तत्कालीन मध्य भारत से
(d) पंजाब से

19. **संविधान सभा द्वारा अंतिम रूप से पारित संविधान में कुल कितने अनुच्छेद और अनुसूचियाँ थीं?**
(a) 375 अनुच्छेद, 7 अनुसूचियाँ
(b) 387 अनुच्छेद, 7 अनुसूचियाँ

| 63 |

(c) 395 अनुच्छेद, 8 अनुसूचियाँ

(d) 395 अनुच्छेद, 10 अनुसूचियाँ

20. सम्पूर्ण भारतीय संविधान के निर्माण में संविधान सभा को कितना समय लगा?

(a) 2 वर्ष 7 माह 23 दिन

(b) 2 वर्ष 11 माह 18 दिन

(c) 2 वर्ष 11 माह 14 दिन

(d) 2 वर्ष 11 माह 23 दिन

21. निम्नलिखित में से कौन प्रारूप समिति का सदस्य नहीं थे?

(a) जवाहरलाल नेहरू

(b) मौ. सदाउल्लाह

(c) के. एम. मुंशी

(d) गोपालस्वामी आयंगार

22. रिजर्व बैंक का मुख्यालय स्थित है-

(a) लखनऊ (b) मुम्बई

(c) नई दिल्ली (d) कोलकाता

23. अर्थशास्त्र नामक पुस्तक के लेखक हैं-

(a) प्रो. मेहता (b) एडमस्मिथ

(c) कौटिल्य (d) मार्शल

24. स्टेट बैंक ऑफ इण्डिया ने देश में पहला तैरता हुआ ए.टी.एम स्थापित किया-

(a) दिल्ली में (b) कोच्चि में

(c) मुम्बई में (d) चेन्नई में

25. भारत में पहली स्वर्ण रिफाइनरी स्थित है-

(a) कोलकाता (b) शिरपुर

(c) हैदराबाद (d) पन्न

26. सूर्य के उच्च ताप का कारण क्या है?

(a) हाइड्रोजन का नाभिकीय संलयन

(b) हाइड्रोजन का नाभिकीय विखण्डन

(c) हीलियम का नाभिकीय संलयन

(d) हीलियम का नाभिकीय विखण्डन

27. टायलिन एन्जाइम का स्रवण होता है-

(a) लार ग्रन्थियों (b) आमाशय

(c) अग्नाशय (d) यकृत

28. प्रोटीन की मूल संरचनात्मक ईकाई क्या है?

(a) वसीय अम्ल (b) अमीनों अम्ल

(c) ग्लिसरॉल (d) ग्लूकोज

29. ग्लुकोज व गेलेक्टोज के संयोजन से बनता है-

(a) लैक्टोज (b) शुक्रोज

(c) फ्रक्टोज (d) ग्लाइकोजन

30. मानवाधिकार दिवस कब मनाया जाता है?

(a) 6 दिसम्बर (b) 8 दिसम्बर

(c) 10 दिसम्बर (d) 11 दिसम्बर

31. सभी हार्डवेयर, सॉफ्टवेयर, स्टोरेज और प्रोसैसिंग को एक ही लोकेशन में रखने को .... कहते हैं।

(a) होस्ट कम्प्यूटर

(b) सेंट्रलाइज्ड प्रोसैसिंग

(c) टाइम शेयरिंग

(d) डिस्ट्रीब्यूटिड सिस्टम

32. गैर-पारम्परिक ऊर्जा का स्रोत क्या है?

(a) ज्वारीय शक्ति(b) भूगर्भिक शक्ति

(c) बायोशक्ति (d) उपर्युक्त सभी

33. औद्योगीकरण का पर्यावरण पर पड़ने वाला प्रभाव है-

(a) वायु प्रदूषण (b) ध्वनि प्रदूषण

(c) जल प्रदूषण (d) उपर्युक्त सभी

34. निम्न में से किसे 'चमत्कारी यौगिक' की संज्ञा दी गई थी ?

(a) CFC

(b) कार्बन डाईऑक्साइड

(c) हाइड्रोजन

(d) ऑक्सीजन

35. अत्यन्त क्षारीय जल का pH मान होता है—

(a) 7 (b) 0

(c) 10 (d) 14

36. राजस्थान में "कोटा" किस नदी पर बसा है?

(a) चम्बल (b) बेतवा

(c) यमुना (d) इनमें से कोई नहीं

37. अंतरिक्ष में जाने वाली पहली महिला है-

(a) वैलेंटीना तेरेश्कोवा

(b) सैली राइड

(c) नादिया कोमानेची

(d) जूली पयेट

38. फ्लाईंग सिख के नाम से किसे जाना जाता है?

(a) मिल्खा सिंह (b) अजीतपाल सिंह

(c) हरभजन सिंह (d) जोगिन्दर सिंह

39. भारत का चार जिलों वाला राज्य है-

(a) नागालैण्ड (b) मेघालय

(c) सिक्किम (d) मिजोरम

40. निम्नलिखित में से किस राज्य की सीमा उत्तर प्रदेश से नहीं लगती है?

(a) पंजाब (b) हरियाणा

(c) मध्यप्रदेश (d) हिमाचल प्रदेश

सामान्य हिन्दी

निर्देश (41-45): दिए गए गद्यांश के आधार पर निम्नलिखित प्रश्नों के उत्तर दीजिए।

सूरदास हिन्दी के यशस्वी भक्त कवि थे। उन्होंने भगवान श्रीकृष्ण की बाल लीला का जैसा चित्रण किया है वह विश्व साहित्य में दुर्लभ है। अधिकतर विद्वानों के मतानुसार सूरदास का जन्म दिल्ली के निकट बल्लभगढ़ से लगभग 2 किमी की दूरी पर 'सीही' में हुआ था। वह जाति से ब्राहमण थे। किशोरावस्था में संसार से विरक्त होकर मथुरा चले गए। वहीं उन्होंने पद रचना आरम्भ कर दिये एवं स्वामी बल्लभाचार्य ने उनको अपना शिष्य बनाया। उनकी आज्ञा से सूरदास ने संस्कृत में श्रीमद्भागवतपुराण के आधार पर श्रीकृष्ण की लीलाओं का पदशैली में वर्णन किया। ऐसा माना जाता है कि सूरदास जन्मांध थे परन्तु उनके काव्य के वर्ण्य विषय से स्पष्ट होता है कि शायद ऐसी बात नहीं होगी क्योंकि उन्होंने अपनी कविता में जिस भव्यता का वर्णन किया है वैसा वर्णन वस्तुओं को भली-भांति देखने के बाद ही किया जाता है।

41. सूरदास कौन थे?

(a) लेखक (b) साहित्यकार

(c) रचनाकार (d) कवि।

42. सूरदास का जन्म किस स्थान पर हुआ था?

(a) राजकोट (b) पठानकोट

(c) सीही (d) मथुरा

43. सूरदास किस जाति के थे?

(a) शूद्र (b) ब्राहमण

(c) वैश्य (d) क्षत्रिय

44. सूरदास के गुरु का नाम बताइए–

(a) केशवदास (b) तुलसीदास

(c) श्रीकृष्ण (d) बल्लभाचार्य

45. श्रीकृष्ण की लीलाओं का वर्णन सूरदास ने किस पुराण के आधार पर किया?

(a) गरुड़ पुराण (b) विष्णु पुराण

(c) भागवत पुराण (d) शिव पुराण

पद्यांश

निर्देश: कविता की पंक्तियाँ पढ़कर निम्नलिखित प्रश्नों (प्र. सं. 46-50) में सबसे उचित विकल्प चुनिए।

जग-जीवन में जो चिर महान,
सौंदर्य पूर्ण औ सत्यप्राण,
मैं उसका प्रेमी बनूँ नाथ!
जिससे मानव-हित हो समान!
जिससे जीवन में मिले शक्ति
छूटे भय-संशय, अंध-भक्ति
मैं वह प्रकाश बन सकूँ नाथ!
मिट जावें जिसमें अखिल व्यक्ति!

46. कवि ने 'चिर महान' किसे कहा है?

(a) मानव को

(b) ईश्वर को

(c) जो सत्य और सुंदर से संपूर्ण हो

(d) शक्ति को

47. कवि कैसा प्रकाश बनना चाहता है?

(a) जिससे सब तरफ उजाला हो जाए

(b) अंधकार दूर हो जाए

(c) जो जीने की शक्ति देता है

(d) जिसमें मनुष्य सभी भेदभाव भुलाकर एक हो जाते हैं।

48. कवि ने 'अखिल व्यक्ति' का प्रयोग क्यों किया है?

(a) कवि समस्त विश्व के व्यक्तियों की बात करना चाहता है।

(b) कवि अमीर लोगों की बात करना चाहता है।

(c) कवि भारत के व्यक्तियों की ओर संकेत करना चाहता है।

(d) कवि सांसारिक बात करना चाहता है।

49. कविता में किस अंश में तर्कहीन आस्था का उल्लेख हुआ है?

(a) छूटे भय-संशय, अंध-भक्ति,

(b) मिट जावें जिसमें अखिल व्यक्ति!

(c) मैं वह प्रकाश बन सकूँ, नाथ!

(d) जिससे मानव-हित हो समान!

50. कवि ने कविता की पंक्तियों के अंत में विस्मयादिबोधक चिन्ह का प्रयोग क्यों किया है?

(a) कविता को तुकांत बनाने के लिए

(b) कवि अपनी इच्छा प्रकट कर रहा है

(c) इससे कविता का सौंदर्य बढ़ता है

(d) पूर्ण विराम की लीक से हटने के लिए

51. गुरु के समीप या साथ रहने वाला छात्र को .... कहते हैं।

(a) अन्तेवासी (b) समीपस्थ

(c) सन्निकट (d) निकटस्थ

52. अनुसरण करने योग्य को .... भी कहा जाता है।

(a) अनुकरणीय (b) अनुसरणीय

(c) योग्यतार्थ (d) योग्यतम्

53. अध्ययन में .... उपसर्ग है।

(a) आ (b) अति

(c) अनु (d) अधि

54. अनुज में .... उपसर्ग है।

(a) आ (b) अव

(c) अनु (d) अ

55. 'क्तिन' प्रत्यय .... शब्द में है।

(a) तृप्ति (b) नीति

(c) कृति (d) उपर्युक्त सभी

56. .... प्रत्यय का प्रयोग विशेषण बनाने के लिए किया जाता है।

(a) क्त (b) क्तिन

(c) तव्य (d) अनीय

57. संधि का प्रकार है।

(a) स्वर संधि (b) व्यंजन संधि

(c) विसर्ग संधि (d) उपर्युक्त सभी

58. विद्यालय में .... है।

(a) दीर्घ संधि (b) गुण संधि

(c) यण् संधि (d) अयादि संधि

59. यशप्राप्त = यश को प्राप्त। इसमें 'को' विभक्ति का लोप हो रहा है, तो इसमें .... समास है।

(a) कर्मतत्पुरुष

(b) करण तत्पुरुष

(c) सम्प्रदान तत्पुरुष

(d) अपादान तत्पुरुष

60. स्नानघर = स्नान के लिए घर। इसमें 'के लिए' का लोप हो रहा है। इसमें .... समास है।

(a) करण तत्पुरुष

(b) सम्प्रदान तत्पुरुष

(c) अपादान तत्पुरुष

(d) संबंध तत्पुरुष

61. छूमन्तर हो जाना का अर्थ क्या है?

(a) सम्मोहित होना

(b) गायब हो जाना

(c) लाभ होना

(d) मन्त्रबुद्धि होना

62. डोरे डालना का अर्थ क्या है?

(a) प्रेम में फँसाना

(b) दु:खी करना

(c) बाँधना

(d) फन्दे में डालना

63. तलवार की धार पर चलना मुहावरा किस अर्थ में आता है?

(a) नुकीला होना

(b) कठिन कार्य करना

(c) ईर्ष्या करना

(d) पराजित कर देना

64. तीन तेरह का अर्थ क्या है?

(a) सिद्धान्तहीन

(b) टालमटोल करना

(c) पराजित करना

(d) बिखर जाना

65. नाक रगड़ने पर प्रयोग किस अर्थ में होता है?

(a) खुशामद करना

(b) नष्ट करना

(c) विनती करना

(d) शिष्ट होना

66. 'अंधेर नगरी चौपट राजा-टके सेर भाजी, टके सेर खाझा' प्रसिद्ध कहावत है जिसका अर्थ .... है।

(a) नगरी में भ्रष्टाचार और राजा अनजान

(b) मूर्ख व गुणवान के साथ एक जैसा व्यवहार

(c) दु:ख सुनाने पर ध्यान ना देना

(d) संसाधन की कमी से अयोग्य बनाना

निर्देश: वाक्य में गलती पहचानिए–

67. (a) रमा चाची कहती हैं कि

(b) अहिया गुणवान

(c) स्त्री है।

(d) कोई गलती नहीं।

68. संस्कृत एक .... भाषा है।

(a) संस्लिष्ट (b) संश्लिष्ट

(c) संस्लिस्ट (d) संश्लिस्ट

69. 'UNDER CONSIDERATION' का उचित परिभाषित शब्द है–

(a) विचारयोग्य (b) विचारधीन

(c) विचारणीय (d) विचारार्थ

70. वह गरीब जरूर है..... पर बेईमान नहीं।

(a) ; (b) :

(c) ? (d) ।

71. किस लोकोक्ति में 'निरुपयोगी झूठा आडम्बर' अर्थ विद्यमान है?

(a) नोखी नाइन बांस की नहन्नी

(b) जोरू न जाता अल मियां से नाता

(c) मोरे घर तें आगि लाई, नांव धरिनि बसंदर

(d) नानी के आगे ननसार की बातें

72. किस क्रमांक में वाक्यगत सही विराम चिह्न है?

(a) नारी तुम केवल श्रद्धा हो!

(b) "मैंने कब कहा? मैं लखनऊं जाऊंगा और पटना न जाऊंगा।"

(c) "कैसे घुमूंगा मैं हाय लंका धाम में!"

(d) एक बार मोहन जयपुर गया था और वहां से पुस्तकें खरीद लाया।

73. किस क्रमांक में सभी शुद्ध शब्द हैं?

(a) यशस्वी, तीर्थयात्री, लोकोक्ति

(b) पैत्रिक, सुश्रूषा, अंतरराष्ट्रीय

(c) लब्धप्रतिष्ठित, सन्यासी, लघुत्तर, दुरावस्था

(d) श्रृंगार, अधोपतन, पुरवलोकन, आर्शीवाद

74. किस क्रमांक में मुहावरे के सामने उसका सही अर्थ है?

(a) वसंत का कोकिल होना – अच्छे दिन देखने का अवसर मिलना

(b) उड़ती चिड़िया पहचानना – कुशाग्रबुद्धि होना

(c) पौ बारह होना – विजय ही विजय पाना

(d) आंख का काजल चुराना – रुदन करना

75. 'स्वावलम्बन की एक झलक पर न्यौछावर कुबेर का कोष' के मेल में कौनसी लोकोक्ति नहीं है?

(a) खेती पाती बीनती अरु घोड़े का तंग अपने हाथ संभालिये लाख लोग होय संग

(b) आप मरे ही स्वर्ग मिले

(c) घोड़े को घर कितनी दूर

(d) कुतिया चोरन मिल गई पहरा किसका देय

76. किस क्रम में शुद्ध शब्द है?

(a) ज्योत्सना (b) इंसानीयत

(c) झांसी (d) अनिच्छा

77. 'साध्वाचरण' का संधि-विच्छेद किस क्रम में है?

(a) साधु + चरण

(b) साधव + चरण

(c) साधु + आचरण

(d) साध + आचरण

78. 'सबसे अलग स्थिति' किस लोकोक्ति का अर्थ है?

(a) ढाक के तीन पात

(b) नी लोक से मथुरा न्यारी

(c) तू डाल-डाल, मैं पात-पात

(d) इनमें से कोई नहीं

79. किस क्रम में भाववाचक कृत् प्रत्यय है?

(a) लिखाई (b) पियक्कड़

(c) लुटेरा (d) चालाक

80. 'गंगा गए गंगा दास, जमुना गए जमनादास' का सटीक अर्थ है–

(a) अच्छा तीर्थयात्री

(b) यशस्वी व्यक्ति

(c) अवसरवादी व्यक्ति

(d) यह सभी

संख्यात्मक अभियोग्यता

81. यदि $2^x = 3^x = 6^{-z}$, तो $\left(\frac{1}{x}+\frac{1}{y}+\frac{1}{z}\right)$ बराबर है–

(a) 0 (b) 1

(c) $\frac{3}{2}$ (d) $\frac{1}{2}$

82. 1+2+3+4+5............+100 का योग-

(a) 5000 (b) 4500

(c) 5050 (d) 4050

83. $9\frac{3}{4}+7\frac{2}{17}-9\frac{1}{15}=$

(a) $7\frac{817}{1020}$ (b) $7\frac{717}{1020}$

(c) $8\frac{817}{1020}$ (d) $8\frac{717}{1020}$

84. यदि किसी वृत्त का व्यास 7 सेमी है, तो उस वृत्त की परिधि कितनी होगी?

(a) 5.5 सेमी (b) 11 सेमी

(c) 22 सेमी (d) 44 सेमी

85. प्रथम 20 क्रमागत सम संख्याओं के वर्गों का योग कितना होता है?

(a) 282 (b) 375

(c) 574 (d) 589

86. यदि $x=\sqrt{\frac{\sqrt{5}+1}{\sqrt{5}-1}}$ है, तो x^2-x-1 किसके बराबर होगा?

(a) 0 (b) 1

(c) 2 (d) 5

87. यदि $x=\frac{\sqrt{3}}{2}$ है, तो $\frac{1+x}{1+\sqrt{1+x}}+\frac{1-x}{1-\sqrt{1-x}}$ का मान है

(a) 0 (b) 1

(c) $\frac{\sqrt{3}}{2}$ (d) $\sqrt{3}$

88. $y = |x| - 5$ द्वारा निर्देशांक अक्षों के साथ आबद्ध भाग का क्षेत्रफल है

(a) 25 वर्ग इकाई (b) 52 वर्ग इकाई

(c) 50 वर्ग इकाई (d) 20 वर्ग इकाई

89. समीकरण $\sqrt{4x-9}+\sqrt{4x+9}=5+\sqrt{7}$ का समाधान करने वाला x का वास्तविक मान है

(a) $\sqrt{5}$ (b) $2\sqrt{3}$

(c) $\frac{3}{\sqrt{7}}$ (d) 4

90. यदि a = 225, b = 226, c = 227 है, तो $a^3 + b^3 + c^3 - 3abc$ का मान है

(a) 2304 (b) 2430

(c) 2034 (d) 2340

91. एक संस्था में 1825 कर्मचारी हैं इनमें से 64% का अन्य स्थानों पर स्थानान्तरण हो गया, कितने कर्मचारियों का स्थानांतरण हुआ?

(a) 1024 (b) 1490

(c) 1263 (d) 1168

92. असमान भुजाओं वाला एक चतुर्भुज ABCD है। यदि विकर्ण AC और BD एक दूसरे को लम्बवत् प्रतिच्छेद करती हैं, तो

(a) AB2 + BC2 = CD2 + DA2

(b) AB2 + CD2 = BC2 + DA2

(c) AB2 + AD2 = BC2 + CD2

(d) AB2 + BC2 = 2(CD2 + DA2)

93. ΔABC के शीर्ष A को BC पर स्थित एक बिंदु D से मिलाया जाता है। यदि AD का मध्यबिंदु E है, तो (ΔBEC) का क्षेत्रफल =

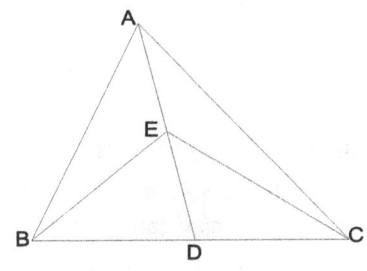

(a) $\frac{1}{2}$क्षे.(ΔABC)

(b) $\frac{1}{3}$क्षे.(ΔABC)

(c) $\frac{1}{4}$क्षे.(ΔABC)

(d) $\frac{1}{6}$क्षे.(ΔABC)

94. यदि एक समानांतर चतुर्भुज का एक कोण अपने समीपवर्ती कोण का दो-तिहाई है, तो समांनातर चतुर्भुज का सबसे छोटा कोण है–

(a) 108° (b) 54°

(c) 72° (d) 81°

95. दी हुई आकृति में, AB || DC, ∠BAD = 90°, ∠CBD = 28° और ∠BCE = 65°, तो ∠ABD = ?

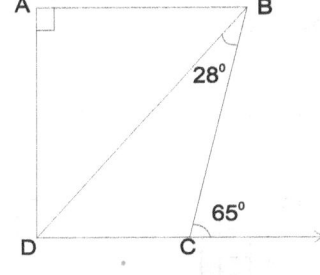

(a) 32° (b) 37°

(c) 43° (d) 53°

96. यदि किसी भिन्न संख्या का 60% उस संख्या के वर्गमूल से उसके 1/5 भाग से 5 अधिक है तो वह संख्या क्या है?

(a) 6.25 (b) 0.25

(c) 12.25 (d) 2.25

97. यदि एक पक्षपातरहित सिक्के को लगातार तीन बार उछालने पर सिक्के का 'हेड' ऊपर आता है, तो चौथी बार उछालने पर 'हेड' आने की क्या संभावना होगी?

(a) 1/8 (b) 7/8

(c) 1/16 (d) 1/2

98. दो तीरंदाज A और B एक लक्ष्य पर निशाना लेते हैं। यदि A की लक्ष्य भेदन संभावना 90% है और B के लक्ष्य भेदने की असंभावना 90% है तो A और B की लक्ष्य न भेद पाने की संयुक्त संभावना क्या होगी?

(a) 90% (b) 09%

(c) 01% (d) 81%

99. यदि 12 आदमी, 12 दिन 12 घंटे काम कर के एक सुरंग को 12 मीटर तक खोदते हैं तो उस सुरंग को उसी माप में 4 मीटर और खोदने के लिए कितने और आदमी लगाने पड़ेंगे यदि यह काम सिर्फ 4 दिन में ही पूरा करना हो?

(a) 27 (b) 4

(c) 12 (d) 36

100. एक वस्तु 20% घाटे पर बेची जाती है। यदि वही वस्तु ₹ 20 अधिक मूल्य पर बेची जाती तो विक्रेता को 20% लाभ होता। उस वस्तु का क्रय मूल्य क्या था?

(a) ₹ 20 (b) ₹ 40

(c) ₹ 50 (d) ₹ 60

101. यदि एक भिन्न के अंश को 60% से बढ़ा दिया जाता है और उसके हर को 60% घटा दिया जाता है तो नया भिन्न क्या होगी?

(a) 2.56 गुणा मूल भिन्न बढ़ जाएगा

(b) मूल भिन्न के समान रहेगा

(c) भिन्न का मान 4 गुणा बढ़ जाएगा

(d) 0.36 गुणा मूल भिन्न हो जाएगा

102. त्रिभुज ABC में, एक कोण अन्य दो कोणों का औसत है। इस त्रिभुज के लिए, इनमें से कौन-सा कथन हमेशा सत्य हैं?

(a) समद्विबाहु त्रिभुज

(b) समबाहु त्रिभुज

(c) त्रिभुज का एक कोण 60° है

(d) समकोण त्रिभुज

103. वृत C का क्षेत्रफल वर्ग S के क्षेत्रफल के बराबर है। C की परिमिति का वर्ग और S की परिमिति का वर्ग का अनुपात, दिये गए विकल्पों में से कौन-सा सही होगा?

(a) 22:7 (b) 11:14

(c) 88:7 (d) 1:1

104. संख्या 3^{2015} का अंतिम अंक क्या होगा?

(a) 1 (b) 3

(c) 5 (d) 7

105. 49% का वर्गमूल क्या होगा?

(a) 0.7% (b) 7.0%

(c) 70% (d) अनिश्चित

106. निम्नलिखित समीकरण में प्रश्न चिन्ह् (?) के स्थान पर क्या आएगा?

$$\frac{75}{?} = \frac{?}{147}$$

(a) 49 (b) 95

(c) 115 (d) 105

107. 12 आदमी एक संगोष्ठी के अवसर पर एकत्रित होते है। प्रत्येक व्यक्ति एक-दूसरे से हाथ मिलाते हैं। कुल कितने हाथ मिलन होते हैं?

(a) 66 (b) 72

(c) 144 (d) 132

108. एक आदमी शहर C से शहर B चढ़ाई वाले राह से अपनी मोटर कार से 40 km प्रति घंटे की रफ्तार से पहुंचता है तथा 60 km प्रति घंटे की गति से लौटता है। उसका औसत गति यात्रा में जाने और लौटने में क्या है?

(a) 0 (b) 48 किमी/घंटा

(c) 50 किमी/घंटा (d) अपर्याप्त आंकड़ा

109. श्रेणी (7+14+21+28.........+700) किसके बराबर है

(a) 35350 (b) 42714

(c) 49420 (d) 56707

110. सेना के अधिकारियों के एक समूह में 02% न कॉफी पीते हैं और न चाय; बाकी या तो कॉफी पीते है या चाय पीते है या चाय-कॉफी दोनों पीते हैं। यदि 60% चाय पीते हैं, 58% काफी पीते हैं, तो अधिकारियों का कितना प्रतिशत चाय पीता है और कॉफी नहीं पीता।

(a) 02% (b) 20%

(c) 40% (d) 60%

111. 515.15 – 15.51 – 1.51 – 5.11 – 1.11 = ?

(a) 491.91 (b) 419.91

(c) 499.19 (d) 411.19

112. $(3)^8 \times (3)^4 = ?$

(a) $(27)^3$ (b) $(729)^2$

(c) $(27)^5$ (d) $(729)^3$

113. 24.424 + 5.656 + 1.131 + 0.089 = ?

(a) 31.003 (b) 31.3

(c) 31.03 (d) 31

114. $[(84)^2 \div 28 \times 12] \div 24 = 7 \times ?$

(a) 15 (b) 17

(c) 19 (d) इनमें से कोई नहीं

115. (7.9% of 134) – (3.4% of 79) = ?

(a) 8.1 (b) 7.8

(c) 8.6 (d) इनमें से कोई नहीं

निर्देश (116-120): इन प्रश्नों का उत्तर देने के लिए निम्नलिखित ग्राफ को ध्यान से पढ़िए

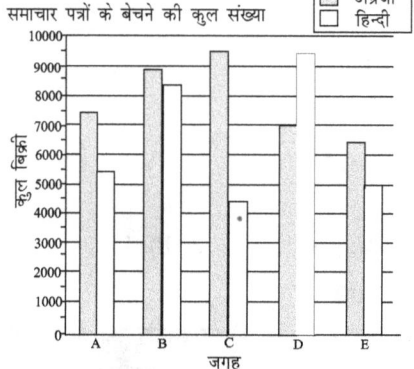

पाँच विभिन्न शहरों में कुल अंग्रेजी एवं हिन्दी समाचार पत्रों के बेचने की कुल संख्या
अंग्रेजी
हिन्दी

116. इलाके B व D में मिलाकर अंग्रेजी अखबार की बिक्री इलाके A, C और E में मिलाकर अंग्रेजी अखबार की बिक्री का लगभग कितने प्रतिशत है?

(a) 162 (b) 84

(c) 68 (d) 121

117. सभी इलाकों में मिलाकर हिन्दी अखबार और अंग्रेजी अखबार की कुल बिक्री के बीच कितना अन्तर है?

(a) 6000 (b) 6500

(c) 7000 (d) 7887

118. इलाके A में अंग्रेजी अखबार की बिक्री सभी इलाकों में मिलाकर अंग्रेजी अखबार की कुल बिक्री का लगभग कितने प्रतिशत है?

(a) 527 (b) 425

(c) 111 (d) 19

119. सभी इलाकों में मिलाकर हिन्दी अखबार की औसत बिक्री कितनी है?

(a) 6600 (b) 6150

(c) 5500 (d) 4715

120. इलाके A में हिन्दी अखबार की बिक्री का इलाके D में हिन्दी अखबार की बिक्री से क्रमशः अनुपात है?

(a) 11 : 19 (b) 6 : 5

(c) 5 : 6 (d) 19 : 11

तर्कशक्ति परीक्षण

121. निम्न चार में से तीन किसी प्रकार एक समान हैं और अपना एक समूह बनाते हैं। वह एक कौन-सा है जो समूह में शामिल नहीं है?

(a) बालू (b) सीमेंट

(c) भवन (d) लकड़ी

122. एक निश्चित कोड में SOLDIER को JFSCRNK लिखा जाता है। उस कोड में GENIOUS कैसे लिखा जाएगा?

(a) PVTHHFO (b) PVTHFDM

(c) PVTHMDF (d) TVPHFDM

123. यदि नीले का अर्थ हरा है, हरे का अर्थ काला है, काले का अर्थ सफेद है, सफेद का अर्थ गुलाबी है, गुलाबी का अर्थ लाल है और लाल का अर्थ नारंगी है, तो रक्त का रंग क्या होता है?

(a) लाल (b) काला

(c) सफेद (d) नारंगी

124. शब्द ELEVATION में अक्षरों के ऐसे कितने जोड़े हैं, जिनमें से प्रत्येक के बीच शब्द में उतने ही अक्षर हैं जितने कि अंग्रेजी वर्णमाला में उनके बीच होते हैं?

(a) तीन से अधिक

(b) एक

(c) दो

(d) तीन

निर्देश (125-130): नीचे दिए गए प्रश्नों में संकेत @, $ #, ★ और % का प्रयोग निम्नलिखित अर्थों में किया गया है।

'A@B' का अर्थ है 'A, B से छोटा है'

'A$B' का अर्थ है 'A, B से बड़ा है'

'A#B' का अर्थ है 'A, B से या तो छोटा है या बराबर है'

'A★B' का अर्थ है 'A, B से या तो बड़ा है या बराबर है'

'A % B' का अर्थ है, 'A, B से न तो बड़ा है और न ही छोटा है'

नीचे दिए गए प्रत्येक प्रश्न में दिए गए कथनों को सत्य मानते हुए यह ज्ञात कीजिए कि दिए गए दो निष्कर्षों I और II में से कौन-सा/से निश्चित रूप से सत्य है/हैं।

उत्तर (a) दीजिए

यदि केवल निष्कर्ष I सत्य है।

उत्तर (b) दीजिए

यदि केवल निष्कर्ष II सत्य है।

उत्तर (c) दीजिए

यदि या तो निष्कर्ष I या निष्कर्ष II सत्य है।

उत्तर (d) दीजिए

यदि न तो निष्कर्ष I न ही निष्कर्ष II सत्य है।

125. कथन: E @ U, U % R, R $ F

निष्कर्ष:

I. E $ F II. E ★ F

126. कथन: P @ W, W ★ D, D $ J

निष्कर्ष:

I. J @ P II. J @ W

127. कथन: K ★ D, D $ L, L @ J

निष्कर्ष:

I. K $ L II. K # L

128. कथन: H # T, T @ L, L % F

निष्कर्ष:

I. F $ H II. H # L

129. कथन: V $ L, I ★ M, M # Q

निष्कर्ष:

I. I # Q II. I ★ Q

130. कथन: T # J, J ★ L, L @ W

निष्कर्ष:

I. J @ W II. T % L

निर्देश (131-133): दिए गए प्रश्न निम्नलिखित संख्याओं के सेट पर आधारित हैं।

386 752 961 573 839

131. यदि प्रत्येक संख्या में दूसरे और तीसरे अंक को परस्पर बदल दिया जाए, तो सबसे बड़ी संख्या के पहले और तीसरे अंकों का योग कितना होगा?

(a) 12 (b) 13
(c) 15 (d) इनमें से कोई नहीं

132. यदि प्रत्येक संख्या में पहले और तीसरे अंक को परस्पर बदल दिया जाए, तो दूसरी सबसे बड़ी संख्या कौन-सी होगी?

(a) 386 (b) 752
(c) 961 (d) 573

133. यदि प्रत्येक संख्या के बीच के अंक में 1 जोड़ा जाए और तब पहले और दूसरे अंक को परस्पर बदल दिया जाए, तो सबसे छोटी संख्या का तीसरा अंक निम्नलिखित में से कौन-सा होगा?

(a) 6 (b) 2
(c) 9 (d) 3

निर्देश (134-137): ये प्रश्न निम्नलिखित जानकारी पर आधारित हैं। इसे ध्यान से पढ़िए और उत्तर दीजिए।

(i) 'A × B' का अर्थ है 'A, B का पिता है'।

(ii) 'A ÷ B' का अर्थ है 'A, B की पुत्री है'।

(iii) 'A + B' का अर्थ है 'A, B की बहन है'।

(iv) 'A – B' का अर्थ है 'A, B का पति है।

134. निम्न में से किससे पता चलता है कि N, K की माता है?

(a) K + L ÷ N × F
(b) K + L ÷ N – M
(c) H × K ÷ N
(d) N × F + K

135. F ÷ R × H – L में H का F से क्या सम्बन्ध हैं?

(a) पिता (b) भाई
(c) बहन (d) चाची

136. G × T + Q ÷ M, में M का G से क्या सम्बन्ध है?

(a) भाई (b) बहन
(c) सिस्टर-इन-लॉ (d) पत्नी

137. F – R + H ÷ T, में F का T से क्या सम्बन्ध है?

(a) सन-इन-लॉ (b) डॉटर-इन-लॉ
(c) पुत्र (d) पुत्री

निर्देश (138-142): नीचे प्रत्येक प्रश्न में चार कथन और उसके बाद चार निष्कर्ष I, II, III और IV दिए गए हैं। आपको दिए गए कथनों को सत्य मानना है भले ही वे सर्वज्ञात तथ्यों से भिन्न प्रतीत होते हो। सभी निष्कर्षों को पढ़िए और फिर तय कीजिए कि दिया गया कौन-सा निष्कर्ष दिए गए कथनों का तर्कसंगत ढंग से अनुसरण करता है, चाहे सर्वज्ञात तथ्य कुछ भी हो।

138. कथन: कुछ अंगूर सेब हैं। कुछ सेब केले है। सभी केले अमरूद हैं। कोई अमरूद आम नहीं है।

निष्कर्ष:

I. कोई अंगूर आम नहीं है।
II. कुछ अमरूद अंगूर हैं।
III. कुछ अमरूद सेब हैं।
IV. कोई केला आम नहीं है।

(a) केवल निष्कर्ष I अनुसरण करता है
(b) केवल II व III अनुसरण करते हैं
(c) या तो I या III अनुसरण करता है
(d) III व IV दोनों अनुसरण करते हैं

139. कथन: कुछ दरवाजे कारें हैं। सभी कारें फर्श है। सभी फर्श कमरे हैं। कुछ कमरे खिड़कियाँ हैं।

निष्कर्ष:

I. सभी कारें कमरे हैं।
II. कुछ कमरे दरवाजे हैं।
III. कुछ कमरे कारें हैं।
IV. कुछ फर्श दरवाजे हैं।

(a) केवल I व II अनुसरण करते हैं
(b) केवल II व III अनुसरण करते हैं
(c) केवल II, III व IV अनुसरण करते हैं
(d) सभी अनुसरण करते हैं

140. कथन: कुछ गुलाब फूल हैं। कुछ फूल कलियां हैं। सभी कलियां पत्ते हैं। सभी पत्ते पौधे हैं।

निष्कर्ष:

I. कुछ पौधे फूल हैं।
II. कुछ गुलाब कलियां हैं।
III. कोई पत्ता गुलाब नहीं है।
IV. कोई गुलाब कली नहीं है।

(a) केवल I अनुसरण करता है
(b) केवल I व II अनुसरण करते हैं
(c) केवल I या तो II या IV अनुसरण करता है
(d) केवल या तो II या IV अनुसरण करता है

141. कथन: कुछ चम्मच कांटे हैं। कुछ कांटे डोंगे हैं। सभी डोंगे थालियां हैं। कुछ थालियां जग हैं।

निष्कर्ष:

I. कुछ जग कांटे हैं।
II. कुछ थालियां कांटे हैं।
III. कुछ थालियां चम्मच है।
IV. कुछ जग चम्मच हैं।

(a) केवल I अनुसरण करता है
(b) केवल II अनुसरण करता है
(c) केवल I व III अनुसरण करते हैं
(d) केवल II व IV अनुसरण करते हैं

142. कथन: कुछ किताबें पत्रिकाएं हैं। सभी पत्रिकाएं अखबार हैं। कुछ अखबार कार्ड हैं। सभी कार्ड पेन हैं।

निष्कर्ष:

I. कुछ अखबार किताबें हैं।
II. कुछ अखबार पेन हैं।
III. कुछ पेन पत्रिकाएं हैं।
IV. कुछ पेन किताबें हैं।

(a) केवल I व II अनुसरण करता है
(b) केवल I अनुसरण करता है
(c) केवल II या III अनुसरण करते हैं
(d) सभी अनुसरण करते हैं

निर्देश (143-145): निम्नलिखित जानकारी का अध्ययन कर उसके नीचे दिए गए प्रश्नों के उत्तर दीजिए।

आठ मित्र A, B, C, D, E, F, G व H केन्द्र की ओर मुंह करके वृत्त के गिर्द बैठे हुए हैं। E, G के बाएं को तीसरा है जो B के एकदम दाएं को है जो A के बाएं को तीसरा है। H, F के दाएं को दूसरा है जो E के निकटस्थ पड़ोसी नहीं है। D, B का निकटस्थ पड़ोसी नहीं है।

143. D के सम्बन्ध में B का सही स्थान निम्न में से कौन-सा है?

(a) दाएं को दूसरा
(b) बाएं को दूसरा
(c) दाएं को तीसरा
(d) बाएं को तीसरा

144. A व D के बीच में कौन बैठा है?

(a) F (b) E
(c) G (d) H

145. C के सम्बन्ध में E का स्थान कौन-सा है?

(a) एकदम दाएं को
(b) एकदम बाएं को
(c) दाएं को दूसरा
(d) निर्धारित नहीं किया जा सकता

निर्देश: प्रश्न सं. (146 से 148 में), उस विकल्प को चुनिए जो अन्य तीन विकल्पों से भिन्न है।

146. (a) HIJL (b) TUVX
(c) OPRS (d) BCDF

147. (a) द्वीप (b) खाड़ी
(c) अंतरीप (d) प्रायद्वीप

148. (a) मित्र (b) प्रतिद्वन्द्वी
(c) प्रतिपक्षी (d) शत्रु

149. अक्षरों का कौन-सा समूह खाली स्थानों पर क्रमवार रखने से दी गई अक्षर शृंखला को पूरा करेगा?

ipi_upog_pig_pogi__g

(a) giupi (b) iupgg
(c) upgii (d) puigp

150. निम्नलिखित शृंखला में, ऐसे कितने KGN हैं जिनके मध्य में 'G' है और दोनों ओर आसन्न अक्षर 'K' और 'N' हैं?

AKGLMNDQKGCSNGKTGKGN DZPUXGKE

(a) 2 (b) 3
(c) 5 (d) 1

151. निम्नलिखित में से कौन-सा विकल्प नीचे दिए हुए शब्दों का सार्थक क्रम दर्शाता है?

1. बीज 2. पौधा
3. अंकुरण 4. भ्रूण
5. फूल 6. फल

(a) 1,5,6,4,2,3 (b) 1,5,3,4,2,6
(c) 1,4,3,2,5,6 (d) 6,5,4,3,1,2

152. निम्नलिखित शब्दों को अंग्रेजी शब्दकोश में दिए गए क्रम के अनुसार व्यवस्थित कीजिए:

1. Live 2. Leisure
3. Little 4. Literacy
5. Living

(a) 2,4,3,1,5 (b) 3,4,2,1,5
(c) 3,2,4,5,1 (d) 4,3,5,2,1

निर्देश: प्रश्न सं. (153 से 155 में) एक अनुक्रम दिया गया है, जिसमें एक पद लुप्त है। दिए गए विकल्पों में से वह सही विकल्प चुनिए जो अनुक्रम को पूरा करें।

153. 1S2, 2U4, 3W8, 4Y16 ?

(a) 6A32 (b) 5A24
(c) 5B20 (d) 5A32

154. SHG, RIF, QJE, PKD, ?

(a) OLC (b) NME
(c) NLB (d) OLE

155. 7, 8, 18, 57, ?, 1165

(a) 228 (b) 174
(c) 232 (d) 224

156. दिए गए विकल्पों में से वह शब्द चुनिए जो दिए गए शब्द के अक्षरों का प्रयोग करके नहीं बनाया जा सकता।

INCARCERATION

(a) CREATION (b) RELATION
(c) TERRAIN (d) INACTION

157. अभय की आयु 47 वर्ष है और रजत की आयु 13 वर्ष है। कितने वर्षों में अभय की आयु रजत की आयु की दुगुनी होगी?

(a) 15 वर्ष (b) 20 वर्ष
(c) 21 वर्ष (d) 10 वर्ष

158. सौरभ, कमल, मोहन, अरुण और राम पाँच मित्र हैं। सौरभ, कमल से लम्बाई में छोटा है, किन्तु राम से लम्बा है। मोहन सबसे लम्बा है। अरुण, थोड़ा छोटा है कमल से और थोड़ा लम्बा है सौरभ से। कौन दूसरे नम्बर पर सबसे लम्बा है?

(a) अरुण (b) राम
(c) सौरभ (d) कमल

159. B का भाई A है, C की पुत्री B है और A के पिता D हैं A तो C, D से किस प्रकार सम्बन्धित है?

(a) दादा (b) पति
(c) पत्नी (d) पौत्री

160. दिए गए विकल्पों में से वह शब्द चुनिए जो दिए गए शब्द के अक्षरों का प्रयोग करके बनाया जा सकता है।

DEMOCRACY

(a) DEMON (b) SECRECY
(c) MICRO (d) MARCY

मानसिक अभिरुचि, बुद्धिलब्धि एवं तार्किक क्षमता

161. अपराधी प्रवृत्ति को प्रोत्साहित देने के लिए, समाज के लिए क्या अधिक घातक है?

(a) गन्दी बस्तियों में रहन-सहन
(b) फिल्मों में अश्लीलता, हिंसा व क्रूरता के दृश्य
(c) परिवार के सदस्यों का अनैतिक आचरण
(d) उपरोक्त सभी।

162. नए आतंकवाद विरोधी कानून, 2008 में गिरफ्तारी के बाद, अभियुक्त के रिमाण्ड की अवधि क्या रखी गई है?

(a) 15 दिन के स्थान पर 20 दिन
(b) 12 दिन (c) 30 दिन
(d) दण्ड प्रक्रिया संहिता की धारा 167 के अनुसार।

163. भारतीय संविधान के किस अनुच्छेद के अन्तर्गत ऐसा प्रावधान है कि, 14 वर्ष से कम आयु के बच्चों को, किसी कारखाने अथवा खान अथवा जोखिम भरे काम पर नियुक्त नहीं किया जाएगा?

(a) अनुच्छेद -24 (b) अनुच्छेद -39
(c) अनुच्छेद -21A (d) अनुच्छेद -23

164. विशिष्ट व्यक्तियों के आगमन पर जन-साधारण की सुविधा व परेशानी को दृष्टि में रखते हुए ट्रेफिक व्यवस्था किस प्रकार की होनी चाहिए।

(a) विशिष्ट अतिथियों के आगमन के दो घण्टे पूर्व से, मुख्य मार्ग का यातायात पूर्णतया बन्द कर देना चाहिए
(b) आवश्यक कार्यों चिकित्सीय सहायता, परीक्षा देने अथवा ट्रेन इत्यादि पकड़ने वालों को रोक देना चाहिए
(c) यातायात को सुचारु रूप से चलते रहने देना चाहिए, जबकि सुरक्षा आदि कारणों से कुछ मिनटों के लिए उसे रोकना अति आवश्यक न हो
(d) उपरोक्त सभी।

165. 'दहेज हत्या' का अपराध भारतीय दण्ड विधान की किस धारा के अन्तर्गत आता है?

(a) धारा -305 (b) धारा -309
(c) धारा -304-बी (d) धारा -311

166. गर्भपात' के अपराध में समझौता निम्न में से किसके द्वारा किया जा सकता है?

(a) पति द्वारा
(b) पीड़ित महिला द्वारा न्यायालय की अनुमति से
(c) गर्भपात की शिकार महिला द्वारा
(d) यह अपराध समझौता योग्य नहीं है।

167. निम्नलिखित में से 'जानने का अधिकार' क्या है?

(a) नैसर्गिक अधिकार
(b) कानूनी अधिकार
(c) मूल अधिकार
(d) रूढ़िजन्य अधिकार।

168. यदि नगरपालिका नगर की सफाई नहीं करती है, तो निम्नलिखित में से उसके विरुद्ध कौन-सी रिट जारी की जा सकती है?

(a) बन्दी प्रत्यक्षीकरण
(b) प्रतिषेध
(c) अधिकार-पृच्छा
(d) रूढ़िजन्य अधिकार।

169. निम्न में से पुलिस अधिकारी पर लगाया जाने वाला कौन-सा दण्ड बड़ा दण्ड नहीं है?

(a) सेवा से पदच्युत करना
(b) प्रोन्नति को रोकना
(c) सेवा से हटाना
(d) पदावनत करना।

170. यदि किसी पुलिस अधिकारी जिसके आचरण के विरुद्ध विभागीय जाँच चल रही है, उसे निलम्बित कर दिया गया है। अपने बचाव के लिए वह

(a) याचिका प्रस्तुत कर सकता है कि उसका निलम्बन आधारहीन है
(b) प्रतिवेदन प्रस्तुत कर सकता है
(c) उसका निलम्बन दुर्भावना के कारण किया गया है
(d) विभागीय जांच 3 वर्षों में भी पूरी न हो पाने से निलम्बन आदेश रद्द होना चाहिए।

171. निम्नलिखित में से पुलिस बल के कौन-से जवान खतरों का सामना करने में चट्टान की तरह मजबूत सिद्ध हुए हैं?

(a) रेलवे सुरक्षा बल
(b) सशस्त्र पुलिस बल
(c) नेशनल सिक्योरिटी गार्ड
(d) केन्द्रीय पुलिस बल

172. निम्नलिखित में से आज के समय में बिगड़ती हुई अपराध स्थिति का दोषी आप किसे मानते हैं?

(a) पुलिस की अकर्मण्यता को
(b) मुकदमों में साक्षियों की उदासीनता को
(c) समाज में व्याप्त भ्रष्टाचार को
(d) दोषपूर्ण न्याय प्रणाली को

173. पुलिसिंग में सुधार के लिए निम्नलिखित में से क्या अति आवश्यक है?

(a) थाने में आने वाली हर शिकायत या घटना की रिपोर्ट अंकित करना
(b) पुलिस का रात्रि में सड़कों व मुहल्लों में गश्त करना
(c) पुलिस को जनता के प्रति सद्व्यवहार करके लोगों का विश्वास जीतना
(d) अधिक संख्या में पुलिसकर्मियों की नियुक्ति करना।

174. साम्प्रदायिक सद्भाव मजबूत बनाने के लिए क्या करना चाहिए?

(a) जातिय संगठनों पर रोक

(b) साम्प्रदायिक शिक्षण संस्थाओं पर रोक

(c) साम्प्रदायक साहित्य पर प्रतिबन्ध

(d) उपरोक्त सभी।

175. यदि एक उच्च जाति का व्यक्ति, एक अनुसूचित जाति के व्यक्ति के पुत्र के विवाह में उसकी बारात अपने घर के सामने से निकालने पर बाधा डालता है। उसका यह कार्य अपराध की किस श्रेणी में आता है?

(a) न्यूसेन्स

(b) लोक शान्ति भंग करना

(c) अनुसूचित जाति एवं अनुसूचित जनजाति (अत्याचार निवारण) अधि नियम के अन्तर्गत

(d) लोक स्वास्थ्य-सुविधा और शिष्टता के विरुद्ध अपराध

176. यदि एक अनुसूचित जाति का व्यक्ति दूसरे अनुसूचित जाति के व्यक्ति को, सार्वजनिक स्थान पर बुरी तरह अपमानित व त्रस्त करता है, उसका यह कृत्य किस प्रकार का अपराध है?

(a) धारा 504 आई. पी. सी.

(b) धारा 326 आई. पी. सी.

(c) धारा 3 अनुसूचित जाति (अत्याचार निवारण) अधिनियम

(d) कोई अपराध नहीं

177. निम्नलिखित में से अपराधियों के विरुद्ध कठोर कार्यवाही के लिए आप क्या सुझाव देंगे?

(a) पुलिस प्रशासन यह सुनिश्चित करे कि समाज के किसी वर्ग पर अन्याय न हो

(b) पुलिस को धर्म, जाति, सम्प्रदाय व राजनीति से उठकर, पूरी ईमानदारी, निष्ठा व निर्भीकता से कार्य करना चाहिए

(c) ऐसा वातावरण बनाना चाहिए कि महिलाएं व लड़किया रात्रि में भी घर से बाहर निकलने पर अपने को सुरक्षित महसूस करें

(d) उपरोक्त में से कोई नहीं

178. यदि पुलिस विभाग में आपकी नियुक्ति कांस्टेबिल के रूप में हुई है किन्तु महँगाई के कारण, आप और आपका परिवार कम वेतन में गुजारा नहीं कर पा रहा है। आप

(a) अपने खर्च पर अंकुश लगायेंगे

(b) रिश्वत लेना छोड़कर, शेष विधियों से जीवनयापन करेंगे

(c) साधारण भोजन व मितव्ययता से काम चलायेंगे

(d) जो वेतन प्राप्त होता है उसमें सन्तुष्ट होकर प्रसन्न रहेंगे

179. एक मेले की भीड़ में एक 6 साल का बच्चा अपने माता-पिता से विछड़ गया है, और रो रहा हैं। ड्यूटी कांस्टेबिल को क्या करना चाहिए?

(a) बच्चे से उसका नाम माता-पिता का नाम पता आदि पूछें

(b) बच्चे को प्यार से अपनी गोद में उठाये व उसे सात्वना दे

(c) मेला-स्थल व थाने से मालूम करे कि किसी बच्चे के खोने की सूचना तो नहीं है।

(d) पता लगने पर बालक को उसके माता-पिता के पास पहुंचा देना चाहिए

180. अपने अपने कैरियर के लिए 'पुलिस सेवा' को क्यों चुना है?

(a) इस सेवा से कम शिक्षित व्यक्ति को रोजगार मिल जाता है

(b) पुलिस सेवा में अपराधियों की गिरफ्तारी से सन्तुष्टि मिलती है।

(c) प्रदेश को अन्याय युक्त, अपराध मुक्त व भय मुक्त शासन दिलाने में अपना योगदान देने के लिए

(d) मेरे माता-पिता चाहते हैं कि मैं पुलिस सेवा ही ज्वान करूं

निर्देश (181-183): नीचे दी गयी प्रश्नाकृतियों को सावधानी पूर्वक देखिए तथा उसके नीचे दी गयी चार उत्तराकृतियों में से उस आकृति को चुनिए जो उपयुक्त उत्तर-आकृति बैठती हो।

181. E8t4e9C

(a) Ǝ8ɟ4ɘ9Ɔ (b) E8ɟ4ɘ9Ɔ

(c) Ǝ8ɟ4ɘ6C (d) E8ɟ4ɘ6C

182. ab45CD67

(a) ɐb45CD67 (b) ɐb45CD67

(c) ɐb45CD67 (d) ɐb45CD67

183. ACOUSTIC

(a) ∀ƆO∩SꞱIC

(b) ∀CO∩SꞱIC

(c) ∀CO∩SꞱIC

(d) ∀CO∩STIC

निर्देश (प्रश्न 184-186) : नीचे दिए गए प्रत्येक प्रश्न में एक कथन दिया गया है और इसके नीचे दो पूर्वधारणाएँ दी गई हैं, जिन्हें क्रमांक I और II से दिखाया गया है। कोई मानी हुई या गृहीत बात पूर्वधारणा कहलाती है। आपको दिए हुए कथन और दी हुई पूर्वधारणाओं को ध्यान में लेकर उन दो पूर्वधारणाओं में से कौन कथन में अन्तर्निहित है, इसका निर्णय करना है।

उत्तर दीजिए

(a) यदि केवल पूर्वधारणा I अन्तर्निहित है।

(b) यदि केवल पूर्वधारणा II अन्तर्निहित है।

(c) यदि केवल पूर्वधारणा I अथवा II अन्तर्निहित है।

(d) यदि दोनों I और II अन्तर्निहित हैं।

184. कथन : ''अपने-आपको नवीनतम जानकारी से अवगत रखने के लिए रेडियो पर 9:00 बजे रात का समाचार सुनता हूँ''-*एक उम्मीदवार, साक्षात्कार बोर्ड को बताता है।*

पूर्वधारणाएँ :

I. उम्मीदवार समाचार-पत्र नहीं पढ़ता है।

II. नवीन समाचार केवल रेडियो पर प्रसारित होते हैं।

185. कथन : वैधानिक चेतावनी : सिगरेट पीना स्वास्थ्य के लिए हानिकारक है।

पूर्वधारणाएँ :

I. सिगरेट नहीं पीने से स्वास्थ्य में वृद्धि होती है।

II. वास्तव में इस चेतावनी की कोई जरूरत नहीं है।

186. कथन : कम्प्यूटर की शिक्षा स्कूल से ही शुरू करनी चाहिए।

पूर्वधारणाएँ :

I. कम्प्यूटर सीखना आसान है।

II. कम्प्यूटर शिक्षा प्राप्त करने पर नौकरी आसानी से मिल जाती है

187. समीकरण को पूरा करने के लिए सम्बन्धित संख्या ज्ञात कीजिए।

यदि 879=8 और 625=1, तो 785 के बराबर क्या होगा?

(a) 0 (b) 9

(c) 7 (d) 6

188. एक शहर में लड़कियों और लड़कों की संख्या का अनुपात 90% है। यदि शहर में लड़कों और लड़कियों की कुल संख्या 190 है, तो शहर में कितनी लड़कियाँ हैं?

(a) 100 (b) 110

(c) 90 (d) 80

189. दो बसें एक समय में दिल्ली और आगरा से चलती हैं जो एक-दूसरे से 300 किमी दूर हैं। यदि उनकी गति 38 किमी प्रति घंटा और 37 किमी प्रति घंटा हो, तो दोनों कितने समय बाद एक-दूसरे को पार करेंगी?

(a) 4 घंटे (b) 3 घंटे

(c) 5 घंटे (d) 6 घंटे

190. दीपावली के समय पटाखा जलाते समय एक बच्चे का हाथ जल जाता है तब आप क्या करेंगे?

(a) आप बच्चे का हाथ लेकर पानी में डुबाएंगे।

(b) हाथ को डिटॉल से धो देंगे।

(c) डॉक्टर को बुलाने के लिए कहेंगे।

(d) जले हुए जगह पर दवाई लगाएंगे।

191. जब आप दफ्तर से निकलकर घर जा रहे हैं तभी आप देखते है कुछ लोग मिलकर एक लड़के को बुरी तरह पीट रहे है तब आप क्या करेंगे?

(a) उन लोगों के साथ मिलकर आप भी लड़का की पिटाई करना शुरू कर देंगे।

(b) आप बिना ध्यान दिए हुए आगे बढ़ जायेंगे।

(c) आप उन्हें रोकने की कोशिश करेंगे।

(d) आप दूसरे लोगों को रोकने की कोशिश करने के लिए कहेंगे।

192. आप ट्रेप में यात्रा कर रहे हैं, तभी आप पाते है कि आपके बर्थ के नीचे एक सुटकेश रखा हुआ है तब आप क्या करेंगे?

(a) रेल पुलिस को इसकी सूचना देंगे।

(b) सुटकेश को खोलकर देखेंगे।

(c) सुटकेश के मालिक का पता लगाने की कोशिश करेंगे।

(d) आप उस पर ध्यान नहीं देंगे।

193. आप मुहल्ला में टहल रहे हैं तभी अचानक 500 रुपया का नोट जमीन पर गिरा हुआ मिलता है तब आपकी प्रतिक्रिया क्या होगी?

(a) आप उसको उठा कर अपने पास रख लेंगे।

(b) आप उसको वहीं पर छोड़ देंगे।

(c) आप उस पैसे को भिखारी को दे देंगे।

(d) आप इसको पुलिस स्टेशन में जाकर जमा कर देंगे।

निर्देश (194-198) : नीचे एक परिच्छेद दिया गया है और उसके नीचे उस परिच्छेद में दिये गये तथ्यों के आधार पर निकाले जा सकने वाले कुछ संभावित अनुमान दिये गये हैं। आप हर एक अनुमान की परिच्छेद के संदर्भ में अलग-अलग परीक्षा कर उसकी सत्यता या असत्यता की मात्रा निश्चित कीजिए।

उत्तर (a) दीजिये, यदि अनुमान 'निश्चित रूप से सत्य' है अर्थात् वह दिए गए तथ्यों का उचित रूप से अनुसरण करता है।

उत्तर (b) दीजिये, यदि अनुमान 'संभवतः सत्य है' यद्यपि दिए गए तथ्यों के सदर्भ में 'निश्चित रूप से सत्य' नहीं है।

उत्तर (c) दीजिये, यदि 'दिए हुए तथ्य काफी नहीं हैं अर्थात् दिए हुए तथ्यों से अनुमान सत्य है अथवा असत्य यह आप नहीं कह सकते हैं।

उत्तर (d) दीजिये, यदि अनुमान 'निश्चित रूप से असत्य' है अर्थात् दिए हुए तथ्यों का संभवतः अनुसरण नहीं करता है अथवा वह दिए गए तथ्यों के विपरित जाता है।

परिच्छेद

तात्कालिक चुनौती खाद्य के मोर्चे पर है: उत्पादन में कमी का आपूर्ति पर और इसलिए कीमतों पर प्रभाव पड़ने दिया गया है। सरकार सिंचाई में निवेश पर ध्यान केंद्रित करने और कृषि विस्तार प्रणाली के पुनरूज्जीवन तक की योजना बना रही है। संभवतः जरूरत हरित क्रांति की रणनीति की नई खुराक की है। ऐसा लगता है कि हरित क्रांति के साधन (Instruments) किसानों को निवेश के लिए प्रोत्साहित करने में अब प्रभावी नहीं रही है।

हरित क्रांति की रणनीति कीमतों के धराशायी होने के जोखिम को राज्य द्वारा उठाए जाने पर आधारित थी। यदि खुला बाजार उपज को न ले पाए तो राज्य किसानों को उनकी उपज के लाभकारी मूल्य और खरीद की गारंटी देता था। तब किसान बैंकों से उधार ले पाते थे, हरित क्रांति प्रौद्योगिकी अर्जित कर पाते थे और जितना हो सके उतनी पैदावार कर सकते थे जब तक खाद्य की कमी थी, खाद्य सब्सिडी पर दबाव सहनीय था। फिर खुले बाजार में कीमतों का रुझान सरकारी खरीद मूल्य से ऊपर रहने का होता था, लेकिन खाद्य की अधिकता से स्थिति मूल्य बदल गई है, स्थिति सिर्फ सब्सिडी के परिमाण के कारण असहनीय नहीं थीं। यह अक्षम भी था, इसका अर्थ था कि किसान केवल सरकार द्वारा निश्चित किए जाने वाले मूल्य के आधार पर फसल उगाने के लिए प्रेरित हो रहे थे ने कि किसी वास्तविक मांग से। इस परिस्थिति में सरकार खरीद-मूल्य को उस गति से बढ़ाए जाने की अनिच्छुक थी, जो शुरू के वर्षों में एक मानदंड हुआ करता था।

194. सरकार हरित क्रांति रणनीतियों में महत्वपूर्ण परिवर्तन करने की योजना बना रही है।

195. अब सरकार किसानों की सब्सिडी देने की स्थिति में नहीं है।

196. चूंकि खुले बाजार में कीमतें नीचें हैं फसलों की खरीद का सारा बोझ सरकार पर है।

197. किसानों द्वारा उगाई गई फसलों की मात्रा में मांग बहुत अधिक है।

198. किसान अपनी सुविधा के अनुसार फसल उगाने को प्रवृत्त होते हैं, मांग के अनुसार नहीं।

निर्देश (प्रश्न 199-200 तक) - दिए गए विकल्पों में से सम्बन्धित शब्द/अक्षर/संख्या को चुनिए

199. सम्मेलन : अध्यक्ष : : समाचार-पत्र : ?

(a) रिपोर्टर (b) वितरक

(c) मुद्रक (d) सम्पादक

200. सुझाव : आदेश : : ?

(a) सलाह : सुझाव

(b) मुस्कान : गम्भीर

(c) योजना : क्रियान्वयन

(d) क्रोध : शोर

उत्तरमाला

1.(d)	2.(c)	3.(b)	4.(a)	5.(d)
6.(c)	7.(c)	8.(d)	9.(a)	10.(b)
11.(a)	12.(b)	13.(b)	14.(a)	15.(a)
16.(a)	17.(a)	18.(a)	19.(c)	20.(b)
21.(a)	22.(b)	23.(c)	24.(b)	25.(b)
26.(a)	27.(a)	28.(b)	29.(a)	30.(c)
31.(b)	32.(d)	33.(d)	34.(a)	35.(d)
36.(a)	37.(a)	38.(a)	39.(c)	40.(a)
41.(d)	42.(c)	43.(b)	44.(d)	45.(c)
46.(a)	47.(d)	48.(a)	49.(a)	50.(b)
51.(a)	52.(b)	53.(d)	54.(c)	55.(d)
56.(d)	57.(d)	58.(a)	59.(a)	60.(b)
61.(b)	62.(a)	63.(b)	64.(d)	65.(c)
66.(b)	67.(b)	68.(b)	69.(b)	70.(a)
71.(c)	72.(c)	73.(a)	74.(b)	75.(d)
76.(d)	77.(c)	78.(b)	79.(a)	80.(c)
81.(a)	82.(c)	83.(a)	84.(c)	85.(c)
86.(a)	87.(b)	88.(a)	89.(d)	90.(c)
91.(d)	92.(b)	93.(a)	94.(c)	95.(b)
96.(a)	97.(d)	98.(b)	99.(d)	100.(c)
101.(c)	102.(c)	103.(b)	104.(d)	105.(c)
106.(d)	107.(a)	108.(b)	109.(a)	110.(c)
111.(a)	112.(b)	113.(b)	114.(d)	115.(d)
116.(c)	117.(b)	118.(d)	119.(a)	120.(a)
121.(c)	122.(b)	123.(d)	124.(a)	125.(d)
126.(b)	127.(a)	128.(a)	129.(d)	130.(b)
131.(c)	132.(a)	133.(d)	134.(c)	135.(b)
136.(d)	137.(a)	138.(a)	139.(d)	140.(c)
141.(b)	142.(a)	143.(c)	144.(d)	145.(b)
146.(c)	147.(c)	148.(a)	149.(a)	150.(a)
151.(c)	152.(a)	153.(d)	154.(a)	155.(c)
156.(b)	157.(c)	158.(d)	159.(c)	160.(d)
161.(d)	162.(c)	163.(a)	164.(c)	165.(c)
166.(b)	167.(c)	168.(d)	169.(b)	170.(b)
171.(c)	172.(b)	173.(c)	174.(d)	175.(c)
176.(a)	177.(b)	178.(c)	179.(a)	180.(c)
181.(d)	182.(b)	183.(b)	184.(d)	185.(d)
186.(a)	187.(d)	188.(c)	189.(a)	190.(a)
191.(c)	192.(a)	193.(d)	194.(b)	195.(c)
196.(a)	197.(d)	198.(a)	199.(d)	200.(b)

उत्तर सहित व्याख्या

81. (a) माना $2^x = 3^y = 6^{-z} = K$

$$\Rightarrow 2 = (K)^{\frac{1}{x}},\ 3 = (K)^{\frac{1}{y}},\ 6 = (K)^{-1/z}$$

$\because\ 2 \times 3 = 6$

$$\Rightarrow (K)^{\frac{1}{x}} + (K)^{\frac{1}{y}} = (K)^{\frac{-1}{z}}$$

$$\Rightarrow \frac{1}{x} + \frac{1}{y} = -\frac{1}{z}$$

$$\therefore \frac{1}{x} + \frac{1}{y} + \frac{1}{z} = 0$$

86. (a) $x = \sqrt{\dfrac{\sqrt{5}+1 \times \sqrt{5}+1}{\sqrt{5}-1 \times \sqrt{5}+1}} = \dfrac{\sqrt{5}+1}{2}$

$$\therefore x^2 - x - 1 = \frac{5+1+2\sqrt{5}}{4} - \frac{\sqrt{5}+1}{2} - 1$$

$$= \frac{6+2\sqrt{5}-2\sqrt{5}-2-4}{4} = 0$$

87. (b) $x = \dfrac{\sqrt{3}}{2}$, रखने पर,

$$\frac{1+\frac{\sqrt{3}}{2}}{1+\sqrt{1+\frac{\sqrt{3}}{2}}} + \frac{1-\frac{\sqrt{3}}{2}}{1-\sqrt{1-\frac{\sqrt{3}}{2}}}$$

$$= \frac{2+\sqrt{3}}{\sqrt{2}\times(\sqrt{2}+\sqrt{2+\sqrt{3}})} + \frac{2-\sqrt{3}}{\sqrt{2}(\sqrt{2}-\sqrt{2+\sqrt{3}})}$$

$$= \frac{2+\sqrt{3}}{2+\sqrt{4+2\sqrt{3}}} + \frac{2-\sqrt{3}}{2-\sqrt{4+2\sqrt{3}}}$$

$$= \frac{2+\sqrt{3}}{2+(1+\sqrt{3})} + \frac{2-\sqrt{3}}{2-(\sqrt{3}-1)}$$

$$= \frac{2+\sqrt{3}}{3+\sqrt{3}} + \frac{2-\sqrt{3}}{3-\sqrt{3}}$$

$$= \frac{(2+\sqrt{3})(3-\sqrt{3})+(2-\sqrt{3})(3+\sqrt{3})}{(3+\sqrt{3})(3-\sqrt{3})}$$

$= 1$

88. (a) दिया, $y = |x| - 5$

$\Rightarrow y = x - 5$ अथवा, $y = -x - 5$

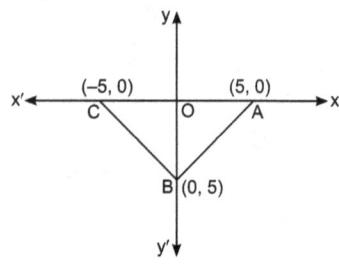

$\therefore$ घिरे क्षेत्र का क्षेत्रफल

$$= \frac{1}{2} \times AC \times OB = \frac{1}{2} \times 10 \times 5$$

$= 25$ वर्ग इकाई

89. (d) विकल्प (d) से $x = 4$ लेने पर,

$$\sqrt{4x-9} + \sqrt{4x+9}$$

$$= \sqrt{16-9} + \sqrt{16+9} = \sqrt{7} + 5$$

90. (c) $\because\ a^3 + b^3 + c^3 - 3abc$

$$= \frac{1}{2}(a+b+c)\{(a-b)^2 + (b-c)^2 + (c-a)^2\}$$

$$= \frac{1}{2}(225+226+227)(1+1+4)$$

$= 678 \times 3 = 2034$

92. (b)

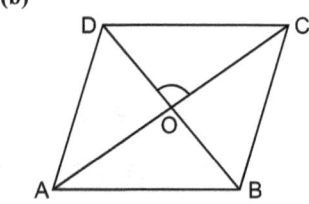

ABCD एक चतुर्भुज है

जहाँ विकर्ण AC तथा BD एक-दूसरे को 'O' बिन्दु पर काटते है, एवं $AC \perp BD$

$AB^2 = AO^2 + BO^2$ (by PT)

$BC^2 = BO^2 + CO^2$

$CD^2 = CO^2 + DO^2$

$AD^2 = AO^2 + OD^2$

अब $AB^2 + CD^2 = AO^2 + BO^2 + CO^2 + DO^2$

$AD^2 + BC^2 = AO^2 + OD^2 + BO^2 + CO^2$

इस प्रकार, $AB^2 + CD^2 = AD^2 + BC^2$

93. (a)

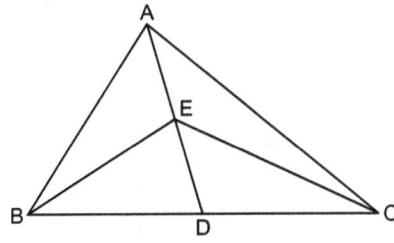

$\because$ AD का मध्यबिन्दु E है

$\Rightarrow$ BE, ΔABD की माध्यिका है।

$\therefore$ ar(ΔBED) = ar(ΔABE)

$= \frac{1}{2}$ ar(ΔABD) ...(I)

इसी प्रकार, ar(ΔCED) = ar(ΔAEC)

$= \frac{1}{2}$ ar(ΔACD) ...(I)

समी. (I) तथा (II)

ar (ΔBEC) = $\frac{1}{2}$ ar (Δ ABD) + $\frac{1}{2}$ ar (ΔACD)

$= \frac{1}{2}$ ar (ΔABC)

94. (c) माना दो समीपवर्ती कोण $x°$ तथा $\frac{2}{3}x°$ है

$\therefore\ x° + \frac{2}{3}x° = 180°$

$x°\left(1+\frac{2}{3}\right) = 180°$

$x° = 180° \times \frac{3}{5} = 108°$

$\therefore$ सबसे छोटा कोण $= \frac{2}{3}x°$

$= \frac{2}{3} \times 108°$

$= 72°$

95. (b) $\because \angle BCE = \angle CBD + \angle BDC$

$\therefore\ 65° = 28° + \angle BDC$

$\Rightarrow\ 65° - 28 = \angle BDC$

$37° = \angle BDC$

$\Rightarrow\ \angle BDC = \angle ABD$

$\therefore\ \angle ABD = 37°$

96. (a) माना वह भिन्न संख्या n है तो

$0.6n + \sqrt{n} = \frac{1}{5}n + 5$ (प्रश्नानुसार)

$\frac{1}{5}$ को 0.2 भी लिख सकते हैं

$0.6n + \sqrt{n} = 0.2n + 5$

$\sqrt{n} = -0.4n + 5$ (दोनों तरफ वर्ग करने पर)

$n = (-0.4n + 5)^2$

$\Rightarrow 0.16n^2 - 2(0.4)(5)n + 25$

$\Rightarrow 0.16n^2 - 4n + 25$

$0 = 0.16n^2 - 4n - n + 25$

$\Rightarrow 0.16n^2 - 5n + 25 = 0$

द्विघात सूत्र का प्रयोग करने पर

a = 0.16, b = –5, c = 25

हम पाते हैं n = 6.25 अत: उत्तर 6.25 होगा।

98. (b) A की भेदन क्षमता P(A) = 90% = 0.9

A की भेदन अक्षमता P(A) = 1 – 0.9 = 0.1

B की भेदन अक्षमता P(B) = 90% = 0.9

यहां A तथा B स्वतंत्र घटना है

अत: P(A और B) = P(A) × P(B) = 0.1 × 0.9 = 0.09

अत: A तथा B की लक्ष्य न भेद पाने की संयुक्त संभावना = 9%

100. (c) माना वस्तु का क्रय मूल्य x है

तो $x \times \frac{80}{100} + 20 = \frac{x \times 120}{100}$

या $-\frac{40x}{100} = -20$

या $x = \frac{20 \times 100}{40}$

= ₹50

101. (c) माना भिन्न $\frac{x}{y}$ है तो,

दी गई जानकारी के अनुसार नया भिन्न $= \frac{x \times 160/100}{y \times 40/100}$

$= \frac{x \times 160}{y \times 40} = \frac{4x}{y}$

अत: भिन्न का मान 4 गुणा बढ़ जाएगा

103. (b) मान लिया C(वृत्त) का क्षेत्रफल = πr^2

तथा S(वर्ग) का क्षेत्रफल = a^2

या $\pi r^2 = a^2$ (दिया हुआ है)

या $r^2 = \frac{a^2}{\pi}$

पुन: C की परिमिति = $2\pi r$

तथा S की परिमिति = $4a$

प्रश्नानुसार, $\frac{\text{C की परिमिति का वर्ग}}{\text{S की परिमिति का वर्ग}}$

$= \frac{(2\pi r)^2}{(4a)^2}$

$\Rightarrow \frac{4\pi^2 r^2}{16a^2}$

$\Rightarrow \frac{4\pi^2 \times \frac{a^2}{\pi}}{16a^2} = \frac{\pi}{4} = \frac{22}{7 \times 4} = \frac{11}{14}$

107. (a) कुल हाथ मिलाने का तरीका

$= {}^{12}C_2 = \frac{12!}{10!2!}$

$= \frac{12 \times 11}{2 \times 1} = 66$

अत: कुल 66 तरीके से हाथ मिलाया जा सकता है।

108. (b) यात्रा की औसत गति $= \frac{2 \times a \times b}{a + b}$

$= \left(\frac{2 \times 40 \times 60}{40 + 60}\right)$ किमी/घंटा

$\Rightarrow \left(\frac{2 \times 40 \times 60}{100}\right)$ किमी/घंटा

= 48 किमी/घंटा

109. (a) $T_n = a + (n - d)$

यहां $T_n = 700$, $a = 7$ तथा d = 7

या 700 = 7 + 7n –7

$\Rightarrow$ 700 = 7n

या $n = \frac{700}{7} = 100$

अब n पदों का योग $= S_n = \frac{n}{2}(a + T_n)$

जहां n = अंतिम पद

$\Rightarrow \frac{100}{2}(7 + 700)$

$\Rightarrow 50 \times 707$

$\Rightarrow 35350$

अत: यह संख्या 35350 है।

111. (a) ? = 515.15–15.51 – 1.51 – 5.11 – 1.11

या, – 515.15 – 23.24 = 491.91

112. **(b)** $(3)^8 \times (3)^4$
 $= (3)^{8+4} = (3)^{12} = (3^6)^2$
 $= (729)^2$

113. **(b)** $24.424 + 5.656 + 1131 + 0.089$
 $= 24.424 + 6.876$
 $= 31.3$

114. **(d)** $[(84)^2 \div 28 \times 12] \div 24 = 7 \times ?$
 या, $\left[\dfrac{84 \times 84}{28} \times 12\right] \div 24 = 7 \times ?$
 या, $\left[\dfrac{84672}{28}\right] \div 24 = 7 \times ?$
 या, $\dfrac{3024}{24} = 7 \times ?$
 $\therefore ? = \dfrac{3024}{7 \times 24} = 18$

115. **(d)** $\left(134 \times \dfrac{7.9}{100}\right) - \left(79 \times \dfrac{3.4}{100}\right)$
 $= 10.586 - 2.686$
 $= 7.9$

116. **(c)** इलाके B एवं D में मिलाकर अंग्रेजी अखबारों की कुल बिक्री
 $= 9000 + 7000 = 16000$
 इलाके A, C एवं E में मिलाकर अंग्रेजी अखबारों की कुल बिक्री $= 7500 + 9500 + 6500 = 23500$
 $\therefore$ अभीष्ट प्रतिशत
 $= \dfrac{16000}{23500} \times 100 = 68\%$

117. **(b)** हिन्दी अखबारों की कुल बिक्री
 $= 5500 + 8500 + 4500 + 9500 + 5000 = 33000$
 अंग्रेजी अखबारों की कुल बिक्री
 $= 7500 + 9000 + 9500 + 7000 + 6500 = 39500$
 अभीष्ट अन्तर
 $= 39500 - 33000 = 6500$

118. **(d)** अभीष्ट प्रतिशत
 $= \dfrac{7500}{39500} \times 100 = 18.9 \approx 19$

119. **(a)** हिन्दी अखबारों की औसत बिक्री
 $= \dfrac{5500 + 8500 + 4500 + 9500 + 5000}{5}$
 $= \dfrac{33000}{5} = 6600$

120. **(a)** इलाके 'A' में हिन्दी अखबार $= 5500$
 इलाके 'D' में हिन्दी अखबार $= 9500$
 अभीष्ट अनुपात $= 5500 : 9500$

121. **(c)** 'भवन' अन्य सभी से भिन्न है। भवन के निर्माण में इन सभी चीजों का उपयोग होता है।

122. **(b)** जिस प्रकार,

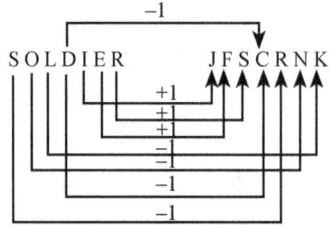

उसी प्रकार,

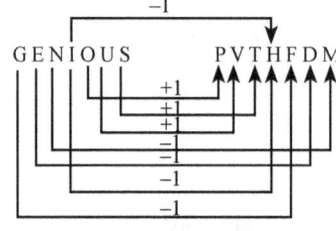

अतः (?) के स्थान पर PVTHFDM आएगा।

123. **(d)** रक्त का रंग लाल होता है। परन्तु यहाँ 'लाल' को 'नारंगी' कहा गया है। इसलिए रक्त का रंग 'नारंगी' होगा।

124. **(a)**

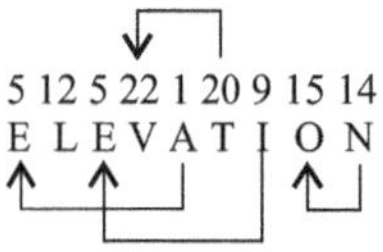

 5 12 5 22 1 20 9 15 14
 E L E V A T I O N

 अक्षरों के चार जोड़ें AE, EI, TV तथा NO है।

निर्देश (125–130) के लिए:
 (i) A @ B → A < B
 (ii) A $ B → A > B
 (iii) A # B → A ≤ B
 (iv) A ★ B → A ≥ B
 (v) A % B → A = B

125. **(d)** E @ U ⇒ E < U
 U % R ⇒ U = R
 R $ F ⇒ R > B
 So, E < U = R > F

निष्कर्ष
 I. E $ F ⇒ E > F (असत्य)
 II. E ★ F ⇒ E ≥ F (असत्य)
 दोनों ही निष्कर्ष असत्य हैं।

126. **(b)** P @ W ⇒ P < W
 W ★ D ⇒ W ≥ D
 D $ J ⇒ D > J
 So, P < W ≥ D > J

निष्कर्ष
 I. J @ P ⇒ J < P (असत्य)
 II. J @ W ⇒ J < W (सत्य)
 केवल निष्कर्ष II सत्य है।

127. **(a)** K ★ D ⇒ K ≥ D
 D $ L ⇒ D > L
 L @ J ⇒ L < J
 So, K ≥ D > L < J

निष्कर्ष
 I. K $ L ⇒ K > L (सत्य)
 II. K # J ⇒ K ≤ L (असत्य)
 केवल निष्कर्ष I सत्य है।

128. **(a)** H # T ⇒ H ≤ T
 T @ L ⇒ T < L
 L % F ⇒ L = F
 So, H ≤ T < L = F

निष्कर्ष
 I. F $ H ⇒ F > H (सत्य)
 II. H # L ⇒ H ≤ L (असत्य)
 केवल निष्कर्ष I सत्य है।

129. **(d)** V $ L ⇒ V > L
 I ★ M ⇒ I ≥ M
 M # Q ⇒ M ≤ Q
 So, V > I ≥ M ≤ Q

निष्कर्ष
 I. I # Q ⇒ I ≤ Q
 II. I ★ Q ⇒ I ≥ Q
 या तो निष्कर्ष I या II सत्य है।

130. **(b)** T # J ⇒ T ≤ J
 J ★ L ⇒ J ≥ L
 L @ W ⇒ L < W
 So, T ≤ J ≥ L < W

सेट 5

निष्कर्ष
I. J @ W ⇒ J < W (असत्य)
II. T % I ⇒ T = L (सत्य)
निष्कर्ष I और निष्कर्ष II असत्य हैं।

131. (c) 386 ⇒ 368; 752 ⇒ 725
961 ⇒ 916; 573 ⇒ 537
839 ⇒ 893
सबसे बड़ी संख्या ⇒ 916
⇒ 9 + 6 = 15

132. (a) 386 ⇒ 683; 752 ⇒ 257
961 ⇒ 169; 573 ⇒ 375
839 ⇒ 938
दूसरी सबसे बड़ी संख्या
⇒ 683 ⇒ 386

133. (c) 386 ⇒ 936; 752 ⇒ 672
961 ⇒ 791; 573 ⇒ 853
839 ⇒ 489
सबसे छोटी संख्या = 489
इस संख्या का तीसरा अंक ⇒ 9

134. (c) विकल्प (a) से,
K + L → K, L की बहन है।
L ÷ N → L, N की पुत्री है।
N × F → N, F का पिता है।
अतः N, K का पिता है।
विकल्प (b) से,
K + L ÷ N − M
K + L → K, L की बहन है
L ÷ N → L, N की पुत्री है।
N − M → N, M का पति है

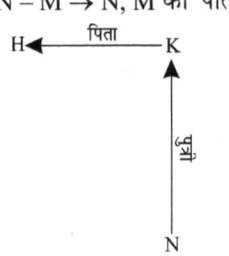

अतः N, K का पिता है।
विकल्प (c) से,
H × K ⇒ H, K का पिता है।
K ÷ N ⇒ K, N की पुत्री है।
अतः N, K की माता है।

135. (b) F ÷ R × H − L

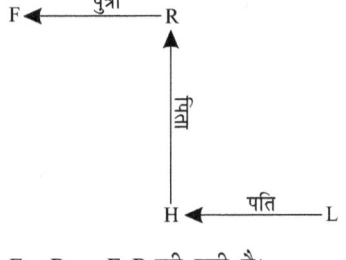

F ÷ R → F, R की पुत्री है।
R × H → R, H का पिता है।
H − L → H, L का पति है।
अतः H, F का भाई है।

136. (d) G × T + Q ÷ M

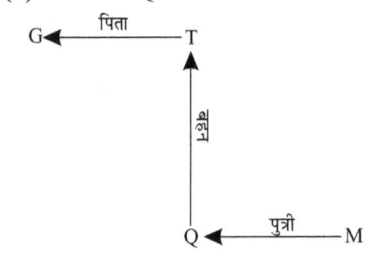

G × T → G, T का पिता है।
T + Q → T, Q की बहन है।
Q ÷ M → Q, M की पुत्री है।
अतः M, G की पत्नी है।

137. (a) F − R + H ÷ T

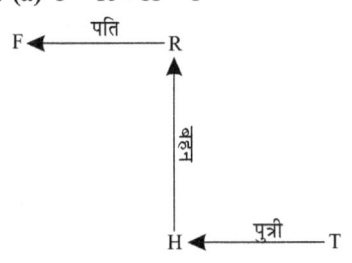

F − R ⇒ F, R का पति है।
R + H ⇒ R, H की बहन है।
H ÷ T ⇒ H, T की पुत्री है।
अतः F, T का सन-इन-लॉ है।

138. (a)

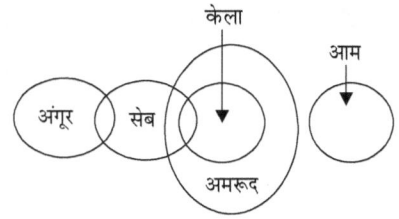

निष्कर्ष
I. ✓ II. ✗
III. ✓ IV. ✓
I, III और IV तीनों अनुसरण करते हैं।

139. (d)

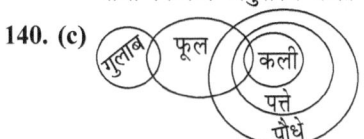

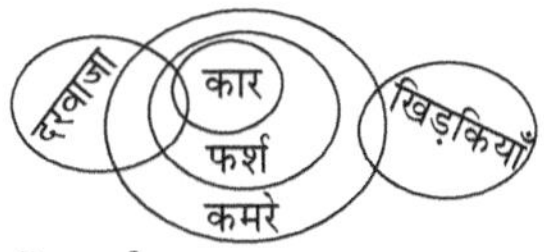

निष्कर्ष
I. ✓ II. ✓
III. ✓ IV. ✓
सभी निष्कर्ष अनुसरण करते हैं।

140. (c)

अतः केवल निष्कर्ष I व या तो निष्कर्ष II या IV अनुसरण करते हैं।

141. (b)

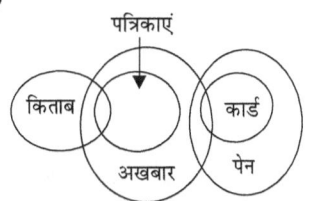

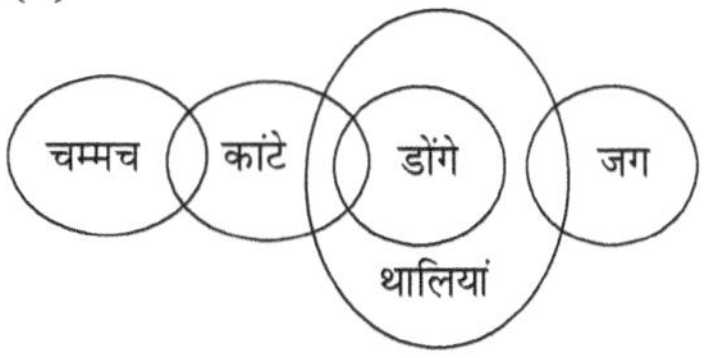

निष्कर्ष
I. II. ✓
III. IV. ✗
केवल निष्कर्ष II अनुसरण करता है।

142. (a)

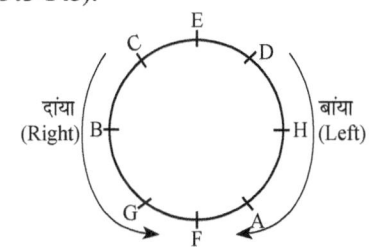

निष्कर्ष
I. ✓ II. ✓
III. ✗ IV. ✗
केवल निष्कर्ष I और निष्कर्ष II अनुसरण करते हैं।

(143-145):

143. (c)   **144.** (d)   **145.** (b)

146. (c) H I J L
           +1 +1 +2

   T U V X
   +1 +1 +2

   O P R S
   +1 +2 +1

   तथा

   B C D F
   +1 +1 +2

147. (c)   **148.** (a)

149. (a) i pig/u pog /i pig/u pog/i pig

150. (a) G – अक्षर समूह दो में विद्यमान है।

151. (c) सार्थक क्रम ⇒ 1. बीज 4. भ्रूण 3. अंकुरण 2. पौधा 5. फूल 6. फल

152. (a) Leisure → Literacy → Litter → Little → Live → Living

153. (d)

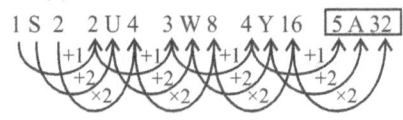

अतः (?) के स्थान पर 5A32 होगा।

154. (a) ∵ SHG = 19 + 8 + 7 = 34
   RIF = 18 + 9 + 6 = 33
   QJE = 17 + 10 + 5 = 32
   PKD = 16 + 11 + 4 = 31
   ∴ OLC = 15 + 12 + 3 = 30

155. (c) 7, 8, 18, 57, ?, 1165
   ∵ 7 × 1 + 0 = 7
   7 × 1 + 1 = 8
   8 × 2 + 2 = 18
   18 × 3 + 3 = 57
   57 × 4 + 4 = 232
   232 × 5 + 5 = 1165

156. (b) ∵ दिए गए शब्द में 'L' अक्षर नहीं है।

157. (c) ∵ अभय की आयु = 47
   रजत की आयु = 13
   ∴ प्रश्नानुसार,
   47 = 13 × 2 = 26
   ∵ 26 + 21 = 47
   ∴ 21 वर्षों में अभय की आयु रजत की आयु की दुगुनी हो जाएगी

158. (d) मोहन > कमल > सौरभ > राम I
   कमल > अरूण > सौरभ II
   समी. I व II से स्पष्ट है कि लम्बाई क्रम में कमल दूसरे स्थान पर होगा

159. (c)

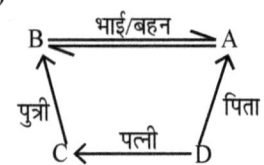

अतः उपरोक्त चित्रानुसार G, D की पत्नी है।

160. (d) शब्द DEMOCRACY से MARCY शब्द बनाया जा सकता है।

6 प्रैक्टिस सेट

सामान्य ज्ञान

1. **निम्नलिखित में से किस राज्य सरकार ने किसानों के हित के लिए 'महात्मा गांधी सरबत विकास' योजना की शुरुआत की है?**
(a) उत्तर प्रदेश (b) पंजाब
(c) राजस्थान (d) हरियाणा

2. **भारत का प्रथम महानगर, जहां अस्थाई बाजार (Floating market) विकसित किया गया है-**
(a) मुम्बई (b) कोलकाता
(c) चेन्नई (d) दिल्ली

3. **भारत का प्रथम राज्य कौन-सा है जहां सरकारी कार्यक्रमों के लिए सोशल ऑडिट कानून लागू किया गया है?**
(a) हिमाचल प्रदेश (b) पश्चिम बंगाल
(c) मेघालय (d) नागालैंड

4. **Citizen Delhi: My Times, My Life पुस्तक किस पूर्व मुख्यमंत्री की आत्मकथा है?**
(a) लालू प्रसाद यादव
(b) सुषमा स्वराज
(c) शीला दीक्षित
(d) मुलायम सिंह यादव

5. **69वें गणतंत्र दिवस समारोह के संदर्भ में निम्न में से कौन-सा/से कथन सत्य है/हैं?**
1. इस बार गणतंत्र दिवस परेड का नेतृत्व लेफ्टिनेंट जनरल असित मिस्त्री ने किया।
2. इस बार गणतंत्र दिवस परेड में पहली बार महिला वायु सैनिकों ने हिस्सा लिया।
3. सार्क देशों के सभी राष्ट्राध्यक्ष इस गणतंत्र दिवस के मुख्य अतिथि के रूप में शामिल हुए।
(a) केवल 1
(b) केवल 2
(c) केवल 1 और 2
(d) सभी 1 2, और 3

6. **किस प्रजाति के कुत्तों को भारतीय सेना की डयूटी के लिए प्रशिक्षित किये जाने की घोषणा की गयी?**
(a) मुधोल प्रजाति(b) रज्वा प्रजाति
(c) संथाल प्रजाति(d) साल्या प्रजाति

7. **वर्ष 2017 के नोबेल शांति पुरस्कार के लिए किस व्यक्ति/संस्था को सम्मानित किया गया?**
(a) आईकैन (b) वी के ट्वेन
(c) लेट्स चेंज (d) अल्बर्टो प्युरोरितको

8. **निम्नलिखित में से किस राज्य की पुलिस के साथ मिलकर युवा कौशल विकास कार्यक्रम आरंभ किया गया?**
(a) पंजाब पुलिस (b) हरियाणा पुलिस
(c) दिल्ली पुलिस(d) मुम्बई पुलिस

9. **भारतीय नौसेना द्वारा देश में बनी किस पहली परमाणु पनडुब्बी को नौसेना में शामिल किया गया?**
(a) आईएनएस कलवरी
(b) आईएनएस विक्रांत
(c) आईएनएस सैराट
(d) आईएनएस विक्रम

10. **हाल ही में किसने इको-निवास नामक ऑनलाइन पोर्टल का अनावरण किया है?**
(a) प्रधानमंत्री नरेंद्र मोदी
(b) राष्ट्रपति रामनाथ कोविंद
(c) गृहमंत्री राजनाथ सिंह
(d) इनमें से कोई नहीं

11. **राजा राममोहन राय के इंग्लैण्ड जाने के पश्चात् किसने ब्रह्म समाज की बागडोर संभाली?**
(a) केशवचन्द्र सेन
(b) देवेन्द्रनाथ टैगोर
(c) गोपाल हरि देशमुख
(d) रामचन्द्र विद्यावागीश

12. **तेलंगाना आंदोलन का नेतृत्व किसने किया?**
(a) डोड्डी कुमारैया
(b) सुंदरैया
(c) a और b दोनों
(d) विश्वषरैया

13. **अगर कोई व्यक्ति हत्या का दोषी पाया जाता है तो उस पर भारतीय दण्ड संहिता की कौन सी धारा लगाई जाती है?**
(a) 304 (b) 302
(c) 305 (d) 310

14. **कौन-सी अक्षांश रेखा भारत के मध्य से होकर गुजरती है ?**
(a) कर्क रेखा (b) मकर रेखा
(c) विषुवत रेखा (d) आर्कटिक रेखा

15. **भारत के किस राज्य में नागार्जुन सागर बाँध है ?**
(a) आंध्र प्रदेश (b) तमिलनाडु
(c) गुजरात (d) मध्य प्रदेश

16. **'भूगोल का जनक' किसे कहा जाता है?**
(a) हेरोडोटस (b) अरस्तू
(c) इरैटोस्थनीज (d) हिकैटिय

17. **ऑडियोमीटर यंत्र का उपयोग किसके मापन हेतु होता है?**
(a) प्रकाश का वेग
(b) ज्वार-भाटा की तीव्रता
(c) ध्वनि की तीव्रता
(d) रॉकेट का वेग

18. **आँधी की दिशा को मापने वाले यंत्र को क्या कहते हैं ?**
(a) थियोडोलाइट (b) थर्मोस्टैट
(c) विंड वेन (d) टैकोमीटर

19. **संविधान की प्रस्तावना में भारत को कहा गया है-**
(a) सर्वसत्ताधारी, लोकतांत्रिक, समाजवादी, धर्मनिरपेक्ष गणराज्य
(b) समाजवादी, लोकतांत्रिक, धर्मनिरपेक्ष गणराज्य
(c) लोकतांत्रिक, सर्वसत्ताधारी, धर्मनिरपेक्ष, समाजवादी गणराज्य
(d) सर्वसत्ताधारी, समाजवादी, धर्मनिरपेक्ष, लोकतांत्रिक

20. **भारतीय संविधान में कुल कितने भाग हैं?**
(a) 14 भाग (b) 22 भाग
(c) 12 भाग (d) 8 भाग

21. **किस भारतीय महिला धावक ने एशियाई खेलों में सर्वप्रथम स्वर्ण पदक जीता था?**
(a) कमलजीत संधू
(b) पी.टी. ऊषा
(c) पी.बी. सिंधू
(d) एस.विजय लक्ष्मी

22. **पहले भारतीय कमाण्डर इन चीफ थे-**
(a) जनरल के एस थिमय्या
(b) जनरल के एम करिअप्पा
(c) एस एच एफ जे मानेक शॉ
(d) उपरोक्त में से कोई नहीं।

23. **टोडा जनजाति है-**
(a) शिकारी एवं खाद्य संग्राहक
(b) पशुपालक
(c) मातृवंशीय
(d) लड़ाकू जनजाति

24. **निम्न में से मेघालय से संबंधित जनजाति नहीं है-**
(a) गारो (b) खासी
(c) गोंड (d) जयंतिया

25. **निम्न में से 'जदूर' लोकनृत्य संबंधित है-**
(a) मध्य प्रदेश (b) उत्तर प्रदेश
(c) बिहार (d) मिजोरम

26. **निम्न में से कौन 'कथक' नृत्य से संबंधित नहीं हैं?**
(a) शम्भू महाराज
(b) दमयन्ती जोशी
(c) लक्ष्मीनारायण शास्त्री
(d) मालविका सरकार

27. **निम्न में से प्राचीन शैव सम्प्रदाय कौन-सा था?**
(a) पाशुपत (b) वैष्णव
(c) निर्ग्रन्थ (d) महायान

28. **............... में लिखे गए प्रोग्राम को ट्रांसलेट करने के लिए कम्पाइलर का प्रयोग होता है।**
(a) उच्च स्तरीय लैंग्वेज
(b) एसेम्बली लैंग्वेज
(c) मशीन लैंग्वेज
(d) निम्नस्तरीय लैंग्वेज

29. **मेनफ्रेम या सुपर कम्प्यूटर को एक्सेस करने के लिए प्रयोक्ता प्रायः .... का प्रयोग करते हैं।**
(a) टर्मिनल (b) नोड
(c) हैण्ड हेल्ड (d) डेस्कटॉप

30. **आपके कम्प्यूटर के हार्डडिस्क में वायरस के आने का सर्वाधिक सामान्य तरीका क्या है?**
(a) मोबाइल फोन से कम्प्यूटर में पिक्चर्स अपलोड कर
(b) CD-ROM से गेम्स इन्स्टॉल करके
(c) ई-मेल्स खोलकर
(d) ई-मेल भेजकर

31. **तृतीय पंचवर्षीय योजना का मुख्य उद्देश्य था-**
(a) आत्म-पोषित विकास
(b) आर्थिक विकास
(c) समाजवाद की स्थापना
(d) रोजगारोन्मुख विकास

32. **पिन कोड व्यवस्था में भारत के राज्यों को कितने क्षेत्रों में बाँटा गया है?**
(a) 6 (b) 8
(c) 10 (d) 7

33. **भारत के पहले उपग्रह का नाम है-**
(a) भास्कर (b) रोहिणी
(c) आर्यभट्ट (d) एप्पल

34. **दही में कौन-सा जीवाणु पाया जाता है?**
(a) लैक्टोबैक्टर (b) क्लास्ट्रिडियम
(c) एसिटोबैक्टर (d) इनमें से कोई नहीं

35. **निम्नलिखित में सबसे भारी धातु है-**
(a) ताँबा (b) यूरेनियम
(c) एल्युमिनियम (d) चाँदी

36. **कन्याकुमारी-**
(a) भारत का एक केन्द्र शासित प्रदेश है
(b) भारतवर्ष की एक महान् साम्राज्ञी है
(c) एक झील है
(d) भारतवर्ष के सुदूर दक्षिणी सिरे पर स्थित एक तटीय शहर है

37. **भारत में भूमि का सबसे अधिक नुकसान किस कारण से होता है?**
(a) पानी जमा रहने से
(b) क्षारीपन तथा लवणता से
(c) अम्लता से
(d) कटाव से

38. **नेशनल डिफेंस कॉलेज अवस्थित है-**
(a) मुंबई (b) पुणे
(c) नई दिल्ली (d) जयपुर

39. **भारतीय सीमा सुरक्षा बल (बी.एस.एफ.) को संगठित करने की तिथि है-**
(a) 1 दिसम्बर, 1965
(b) 15 अगस्त, 1947
(c) 30 जनवरी, 1948
(d) 28 अप्रेल, 1922

40. **नासिक में किस नदी के किनारे कुम्भ मेला लगता है?**
(a) महानदी (b) गंगा
(c) सतलुज (d) गोदावरी

सामान्य हिन्दी

निर्देश (41-45): दिए गए गद्यांश के आधार पर निम्नलिखित प्रश्नों के उत्तर दीजिए।

प्राचीन काल में लंका के राजा रावण के पास अथाह धन एवं विशाल सैन्य शक्ति थी। वह बहुत ही बलशाली, कुशाग्रबुद्धि एवं चारों वेदों का ज्ञाता था। लेकिन उसमें चारित्रिक बल की कमी थी इसी वजह से लोग उसे राक्षस कहते हैं। चरित्र सचमुच व्यक्ति की अमूल्य सम्पत्ति होती है। चरित्रहीन व्यक्ति चाहे कितनी ही विद्या अर्जित कर ले, धन जुटा ले या ऊँचे पद पर आसीन हो जाए, सब व्यर्थ है क्योंकि वह कभी भी समाज का सम्मानित व्यक्ति नहीं हो सकता। उसको दिया गया सम्मान दिखावटी होता है। चरित्रवान व्यक्ति से लोग प्रभावित होकर उसका अनुगमन करते हैं एवं सच्चे मन से आदर करते हैं।

41. लंका का राजा कौन था?
(a) राम (b) विभीषण
(c) रावण (d) हनुमान

42. किसी भी व्यक्ति की अमूल्य सम्पत्ति क्या है?
(a) विद्या (b) धन
(c) बल (d) चरित्र

43. चारों वेदों का ज्ञाता किसे माना जाता था?
(a) अर्जुन (b) रावण
(c) भीम (d) कुम्भकर्ण

44. रावण में सबसे बड़ी कमी किस बात की थी?
(a) धन (b) यश
(c) बल (d) चरित्र

45. वह व्यक्ति सच्चे मन से आदर के लायक होता है जो—
(a) चरित्रवान हो
(b) बलवान हो
(c) ऊँचे पदों पर आसीन हो
(d) कुशाग्र बुद्धि का हो।

46. अल्पायु का विलोम .... है।
(a) दीर्घायु (b) लम्बी आयु
(c) अमर (d) अचर

47. पुरातन विलोम शब्द है .... का।
(a) नवीन (b) अर्वाचीन
(c) अधुनातन (d) आधुनिकतन

48. प्राकृतिक .... का विलोम है।
(a) नकली (b) कृत्रिम
(c) बनावटी (d) सामाजिक

49. कंकाल–कंगाल—
(a) अस्थिपंजर, निर्धन
(b) निर्धन, अस्थिपंजर
(c) कौआ, कोयल
(d) कोयल, कौआ

50. गृह–ग्रह—
(a) सूर्य, चन्द्र (b) घर, नवग्रह
(c) नवग्रह, घर (d) तारे, कुटिया

निर्देश (51-52): वाक्यांशों के लिए एक शब्द का चयन करें।

51. जीतने की इच्छा वाला—
(a) जिमुष (b) जिमीष
(c) जिगीषु (d) इनमें से कोई नहीं

52. जंगल की आग—
(a) दावाग्नि (b) बड़वाग्नि
(c) जठराग्नि (d) वनाग्नि

53. पराजय में उपसर्ग है—
(a) परा (b) प
(c) जय (d) इनमें से कोई नहीं

54. विपक्ष में उपसर्ग होगा—
(a) बि (b) वि
(c) पक्ष (d) क्ष

55. देय, लभ्य, गम्य में .... प्रत्यय है।
(a) अनीय (b) यत्
(c) तृच् (d) इय

56. इक प्रत्यय से युक्त शब्द नहीं है।
(a) नैसर्गिक (b) ऐच्छिक
(c) दैविक (d) प्रकाशिक

57. देवर्षि में .... संधि है।
(a) दीर्घ (b) गुण
(c) यण् (d) वृद्धि

58. सूर्योदय का संधि-विच्छेद .... है।
(a) सूर्यो + दय (b) सूर्या + ओदय
(c) सूर्य + उदय (d) सूर्य + दय

59. तिरंगा, चौमासा, चौराहा, सप्तर्षि में .... समास है।
(a) द्विगु (b) अव्ययीभाव
(c) बहुब्रीहि (d) द्वन्द्व

60. किस शब्द में बहुब्रीहि समास नहीं है?
(a) चतुरानन (b) दशानन
(c) त्रिलोचन (d) त्रिलोक

61. 'पीठ दिखाने' का क्या अर्थ है—
(a) वीर होना (b) हार जाना
(c) कायर होना (d) मूर्ख होना

62. 'पाँचों उँगली घी में होना' का अर्थ बताइए—
(a) लाभ होना (b) हानि होना
(c) अत्यधिक लाभ होना
(d) अत्यधिक हानि होना

63. 'पत्थर की लकीर होने' का तात्पर्य क्या है?
(a) कठोर होना (b) कठिन होना
(c) मिट जाना (d) अमिट होना

64. 'बगलें झाँकना' का अर्थ बताइए—
(a) होशियार होना
(b) निरुत्तर होना
(c) गमगीन होना
(d) उपर्युक्त में से कोई नहीं

65. 'फूलकर कुप्पा होना' का अर्थ क्या है?
(a) दु:खी होना (b) अत्यंत प्रसन्न होना
(c) नाराज होना (d) गर्व करना

66. 'थोड़ी विद्या या धन पाकर इतराना' के लिए उपयुक्त .... कहावत है।
(a) अन्धा का जाने बसंत बहार
(b) अधजल गगरी छलकत जाय
(c) अटकेगा सो भटकेगा
(d) अंधा क्या चाहे दो आंखें

67. वाक्य के गलत भाग को पहचानिए-
(a) अनपढ़ का उसके हित की बात समझाना व्यर्थ है
(b) क्योंकि वह तो वही
(c) ढाक के तीन पात है।
(d) कोई गलती नहीं

68. अनुशासन की कमी के चलते विद्यार्थियों में .... आती है।

(a) ऊपृंखलता (b) उच्छृंखलता

(c) ऊचश्रृंखला (d) ऊश्रंखल

69. वाक्य में निम्न में से कौनसा चिह्न आएगा।

शायद आपकी ही शादी हुई है–

(a) । (b) ;

(c) ? (d) ,

70. 'VESTED INTEREST' का सही परिभाषित शब्द होगा–

(a) निहित स्वार्थ (b) स्वैच्छिक

(c) अस्पष्ट (d) विशेषाधिकार

71. किस क्रमांक में सभी शब्द शुद्ध हैं?

(a) जिजीविषा, चतुश्लोकी, वर-वधू, प्रौढ़

(b) पुष्टीकरण, मिष्ठान्न, शरदोत्सव, निर्दयी

(c) अतिश्योक्ति, वयस्क, संशकित, उज्जवल

(d) दाम्पत्य, मानवीयकरण, सौजन्यता, सौकर्य

72. 'चिरायु' शब्द में प्रयुक्त उपसर्ग है–

(a) चि (b) चिर

(c) चु (d) आयु

73. किस क्रमांक में अंग्रेजी के पारिभाषिक शब्द के सामने उसका सही समकक्ष हिन्दी शब्द है?

(a) Recurring - पुनरावृत्ति

(b) Exchequer - राजकोष

(c) De Facto - तथ्यहीन

(d) In to - मध्य में

74. किस क्रमांक में शुद्ध वाक्य है–

(a) बेटी किसी दिन पराये घर का धन होगा।

(b) तुम्हें राजकुमार का एकांकी कैसा लगा?

(c) वे लड़कियां और उनकी मां आ गई;

(d) मोहन या सोहन या वल्लभ कल आयेंगे।

75. निम्नलिखित लोकोक्तियों में किस लोकोक्ति में 'दूर के ढोल सुहावने' का आशय है–

(a) आदमी जानिये बसे, सोना जानिये कसे

(b) तीन में न तेरह में मृदंग बजावे डेरे में

(c) हंसा थे सो उड़ि गये कागा भये दीवान

(d) मलयाचल की भीलनी चंदन देत जराय

76. किस क्रम में मुहावरा है?

(a) दाहिना हाथ

(b) समय चूकि पुनि का पछिताने

(c) सावधान बाईस पंसेरी

(d) नैकी कर दरिया में डाल

77. किस क्रम में कर्मवाचक कृत् प्रत्यय नहीं है?

(a) खिलौना (b) ओढ़ना

(c) चलनी (d) खुरचन

78. 'अभि' उपसर्ग किस अर्थ में प्रयुक्त होता है?

(a) अपवाद, विपरीत

(b) सामने, पास, विशेष

(c) नीचा, बुरा, हीन

(d) पीछे, समान

79. 'छाती पर पत्थर रखना' मुहावरे का सही अर्थ है–

(a) कठोर हृदय

(b) विपत्ति में भी विचलित न होना

(c) विवश होना

(d) तनिक भी न पसीजना

80. 'निर्निमेष' शब्द में कौन सा उपसर्ग है?

(a) निर् (b) नि

(c) नि: (d) निस्

संख्यात्मक अभियोग्यता

81. 3.5 सेमी. त्रिज्या वाले 3 वृत्त एक दूसरे को बाहरी तौर पर स्पर्श करते हैं। उन तीनों वृत्तों के बीच में बचे भाग का क्षेत्रफल होगा–

(a) 1.975 सेमी^{2} (b) 1.967 सेमी^{2}

(c) 19.67 सेमी^{2} (d) 21.21 सेमी^{2}

82. $(4)^{0.5} \times (0.5)^4$ का मान बताए

(a) 1 (b) 4

(c) 1/8 (d) 1/32

83. एक खंभे का $\frac{1}{6}$ भाग कीचड़ में शेष का $\frac{1}{2}$ भाग जल में तथा शेष 5 मीटर जल के ऊपर है, खंभे की लम्बाई है–

(a) 5 मीटर (b) 8.5 मीटर

(c) 10 मीटर (d) 12 मीटर

84. एक आयत एवं एक वर्ग का परिमाप 160 मी. है। यदि आयत का क्षेत्रफल, वर्ग के क्षेत्रफल से 100 वर्ग मी. कम है, तो आयत की लम्बाई है–

(a) 30 मी. (b) 60 मी.

(c) 40 मी. (d) 50 मी.

85. 12 सेमी. व्यास वाले सीसे के एक ठोस गोले को पिघलाकर 3 ठोस गोले बनाए गए जिनके व्यासों का अनुपात क्रमश: 3:4:5 है, तो सबसे छोटे ठोस गोले की त्रिज्या (सेमी. में) है–

(a) 3 (b) 6

(c) 1.5 (d) 4

86. एक खेल का मैदान आयत के आकार का है। मैदान को उपयोग के लायक बनाने के लिए 25 पैसे प्रति वर्ग मीटर की दर से ₹ 1000 का व्यय हुआ। मैदान की चौड़ाई 50 मी. है। यदि मैदान की लम्बाई 20 मी. बढ़ती है, तो पहले की दर से कुल कितने रुपये खर्च होंगे?

(a) 1,250 (b) 1,000

(c) 1,500 (d) 2,250

87. एक बेलनाकार बर्तन जिसका आधार क्षैतिज और आंतरिक त्रिज्या 3.5 से.मी. है, में उतनी ही मात्रा में पानी है जो एक ठोस गोले को पूर्णत: डुबा सकती है। गोला बर्तन में पूरी तरह से समा जाता है। बर्तन में पानी की गहराई (गोला डालने से पूर्व) है–

(a) $\frac{35}{3}$ से.मी. (b) $\frac{17}{3}$ से.मी.

(c) $\frac{7}{3}$ से.मी. (d) $\frac{14}{3}$ से.मी.

88. एक वृत्ताकार बेलन की ऊंचाई 6 गुणा बढ़ती है और आधार का क्षेत्रफल $\frac{1}{9}$

गुणा घटता है। बेलन का वक्र पृष्ठीय क्षेत्रफल कितने गुणा बढ़ता है?

(a) 2 (b) $\frac{1}{2}$

(c) $\frac{2}{3}$ (d) $\frac{3}{2}$

89. यदि किसी समचतुर्भुज के विकर्ण 8 और 6 है, तो इसकी भुजा का वर्ग है–

(a) 25 (b) 55

(c) 64 (d) 36

90. एक ठोस अर्धगोले का आयतन 19404 घन से.मी. है। इसकी कुल पृष्ठीय क्षेत्रफल है–

(a) 4158 वर्ग से.मी.

(b) 2858 वर्ग से.मी.

(c) 1738 वर्ग से.मी.

(d) 2038 वर्ग से.मी.

91. एक गोले का आयतन 38808 घन सेमी है, तो गोले का पृष्ठीय क्षेत्रफल है $\left(\pi = \frac{22}{7}\right)$

(a) 5500 वर्ग सेमी

(b) 5544 वर्ग सेमी

(c) 4455 वर्ग सेमी

(d) 5000 वर्ग सेमी

92. एक शंकु, अर्द्धगोला और बेलन एक ही आधार और ऊंचाई पर बने हैं, उनके आयतनों का अनुपात है

(a) 2:1:3 (b) 1:2:3

(c) 3:1:2 (d) 1:3:2

93. एक चतुर्भुज का विकर्ण 8 सेमी एवं विकर्ण पर सम्मुख शीर्षों से डाले गये लम्बों की लम्बाई क्रमश: 5 सेमी एवं 3.5 सेमी हो, तो चतुर्भुज का क्षेत्रफल है

(a) 40 वर्ग सेमी (b) 34 वर्ग सेमी

(c) 17.5 वर्ग सेमी (d) 60 वर्ग सेमी

94. एक घनाभ की माप 18 सेमी × 12 सेमी × 9 सेमी है। इस घनाभ को पिघलाकर 3 सेमी भुजा वाले कितने घन बनाये जा सकते हैं?

(a) 60 (b) 55

(c) 69 (d) 72

95. एक समकोणीय त्रिभुजाकार प्रिज्म के आधार का क्षेत्रफल 36 वर्ग सेमी तथा ऊंचाई 5 सेमी है, तो त्रिभुजाकार प्रिज्म का आयतन है

(a) 36 घन सेमी (b) 180 घन सेमी

(c) 72 घन सेमी (d) 90 घन सेमी

निर्देश (96-100): निम्नलिखित संख्या श्रृंखला में केवल एक संख्या गलत है। गलत संख्या का पता लगाइए।

96. 4 6 18 49 201 1011

(a) 1011 (b) 201

(c) 18 (d) 49

97. 48 72 108 162 243 366

(a) 72 (b) 108

(c) 162 (d) इनमें से कोई नहीं

98. 2 54 300 1220 3674 7350

(a) 3674 (b) 1220

(c) 300 (d) 54

99. 8 27 64 125 218 343

(a) 27 (b) 218

(c) 125 (d) 343

100. 19 68 102 129 145 154

(a) 154 (b) 129

(c) 145 (d) 102

निर्देश (101-105): नीचे दिए गए प्रश्नों के उत्तर देने के लिए दस सारणी का ध्यानपूर्वक अध्ययन कीजिए।

छह विद्यार्थियों द्वारा छह अलग-अलग विषयों में प्राप्त अंकों का प्रतिशत

विषय → / विद्यार्थी ↓	गणित (150 में से)	अंग्रेजी (75 में से)	विज्ञान (125 में से)	हिन्दी (150 में से)	समाजशास्त्र (100 में से)	मराठी (25 में से)
A	74	68	62	68	81	74
B	64	72	82	68	63	66
C	72	84	78	66	77	70
D	78	82	64	70	69	84
E	82	64	84	72	65	60
F	68	72	74	74	83	80

101. परीक्षा में पास होने के लिए अंग्रेजी में न्यूनतम 54 और विज्ञान में न्यूनतम 93 अंक पाना जरूरी है तो परीक्षा में कितने विद्यार्थी पास हुए है?

(a) एक (b) चार

(c) दो (d) तीन

102. सभी विषयों को मिलाकर किस विद्यार्थी को सर्वाधिक अंक मिले हैं?

(a) F (b) E

(c) B (d) C

103. सभी विद्यार्थियों द्वारा मिलकर हिन्दी में प्राप्त औसत अंक कितने है? (दशमलव के बाद दो अंकों तक पूर्णांकित)

(a) 35.02 (b) 32.68

(c) 31.33 (d) इनमें से कोई नहीं

104. सभी विषयों में मिलाकर F को प्राप्त अंकों का समग्र प्रतिशत कितना है?

(a) 74 (b) 72

(c) 75 (d) 88

105. B को गणित और समाजशास्त्र में मिलाकर कुल कितने अंक मिले है?

(a) 153 (b) 159

(c) 146 (d) 149

निर्देश (106-110): निम्नलिखित प्रश्नों में प्रश्नचिन्ह (?) के स्थान पर क्या आयेगा?

106. $21^{?} \times 21^{6.5} = 21^{12.4}$

(a) 2.9 (b) 4.4

(c) 6.9 (d) इनमें से कोई नहीं

107. 12.25 × ? × 21.6 = 3545.64

(a) 14.8 (b) 12.6

(c) 15.8 (d) 13.4

108. 15.5% of 646 + 24.5% of 298 = ?

(a) 184.22 (b) 173.14

(c) 168.26 (d) 137

109. $2\frac{1}{3} + 1\frac{1}{5} + 2\frac{1}{4} = ?$

(a) $8\frac{23}{60}$ (b) $4\frac{53}{60}$

(c) $5\frac{47}{60}$ (d) $6\frac{37}{60}$

110. $\sqrt[3]{4096} = ?$

(a) 16 (b) 26

(c) 18 (d) 38

निर्देश (111-115): नीचे दिए गए प्रश्नों के उत्तर देने के लिए इस ग्राफ का ध्यानपूर्वक अध्ययन कीजिए।

विगत वर्षों में कम्पनियों के लाभ में प्रतिशत वृद्धि

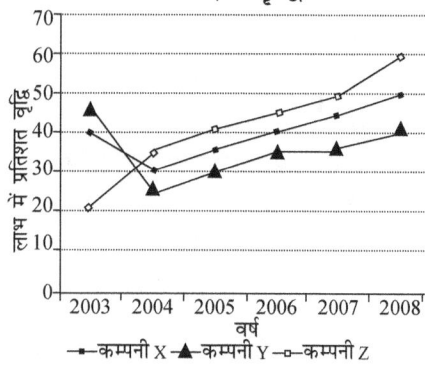

कम्पनी X कम्पनी Y कम्पनी Z

111. पिछले वर्ष की तुलना में वर्ष 2008 में कम्पनी Y के लाभ में कितने प्रतिशत वृद्धि हुई थी?

(a) 2 (b) 10

(c) 20 (d) इनमें से कोई नहीं

112. पिछले वर्ष की तुलना में वर्ष 2005 में कम्पनी Z के प्रतिशत लाभ में लगभग कितने प्रतिशत वृद्धि हुई थी?

(a) 14 (b) 21

(c) 8 (d) 26

113. वर्ष 2004 में कम्पनी X ने ₹ 265000 का लाभ कमाया था। वर्ष 2006 में इसे कितना लाभ हुआ था?

(a) ₹ 621560 (b) ₹ 468290

(c) ₹ 705211 (d) ₹ 500850

114. विगत वर्षों में कम्पनी Z के लाभ में औसत कितने प्रतिशत वृद्धि हुई है?

(a) 41 (b) $41\frac{2}{3}$

(c) $28\frac{1}{6}$ (d) $23\frac{1}{3}$

115. ग्राफ के सन्दर्भ में निम्नलिखित में से कौन-सा कथन सत्य है?

(a) वर्ष 2004 में कम्पनी X को हानि हुई थी

(b) वर्ष 2006 और 2007 में कम्पनी Y द्वारा अर्जित लाभ समान था

(c) अन्य वर्षों की तुलना में वर्ष 2008 में कम्पनी Z को सर्वाधिक लाभ हुआ था

(d) वर्ष 2004 में कम्पनी X द्वारा अर्जित लाभ उसी वर्ष कम्पनी Z द्वारा अर्जित लाभ से कम था

निर्देश (116-120): निम्नलिखित प्रश्नों में प्रश्नचिन्ह (?) के स्थान पर लगभग कितना मूल्य आयेगा?

(नोट: तथ्यगत: मूल्य की गणना जरूरी नहीं है।)

116. $\sqrt[3]{1500} = ?$

(a) 11 (b) 6

(c) 15 (d) 19

117. $1\frac{3}{5} \times 2\frac{1}{7} \times 7\frac{1}{3} = ?$

(a) 17 (b) 13

(c) 9 (d) 25

118. 18.999 × 12.005 × 25.998 = ?

(a) 4860 (b) 6470

(c) 3320 (d) 5930

119. 11.5% of 666 × 18.3% of 888 = ?

(a) 15608 (b) 12446

(c) 10520 (d) 18338

120. 2898 ÷ 22 ÷ 2 = ?

(a) 278 (b) 52

(c) 66 (d) 43

तर्कशक्ति परीक्षण

121. निम्नलिखित चार में से तीन किसी प्रकार समान है, अतः उनका एक समूह बनता है। वह कौन-सा है जो इस समूह में नहीं आता है?

(a) 42 (b) 65

(c) 35 (d) 46

122. 'MP' का 'NQ' से वही संबंध है जो 'BE' का .... से है।

(a) CF (b) EF

(c) CG (d) DF

123. किसी खास कोड में GONE को '5139' और NODAL को '31268' लिखते हैं। इस कोड में LODGE कैसे लिखा जाएगा?

(a) 81259 (b) 84259

(c) 82459 (d) 82659

124. संख्या 52361984 में ऐसे कितने अंक है जिनमें से प्रत्येक संख्या के आरम्भ से उतना ही दूर है जितना कि संख्या के भीतर अंकों को आरोही क्रम में लगाने के बाद होगा?

(a) कोई नहीं (b) एक

(c) दो (d) तीन

125. किसी खास कोड में MEADOW को BFNVNC लिखते हैं। इस कोड में CORNER कैसे लिखा जाएगा?

(a) DPSQDM (b) SPDMDQ

(c) SPDQDM (d) DPSMDQ

126. प्रत्येक अक्षर का केवल एक बार प्रयोग करते हुए ARTSE अक्षरों से अंग्रेजी के कितने अर्थपूर्ण शब्द बनाए जा सकते हैं?

(a) कोई नहीं (b) एक

(c) दो (d) तीन

127. 'P' का अर्थ 'से विभाजित किया गया', 'R' का अर्थ 'से गुणा किया गया', 'T' का अर्थ 'में जोड़ा गया' और 'W' का अर्थ 'से घटाया गया' है, तो

60 T 48 P 8 W 6 R 9 = ?

(a) 12 (b) $61\frac{1}{23}$

(c) $-40\frac{1}{2}$ (d) $16\frac{2}{3}$

128. निम्नलिखित चार में से तीन किसी प्रकार समान हैं, अतः उनका एक समूह बनता है। वह एक कौन-सा है जो इस समूह में नहीं आता है?

(a) मूली (b) अदरक

(c) बन्दगोभी (d) आलू

129. M, N, P, R और T में से प्रत्येक को एक परीक्षा में अलग-अलग अंक मिले है। R को M और T से अधिक अंक मिले हैं। N को P से कम अंक मिले हैं। इनमें से किसे तीसरे क्रमांक पर सबसे अधिक अंक मिले हैं?

(a) N (b) R

(c) M (d) डाटा अपर्याप्त है

130. निम्नलिखित संख्या श्रृंखला में आगे क्या आयेगा?

2 1 2 1 3 2 1 3 4 2 1 3 4 5 2 1 3 4 5 6 2 1 3 4 5 6

(a) 6 (b) 7

(c) 8 (d) 9

131. शब्द PROFITABLE में अक्षरों के ऐसे कितने जोड़े हैं जिनमें से प्रत्येक में उनके बीच उतने ही अक्षर हैं जितने की अंग्रेजी वर्णमाला में उनके बीच है?

(a) कोई नहीं (b) एक
(c) दो (d) तीन

निर्देश (132-133): निम्नलिखित प्रश्न नीचे दी गई पांच त्रिअंकीय संख्याओं पर आधारित हैं

519 368 437 246 175

132. निम्नलिखित में से कौन-सा सबसे बड़ी और सबसे छोटी संख्या के बीच वाले अंकों का जोड़ है?

(a) 6 (b) 9
(c) 8 (d) 5

133. निम्नलिखित में से कौन-सा दूसरी सबसे बड़ी संख्या का तीसरा अंक हैं?

(a) 9 (b) 8
(c) 7 (d) 6

निर्देश (134-139): नीचे दिए गए प्रश्नों के उत्तर देने के लिए निम्नलिखित व्यवस्था का ध्यानपूर्वक अध्ययन कीजिए।

R D @ 5 M E 7 9 T © B % W 2 H 6 $ K P 1 A 4 Q I V ★ U N 8 3 Z F Y

134. उपरोक्त व्यवस्था में ऐसे कितने व्यंजन हैं, जिनमें से प्रत्येक के तुरन्त पहले एक संख्या और तुरन्त बाद एक प्रतीक है?

(a) कोई नहीं (b) एक
(c) दो (d) तीन

135. उपरोक्त व्यवस्था में अपने स्थान के आधार पर निम्नलिखित में से चार किसी प्रकार समान है अतः उनका एक समूह बनता है। वह एक कौन सा है जो इस समूह में नहीं आता है?

(a) T B 9 (b) 2 % H
(c) 4 I A (d) U 8 ★

136. उपरोक्त व्यवस्था पर आधारित निम्नलिखित श्रृंखला में प्रश्नचिन्ह (?) के स्थान पर क्या आयेगा?

D 5 E T B W 6 K 1 ?

(a) Q V ★ (b) A Q V
(c) Q I ★ (d) 4 I ★

137. उपरोक्त व्यवस्था में ऐसी कितनी संख्याएं हैं, जिनमें से प्रत्येक के तुरन्त पहले एक अक्षर और तुरन्त बाद भी एक अक्षर है?

(a) कोई नहीं (b) एक
(c) दो (d) तीन

138. उपरोक्त व्यवस्था में दाएं से सोलहवें के दाएं नौवां, निम्नलिखित में से कौन सा है?

(a) 7 (b) B
(c) U (d) V

139. निम्नलिखित में से कौन-सा उपरोक्त व्यवस्था में बांये से सोलहवें के बांये छठा है?

(a) © (b) I
(c) 4 (d) %

निर्देश (140-145): निम्नलिखित प्रश्नों में प्रतीक @, ©, $, % और ★ का निम्नानुसार अर्थ में प्रयोग किया गया है।

'P © Q' का अर्थ है 'P, Q से छोटा नहीं है'।

'P ★ Q' का अर्थ है 'P, Q से बड़ा नहीं है'।

'P @ Q' का अर्थ है, 'P, न तो Q से बड़ा और न ही समान हैं।

'P $ Q' का अर्थ है, 'P न तो Q से छोटा और न ही समान है'।

'P % Q' का अर्थ है 'P, न तो Q से बड़ा और न ही छोटा है।

140. कथन: J $ K, K ★ T, T @ N, N © R

निष्कर्ष:

I. J $ T II. R ★ T
III. N $ K IV. R ★ K

(a) कोई सत्य नहीं है
(b) केवल I सत्य है
(c) केवल II सत्य है
(d) केवल III सत्य है

141. कथन: F % W, W © R, R @ M, M $ D

निष्कर्ष:

I. D @ R II. M $ F
III. R @ D IV. R ★ F

(a) कोई सत्य नहीं है
(b) केवल I सत्य है
(c) केवल II सत्य है
(d) केवल IV सत्य है

142. कथन: H @ B, B ★ E, V © E, W $ V

निष्कर्ष:

I. W $ E II. H @ E
III. H @ V IV. W $ B

(a) केवल I और II सत्य हैं
(b) केवल I, II और III सत्य हैं
(c) केवल II, III और IV सत्य हैं
(d) I, II, III और IV सभी सत्य

143. कथन: R © K, K ★ N, N $ J, J % H

निष्कर्ष:

I. R $ N
II. J @ K
III. H @ N
IV. R $ H

(a) केवल III सत्य है
(b) केवल I सत्य है
(c) केवल II सत्य है
(d) केवल IV सत्य है

144. कथन: K ★ D, D $ N, N % M, M © W

निष्कर्ष:

I. M @ K II. N @ K
III. M @ D IV. W ★ N

(a) केवल I और II सत्य हैं
(b) केवल I, II और III सत्य हैं
(c) केवल III और IV सत्य हैं
(d) I, II, III और IV सभी सत्य हैं

145. कथन: N $ T, T © R, R % M, M @ D

निष्कर्ष:

I. D $ R II. M @ T
III. M % T IV. M $ D

(a) केवल I सत्य है
(b) केवल या तो II और III सत्य है
(c) केवल या तो II या III और I सत्य है
(d) केवल III सत्य है

146. शब्द 'WONDERS' में अक्षरों के ऐसे कितने जोड़े हैं, जिनमें से प्रत्येक के बीच शब्द में उतने ही अक्षर हैं (आगे और पीछे दोनों दिशाओं में) जितने कि अंग्रेज़ी वर्णमाला में उनके बीच हैं ?

(a) एक (b) दो
(c) तीन (d) चार

निर्देश: प्रश्न सं. (147 से 148), वह आरेख चुनिए जो नीचे दिए गए वर्गों के बीच संबंध का सही निरूपण करता है।

147. कारखाना, मशीनरी, उत्पाद

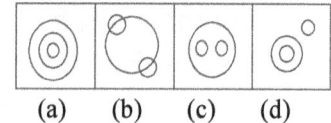

(a) (b) (c) (d)

148. यात्री, रेलगाड़ी, बस

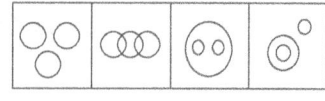

(a) (b) (c) (d)

149. यदि एक दर्पण को MN रेखा पर रखा जाए, तो दी गई उत्तर आकृतियों में से कौन-सी आकृति प्रश्न आकृति की सही प्रतिबिम्ब होगी?

प्रश्न आकृतियाँ:

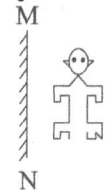

M

N

उत्तर आकृतियाँ :

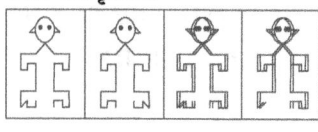

(a) (b) (c) (d)

150. अंग्रेजी वर्णमाला में प्रत्येक अक्षर के लिए विषम संख्या नियत की गई है, जो A = 1, B = 3, आदि है। तदनुसार 'HOTEL' शब्द के लिए उसके अक्षरों का कुल मान कितना होगा?

(a) 95 (b) 115

(c) 125 (d) 105

151. एक कूट-भाषा में MAARK को KRAAM लिखा गया है। तदनुसार, PASSI को उस कूट-भाषा में कैसे लिखा जाएगा?

(a) ISSAP (b) ISSPA

(c) SSIPA (d) ASSIP

152. यदि 29 × 48 = 576, 35 × 16 = 90 और 22 × 46 = 96 हो, तो 42 × 17 = ?

(a) 56 (b) 86

(c) 48 (d) 64

153. यदि 'P' = '×', 'T' = '–', 'M' = '+' और 'B' = '÷' का संकेत हो, तो 12 P 6 M 15 T 16 B 4 का सही मान क्या होगा ?

(a) 70 (b) 75

(c) 83 (d) 110

निर्देश (प्र.सं. 154-156): निम्नलिखित प्रश्नों में दिए गए विकल्पों में से लुप्त अंक ज्ञात कीजिए।

154.

54	112	?
30	42	28
24	70	38

(a) 176 (b) 166

(c) 116 (d) 66

155.

216	209	202
522	515	508
633	626	?

(a) 620 (b) 608

(c) 602 (d) 619

156.

15	44	64
12	28	53
3	8	?

(a) 30 (b) 13

(c) 70 (d) 18

157. 95, 115, 135, 155, ?

(a) 215 (b) 175

(c) 185 (d) 165

158. 1, 3, 8, 19, 42, ?

(a) 65 (b) 71

(c) 89 (d) 93

159. यदि + = उससे बड़ा, ϕ = उससे बड़ा नहीं, – = उससे छोटा नहीं, × = उसके बराबर, I = उससे छोटा, L = उसके बराबर नहीं, तो A|B × C के बारे में निम्न में कौन-सा सही है?

(a) B + C| A (b) C – B + A

(c) B | A| C (d) A ϕ B| C

160. यदि '+' का अर्थ '–', '–' का अर्थ '×', '×' का अर्थ '÷' और '÷' का अर्थ '+' हो, तो 2 ÷ 6 × 6 ÷ 2 का मान क्या होगा?

(a) 2 (b) 4

(c) 5 (d) 10

मानसिक अभिरुचि, बुद्धिलब्धि एवं तार्किक क्षमता

161. राष्ट्रीय जांच एजेन्सी अधिनियम 2008 की धारा में विशेष न्यायालयों का गठन निम्नलिखित में से किसके द्वारा किया जाएगा?

(a) राष्ट्रपति द्वारा

(b) सर्वोच्च न्यायालय द्वारा

(c) गृह मन्त्री द्वारा

(d) केवल सरकार द्वारा।

162. निम्नलिखित में से यह किसका मत है कि 'जो एक स्कूल खोलता है वह एक बन्दीगृह बन्द करता है।'

(a) महात्मा गांधी

(b) विक्टर ह्यगो

(c) जवाहरलाल नेहरू

(d) मोरारजी देसाई

163. निम्नलिखित में से कौन-सा कार्य, लोक असुविधा का कार्य नहीं है?

(a) कार्य जो स्वास्थ्य पर प्रतिकूल प्रभाव डालते हों

(b) विद्युत अथवा जल की आपूर्ति सुचारु रूप से न किया जाना

(c) कार्य जो जनता की सुख-सुविधा को प्रभावित करते हों

(d) कार्य जो जन-साधारण की सुरक्षा के लिए खतरा हों

164. जन-साधारण हित वादों को स्वीकार करने का निम्नलिखित में से कौन-सा आधार पर्याप्त नहीं है?

(a) यह कि इसे एक सांसद द्वारा प्रस्तुत किया गया है

(b) यह कि प्रश्नगत कार्यवाही संवैधानिक अधिकारों के विरुद्ध की गई है।

(c) यह कि न्यायालय से याची, जनता की शिकायतें लेकर, साफ दिल से, सद्भावनापूर्ण उद्देश्यों से व स्वच्छ मानसिकता से आया है।

(d) यह है कि आपत्तिजनक कार्यवाही अवैध व दुर्भावनापूर्ण है और व्यक्तियों के ऐसे समूह पर प्रभाव डालती है जो निर्धनता, असामर्थ्य, अज्ञानता व आर्थिक दृष्टि से कमजोर होने से स्वयं अपने हितों की सुरक्षा नहीं कर सकते।

165. स्त्री के पति या पति के नातेदारों द्वारा क्रूरता का अपराध भारतीय दण्ड विधान की किस धारा में दण्डनीय है?

(a) धारा-495

(b) धारा-496

(c) धारा-498 का

(d) इनमें से कोई नहीं

166. किसी व्यक्ति की पत्नी की मृत्यु होने पर उसने दूसरा विवाह कर लिया। पहली पत्नी से उसका 4 वर्षीय पुत्र है। उसका संरक्षक किसे नियुक्त किया जाएगा?

(a) उसकी सौतेली माँ को

(b) उसके पिता को

(c) उसके बाबा को

(d) उसके नाना को।

167. निम्नलिखित में से नागरिकों की स्वतंत्रता के संवैधानिक अधिकार क्या हैं?

(a) हथियार रहित शान्तिपूर्ण तरीके से एकत्रित होना

(b) भाषण और अभिव्यक्ति की स्वतन्त्रता

(c) भारत के किसी राज्य में स्वतन्त्र होकर आना-जाना

(d) उपरोक्त सभी।

168. निर्धन व अशक्त नागरिकों के लिए मुक्त विधिक सहायता संविधान के किस अनुच्छेद में उपबन्धित है?

(a) अनुच्छेद-15 (b) अनुच्छेद-39 का

(c) अनुच्छेद-23 (d) अनुच्छेद-31

169. निम्न में से पुलिस सेवा में किन गुणों की अपेक्षा की जाती है?

(a) साहस और समर्पण

(b) सद्व्यवहार और सदाचार

(c) ईमानदारी व निष्पक्षता

(d) उपरोक्त सभी।

170. उपनिरीक्षकों के प्रशिक्षण में एवं परीक्षा में 'असाधारण विशिष्टता' के लिए कैडेट को कौन-सी श्रेणी दी जाती है?

(a) W (b) Z

(c) Y (d) X

171. मानसिक दृढ़ता की सबसे अधिक आवश्यकता कब होती है?

(a) चरित्रहीन बनने में

(b) नैतिकता का स्तर ऊंचा रखने में

(c) सामान्य व्यवहार में

(d) अपराधी को गिरफ्तार करने में

172. अपराधों की रोकथाम में जनता किस प्रकार सहयोग कर सकती है?

(a) मुहल्लों, गांवों, शिक्षण संस्थाओं में गुण्डा तत्वों के नाम पते पुलिस अधीक्षक को भेजकर

(b) एकता और साहस के साथ अपराधियों का मुकाबला करके

(c) यदि पुलिस प्रथम सूचना रिपोर्ट ने लिखें तो वरिष्ठ अधिकारियों को सूचना देकर

(d) गलत कामों के लिए रिश्वत न स्वयं लें और न किसी को दें

173. संदिग्ध व्यक्तियों से कार्यपालक मजिस्ट्रेट कब सदाचार की प्रतिभूति ले सकता है?

(a) जब कोई व्यक्ति अपनी उपस्थिति छिपा रहा है

(b) वह संज्ञेय अपराध करने का इरादा रखता है

(c) उपर्युक्त की सूचना मिलने व सूचना सही होने के विश्वास पर

(d) उपरोक्त में से कोई नहीं।

174. कार्यपालक मजिस्ट्रेट धारा 107 अपराध प्रक्रिया संहिता के अन्तर्गत किन अपराधों पर परिशान्ति बनाए रखने की प्रतिभूति लेता है?

(a) ऐसा कार्य करने पर जिससे परिशान्ति भंग होगी

(b) किसी व्यक्ति द्वारा परिशान्ति भंग करने की सूचना पर

(c) या लोक प्रशान्ति भंग करने पर

(d) उपरोक्त सभी।

175. निम्नलिखित में से संविधान के किस अनुच्छेद के अन्तर्गत, सरकार को अ. जा./अ. ज.जा जैसे कमजोर वर्गों के लिए शैक्षिक व आर्थिक हितों में विशेष सुविधाएं, सामाजिक न्याय व सभी प्रकार के शोषण से मुक्त करने का निर्देश दिया गया है?

(a) अनुच्छेद 15 (b) अनुच्छेद 23

(c) अनुच्छेद 32 (d) अनुच्छेद 46

176. यदि युवक के माता-पिता में से एक उच्च जाति का व दूसरा अनुसूचित जाति का है, क्या नौकरी में उसे आरक्षण का लाभ मिलेगा?

(a) उसकी स्वेच्छानुसार

(b) हाँ, अनुच्छेद 16 के अन्तर्गत

(c) उसकी आर्थिक कमजोरी के आधार पर

(d) उसकी शैक्षणिक योग्यता पर

177. निम्नलिखित में से पुलिस व्यवस्था में सुधार हेतु श्रेष्ठ उपायों में से कौन है?

(a) पर्याप्त पुलिस फोर्स की उपलब्धता के लिए सभी रिक्त पदों की पूर्ति करना

(b) नये पदों का सृजन व यथाशीघ्र नियुक्ति

(c) जनता की समस्याओं के प्रति संवेदनशीलता व मानवीय व्यवहार

(d) कार्य परिस्थितियों में सुधार पर्याप्त वेतन व सुविधाएं

178. निम्नलिखित में से किसके लिए आप पुलिस सेवा में आना चाहते हैं?

(a) अधिक पैसा कमाना

(b) अधिक प्रतिष्ठा अर्जित करना

(c) आत्म-सन्तुष्टि व गर्व की भावना

(d) त्याग, समर्पण व निष्ठापूर्वक सेवा की भावना

179. बी. एस. एफ (बार्डर सिक्योरिटी फोर्स), अर्थात् सीमा सुरक्षा बल में चयन का आधार क्या है?

(a) अद्भुत साहस

(b) मानसिक मजबूती

(c) फिजिकल फिटनेस

(d) ये सभी

180. केन्द्रीय पुलिस बल (सी. आर. पी. एफ) में सहायक कमाण्डेण्ट पद पर भर्ती-परीक्षा किसके द्वारा ली जाती है?

(a) रक्षा मन्त्रालय द्वारा

(b) गृह मन्त्रालय द्वारा

(c) प्रधानमन्त्री द्वारा

(d) संघ लोकसेवा आयोग द्वारा

निर्देश (प्र.सं.181 से 184 तक) नीचे दी गई प्रत्येक प्रश्नाकृति कागज को मोड़ने तथा काटने से सम्बंधित है। उत्तराकृतियों में से एक ऐसी आकृति का चयन कीजिए जो कागज को काटने के बाद खोलने पर दिखाई देती हो।

181. प्रश्न-आकृतियां

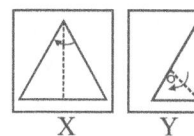

X Y

उत्तर-आकृतियां

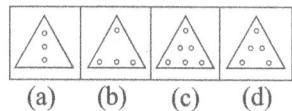

(a) (b) (c) (d)

182. प्रश्न-आकृतियां

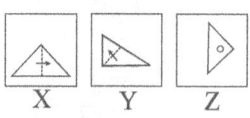

X Y Z

उत्तर-आकृतियां

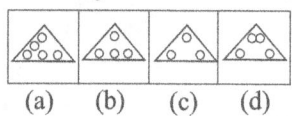

(a) (b) (c) (d)

183. प्रश्न-आकृति

X

उत्तर-आकृतियां

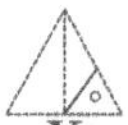

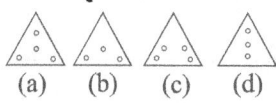

(a) (b) (c) (d)

184. प्रश्न-आकृतियां

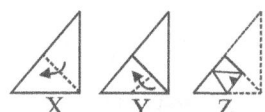

X Y Z

उत्तर-आकृतियां

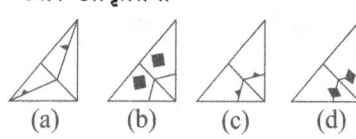

(a) (b) (c) (d)

185. एक कार्ड-बोर्ड बॉक्स में क्रिकेट में बल्लेबाजों द्वारा प्रयोग में लाए जाने वाले दस्तानों के तीन भिन्न-भिन्न प्रकार के 12 जोड़े हैं। दस्तानों को एकल यूनिटों में अलग-अलग करके मिला दिया जाता है। बाहर से आप दस्तानों को देश नहीं सकते लेकिन आप अपने हाथों को खानों में रख सकते हैं। और एक बार में एक दस्ताना उठा सकते हैं। दस्तानों का एक पूरा जोड़ा बनाने के लिए उठाए जाने वाले दस्तानों की न्यूनतम संख्या कितनी होगी?

(a) 3 (b) 13

(c) 25 (d) 37

186. मोहन के तीन पुत्रियाँ हैं और प्रत्येक पुत्री का एक भाई है। परिवार में कुल कितने पुरूष हैं?

(a) 4 (b) 2

(c) 3 (d) 1

187. दिनेश और रमेश मोटर-साइकिल पर एक निश्चित स्थान से विपरीत दिशा में एक साथ यात्रा शुरू करते हैं। दिनेश की गति 60 किमी प्रति घंटा है तथा रमेश की गति 44 किती प्रति घंटा है। 15 मिनट के पश्चात् दोनों के मध्य कितनी दूरी होगी?

(a) 20 किमी (b) 24 किमी

(c) 26 किमी (d) 30 किमी

निर्देश (प्रश्न 188-190) : नीचे दिए गए प्रत्येक प्रश्न में एक कथन दिया गया है और इसके नीचे दो पूर्वधारणाएँ दी गई हैं, जिन्हें क्रमांक I और II से दिखाया गया है। कोई मानी हुई या गृहीत बात पूर्वधारणा कहलाती है। आपको दिए हुए कथन और दी हुई पूर्वधारणाओं को ध्यान में लेकर उन दो पूर्वधारणाओं में से कौन कथन में अन्तर्निहित है, इसका निर्णय करना है।

उत्तर दीजिए

(a) यदि केवल पूर्वधारणा I अन्तर्निहित है।

(b) यदि केवल पूर्वधारणा II अन्तर्निहित है।

(c) यदि केवल पूर्वधारणा I अथवा II अन्तर्निहित है।

(d) यदि दोनों I और II अन्तर्निहित हैं।

188. कथन : यद्यपि पेट्रोल की कीमतों में वृद्धि हुई है, प्राइवेट टैक्सी का किराया नहीं बढ़ा है।

पूर्वधारणाएँ :

I. प्राइवेट टैक्सी का किराया पेट्रोल की कीमतों पर निर्भर करता है।

II. सरकार सभी प्राइवेट टैक्सी के किराये पर नियंत्रण करती है।

189. कथन : इस कैमरे को हमारे स्टोर से चुराने का प्रयास करें:- *विभागीय स्टोर्स पर एक प्रदर्शन।*

पूर्वधारणाएँ :

I. लोग एक कैमरा लेना चाहते हैं।

II. स्टोर में चोरी पकड़ने के लिए वीडियो नियंत्रण पद्धति है।

190. कथन : यदि आप अभ्यर्थी की संख्या कम करना चाहते हैं, तो प्रवेश शुल्क में बढ़ोत्तरी करें।

पूर्वधारणाएँ :

I. यदि प्रवेश शुल्क में बढ़ोत्तरी की जाए, तो कुछ विद्यार्थी आवेदन नहीं करेंगे।

II. वर्तमान प्रवेश शुल्क सामान्य है

191. आप प्लेटफार्म पर खड़े हैं सामने से ट्रेन आ रही है तभी अचानक आप देखते हैं कि रेलवे का ट्रैक टुटा हुआ है तब आप क्या करेंगे?

(a) आप वहां से भाग जाएंगे।

(b) आप इसकी सूचना स्टेशन मास्टर को देंगे।

(c) आप ट्रेन को तुरंत रोकने की कोशिश करेंगे।

(d) आप इस पर ध्यान नहीं देंगे।

192. आप एक हॉस्टल में रहते हैं आपको खाना में बहुत ज्यादा कंकड़-पत्थर मिल रहा है तब आप क्या करेंगे?

(a) आप कंकड़-पत्थर को निकालकर खा लेंगे।

(b) आप हॉस्टल के प्रबंधक से शिकायत करेंगे।

(c) आप अच्छा खाना बनाने के लिए कहेंगे।

(d) आप अपना खाना अपने रूम में बनाना शुरू कर देंगे।

193. आपका परिवार आपके अंकल के घर जा रहा है। आप अंकल को पसंद नहीं करते हैं तब आप क्या करेंगे?

(a) आप घर पर ही रहेंगे।

(b) आप अंकल के घर जाएंगे लेकिन घर के बाहर ही रहेंगे।

(c) आप आराम से उनके घर जाएंगे।

(d) आप अपने भाई-बहन को भी वहां नहीं जाने के लिए कहेंगें

194. आपकी नौकरानी अपनी बेटी की शादी में आपको बुलाई है तब आप क्या करेंगे?

(a) आप उसके आमंत्रण को अनदेखा कर देंगे।

(b) आप शादी में शरीक होंगे।

(c) आप उसकी लड़की के लिए उपहार खरीदेंगे।

(d) आप कोई न कोई बहाना बनाकर उसकी शादी में शरीक नहीं होंगे।

195. आपका दोस्त धूम्रपान करना पसंद करता है और आपको भी करने के लिए दबाव डाल रहा है तब आप क्या करेंगे?

(a) आप तभी धूम्रपान करेंगे जब वह करेगा।

(b) आप उसको मना कर देंगे।

(c) आप उसकी उपस्थिति में ही धूम्रपान करेंगे।

(d) आप उसको मना कर देंगे और कहेंगे कि आपको दमा का शिकायत है।

निर्देश (196-200): नीचे एक परिच्छेद दिया गया है और उसके नीचे उस परिच्छेद में दिए गए तथ्यों के आधार पर निकाले जा सकने वाले कुछ संभावित अनुमान दिए गए है, आप हर एक अनुमान की परिच्छेद के संदर्भ में अलग-अलग परीक्षा कर उसकी सत्यता या असत्यता की मात्रा निश्चित कीजिए।

उत्तर (a) दीजिये, यदि अनुमान निश्चित रूप से सत्य' है अर्थात् वह दिए गए तथ्यों का उचित रूप से अनुसरण करता है।

उत्तर (b) दीजिये, यदि अनुमान 'संभवत: सत्य है' यद्यपि दिए गए तथ्यों के संदर्भ में 'निश्चित रूप से सत्य' नहीं है।

उत्तर (c) दीजिये, यदि डाटा अपर्याप्त है अर्थात् दिए हुए तथ्यों से अनुमान सत्य है अथवा असत्य यह आप नहीं कह सकते हैं।

उत्तर (d) दीजिये, यदि अनुमान संभवत: असत्य है यद्यपि दिए गए तथ्यों के संदर्भ में 'निश्चित' रूप से असत्य' नहीं है।

परिच्छेद-

देश यदि अच्छा विदेशी आकर्षित करना चाहता है, तो विदेशी निवेशकों के पथ में विनियमनों द्वारा लादी गई बाधाएं दूर की जानी चाहिए। विशेषत: भारतीय स्थिति से बहुत प्रभावित प्रतीत नहीं होते हैं, विदेशी मुद्रा सामना नहीं कर रही फिर भी, देश को केवल संविभाग अंतर्वाह या हॉट मनी के बजाए अधिक दीर्घावधि निवेश आकर्षित करने के लिए वातावरण का निर्माण करना चाहिए। 1998 में जारी विनियमन के डाइल्यूटेड दर्शन की यह आवश्यकता कि 2005 से पहले भारत में स्थापित JVs वाले विदेशी भागीदारों को दूसरा समान उद्यम स्थापित करने के लिए देशी भागीदार से अनुमति प्राप्त करनी चाहिए, के दुरुपयोग की संभावना है और आगे, विद्यमान कारोबार क्षेत्र में नए उद्यम की स्थापना से पहले, विदेशी भागीदार को सरकार से भी पूर्वानुमति प्राप्त करनी चाहिए।

196. वर्तमान परिदृश्य में विदेशी निवेशक भारत में दीर्घावधि परियोजनाओं में निवेश करने के लिए उत्सुक है।

197. एशियाई महाद्वीप के बहुत से देशों में विदेशी निवेशकों के लिए अनुकूल दिशा-निर्देश हैं।

198. 1990 से आरंभ में भारत की विदेशी मुद्रा आरक्षितियों वर्तमान स्तर से बहुत कम थीं।

199. प्रमुख क्षेत्रों में विदेशी निवेश को अनुमति देने के लिए भारत को अपने मानदण्ड कड़े करने चाहिए।

200. भारत में प्रत्यक्ष विदेशी, निवेश मुख्यत: अल्पावधि है।

उत्तरमाला

1.(b)	2.(b)	3.(c)	4.(c)	5.(a)
6.(a)	7.(a)	8.(c)	9.(a)	10.(b)
11.(d)	12.(c)	13.(b)	14.(a)	15.(a)
16.(c)	17.(c)	18.(c)	19.(b)	20.(b)
21.(a)	22.(b)	23.(d)	24.(c)	25.(c)
26.(d)	27.(a)	28.(a)	29.(b)	30.(c)
31.(a)	32.(b)	33.(c)	34.(a)	35.(b)
36.(d)	37.(d)	38.(c)	39.(b)	40.(d)
41.(c)	42.(d)	43.(b)	44.(d)	45.(a)
46.(a)	47.(c)	48.(b)	49.(a)	50.(b)
51.(c)	52.(a)	53.(a)	54.(b)	55.(b)
56.(d)	57.(b)	58.(c)	59.(a)	60.(d)
61.(b)	62.(c)	63.(d)	64.(b)	65.(b)
66.(b)	67.(a)	68.(b)	69.(c)	70.(a)
71.(a)	72.(b)	73.(b)	74.(b)	75.(a)
76.(a)	77.(d)	78.(b)	79.(b)	80.(a)
81.(b)	82.(c)	83.(d)	84.(d)	85.(a)
86.(a)	87.(c)	88.(a)	89.(a)	90.(a)
91.(b)	92.(d)	93.(b)	94.(d)	95.(b)
96.(c)	97.(d)	98.(a)	99.(b)	100.(d)
101.(c)	102.(d)	103.(d)	104.(a)	105.(b)
106.(d)	107.(d)	108.(b)	109.(c)	110.(a)
111.(d)	112.(a)	113.(d)	114.(b)	115.(c)
116.(a)	117.(d)	118.(d)	119.(b)	120.(c)
121.(a)	122.(a)	123.(a)	124.(d)	125.(c)
126.(b)	127.(a)	128.(c)	129.(d)	130.(b)
131.(c)	132.(c)	133.(c)	134.(b)	135.(b)
136.(b)	137.(d)	138.(c)	139.(a)	140.(d)
141.(d)	142.(d)	143.(a)	144.(c)	145.(c)
146.(d)	147.(c)	148.(c)	149.(c)	150.(b)
151.(a)	152.(a)	153.(c)	154.(d)	155.(d)
156.(b)	157.(b)	158.(c)	159.(b)	160.(c)
161.(d)	162.(b)	163.(b)	164.(a)	165.(c)
166.(b)	167.(d)	168.(b)	169.(d)	170.(b)
171.(b)	172.(b)	173.(c)	174.(d)	175.(d)
176.(b)	177.(c)	178.(d)	179.(d)	180.(d)
181.(d)	182.(d)	183.(c)	184.(d)	185.(c)
186.(b)	187.(c)	188.(d)	189.(a)	190.(a)
191.(c)	192.(b)	193.(c)	194.(c)	195.(b)
196.(c)	197.(a)	198.(a)	199.(b)	200.(a)

उत्तर सहित व्याख्या

81. (b)

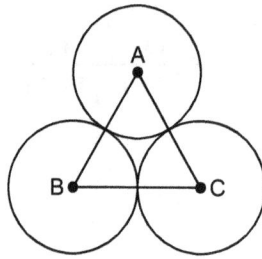

प्रत्येक वृत्त की त्रिज्या = 3.5 सेमी.

∴ समबाहु ∆ABC की प्रत्येक भुजा = 7 सेमी.

∴ अभीष्ट क्षेत्रफल = ∆ABC का क्षे. − 3 (त्रिज्यखण्ड का क्षे.)

$= \frac{\sqrt{3}}{4}(7)^2 - 3\left[\frac{60}{360} \times \frac{22}{7} \times (3.5)^2\right]$ सेमी^{2}

$= \left(\frac{49\sqrt{3}}{4} - 19.25\right)$ सेमी^{2}

$= (21.217 - 19.25)$ सेमी^{2}

$= 1.967$ सेमी^{2}

82. (c) $(4)^{0.5} \times (0.5)^4$

$\Rightarrow 2 \times \left(\frac{1}{2}\right)^4 = 2 \times \frac{1}{16} = \frac{1}{8}$

83. (c) यदि खंभे की लंबाई = x मीटर हो तो

कीचड़ का भाग = $\frac{x}{6}$

जल में का भाग = $\left(x - \frac{x}{6}\right) \times \frac{1}{2} = \frac{5x}{12}$

ऊपर का भाग = $\frac{5x}{6} - \frac{5x}{10} = \frac{5x}{12}$

∴ $\frac{5x}{4} = 5$ ∴ $x = 12$ मी.

84. (d) माना आयत की ल. तथा चौ. क्रमश: x तथा y मी. है

∴ प्रश्नानुसार,

$2(x+y) = 160$

$\Rightarrow x + y = \frac{160}{2} = 80$ ...(I)

वर्ग का परिमाप = 160 मी.

∴ वर्ग की भुजा = $\frac{160}{4} = 40$ मी.

अब आयत का क्षे. = xy

∴ वर्ग का क्षे. = $40 \times 40 = 1600$ मी^{2}

∴ $1600 - xy = 100$

$\Rightarrow xy = 1600 - 100 = 1500$ ...(II)

∵ $(x-y)^2 = (x+y)^2 - 4xy$

$= (80)^2 - 4 \times 1500$

$= 6400 - 6000 = 400$

$\Rightarrow x - y = \sqrt{400} = 20$ ...(III)

समी. (I) तथा (III) से

$2x = 100$

$\Rightarrow x = \frac{100}{2} = 50$ मी.

85. (a) वास्तविक गोले का आयतन

$= \frac{4}{3}\pi (6)^3 = 288\pi$ सेमी^{3}

माना छोटे गोले की त्रिज्याएं क्रमश: $3x, 4x$ तथा $5x$ सेमी. हैं।

$\Rightarrow \frac{4}{3}\pi[(3x)^3 + (4x)^3 + (5x)^3] = 288\pi$

$\Rightarrow \frac{4}{3}\pi \times 216x^3 = 288\pi$

$\Rightarrow x^3 = \frac{288\pi \times 3}{4\pi \times 216} = 1 \Rightarrow x = 1$

∴ अभीष्ट त्रिज्या = $3 \times 1 = 3$ सेमी.

86. (a) आयताकार मैदान का क्षे.

$= \frac{1000}{\frac{1}{4}$ मी$^2} = 4000$ मी^{2}

∵ चौ. = 50 मी.

∴ ल. = $\frac{4000}{50} = 80$ मी.

मैदान की नई ल. = $(80 + 20) = 100$ मी.

नया क्षे. = $100 \times 50 = 5000$ वर्ग मी.

∴ अभीष्ट खर्च

$= \left(5000 \times \frac{1}{4}\right) = ₹ 1250$

87. (c) पानी का बढ़ा हुआ

तल = $\frac{\text{गोले का आयतन}}{\text{बेलन की परिधि का आयतन}}$

$= \frac{\frac{4}{3}\pi r^3}{\pi r^2} = \frac{4}{3}r$

$= \frac{4}{3} \times 3.5 = \frac{14}{3}$ सेमी.

अभीष्ट पानी का तल = $7 - \frac{14}{3}$

$= \frac{7}{3}$ सेमी.

88. (a) बेलन का वक्र पृष्ठीय क्षे. = $2\pi r h$

∴ त्रिज्या = $\frac{1}{3}r$, ऊँचाई = $6h$

वक्रपृष्ठ = $2\pi \times \frac{1}{3}r \times 6h$

$= (2\pi rh) \times 2$

∴ बेलन का वक्र पृष्ठ दुगुना बढ़ेगा।

89. (a)

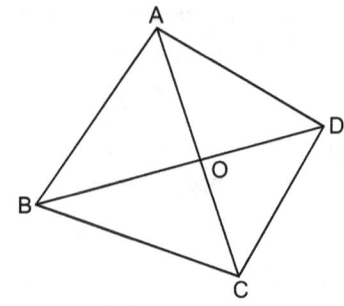

BO = 4 इकाई

OC = 3 इकाई तथा ∠BOC = 90°

∴ BC = $\sqrt{4^2 + 3^2} = 5$ इकाई

∴ BC^2 = 25 वर्ग का इकाई

90. (a) $\frac{2}{3}\pi r^3 = 19404$

$\Rightarrow \frac{2}{3} \times \frac{22}{7} \times r^3 = 19404$

$\Rightarrow r^3 = \frac{19404 \times 3 \times 7}{2 \times 22} = 9261$

$\Rightarrow r = \sqrt[3]{21 \times 21 \times 21} = 21$ सेमी.

∴ कुल पृष्ठीय क्षे. = $3\pi r^2$

$= 3 \times \frac{22}{7} \times 21 \times 21 = 4158$ वर्ग सेमी.

91. (b) गोले का आयतन = 38808

$\Rightarrow \frac{4}{3}\pi r^3 = 38808$

$\Rightarrow \frac{4}{3} \times \frac{22}{7} \times r^3 = 38808$

$\Rightarrow r^3 = \frac{38808 \times 21}{4 \times 22}$

$\Rightarrow r^3 = 9261$

$\Rightarrow r = 21$ सेमी.

गोले का क्षे. = $4\pi r^2$

$= 4 \times \frac{22}{7} \times 21 \times 21$

$= 88 \times 63 = 5544$ वर्ग सेमी.

92. (d) बेलन, शकुं तथा अर्धगोला के लिए $h = r$

$V_1 : V_2 : V_3 = \frac{1}{3}\pi r^2 h : \pi r^2 h : \frac{2}{3}\pi r^3$

$= \frac{1}{3}\pi r^2 \cdot r : \pi r^2 \cdot r : \frac{2}{3}\pi r^3$

$= \pi r^3 \left[\frac{1}{3} : 1 : \frac{2}{3}\right]$

$= \pi r^3 [1 : 3 : 2]$

$= 1 : 3 : 2$

सेट 6

93. (b)

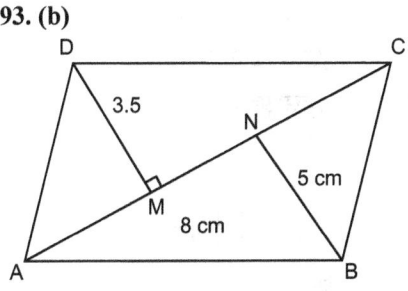

चतुर्भुज ABCD का क्षे. = ar(∆ABC) + ar(∆ADC)

$= \frac{1}{2} \times 8 \times 5 + \frac{1}{2} \times 8 \times 3.5$

$= \frac{1}{2} \times 8(5 + 3.5) = 4 \times 8.5$

= 34 वर्ग सेमी.

94. (d) घनाभ का आयतन = $l \times b \times h$ = 18 × 12 × 9 cm³

घन का आयतन = $(3)^3$ = 27 सेमी³

घनों की संख्या

$= \frac{18 \times 12 \times 9}{27} = 72$

95. (b) समकोण त्रिभुजाकार प्रिज्म का क्षे.
= आधार का क्षे. × ऊँचाई
= 36 × 5 = 180 घन सेमी

96. (c)

4 6 ⎡15⎤ 49 201 1011
×1+2 ×2+3 ×3+4 ×4+5 ×5+6

97. (d)

48 72 108 162 243 ⎡364.5⎤
×1.5 ×1.5 ×1.5 ×1.5 ×1.5

98. (a)

2 54 300 1220 ⎡3672⎤ 7350
×6+7×6 ×5+6×5 ×4+5×4 ×3+4×3 ×2+3×2

99. (b)

8 27 64 125 ⎡216⎤ 343
2³ 3³ 4³ 5³ 6³ 7³

100. (d)

19 68 ⎡104⎤ 129 145 154
+7² +6² +5² +4² +3²

101. (c) A के अंग्रेजी में प्राप्त अंक

$= 75 \times \frac{68}{100} = 51$

B के अंग्रेजी में प्राप्त अंक

$= 75 \times \frac{72}{100} = 54$

C के अंग्रेजी में प्राप्त अंक

$= 75 \times \frac{84}{100} = 63$

D के अंग्रेजी में प्राप्त अंक

$= 75 \times \frac{82}{100} = 61.5$

E के अंग्रेजी में प्राप्त अंक

$= 75 \times \frac{64}{100} = 48$

F के अंग्रेजी में प्राप्त अंक

$= 75 \times \frac{72}{100} = 54$

अतः A और E के अंग्रेजी में 54 से कम अंक हैं।

A के विज्ञान में प्राप्त अंक

$= 125 \times \frac{62}{100} = 77.5$

B के विज्ञान में प्राप्त अंक

$= 125 \times \frac{82}{100} = 102.5$

C के विज्ञान में प्राप्त अंक

$= 125 \times \frac{78}{100} = 97.5$

D के विज्ञान में प्राप्त अंक

$= 125 \times \frac{64}{100} = 80$

E के विज्ञान में प्राप्त अंक

$= 125 \times \frac{84}{100} = 105$

F के विज्ञान में प्राप्त अंक

$= 125 \times \frac{74}{100} = 92.5$

अतः A, D और F के विज्ञान में 93 से कम अंक हैं। इसलिए परीक्षा में केवल B और C पास हुए हैं।

102. (d) $A = 150 \times \frac{74}{100} + 75 \times \frac{68}{100}$

$+ 125 \times \frac{62}{100} + 50 \times \frac{68}{100}$

$+ 100 \times \frac{81}{100} + 25 \times \frac{74}{100}$

= 111 + 51 + 77.5 + 34 + 81 + 18.5 = 373

$B = 150 \times \frac{64}{100} + 75 \times \frac{72}{100}$

$+ 125 \times \frac{82}{100} + 50 \times \frac{68}{100}$

$+ 100 \times \frac{63}{100} + 25 \times \frac{66}{100}$

= 96 + 54 + 102.5 + 34 + 63 + 16.5
= 366

$C = 150 \times \frac{72}{100} + 75 \times \frac{84}{100}$

$+ 125 \times \frac{78}{100} + 60 \times \frac{66}{100}$

$+ 100 \times \frac{77}{100} + 25 \times \frac{70}{100}$

= 108 + 63 + 97.5 + 33 + 77 + 17.5
= 396

$D = 150 \times \frac{78}{100} + 75 \times \frac{82}{100}$

$+ 125 \times \frac{64}{100} + 50 \times \frac{70}{100}$

$+ 100 \times \frac{69}{100} + 25 \times \frac{84}{100}$

= 117 + 61.5 + 80 + 35 + 69 + 21
= 383.5

$E = 150 \times \frac{82}{100} + 75 \times \frac{64}{100}$

$+ 125 \times \frac{84}{100} + 50 \times \frac{72}{100}$

$+ 100 \times \frac{65}{100} + 25 \times \frac{60}{100}$

= 123 + 48 + 105 + 36 + 65 + 15
= 392

$F = 150 \times \frac{68}{100} + 75 \times \frac{72}{100}$

$+ 125 \times \frac{74}{100} + 50 \times \frac{74}{100}$

$+ 100 \times \frac{83}{100} + 25 \times \frac{80}{100}$

= 102 + 54 + 92.5 + 37 + 83 + 20
= 388.5

अतः C को सर्वाधिक अंक मिले हैं।

103. (d) सभी विद्यार्थियों को हिन्दी में प्राप्त औसत अंक

$= \frac{34 + 34 + 33 + 35 + 36 + 37}{6}$

$= \frac{209}{6} = 34.83$

104. (a) F को सभी विषयों में प्राप्त अंक का औसत प्रतिशत

$= \frac{388.5}{525} \times 100 = 74\%$

105. (b) B को गणित में मिले अंक

$= 150 \times \frac{64}{100} = 96$

B को समाजशास्त्र में मिले अंक

$= 100 \times \frac{63}{100} = 63$

B को गणित और समाजशास्त्र में मिले कुल $= 96 + 63 = 159$

106. (d) $21^{?} \times 21^{6.5} = 21^{12.4}$

या, $21^{?} = \frac{21^{12.4}}{21^{6.5}}$

$21^{?} = 21^{12.4-6.5}$

$21^{?} = 21^{5.9}$

$\therefore \quad = 5.9$

107. (d) $12.25 \times ? \times 216 = 3545.64$

$\therefore\ ? = \frac{3545.64}{12.25 \times 21.6} = 13.4$

108. (b) $646 \times \frac{15.5}{100} + 298 \times \frac{24.5}{100}$

$= 100.13 + 73.01$

$\therefore \quad = 173.14$

109. (c) पहली विधि: $2\frac{1}{3} + 1\frac{1}{5} + 2\frac{1}{4} = ?$

$= \frac{7}{3} + \frac{6}{5} + \frac{9}{4}$

$= \frac{140 + 72 + 135}{60} = \frac{347}{60}$

$\therefore \quad = 5\frac{47}{60}$

110. (a) $\sqrt[3]{4096}$

$= \sqrt[3]{16 \times 16 \times 16}$

$\therefore\ ? = 16$

111. (d) वर्ष 2008 में पिछले वर्ष की तुलना में कम्पनी Y के लाभ में प्रतिशत वृद्धि

$= \frac{40 - 35}{35} \times 100 = 14.29$

112. (a) वर्ष 2005 में पिछले वर्ष की तुलना में कम्पनी Z के लाभ में प्रतिशत वृद्धि

$= \frac{40-35}{35} \times 100 = 14.29 \approx 14$ (लगभग)

113. (d) अभीष्ट लाभ

$= 265000 \times \frac{135}{100} \times \frac{140}{100}$

$=$ ₹ 500850

114. (b) विगत वर्षों में कम्पनी Z के लाभ में औसत प्रतिशत वृद्धि

$= \frac{20 + 35 + 40 + 45 + 50 + 60}{6}$

$= \frac{250}{6} = \frac{125}{3} = 41\frac{2}{3}$

115. (c)

116. (a) $\sqrt[3]{1500} = ? \ = 11.45 \approx 11$

117. (d) $1\frac{3}{5} \times 2\frac{1}{7} \times 7\frac{1}{3}$

$= \frac{8}{5} \times \frac{15}{7} \times \frac{22}{3} = \frac{8 \times 22}{7}$

$= 25.14 \approx 25$

118. (d) $18.999 \times 12.005 \times 25.998$

$= 5929.70 \approx 5930$

119. (b) $666 \times \frac{11.5}{100} \times 888 \times \frac{18.3}{100}$

$= 76.59 \times 162.504$

$= 12446.18 \approx 12446$

120. (c) $2898 \div 22 \div 2 = ?$

$= 2898 \times \frac{1}{22} \times \frac{1}{2}$

$= 65.86 \approx 66$

121. (a) केवल 42 के 3 से अधिक गुणनखंड हैं।

$42 = 2 \times 7 \times 3$

$65 = 5 \times 13$

$35 = 7 \times 5$

$46 = 2 \times 23$

122. (a) जैसे, $M \xrightarrow{+1} N \quad P \xrightarrow{+1} Q$

इसी प्रकार $B \xrightarrow{+1} C$ और $E \xrightarrow{+1} F$

123. (a) G O N E

↓ ↓ ↓ ↓

5 1 3 9

और N O D A L

↓ ↓ ↓ ↓ ↓

3 1 2 6 8

अत:, L O D G E

↓ ↓ ↓ ↓ ↓

8 1 2 5 9

124. (d)

5	2	3	6	1	9	8	4
1	2	3	4	5	6	8	9

अत: 2, 3 और 8 के स्थान में परिवर्तन नहीं हुआ है।

125. (c) जिस प्रकार,

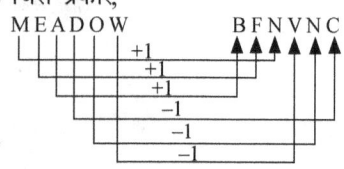

इसी प्रकार,

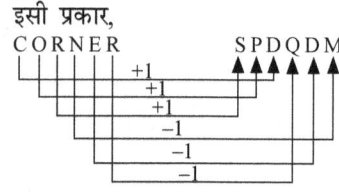

अत: CORNER शब्द का कोड SPDQDM होगा।

126. (b) एक शब्द बनता है STARE

127. (a) $60 + 48 \div 8 - 6 \times 9$

$= 60 + 6 - 54 = 12$

128. (c) अन्य सभी जमीन के अन्दर उगते हैं जबकि बन्दगोभी जमीन के ऊपर उगती है।

129. (d) R > (M, T) N < P

इस जानकारी से क्रम निर्धारित नहीं किया जा सकता है। अत: डाटा अपर्याप्त है।

130. (b) 21 213 2134 21345 213456 2134567

131. (c)

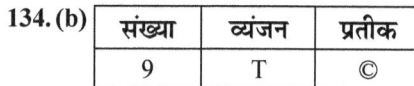

P R O F I T A B L E

16 18 15 6 9 20 1 2 12 5

अत: दो जोड़े AB तथा BF हैं।

132. (c) सबसे बड़ी संख्या का बीच का अंक = 1

सबसे छोटी संख्या का बीच का अंक = 7

दोनों संख्याओं के बीच वाले अंकों का योग $= 1 + 7 = 8$

133. (c) दूसरी सबसे बड़ी संख्या = 437 है।

संख्या का तीसरा अंक = 7

134. (b)

संख्या	व्यंजन	प्रतीक
9	T	©

अत: एक व्यंजन 9T© है।

135. (b) अन्य सभी में दूसरा व तीसरा तत्व पहले तत्व से क्रमशः दो स्थान दायें व एक स्थान बाएं हैं। जबकि विकल्प 2%H में यह विपरीत क्रम में हैं।

136. (b) नीचे दी गयी शृंखला में एक अक्षर/संख्या/प्रतीक छोड़कर–

D G 5 M E = D 5 E

T © B % W = T 8 W

6 $ K P 1 = 6 K 1

A Y Q Z V = A Q V

अतः (?) के स्थान पर AQV आएगा।

137. (d)

अक्षर	संख्या	अक्षर
W	2	H
P	1	A
A	4	Q

अतः तीन संख्याएं W2H, P1A, A4Q हैं।

138. (c) दाएं से सोलहवें के दाएं नौवां अर्थात् दाएं से $(16 - 9) = 7$वां = U

139. (a) बाएं से सोलहवें के बाएं छठा अर्थात् बाएं से = $16 - 6 = 10$वां = ©

निर्देश (140-145) के लिए

$P © Q \Rightarrow P \geq Q$

$P \star Q \Rightarrow P \leq Q$

$P @ Q \Rightarrow P < Q$

$P \$ Q \Rightarrow P > Q$

$P \% Q \Rightarrow P = Q$

140. (d) $J > K, K \leq T, T < N, N \geq R$

इस प्रकार, $J > K \leq T < N \geq R$

$\therefore \quad N > K$

केवल निष्कर्ष III सत्य है।

141. (d) $F = W, W \geq R, R < M, M > D$

इस प्रकार, $F = W \geq R < M > D$

$\therefore R \leq F$

केवल निष्कर्ष IV सत्य है।

142. (d) $H < B, B \leq E, V \geq E, W > V$

इस प्रकार, $W > V \geq E \geq B > H$

I, II, III और IV सभी निष्कर्ष सत्य हैं।

143. (a) $R \geq K, K \leq N, N > J, J = H$

इस प्रकार, $R \geq K \leq N > J = H$

$\therefore H < N$

अतः निष्कर्ष III सत्य हैं।

144. (c) $K \leq D, D > N, N = M, M \geq W$

इस प्रकार, $K \leq D > N = M \geq W$

$\therefore M < D, W \leq N$

अतः निष्कर्ष III और IV सत्य हैं।

145. (c) $N > T, T \geq R, R = M, M < D$

इस प्रकार, $N > T \geq R = M < D$

अतः निष्कर्ष I सत्य है और या तो II या III सत्य हैं।

146. (d)

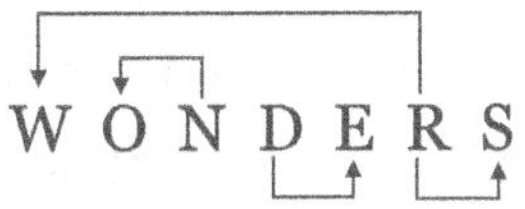

147. (c) कारखाना, मशीन तथा उत्पाद का समग्र रूप होता है।

148. (c) रेलगाड़ी एवं बस, यात्रियों के लाने-ले जाने के साधन हैं।

149. (c)

150. (b) प्रश्नानुसार,

$H = 15, O = 29, T = 39, E = 9, L = 23$

$\therefore$ Hotel $= 15 + 29 + 39 + 9 + 23 = 115$

151. (a) जिस प्रकार,

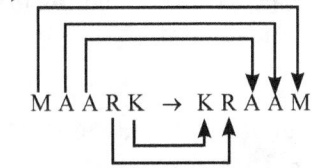

उसी प्रकार,

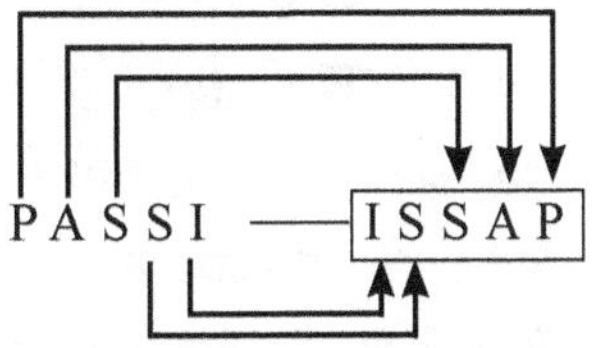

P A S S I
I S S A P

152 (a) जिस प्रकार,

$29 \times 48 \rightarrow 2 \times 9 \times 4 \times 8 = 576$

$35 \times 16 \rightarrow 3 \times 5 \times 1 \times 6 = 90$

$22 \times 46 \rightarrow 2 \times 2 \times 4 \times 6 = 96$

उसी प्रकार,

$42 \times 17 \rightarrow 4 \times 2 \times 1 \times 7 = \boxed{56}$

153. (c) 12 P 6 M 15 T 16 B 4

$= 12 \times 6 + 15 - 16 \div 4$

$= 72 + 15 - 4 = 83$

154. (d) जिस प्रकार, $54 - 30 = 24$

$112 - 42 = 70$

उसी प्रकार,

$? - 28 = 38 \Rightarrow ? = 38 + 28 = \boxed{66}$

155. (d) जिस प्रकार,

$216 - 7 = 209 \rightarrow 209 - 7 = 202$

$522 - 7 = 515 \rightarrow 515 - 7 = 508$

इसी प्रकार,

$633 - 7 = 626 \rightarrow 626 - 7 = \boxed{619}$

156. (b) जिस प्रकार, $(15 + 12) \div 9 = 3$

$(44 + 28) \div 9 = 8$

इसी प्रकार,

$(64 + 53) \div 9 = 13$

157. (b) यह शृंखला इस प्रकार शृंखलागत है।

$10 \times 10 - 5 = 95$

$10 \times 12 - 5 = 115$

$10 \times 14 - 5 = 135$

$10 \times 16 - 5 = 155$

$10 \times 18 - 5 = \boxed{175}$

158. (c) यह शृंखला इस क्रमानुसार अग्रसर है।

इस क्रम में–

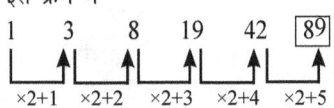

159. (b) $A | B \times C$

$\Rightarrow A < B = C$ ...(i)

विकल्प (b), से $C - B + A$

$C \nless B > A$

जो कि दी गई स्थिति (i) को सन्तुष्ट करता है।

160. (c) दिया गया व्यंजक $= 2 \div 6 \times 6 \div 2$

प्रश्नानुसार, गणितीय चिन्हों को परिवर्तित करने पर,

$2 + 6 \div 6 + 2 = 2 + 1 + 2 = 5$

7 प्रैक्टिस सेट

सामान्य ज्ञान

1. **निम्नलिखित में से किस शब्द को ऑक्सफोर्ड डिक्शनरी ने हिंदी वर्ड ऑफ द ईयर-2017 चुना है?**
(a) स्वच्छ (b) नोटबंदी
(c) आधार (d) बाहुबली

2. **भारत सहित विश्व भर में 31 जनवरी 2018 को दिखने वाले चंद्रग्रहण को किस नाम से जाना जाता है?**
(a) बिग मून
(b) फुल मून
(c) सुपर ब्लू ब्लड मून
(d) नेचुरल मून

3. **देश के किस राज्य में किसानों के लिए 'भावांतर भरपाई योजना' शुरू की गई?**
(a) पंजाब (b) हरियाणा
(c) उत्तर प्रदेश (d) बिहार

4. **किस कंपनी और नासा ने हाल ही में सुदूर तारों के आसपास दो नए ग्रहों की पहचान की है?**
(a) फेसबुक (b) गूगल
(c) अलीबाबा (d) इनमें से कोई नहीं

5. **निम्नलिखित में से किस देश में सिनेमाघरों पर 35 साल से लगी रोक हटा दी गई है?**
(a) यू.ए.ई (b) अफगानिस्तान
(c) सऊदी अरब (d) बांग्लादेश

6. **आजीविका बढ़ाने हेतु कौशल अर्जन और ज्ञान के प्रति जागरुकता परियोजना के लिए किस देश ने विश्व बैंक के साथ 25 करोड़ डॉलर के आईबीआरडी ऋण समझौते पर हस्ताक्षर किए?**
(a) भारत (b) चीन
(c) नेपाल (d) पाकिस्तान

7. **अकबर के दरबार का लेखक इनमें से कौन था?**
(a) गालिब (b) अबुल फजल
(c) अमीर खुसरो (d) फिरदौस

8. **नेपोलियन कहाँ का शासक था?**
(a) जर्मनी (b) इंग्लैंड
(c) इटली (d) फ्रांस

9. **दिल्ली में जन्तर मन्तर का निर्माण किसने करवाया था?**
(a) शाहजहाँ
(b) राजा टोडरमल
(c) सवाई मान सिंह
(d) सवाई जय सिंह-द्वितीय

10. **पवन की समान गति दर्शाने वाली रेखाएँ कहलाती हैं-**
(a) आसोटेक (b) आइसोबार
(c) आइसोथर्म (d) आइसो हैट

11. **निम्न में से किसने पहली बार कहा कि पृथ्वी गोल है?**
(a) अरिस्टोटल (b) कॉपरनिकस
(c) स्ट्राबो (d) इनमें से कोई नहीं

12. **भारत के संविधान की प्रस्तावना में प्रथम संशोधन कब किया गया?**
(a) 1951 में (b) 1971 में
(c) 1976 में (d) 1984 में

13. **पानी के प्रभाव से प्रभावित होने वाली गति को क्या कहते हैं?**
(a) तापानुवर्तन (b) प्रकाशानुवर्तन
(c) जलानुवर्तन (d) गुरुत्वानुवर्तन

14. **दाशर्निक राजा का सिद्धान्त किसने प्रतिपादित किया था?**
(a) कौटिल्य (b) प्लेटो
(c) अरस्तु (d) महात्मा गांधी

15. **राष्ट्रीय गान सर्वप्रथम गाया गया-**
(a) 1904 के कांग्रेस अधिवेशन में
(b) 1896 के कांग्रेस अधिवेशन में
(c) 1911 के कांग्रेस अधिवेशन में
(d) 1900 के कांग्रेस अधिवेशन में

16. **भारत में अंग्रेजी शिक्षा का प्रारम्भ सर्वप्रथम किसने किया था?**
(a) लॉर्ड मिन्टो (b) लॉर्ड रिपन
(c) लॉर्ड मैकाले (d) डलहौजी

17. **कौन-सा राज्य उत्तर पूर्वी राज्य की "सात बहनों" का भाग नहीं है?**
(a) मेघालय
(b) पश्चिम बंगाल
(c) अरुणाचल प्रदेश
(d) त्रिपुरा

18. **pH मान 7 के शुद्ध प्राकृतिक जल को कहते हैं—**
(a) अम्लीय (b) क्षारीय
(c) उदासीन (d) इनमें से कोई नहीं

19. **भारतीय स्टेट बैंक की स्थापना कब हुई?**
(a) 1935 ई. (b) 1949 ई.
(c) 1955 ई. (d) 1959 ई.

20. **"क्रिकेट एज आई सी इट" पुस्तक के लेखक कौन हैं?**
(a) रिकी पोंटिंग (b) सचिन तेंदुलकर
(c) एलन बॉर्डर (d) शेन वार्न

21. **कीटों के वैज्ञानिक अध्ययन को कहते हैं-**
(a) इचथियोलॉजी (b) एंटोमोलॉजी
(c) पैरासिटोलॉजी (d) मेलेकोलॉजी

22. साबुन के बुलबुले किस कारण चमकीले होते हैं-
(a) परावर्तन (b) अपवर्तन
(c) व्यतिकरण (d) अवशोषण

23. एक्स-रे का आविष्कार किसने किया था?
(a) हॉपकिन्स (b) रोएन्टजन
(c) मार्कोनी (d) मोर्स

24. निम्न में से कौन-सा अजैविक घटक है?
(a) पानी (b) तापमान
(c) सुक्ष्म जीव (d) मिट्टी

25. देवधर ट्रॉफी किस खेल से संबंधित है?
(a) क्रिकेट (b) हॉकी
(c) शतरंज (d) टेबल टेनिस

26. इंदिरा गांधी स्वर्ण कप किस खेल से संबंधित है?
(a) हॉकी (b) क्रिकेट
(c) फुटबाल (d) कुश्ती

27. एशियाई खेल भारत में पहली बार कहां आयोजित किए गए ?
(a) नई दिल्ली (b) राजस्थान
(c) चंडीगढ़ (d) मुम्बई

28. 'बुल्स आई' किस खेल स्पर्धा से संबंधित है?
(a) क्रिकेट (b) फुटबॉल
(c) हॉकी (d) निशानेबाजी

29. भारतीय दण्ड संहिता की धारा 326क किससे संबंधित है?
(a) एसिड अटैक (b) दहेज मृत्यु
(c) अपहरण (d) ब्लैकमेल

30. अगर कोई व्यक्ति आत्महत्या कर लेता है और यह साबित होता है कि उसे ऐसा करने के लिए किसी ने उकसाया है तो उकसाने वाले व्यक्ति पर आई पीसी की कौन-सी धारा लगाई जाती है?
(a) धारा 304ए
(b) धारा 307
(c) धारा 306 और 305
(d) धारा 144

31. नागार्जुन ने निम्न में किस सम्प्रदाय की स्थापना की थी?
(a) योगाचार (b) वैभाषिक
(c) सौतांत्रिक (d) माध्यमिक

32. पहली भारतीय फिल्म 'राजा हरिश्चंद्र' कब प्रदर्शित हुई ?
(a) 31 मई, 1913
(b) 12 मई, 1913
(c) 21 अप्रैल, 1913
(d) 25 अप्रैल, 1913

33. भारत में राष्ट्रपति पर महाभियोग लगाने का अधिकार है-
(a) सर्वोच्च न्यायालय को
(b) लोकसभा अध्ययक्ष को
(c) संसद के दोनों सदनों को
(d) प्रधानमंत्री को

34. मदरबोर्ड के कम्पोनेन्ट्स के बीच इन्फॉर्मेशन .... के माध्यम से ट्रेवल करती है।
(a) CMOS (b) बसेज
(c) बेज (d) फ्लैश मैमोरी

35. .... ऐसे शब्द हैं जिन्हें प्रोग्रामिंग लैंग्वेज ने अपने प्रयोग हेतु अलग रखा है।
(a) रिजर्व्ड वर्ड्स (b) रिजर्व्ड कीज
(c) कंट्रोल वर्ड्स (d) कंट्रोल स्ट्रक्चर्स

36. कम्पाइलर, उच्च स्तरीय भाषा .... को मशीन लैंग्वेज में ट्रांसलेट करता है।
(a) ऑब्जेक्ट कोड
(b) सोर्स कोड
(c) विटा को
(d) लाइन-बाय-लाइन

37. इस डिवाइस को क्या कहते हैं, जो कम्प्यूटर को इमरजेंसी पॉवर देती है, वोल्टेज को अनुकूल करती है, बढ़ी हुई बिजली से सुरक्षित करती है?
(a) UPPS = यूनिवर्सल पॉवर प्रोटेक्शन और सप्लाई
(b) PSU = पॉवर सप्लाई यूनिट
(c) USP = यूनिवर्सल सर्ज प्रोटैक्टर
(d) UPS = अनइंट्रप्टिबल पॉवर सप्लाई

38. ओजोन गैस पाई जाती है—
(a) 10 किमी की ऊँचाई पर
(b) 60 किमी की ऊँचाई पर
(c) 30 से 60 किमी की ऊँचाई पर
(d) उपर्युक्त में से कोई नहीं

39. ग्रीन फैबलेट को किसके उपयोग के लिए बनाया गया है?
(a) बड़े किसान
(b) सीमान्त किसान
(c) छोटे किसान
(d) कृषि प्रसंस्करण उद्योग

40. निम्नलिखित सदाबहार वन और राज्यों में से कौन सा सुमेलित नहीं है?
(a) महानदी डेल्टा: ओडिशा
(b) प्वाइंट केलिमियर: कर्नाटक
(c) पिचावरम: तमिलनाडु
(d) सुंदरबन डेल्टा: पश्चिम बंगाल

सामान्य हिन्दी

निर्देश (41-45): गद्यांश को पढ़कर निम्नलिखित प्रश्नों के सबसे उचित उत्तर विकल्प को चुनिए।

राकेश शर्मा का जन्म 13 जनवरी, 1949 को पंजाब के पटियाला शहर में हुआ था। इनकी शिक्षा आन्ध्र प्रदेश में हुई थी। बचपन से ही इन्हें विमान चालक बनकर आसमान को छूने का शौक था। 1966 में इन्होंने राष्ट्रीय रक्षा अकादमी में प्रवेश किया। वहाँ ट्रेनिंग पूरी करके 1982 में रूस के मास्को के पास स्थित स्टार सिटी गये जहाँ उन्होंने गागरिन प्रशिक्षण केन्द्र से अंतरिक्ष यात्रा करने के लिए प्रशिक्षण लिया। कठोर प्रशिक्षण प्राप्त करने के बाद उन्होंने 3 अप्रैल, 1984 को अपने दो रूसी साथियों के साथ सोयूज टी 11 अंतरिक्ष यान में उड़ान भरी। अंतरिक्ष पहुँचने के बाद राकेश शर्मा का सम्पर्क विविध उपकरणों द्वारा पृथ्वी से निरंतर बना रहा। वे यात्रा के दौरान स्वस्थ रहने के लिए योगाभ्यास भी करते थे। अंतरिक्ष यान में लगभग एक सप्ताह तक रहने के बाद 11 अप्रैल, 1984 को वह सकुशल धरती पर लौट आए।

41. राकेश शर्मा का जन्म किस शहर में हुआ था?
(a) पटियाला (b) रोपड़
(c) करनाल (d) चण्डीगढ़

42. रूस में मास्को के पास क्या स्थित है?
(a) सन सिटी (b) मून सिटी
(c) स्टार सिटी (d) अर्थ सिटी

43. राकेश शर्मा ने अंतरिक्ष यात्रा कब की?
(a) 18 अप्रैल 1984
(b) 16 अप्रैल 1984
(c) 3 अप्रैल 1984
(d) 2 अप्रैल 1984

44. यात्रा के दौरान स्वस्थय रहने के लिए राकेश शर्मा क्या करते थे?
(a) औषधि सेवन
(b) व्यायाम
(c) योगाभ्यास
(d) सोते

45. राकेश शर्मा कितने समय तक अंतरिक्ष में रहे?
(a) एक दिन (b) सात दिन
(c) नौ दिन (d) चार दिन

46. प्रतियोगी का विलोम है .... ।
(a) योगी
(b) सहयोगी
(c) (a) व (b) दोनों
(d) इनमें से कोई नहीं

47. सदाचार का विलोम है।
(a) कदाचार
(b) दुराचार
(c) (a) व (b) दोनों
(d) इनमें से कोई नहीं

48. .... राजा का विलोम है।
(a) रानी (b) रंक
(c) प्रजा (d) उपर्युक्त सभी

49. कोट–कोटि—
(a) कमीज, पतलून
(b) कमर, कंधा
(c) किला, करोड़
(d) करोड़, किला

50. कुल–कूल—
(a) वंश, किनारा
(b) किनारा, वंश
(c) मौसम, सम्पूर्ण
(d) सदैव, तट

51. गद्य-पद्य मिश्रित रचना—
(a) प्रबंध (b) महाकाव्य
(c) खण्डकाव्य (d) चम्पू

52. बौद्ध भिक्षुओं का वस्त्र—
(a) पोशक (b) बाना
(c) चीवर (d) चैत्य

53. प्रबंध, प्रलय, प्रक्रिया में .... उपसर्ग है।
(a) पूरा (b) प्र
(c) परा (d) प्रति

54. बखूबी, बदनाम में .... उपसर्ग है।
(a) बा (b) ब
(c) बद (d) बे

55. आयन प्रत्यय से निर्मित शब्द .... नहीं है।
(a) लंकायण (b) कृष्णायन
(c) शरव्य (d) वात्स्यायन

56. सुन्दरता, लघुता, धवलता, कविता में .... प्रत्यय है।
(a) त्व (b) तः
(c) ता (d) वत्

57. पुष्पोपहार में .... संधि है।
(a) स्वर (b) व्यंजन
(c) विसर्ग (d) इनमें से कोई नहीं

58. कवि + इन्द्र की संधि .... है।
(a) कवेन्द्र (b) कवीन्द्र
(c) कविन्द्र (d) कवैन्द्र

59. मृत्युजंय अर्थात् मृत्यु को जीतने वाला अर्थात् शंकर। इसमें .... समास है।
(a) अव्ययीभाव (b) तत्पुरूष
(c) कर्मधारय (d) बहुब्रीहि

60. कर्मधारय समास .... में नहीं है।
(a) पनचक्की (b) दहीबड़ा
(c) मधुमक्खी (d) सप्ताह

61. 'सिर धुनने' का प्रयोग किस अर्थ में होता है?
(a) पछताना (b) पीटना
(c) दुःखी होना (d) सुखी होना

62. 'हाथ का मैल होना' का अर्थ बताइए—
(a) मैला होना (b) तुच्छ होना
(c) कीमती होना (d) निन्दा करना

63. 'सफेद झूठ होना' का अर्थ बताइए—
(a) पूर्णतः असत्य
(b) सच होना
(c) अभिमान
(d) शिष्ट

64. माथा ठनकना का अर्थ क्या है?
(a) आशंका होना
(b) कठिन होना
(c) चिन्ता होना
(d) गुस्सा चढ़ना

65. 'कभी नाव गाड़ी पर कभी गाड़ी नाव' पर क्या अर्थ है?
(a) संघर्ष होना
(b) एक-दूसरे की सहायता करना
(c) भलाई करना
(d) एक से स्वभाव वाले होना

66. 'अकेला हँसता भला, ना रोता भला' प्रसिद्ध कहावत है। इसका अर्थ है–
(a) दुःख-सुख में साथी होने चाहिए
(b) दुःख-सुख जीवन के अंग हैं
(c) दुःख के बाद सुख की बेला
(d) अनहोनी बात

67. दिए गए वाक्य में गलती पहचानिए-
(a) जब अविनाश
(b) घर पहुंचा तो
(c) बड़ा भूखा था।
(d) कोई गलती नहीं।

68. दिन-प्रतिदिन रसायनों के .... प्रभाव सामने आ रहे हैं।
(a) अप्रत्याशीत (b) अप्रत्याशित
(c) आप्रात्यशित (d) अप्रात्यशित

69. अरे दुष्ट .... अन्याय मत कर।
(a) ! (b) ,
(c) ? (d) -?

70. 'DEFENDANT' का उचित पारिभाषिक शब्द है–
(a) वादी (b) प्रतिवादी
(c) वाद (d) प्रतिवाद

71. किस क्रमांक में 'Ipso facto' अंग्रेजी पारिभाषिक शब्द का सही हिन्दी समकक्ष शब्द लिखा हुआ है?
(a) यथास्थिति (b) विधित:
(c) यथापूर्व (d) स्वत:

72. किस क्रमांक में सही वाक्य है?
(a) उसका प्राण-पखेरू उड़ गया।
(b) वह शायद कल गाड़ी से आए।
(c) उन्हें उनचालिस पुस्तकें चाहिएं।
(d) आपकी अंगुलियां मुझसे बड़ी है।

73. किस क्रमांक में शब्द का सही संधि विच्छेद है-
(a) मरुद्धारिणी-मरुत् + धारिणी
(b) अन्वीक्षा - अनु + ईक्षा
(c) अभीप्सित - अभि + इप्सित
(d) अन्वेषणा - अनु + ऐषणा

74. निम्नलिखित मुहावरों में से किस मुहावरे का अर्थ 'अदृश्य होना' है-
(a) तीन तेरह होना
(b) गूलर का फूल होना
(c) जमीन पर पांव न रखना
(d) हाथ को हाथ न सूझना

75. किस क्रमांक में मूल शब्द और प्रत्यय सही-सही अलग हैं?
(a) लुटेरा - लुट + एरा
(b) बचपन - बच + पन
(c) खिवैया - खेना + वैया
(d) लड़ाकू - लड़ + आकू

76. किस क्रमांक के वाक्य में निजवाचक सर्वनाम है?
(a) उसका पता लगाओ
(b) जिसकी लाठी उसकी भैंस
(c) सब काम मैं अपने आप करूंगा
(d) आप पुस्तकें पढ़ें

77. कौनसा क्रम सही नहीं है?
(a) मुकेशा खाना पकवाता है - प्रेरणार्थक क्रिया
(b) घोड़ा सड़क पर खड़ा है- अकर्मक क्रिया
(c) पुलिस ने चोर को पकड़वाया - अकर्मक क्रिया
(d) माधुरी पुस्तक पढ़ती है - सकर्मक क्रिया

78. किस क्रमांक में 'वाग्वैभव' का संधि-विच्छेद सटीक है?
(a) वाग + वैभव
(b) वाक + वैभव
(c) वाक् + वैभव
(d) वाग् + वैभव

79. 'संजय बहुत देर से टहल रहा है' में कौन सी क्रिया है?
(a) सकर्मक क्रिया
(b) अकर्मक क्रिया
(c) प्रेणार्थक क्रिया
(d) संयुक्त क्रिया

80. किस क्रमांक में अशुद्ध वाक्य है–
(a) शाह और बेगम सुरैया विमान से उतरे।
(b) मेरे से यह काम नहीं होगा।
(c) आंख का काजल निकालने में वह कब चूका है?
(d) रघु ने अपने रत्न तथा सोना-चांदी आदि सब दान कर दिया।

संख्यात्मक अभियोग्यता

81. यदि नौवीं कक्षा के छात्रों की 6, 8, 12 तथा 16, की पंक्तियाँ बनाई जाती है, तो कोई छात्र छूटता नहीं है। तदनुसार उस कक्षा में छात्रों की कुल संभावित संख्या कितनी हैं?
(a) 60 (b) 72
(c) 80 (d) 96

82. $3 \times 38 \times 537 \times 1256$ में इकाई का अंक कौन-सा है?
(a) 4 (b) 2
(c) 6 (d) 8

83. यदि कोई घड़ी, प्रत्येक घंटे में एक निश्चित समय पर बजे, तो वह एक दिन में कुल कितनी बार बजेगी?-
(a) 300 (b) 156
(c) 68 (d) 78

84. $\sqrt{30+\sqrt{30+\sqrt{30+.......}}}$ का मान ज्ञात कीजिए-
(a) 5 (b) $3\sqrt{10}$
(c) 6 (d) 7

85. 0,7,26,63,124,217 के अनुक्रम में विषम पद कौन-सा है?
(a) 217 (b) 7
(c) 26 (d) 63

86. सरिता और गौरी के वर्तमान आयु का गुणनफल 320 है। आठ वर्षो बाद, सरिता की उम्र, गौरी की उम्र की तीन गुना हो जाएगी। गौरी के जन्म के समय सरिता की आयु थी–
(a) 40 वर्ष (b) 32 वर्ष
(c) 48वर्ष (d) 36 वर्ष

87. A, B एवं C के पास क्रमश: 40, x एवं y गेंद है। यदि B, A को 20 गेंद देता है, तो उसके पास गेंद की संख्या C की तुलना में आधी रह जाती है। यदि उनके पास कुल 60 गेंद और अधिक होती, तो प्रत्येक के हिस्से में औसतन 100 गेंद आती। x एवं y का अनुपात है–
(a) 3: 2 (b) 2:3
(c) 2: 1 (d) 3:4

88. एक छात्र को 8 विषयों में औसतन 90 अंक प्राप्त हुए है। इनमें से, सर्वाधिक प्राप्त अंक, दूसरे स्थान पर प्राप्त अंक से 2 ज्यादा है। यदि इन दो विषयों को हटा दिया जाए, तो शेष विषयों का औसत अंक 85 होगा। सर्वाधिक प्राप्त अंक है–
(a) 105 (b) 106
(c) 90 (d) 96

89. उपभोक्ता की प्राथमिकताओं के एक सर्वेक्षण में, 20% उपभोक्ताओं ने उत्पाद A को प्राथमिकता दी एवं 60% ने उत्पाद B को शेष उपभोक्ता अनिर्णित रहें यदि उत्पाद B को प्राथमिकता देने वाले उपभोक्ताओं एवं अनिर्णित उपभोक्ताओं की संख्या में अंतर 720 है, तो कुल कितने उपभोक्ताओं पर सर्वेक्षण किया गया?
(a) 1440
(b) 1800
(c) 3600
(d) आंकड़े अपर्याप्त है।

90. **श्याम के पास कुल तीन कापियाँ X, Y एवं Z है। X में 120 पृष्ठ है, Y में उससे 10% अधिक एवं Z में उससे 10% कम पृष्ठ है। यदि वह कॉपी X, Y एवं Z के क्रमशः 5%, 10% 15% पृष्ठों को फाड़ देता है, तो कुल कितने प्रतिशत पृष्ठों को उसने फाड़ दिये?**

(a) 8%

(b) 15%

(c) 7%

(d) इनमें से कोई नहीं

91. **एक दूध व्यापारी ₹ 6.40 प्रति लीटर की दर से दूध खरीदता है। वह उसमें पानी मिलाता है एवं तत्पश्चात् मिश्रण को ₹ 8 प्रति लीटर की दर से बेचता है इस तरह 37.5% का लाभ अर्जित करता है, तो उपभोक्ता द्वारा खरीदे जाने वाले इस मिश्रण में पानी एवं दूध का अनुपात है–**

(a) 1:15 (b) 1:10

(c) 1:20 (d) 1:12

92. **एक वस्त्र बनाने वाली कंपनी थोक बिक्री पर 15% की छूट प्रदान कर रही है। श्री सचदेव कुल ₹ 25000 मूल्य के (छूट के बाद) वस्त्र खरीदते है। वे उन वस्त्रों की बिक्री हेतु उनका मूल्य कंपनी के मूल मूल्य से 8% बढ़ाकर अंकित करते है, तो उनके द्वारा बेचे जाने वाले उन वस्त्रों का कुल बिक्री मूल्य होगा?**

(a) ₹ 28000 (b) ₹ 29000

(c) ₹ 31000 (d) ₹ 29500

93. **कार्यालय उपयोग हेतु सुन्दर एक बैग खरीदता है जिसका अंकित मूल्य ₹ 600 है और अंकित मूल्य पर 25% की छूट मिल रही है। 25% छूट के बाद जो मूल्य निकलता है उस पर फिर 10% की अतिरिक्त छूट मिल रही है तो सुन्दर द्वारा उस बैग हेतु दी जाने वाले राशि होगी–**

(a) ₹ 210 (b) ₹ 540

(c) ₹ 405 (d) ₹ 450

94. **पिछले वर्ष दो मकान A और B की कीमतों का अनुपात 4:5 था। इस वर्ष, A के कीमत में 25% की एवं B की कीमत में ₹ 50000 की वृद्धि हुई और फलस्वरूप उनकी कीमतों का अनुपात अब 9:10 हो गया, तो पिछले वर्ष A की कीमत थी–**

(a) ₹ 360000 (b) ₹ 450000

(c) ₹ 480000 (d) ₹ 500000

95. **तीन साझेदार 2:7:9 के अनुपात में व्यापार में निवेश करते हैं। उनके द्वारा राशियों को व्यापार में निवेशित रखने के समय का अनुपात उनके द्वारा निवेशित राशियों के व्युत्क्रम के अनुपात के समान है। यदि कुल लाभ ₹ 1080 है, तो सर्वाधिक लाभ प्राप्त करने वाले साझीदार को प्राप्त लाभ है–**

(a) ₹ 120 (b) ₹ 360

(c) ₹ 540 (d) ₹ 420

96. **पाँच संख्याओं का योग 290 है। पहली दो संख्याओं का औसत 48.5 और अन्तिम दो संख्याओं का औसत 53.5 है। तीसरी संख्या क्या है?**

(a) 72 (b) 84

(c) 86 (d) 98

97. **'SMART' शब्द के अक्षरों को अलग-अलग कितने तरीकों से व्यवस्थित किया जा सकता है?**

(a) 80 (b) 130

(c) 180 (d) इनमें से कोई नहीं

98. **₹ 2236 की रकम को A, B व C में इस तरह बाँटा जाता है कि A को C से 25% ज्यादा और C को B से 25% कम रकम मिलती है। इस राशि में A का हिस्सा कितना है?**

(a) ₹ 460 (b) ₹ 670

(c) ₹ 780 (d) ₹ 1280

99. **53 लड़कियों के समूह का औसत भार 58 किग्रा निकाला गया था। बाद में पता चला कि एक लड़की का भार 65 किग्रा पढ़ा गया था, जबकि उसका वास्तविक भार 45 किग्रा था। 53 लड़कियों के समूह का वास्तविक औसत भार कितना है? (दशमलव के बाद दो अंकों तक पूर्णांकित)**

(a) 58 (b) 58.37

(c) 57.37 (d) 57.62

100. **₹ 20000 की राशि पर 15 प्रतिशत प्रति वर्ष की दर से 4 वर्ष बाद मिलने वाला चक्रवृद्धि ब्याज कितना होगा?**

(a) ₹ 14980.125

(b) ₹ 19680.125

(c) ₹ 16780.125

(d) ₹ 18980.125

निर्देश (101-105): निम्नलिखित संख्या श्रृंखला में प्रश्नचिन्ह (?) के स्थान पर क्या आएगा?

101. **0 5 18 43 84 145 ?**

(a) 220 (b) 240

(c) 260 (d) इनमें से कोई नहीं

102. **10 17 48 165 688 3475 ?**

(a) 27584 (b) 25670

(c) 21369 (d) 20892

103. **1 3 24 360 8640 302400 ?**

(a) 14525 (b) 154152000

(c) 14515200 (d) 42510000

104. **12 14 32 102 416 2090 ?**

(a) 11522 (b) 12552

(c) 13525 (d) 17552

105. **10 15 15 12.5 9.375 6.5625 ?**

(a) 4.375 (b) 3.2375

(c) 4.6275 (d) 3.575

निर्देश (106-110): निम्नलिखित प्रश्नों का उत्तर देने के लिए इन पाई चार्टों को ध्यान से पढ़ें।

एक कालेज की विभिन्न धाराओं में दाखिल हुए छात्रों का प्रतिशत छात्रों की कुल संख्या = 3500

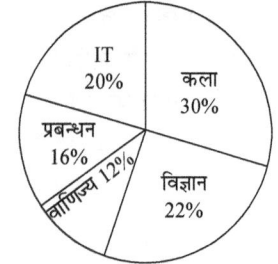

कुल छात्रों में से धाराओं में दाखिल हुई लड़कियों के प्रतिशत का विवरण

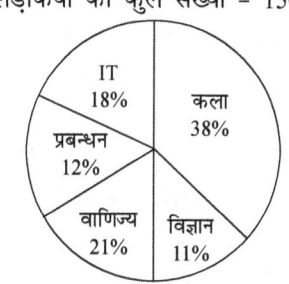

लड़कियों की कुल संख्या = 1500

106. प्रबन्धन और IT में मिलाकर दाखिल हुए लड़कों की कुल संख्या कितनी है?
(a) 1050 (b) 810
(c) 1120 (d) 980

107. कला में दाखिल हुई लड़कियों की संख्या का विज्ञान में दाखिल हुए लड़कों की संख्या से क्रमशः अनुपात क्या है?
(a) 114 : 123 (b) 2 : 3
(c) 114 : 121 (d) 53 : 65

108. विज्ञान और वाणिज्य में मिलाकर दाखिल हुई लड़कियों की कुल संख्या कितनी है?
(a) 450 (b) 495
(c) 345 (d) 480

109. यदि विज्ञान में दाखिल हुई लड़कियों में से 20% अपनी धारा बदल कर प्रबन्धन में चली जाएं तो प्रबन्धन के कुल छात्रों की नई संख्या कितनी हो जाएगी?
(a) 593 (b) 733
(c) 453 (d) 1003

110. कला, विज्ञान और वाणिज्य में दाखिल हुई लड़कियों की संख्या कालेज की कुल छात्र संख्या का कितने प्रतिशत है?
(a) 25 (b) 40
(c) 60 (d) इनमें से कोई नहीं

निर्देश (111-115): इन प्रश्नों के उत्तर देने के लिए निम्नलिखित ग्राफ को ध्यान से पढ़िए:

एक माह में विभिन्न कम्पनियों के प्रिंटरों का उत्पादन और बिक्री

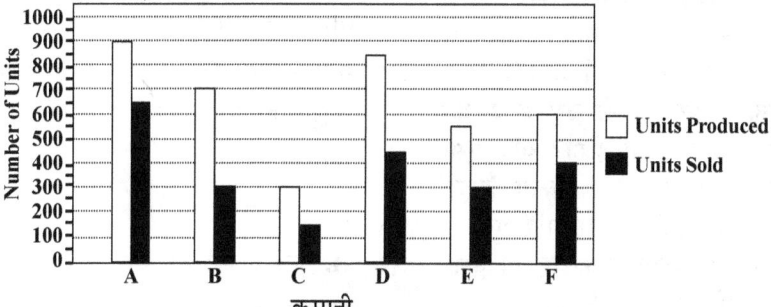

111. कम्पनी D और E के कुल उत्पादन का इन्हीं कम्पनियों की कुल बिक्री से क्रमशः अनुपात कितना है?
(a) 28 : 15 (b) 17 : 29
(c) 15 : 11 (d) इनमें से कोई नहीं

112. सभी कम्पनियों द्वारा मिलाकर उत्पादित औसत नग कितने हैं?
(a) 675 (b) 650
(c) 625 (d) 600

113. अपने उत्पादन की तुलना में किस कम्पनी का बिक्री का प्रतिशत सर्वाधिक था?
(a) D (b) B
(c) E (d) A

114. सभी कम्पनियों ने मिलकर औसत कितने नग बेचे?
(a) 360 (b) 390
(c) 375 (d) 410

115. A, B व C तीन कम्पनियों द्वारा बेचे गए नग इन कम्पनियों द्वारा उत्पादित कुल नगों के लगभग कितने प्रतिशत है?
(a) 62 (b) 50
(c) 76 (d) 58

116. $\left[5\left(8^{\frac{1}{3}}+27^{\frac{1}{3}}\right)^{3}\right]^{\frac{1}{4}}$ का मान है
(a) 5 (b) 5^2
(c) 5^3 (d) 5^4

117. पेट्रोल की कीमत 25% की दर से बढ़ जाती है। पेट्रोल पर खर्च न बढ़े, इसके लिए यात्रा में कटौती करनी पड़ेगी
(a) 25% (b) 20%
(c) 18% (d) 15%

118. समांतरचतुर्भुज ABCD के विकर्ण AC और BD एक-दूसरे को बिंदु O पर काटते हैं। यदि $\angle DAC = 32°$, $\angle AOB = 70°$, तब $\angle DBC$ का मान है
(a) 24° (b) 86°
(c) 38° (d) 32°

119. एक वृत्ताकार पार्क बनाने का प्रस्ताव किया जाता है जिसका क्षेत्रफल क्रमशः 16 m और 12 m व्यास के दो वृत्ताकार पार्क के क्षेत्रफलों के योग के बराबर है। नए पार्क का अर्धव्यास होगा
(a) 10 m (b) 15 m
(c) 20 m (d) 24 m

120. किसी घन का किनारा r cm है। यदि इसमें से संभावित बड़ा से बड़ा लम्ब वृत्तीय शंकु काटा जाता है। तब शंकु का आयतन (cm^3 में) है:
(a) $\frac{1}{6}\pi r^3$ (b) $\frac{1}{12}\pi r^3$
(c) $\frac{1}{3}\pi r^3$ (d) $\frac{2}{3}\pi r^3$

तर्कशक्ति परीक्षण

121. निम्न चार में से तीन किसी प्रकार एक समान है और अपना एक समूह बनाते है। वह एक कौन सा है जो समूह में शामिल नहीं है।
(a) काला (b) पीला
(c) लाल (d) हरा

122. शब्द FOREIGN में अक्षरों के ऐसे कितने जोड़े हैं जिनके बीच शब्द में उतने ही अक्षर हैं जितने कि वर्णमाला में उनके बीच होते हैं?
(a) कोई नहीं (b) एक
(c) दो (d) तीन

123. शब्द JOURNEY के पहले प्रत्येक स्वर को वर्णमाला में ठीक उसके पहले के अक्षर द्वारा और प्रत्येक व्यंजन को वर्णमाला में ठीक उसके बाद के अक्षर द्वारा विस्थापित किया जाए और उसके बाद विस्थापित अक्षरों को वर्णमाला क्रम में सजाया जाए तो बाएं छोर पर पांचवां अक्षर

कौन सा होगा?

(a) D (b) K

(c) O (d) S

124. संख्या 5846937 में ऐसे कितने अंक हैं जो संख्या में आरम्भ से उतने ही दूर हैं जितना कि अंकों को अवरोही क्रम में सजाने पर रहता है।

(a) कोई नहीं (b) एक

(c) दो (d) तीन

125. किसी निश्चित कूट भाषा में 'food is good' को 'ho na ta', 'eat food regularly' को 'sa ta la' और 'keep good health' को 'da na ja' लिखा जाता है। उस कूट भाषा में 'eat' कैसे लिखा जाएगा?

(a) sa (b) la

(c) sa या la (d) आंकड़े अपर्याप्त है

126. तीस लड़कों की एक पंक्ति में R दाएं छोर से चौथा है और W बाएं छोर से 10वां है। R और W के बीच कितने लड़के हैं?

(a) 15 (b) 16

(c) 17 (d) 18

127. A, B, C, D और E जिनमें से प्रत्येक का वजन अलग-अलग है, D भारी है A और E से और B हल्का है C से, तो उनमें सबसे भारी कौन है?

(a) D (b) B

(c) C (d) आंकड़े अपर्याप्त हैं

128. एक निश्चित कोड में CORDIAL को SPDCMBJ लिखा जाता है। उसी कोड में SOMEDAY कैसे लिखा जाएगा?

(a) NPTDEBZ (b) NPTFZBE

(c) TPNDZBE (d) NPTDZBE

129. अक्षर समूह EMLI के प्रत्येक अक्षर के प्रत्येक शब्द को केवल एक बार प्रयोग कर कितने अर्थपूर्ण अंग्रेजी शब्द बनाए जा सकते हैं?

(a) एक (b) दो

(c) तीन (d) चार

130. निम्न चार में से तीन किसी प्रकार एक समान हैं और अपना एक समूह बनाते हैं। वह एक कौन सा है जो समूह में शामिल नहीं है?

(a) 45 (b) 51

(c) 49 (d) 93

131. निम्न अक्षर श्रृंखला में आगे क्या आएगा?

A Z B Y A B C X A B C D W A B C D E V A B C D E

(a) U (b) T

(c) A (d) F

132. यदि 'P' का अर्थ है '×', 'R' का अर्थ है '+', 'T' का अर्थ है '–' और 'W' का अर्थ है '÷' तो

6 4 W 4 P 8 T 6 R 4 = ?

(a) 196 (b) 124

(c) 120 (d) 126

133. शब्द HOARDINGS के पहले, छठे, आठवें और नौवें अक्षरों से केवल एक अर्थ पूर्ण अंग्रेजी शब्द बनना सम्भव हो तो उस शब्द का तीसरा अक्षर क्या होगा? यदि ऐसा कोई शब्द नहीं बन सकता है तो उत्तर 'X' दीजिए और यदि एक से अधिक शब्द बन सकते हैं तो उत्तर 'Y' दीजिए।

(a) G (b) I

(c) S (d) X

134. एक निश्चित कोड में DOES को '5$3%' और SITE को '%4#3' लिखा जाता है उसी कोड में EDIT कैसे लिखा जाएगा?

(a) 354# (b) 3#54

(c) 3$4# (d) 35$#

135. D, B का भाई है। M, B का भाई है। K, M का पिता है। T, K की पत्नी है। B का T से क्या संबंध है?

(a) पुत्र

(b) पुत्री

(c) पुत्र या पुत्री

(d) डाटा अपर्याप्त

निर्देश (136-137)–नीचे प्रत्येक प्रश्न में तीन कथन और उसके बाद तीन निष्कर्ष I, II और III दिए गए है। आपको दिए गए कथनों को सत्य मानना है भले ही वे सर्वज्ञात तथ्यों से भिन्न प्रतीत होते हों। सभी निष्कर्षों को पढ़िए और फिर तय कीजिए कि दिया गया कौन-सा निष्कर्ष दिए गए कथनों का तर्कसंगत ढंग से अनुसरण करता है, चाहे वे सर्वज्ञात तथ्य कुछ भी हों।

136. कथनः सभी पेड़ जंगल हैं। कोई जंगल सड़क नहीं हैं। कुछ सड़कें पहाड़ियां हैं।

निष्कर्षः

I. कुछ सड़कें पेड़ हैं।

II. कुछ जंगल पेड़ हैं।

III. कुछ पहाड़ियां जंगल हैं।

(a) केवल I अनुसरण करता है

(b) केवल II अनुसरण करता है

(c) केवल III अनुसरण करता है

(d) केवल I व II अनुसरण करता है

137. कथनः सभी ईंटें पत्थर हैं। कुछ पत्थर चट्टाने हैं। सभी चट्टानें रेत् हैं।

निष्कर्षः

I. कुछ रेत् पत्थर है।

II. कुछ रेत् ईंटें हैं।

III. कुछ पत्थर ईंटें हैं।

(a) केवल I अनुसरण करता है

(b) केवल III अनुसरण करता है

(c) केवल I व III अनुसरण करता है

(d) सभी अनुसरण करते हैं

निर्देश (प्र.सं. 138-142): दिए गए प्रश्नों का उत्तर देने के लिए निम्नलिखित जानकारी को ध्यान से पढ़िए।

आठ मित्र–A, B, C, D, E , F, G और H—केंद्र की ओर मुंह करके एक वृत्त के इर्द-गिर्द बैठे हैं पर जरूरी नहीं कि उसी क्रम में। F, B के बाएं चौथे स्थान पर बैठा है। A, एवं H, F के निकटतम पड़ोसी हैं। C, A के बाएं तीसरे स्थान पर बैठा है। G, E के दाएं तीसरे स्थान पर बैठा है।

138. B के संदर्भ में D का स्थान क्या है ?

(a) एकदम बाएं (b) दाएं को छठा

(c) बाएं को दूसरा (d) बाएं को सातवां

139. G के निकटतम पड़ोसी कौन-कौन हैं ?

(a) F एवं H (b) A एवं F

(c) C एवं H (d) B एवं C

140. यदि C एक निश्चित प्रकार से E से संबंधित है तथा उसी प्रकार F संबंधित है B से, तो A किससे संबंधित है ?

(a) H (b) D

(c) G (d) C

141. उपरोक्त व्यवस्था में उनके बैठने के स्थान के आधार पर निम्नलिखित चार में से तीन किसी प्रकार समान है, इसलिए उनका एक समूह बनता हैं वह एक कौन-सा है जो इस समूह में नहीं आता है?

(a) FE (b) HA

(c) DG (d) BE

142. यदि आठों मित्रों को A से आरंभ करके घड़ी की दिशा में वर्णानुक्रम से बिठाया जाए, तो कितने मित्रों का स्थान अपरिवर्तित रहेगा (A को छोड़कर)?

(a) कोई नहीं (b) एक

(c) दो (d) तीन

निर्देश (प्र.सं. 143-145): नीचे दी गयी प्रश्नाकृतियों (जल प्रतिबिम्ब) को सावधानी पूर्वक देखिए तथा उसके नीचे दी गयी चार उत्तराकृतियों में से उस आकृति को चुनिए जो उपयुक्त उत्तर-आकृति बैठती हो।

143. प्रश्न-आकृति

उत्तर-आकृतियां

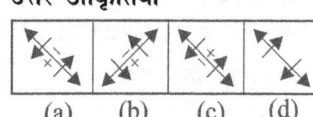

(a) (b) (c) (d)

144. प्रश्न-आकृति

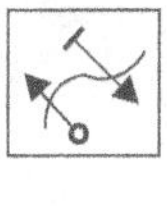

उत्तर-आकृतियां

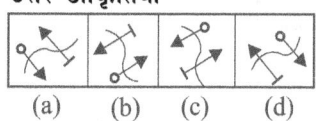

(a) (b) (c) (d)

145. प्रश्न-आकृति

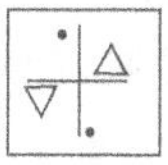

उत्तर-आकृतियां

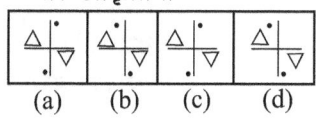

(a) (b) (c) (d)

निर्देश (प्र.सं. 146-148): निम्नलिखित प्रश्नों में अक्षरों का कौन-सा समूह खाली स्थानों पर क्रमवार रखने से दी गई अक्षर श्रृंखला को पूरा करेगा?

146. a__b abba a abb a _ ba

(a) abab (b) abba

(c) aabb (d) aaab

147. azb_, az_y, a _ by, _ zby

(a) ybza (b) byaz

(c) bzya (d) azby

148. 102, 101, 98, 93, 86, 74, 66, 53 की श्रृंखला में गलत संख्या ज्ञात कीजिए

(a) 101 (b) 66

(c) 74 (d) 93

149. ताषु उत्तर की ओर चलना आरम्भ करती है। 15 मी. चलने के बाद, वह दक्षिण दिशा में मुड़कर 20 मी. चलती है। इसके बाद वह पूर्व की ओर मुड़कर 10 मी. चलती है। अनन्तर, वह उत्तर की ओर 5 मी. चलती है। तदनुसार, वह अपने मूल बिन्दु से किस दिशा में कितनी दूरी पर है?

(a) 10 मी. पश्चिम (b) 5 मी. पूर्व

(c) 5 मी. उत्तर (d) 10 मी. पूर्व

150. रानी तथा सरिता ने एक स्थान X से यात्रा आरम्भ की। रानी पश्चिम दिशा में और सरिता उत्तर दिशा में एकसमान गति से चलीं। कुछ समय बाद दोनों अपनी बाईं ओर मुड़ीं और कुछ कदम चलीं। इसके बाद, यदि वे दोबारा अपनी बाईं ओर मुड़ें, तो X स्थान से उनके चेहरे किस दिशा में होंगें?

(a) उत्तर तथा पूर्व (b) उत्तर तथा पश्चिम

(c) पश्चिम तथा उत्तर (d) पूर्व तथा दक्षिण

151. हर्ष : आनन्द :: उदासः ......

(a) निरुत्साह (b) अस्पष्ट

(c) सीधासादा (d) मौन

152. गटकना : पीना :: हड़बड़ी : ......

(a) फुदकना (b) चलना

(c) भागना (d) कूदना

153. ABCD : ZYXW : : EFGH: ......

(a) EUTS (b) POTS

(c) UOTS (d) VUTS

निर्देश (154-159): निम्नलिखित प्रश्नों में से एक अनुक्रम दिया है, जिसमें एक पद लुप्त है। दिए गए विकल्पों में से वह सही विकल्प चुनिए जो अनुक्रम को पूरा करें।

154. JkL AbC MnO DeF PqRGh?

(a) i (b) S

(c) s (d) I

155. YXHGWVFEUTDCSRB?

(a) C (b) I

(c) A (d) D

156. 0, 6, 24, 60, 120, 210,? ......

(a) 504 (b) 338

(c) 420 (d) 336

157. 2 6 12 20 30 ? 56

(a) 46 (b) 56

(c) 42 (d) 38

158. 1, 4, 10, 19, 31, ? ....

(a) 46 (b) 50

(c) 55 (d) 43

159. R,Q,O,L,H,?

(a) C (b) D

(c) A (d) B

160. पांच व्यक्ति (R, S, T, U तथा V) आरक्षण काउंटर की ओर मुंह करके एक पंक्ति में हैं। S के ठीक पीछे U है। T, R और V के बीच खड़ा है। R और U के बीच कोई नहीं है। तो पंक्ति में S कहां खड़ा है?

(a) पहला (b) दूसरा

(c) अन्त में (d) अन्त से एक पहले

मानसिक अभिरुचि, बुद्धिलब्धि एवं तार्किक क्षमता

161. भारत में सबसे बड़ी आपराधिक समस्या क्या है?
(a) आतंकवाद (b) अपहरण
(c) फिरौती (d) मानव-व्यापार

162. भारत में हाल के वर्षों में किस प्रकार के अपराध में वृद्धि हुई है?
(a) आर्थिक अपराध
(b) साइबर अपराध
(c) संगठित अपराध
(d) ये सभी।

163. जनहित का सामान्य अर्थ है–
(a) सार्वजनिक हित
(b) निजी हित
(c) राष्ट्रीय हित
(d) अन्तर्राष्ट्रीय हित

164. जनहित का मूल उद्देश्य क्या है?
(a) साम्प्रदायिक सद्भाव
(b) सामाजिक न्याय
(c) निजी लाभ
(d) अन्तर्राष्ट्रीय सम्बन्ध

165. महिलाओं को 33 प्रतिशत आरक्षण, संसद व विधान सभाओं में देने का विचाराधीन प्रस्ताव संविधान के किस संशोधन द्वारा किया गया था?
(a) 45वां (b) 43वां
(c) 72वां (d) 84वां

166. निम्नलिखित में से अश्लील पुस्तकों की बिक्री, अश्लील कार्य और गाने आदि को भारतीय दण्ड विधान की किस धारा में दण्डनीय बनाया गया है?
(a) धारा-292 (b) धारा-293
(c) धारा-294 (d) इन सभी में

167. निम्नलिखित में से केन्द्रीय सतर्कता आयोग किसके भ्रष्टाचार की जांच करता है?
(a) विधानमण्डल के सदस्यों की
(b) लोकसभा के सदस्यों की
(c) सरकारी कर्मचारियों की
(d) मन्त्रियों की

168. निम्नलिखित में से 'विधिशासन' का प्रवर्तक कौन है?
(a) प्रो. डायसी (b) गुडहार्ट
(c) वेड (d) कोक।

169. पुलिस विभाग संविधान की सातवीं अनुसूची की किस सूची का विषय है?
(a) संघ सूची (b) समवर्ती सूची
(c) राज्य सूची (d) इनमें से कोई नहीं।

170. राज्यों की अपराधिक गतिविधियों को रोकने की जिम्मेदारी किसकी है?
(a) केन्द्र सरकार
(b) राज्य सरकार
(c) सीमा सुरक्षा बल
(d) प्रशासनिक अधिकारी

171. पुलिस विभाग में कार्यरत कर्मचारियों को अपनी किन कमजोरियों को दूर करना चाहिए?
(a) मानसिक दुर्बलता
(b) दबाव के सामने झुक जाना
(c) तनावग्रस्त रहना
(d) अपनी प्रशंसा व चापलूसी से प्रभावित न होना

172. निम्नलिखित में से पुलिस के हर कार्य की आलोचना के क्या दुष्परिणाम होते हैं?
(a) उनकी नैतिक शक्ति क्षय होती है
(b) उनका मनोबल गिरता है
(c) उनमें नाकारात्मक मानसिकता का उदय होता है
(d) सृजनात्मक कार्यों को करने में वे हतोत्साहित होने लगते हैं

173. राम बिना कारण भीड़ पर बन्दूक चलाता है। उसमें वह एक व्यक्ति को मार डालता है। राम दोषी है
(a) हत्या का
(b) आपराधिक मानव वध का जो हत्या का कोटि में नहीं आता
(c) घोर उपहति का
(d) उपरोक्त में से कोई नहीं

174. यदि सभी नागरिक विभिन्न धर्मों का त्यौहार एक साथ मिलकर मनाते हैं तो किस प्रमुख समस्या का समाधान हो जाएगा?

(a) आतंकवाद (b) जातिवाद
(c) भाषावाद (d) साम्प्रदायिकता

175. निम्न में से अनुसूचित जातियों को सामाजिक जीवन से दूर किसके द्वारा रखा जाता है?
(a) उच्च जातियों द्वारा
(b) सरकार द्वारा
(c) संविधान द्वारा
(d) विधि द्वारा

176. चूंकि अल्पसंख्यक एवं अल्प अधिकार वाले व्यक्ति सामाजिक व आर्थिक रूप से पिछड़े होते हैं, अतः पुलिस प्रशासन एवं जनता को इनके प्रति
(a) अधिक उदार होना चाहिए
(b) उनसे मानवीय व्यवहार करना चाहिए
(c) उन्हें निम्न स्तर का नहीं मानना चाहिए
(d) उनकी समस्याओं के प्रति संवेदनशील होना चाहिए

177. दिनों-दिन 'महिला पुलिस' की आवश्यकता क्यों बढ़ती जा रही है?
(a) महिला अपराधियों से निपटने के लिए
(b) महिलाओं से छेड़छाड़, बलात्कार, महिलाओं का यौन शोषण, घरेलू हिंसा आदि मामलों में महिला पुलिस अधिक उपयुक्त है
(c) 'महिला पुलिस' महिलाओं की समस्याओं को बेहतर समझ सकती है
(d) उपरोक्त सभी कारणों से

178. निम्नलिखित में से महिला पुलिस से क्या कार्य लिए जाते हैं?
(a) महिला अपराधी की निगरानी व उसे लॉक-अप में रखना
(b) महिला अपराधी की गिरफ्तारी व उससे पूछताछ करना, उसे सलाह देना
(c) महिला थाने में पारिवारिक विवादों को सुलझाना व मध्यस्थता
(d) उपरोक्त सभी

179. निम्नलिखित में से महिलाओं की नियुक्ति किस पुलिस सेवा में की जा सकती है?
(a) सीमा सुरक्षा बल (BSF)
(b) सी. आर. पी. एफ. (केन्द्रीय रिजर्व पुलिस बल)
(c) भारतीय पुलिस सेवा (IPS)
(d) उपरोक्त सभी

180. महिला पुलिस में उपनिरीक्षक पद पर नियुक्ति के क्या मानदण्ड हैं?

(a) निर्धारित आयु सीमा (20.25 वर्ष) व शारीरिक माप-तौल में होना

(b) लिखित परीक्षा, साक्षात्कार, व चिकित्सीय जांच से गुजरना

(c) शारीरिक दक्षता परीक्षा में उत्तीर्ण होना

(d) उपरोक्त सभी

निर्देश (181-183): नीचे प्रत्येक प्रश्न में एक प्रश्न आकृति तथा चार उत्तर आकृतियां दी गयीं हैं, उत्तर आकृतियों में से एक ऐसी उत्तराकृति का चयन कीजिए, जिसमें प्रश्न-आकृति का दर्पण प्रतिबिम्ब बना हो।

181. प्रश्न-आकृति

उत्तर-आकृतियां

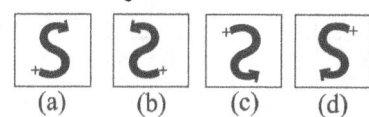

(a) (b) (c) (d)

182. प्रश्न-आकृति

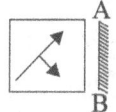

उत्तर-आकृतियां

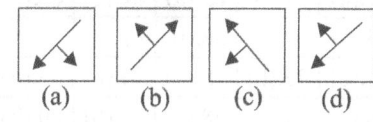

(a) (b) (c) (d)

183. प्रश्न-आकृति

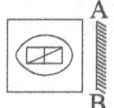

उत्तर-आकृतियां

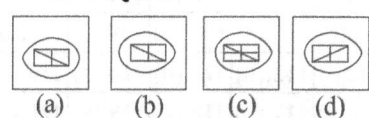

(a) (b) (c) (d)

184. एक कीड़ा सीधी लाइन में चल रहा है। वह प्रति मिनट 15 सेमी दूरी तय करता है। प्रति 15 सेमी के बाद वह 2.5 सेमी वापस आता है। 1 मीटर की दूरी तय करने में वह कितना समय लेगा?

(a) 6.5 मिनट (b) 8 मिनट

(c) 10 मिनट (d) 12 मिनट

185. एक प्रश्न-पत्र में कुल 12 प्रश्न हैं, जिनमें से केवल छः प्रश्नों का उत्तर देना है। छः प्रश्नों का प्रत्येक का एक-एक विकल्प दिया गया है। प्रत्येक प्रश्न के चार-चार भाग हैं।

प्रश्न-पत्र में प्रत्येक प्रश्न के भागों को मिलाकर कुल कितने प्रश्न हैं?

(a) 48 (b) 72

(c) 96 (d) 24

186. पाइप A एक टैंक को 5 घंटे में पूरा भर सकता है। परन्तु टैंक में रिसाव होने के कारण उसे भरने में 3 घंटे अधिक लगते हैं। पाइप A को बंद करने के बाद पूरे भरे हुए-टैंक को रिसाव के कारण खाली होने में कितना समय लगेगा।

(a) 7.5 घंटे

(b) 14 घंटे 40 मिनट

(c) 12 घंटे 20 मिनट

(d) 13 घंटे 20 मिनट

निर्देश (प्रश्न 187-190) : नीचे दिए गए प्रत्येक प्रश्न में एक कथन दिया गया है और इसके नीचे दो पूर्वधारणाएँ दी गई हैं, जिन्हें क्रमांक I और II से दिखाया गया है। कोई मानी हुई या गृहीत बात पूर्वधारणा कहलाती है। आपको दिए हुए कथन और दी हुई पूर्वधारणाओं को ध्यान में लेकर उन दो पूर्वधारणाओं में से कौन कथन में अन्तर्निहित है, इसका निर्णय करना है।

उत्तर दीजिए

(a) यदि केवल पूर्वधारणा I अन्तर्निहित है।

(b) यदि केवल पूर्वधारणा II अन्तर्निहित है।

(c) यदि केवल पूर्वधारणा I अथवा II अन्तर्निहित है।

(d) यदि दोनों I और II अन्तर्निहित हैं।

187. कथन : अच्छी पुस्तक भले ही महँगी हो, बिकती है।

पूर्वधारणाएँ :

I. कुछ पुस्तकें दूसरी पुस्तकों से अच्छी हैं।

II. अधिकांश पुस्तकें महँगी हैं।

188. कथन : भारी वर्षा के बावजूद भी यातायात में बाधा नहीं पड़ी।

पूर्वधारणाएँ :

I. वर्षा यातायात के संचालन को प्रभावित नहीं करती।

II. वर्षाकाल के दौरान यातायात के प्रबन्धन में पर्याप्त सावधानियाँ ली गई थीं।

189. कथन : कर्मचारियों के उत्साह को सुदृढ़ बढ़ाने हेतु उन्हें प्रोत्साहन दिया जाना चाहिए।

पूर्वधारणाएँ :

I. आशा है प्रोत्साहन कर्मचारियों को उत्साहित करेगा।

II. कर्मचारी इस समय उत्साहित नहीं हैं।

190. कथन : मंत्रीजी ने कानपुर में अपने समस्त कार्यक्रम रद्द कर दिए और वे वायुमार्ग से राजधानी चले गए- *एक समाचार।*

पूर्वधारणाएँ :

I. ऐसे समाचार हमेशा मुख्य शीर्षक होते हैं।

II. कानपुर और राजधानी के बीच वायु सम्पर्क है।

निर्देश (191-195): नीचे एक परिच्छेद दिया गया है और उसके नीचे उस परिच्छेद में दिए गए तथ्यों के आधार पर निकाले जा सकने वाले कुछ संभावित अनुमान दिए गए है। आप हर एक अनुमान की परिच्छेद के संदर्भ में अलग-अलग परीक्षा कर उसकी सत्यता या असत्यता की मात्रा निश्चित कीजिए।

उत्तर (a) दीजिये, यदि अनुमान 'निश्चित रूप से सत्य' है अर्थात् वह दिए गए तथ्यों का उचित रूप से अनुसरण करता है।

उत्तर (b) दीजिये, यदि अनुमान 'संभवत: सत्य है' यद्यपि दिए गए तथ्यों के संदर्भ में 'निष्ठिचत रूप से सत्य' नहीं है।

उत्तर (c) दीजिये, यदि 'दिए हुए तथ्य काफी नहीं है' अर्थात् दिए हुए तथ्यों से अनुमान सत्य है अथवा असत्य यह आप नहीं कह सकते हैं।

उत्तर (d) दीजिये, यदि अनुमान 'संभवत: असत्य है' यद्यपि दिए गए तथ्यों के संदर्भ के संदर्भ में 'निश्चित रूप से असत्य' नहीं है।

परिच्छेद

बैंकों की समग्र आस्ति गुणवत्ता में कमी–सकल अनर्जक आस्तियों (NPAs) के दिसम्बर, 2008 अंत की तुलना में दिसम्बर 2009 के अंत में 27% अधिक होने की रिपोर्ट है–आश्चर्यजनक नहीं है। वृद्धि में किसी भी तरह की कमी होने से NPAs में वृद्धि होना निश्चित है, क्योंकि ज्यादा-से -ज्यादा कंपनियां ऋण चुकौती में चूक करती है, यह प्रभाव साफ-साफ दिखेगा जब यह कमी गंभीर वैश्विक मंदी के साथ जा मिलेगी। लेकिन यदि केंद्रीय बैंक ने उदार शर्तो पर ऋण के पुनर्गठन की अनुमति न दी होती, तो NPAs और भी अधिक होते। जिन विवेकवान बैंकों ने ऋण मंजूर करते समय ख्याल रखा और उसके बाद मंजूरी-उत्तर संवितरण की तत्परता से निगरानी की, वे इस संकट से उबर जाएंगे, लेकिन चाक्रिक मंदी के कारण NPAs में वृद्धि होना एक बात है और नीतिगत त्रुटियों के कारण NPAs का बढ़ना नितांत अलग बात है जो पूर्णतया नीति निर्माताओं के क्षेत्र में आती है, यही वह चीज है जिससे हमें रक्षा करनी है, अत्यधिक कम ब्याज दरें ऐसी परियोजनाओं को व्यवहार्थ दिखाकर जो वास्तव में व्यवहार्थ नहीं होतीं, जोखिम-पारितोषिक समीकरण को तब तक निरस्त कर देती हैं–जब तक ब्याज दरें उलट नहीं जातीं और वही परियोजनाएं व्यवहार्य नहीं रह जातीं। अब यह अच्छी तरह से स्थापित हो चुका है कि अनुचित रूप से कम ब्याज दरों की लम्बी अवधियां बैंकों को ज्यादा जोखिम लेने के लिए प्रोत्साहित करती हैं, समष्टि आर्थिक आधारभूत आंकड़ों की बजाय आसान धन वाली नीति द्वारा चालित कम ब्याज दर वाले दौर ऋण के अत्यधिक विस्तार की ओर ले जाते हैं। ये बैंकों को अधिक लाभ की खोज में अधिक जोखिम लेने और जोखिम की गलत कीमत लगाने के लिए प्रोत्साहित करते हैं।

191. ऋण पर कम ब्याज दर कई बिना हिसाब वाले जोखिम के घटकों को जज्ब करने की क्षमता को कम कर देते हैं।

192. बैंकों के NPAs केवल आर्थिक घटकों के कारण होते हैं।

193. NPAs बढ़ जाने पर केंद्रीय बैंक हमेशा बैंकों को अपने ऋणों का पुनर्गठन करने देते हैं।

194. कम ब्याज दर वाला चक्र वाणिज्यिक रूप से अव्यवहार्य परियोजना को व्यवहार्य बनाकर दिखाता है।

195. अधिक NPAs संवितरणों और बैंकों द्वारा दिए गए ऋणों की अनुवर्ती कार्यवाही में कमियां दर्शाते हैं।

196. आप परीक्षा भवन में पाते हैं कि प्रश्न बहुत ही कठिन है और आपको उसका उत्तर देने में कठिनाई हो रही है तब आप क्या करेंगे?

(a) आप इसकी शिकायत करेंगे।

(b) आप सभी विद्यार्थियों को परीक्षा का बहिष्यकार करने के लिए कहेंगे।

(c) आप बैठ कर अपने पास वाले विद्यार्थियों की प्रतिक्रिया का इंतजार करेंगे।

(d) आप शांत भाव से प्रश्न का उत्तर देने की कोशिश करेंगे।

197. अगर आप क्रोधित होते हैं तब आप क्या करते है?

(a) सामान को उठा कर फेंकने लगते है?

(b) आप जोर-जोर से चिल्लाने लगते है।

(c) आप वहां से हट कर दूसरे कार्य करने लगते हैं।

(d) इनमें से कोई नहीं

198. आप अपने दोस्तों के साथ पार्टी में गए हुए हैं तभी आप देखते है कि आपके दोस्त के कोट में आग लग गयी है, तब आप क्या करेंगे?

(a) आप दोस्त को देखने के लिए कहेंगे।

(b) आप दौड़कर उसकी माँ को बुला कर लायेंगे।

(c) आप दौड़कर अपने दोस्त के शरीर पर पानी डाल देंगे।

(d) इनमें से कोई नहीं

199. H लट्ठा R लट्ठे से पूरब की ओर है तथा D लट्ठे से उत्तर की ओर है लट्ठा D लट्ठे R से किस दिशा में है?

(a) उत्तर-पूर्व

(b) दक्षिण-पश्चिम

(c) उत्तर-पश्चिम

(d) दक्षिण-पूर्व

200. उत्तर की ओर मुँह करके बैठे बच्चों में समीर बाएं सिरे से 17 वें क्रम पर है तथा ज्योति से जो दाएं सिरे से 15वें क्रम पर है, दाई ओर दूसरा है उस पंक्ति में बच्चों की संख्या कितनी है?

(a) 30 (b) 29

(c) 3 (d) 34

उत्तरमाला

1.(c)	2.(c)	3.(b)	4.(b)	5.(c)
6.(a)	7.(b)	8.(d)	9.(d)	10.(c)
11.(a)	12.(c)	13.(c)	14.(b)	15.(c)
16.(c)	17.(c)	18.(c)	19.(c)	20.(c)
21.(b)	22.(c)	23.(b)	24.(c)	25.(a)
26.(a)	27.(a)	28.(d)	29.(a)	30.(c)
31.(d)	32.(c)	33.(c)	34.(d)	35.(a)
36.(b)	37.(d)	38.(c)	39.(c)	40.(b)
41.(a)	42.(c)	43.(c)	44.(c)	45.(b)
46.(b)	47.(c)	48.(d)	49.(c)	50.(a)
51.(d)	52.(c)	53.(b)	54.(b)	55.(c)
56.(c)	57.(a)	58.(b)	59.(d)	60.(d)
61.(a)	62.(b)	63.(a)	64.(a)	65.(b)
66.(a)	67.(c)	68.(b)	69.(a)	70.(b)
71.(d)	72.(b)	73.(b)	74.(b)	75.(b)
76.(c)	77.(c)	78.(c)	79.(b)	80.(b)
81.(d)	82.(d)	83.(b)	84.(c)	85.(a)
86.(b)	87.(b)	88.(b)	89.(b)	90.(d)
91.(b)	92.(c)	93.(c)	94.(a)	95.(b)
96.(c)	97.(d)	98.(c)	99.(d)	100.(a)
101.(d)	102.(d)	103.(c)	104.(b)	105.(a)
106.(b)	107.(c)	108.(d)	109.(a)	110.(d)
111.(d)	112.(b)	113.(d)	114.(c)	115.(d)
116.(a)	117.(b)	118.(c)	119.(a)	120.(b)
121.(a)	122.(c)	123.(d)	124.(c)	125.(c)
126.(b)	127.(d)	128.(d)	129.(b)	130.(c)
131.(d)	132.(d)	133.(a)	134.(a)	135.(c)
136.(b)	137.(c)	138.(a)	139.(d)	140.(c)
141.(d)	142.(a)	143.(b)	144.(c)	145.(c)

146.(a)	**147.**(a)	**148.**(c)	**149.**(d)	**150.**(d)
151.(a)	**152.**(b)	**153.**(d)	**154.**(d)	**155.**(c)
156.(d)	**157.**(c)	**158.**(a)	**159.**(a)	**160.**(a)
161.(a)	**162.**(d)	**163.**(a)	**164.**(b)	**165.**(d)
166.(d)	**167.**(c)	**168.**(a)	**169.**(c)	**170.**(b)
171.(b)	**172.**(b)	**173.**(a)	**174.**(d)	**175.**(a)
176.(d)	**177.**(d)	**178.**(d)	**179.**(d)	**180.**(d)
181.(b)	**182.**(c)	**183.**(b)	**184.**(b)	**185.**(b)
186.(d)	**187.**(a)	**188.**(b)	**189.**(a)	**190.**(d)
191.(c)	**192.**(b)	**193.**(d)	**194.**(a)	**195.**(d)
196.(d)	**197.**(c)	**198.**(c)	**199.**(d)	**200.**(b)

उत्तर सहित व्याख्या

81. (d) संभव विद्यार्थियों की संख्या

= 6, 8, 12 तथा 16 का ल.स. = 96

82. (d) $1256 \times 537 \times 38 \times 3$ का इकाई अंक = 8

83. (b) प्रश्नानुसार, 1 दिन घड़ी के कुल बजने की संख्या

$= 2 \times (1 + 2 + 3 + ... + 12)$

$= 2 \times \frac{12 \times 13}{2} = 156$

84. (c) माना $x = \sqrt{30 + \sqrt{30 + \sqrt{30 + ...}}}$

(वर्ग करने पर)

$x^2 = 30 + x$

$\Rightarrow x^2 - x - 30 = 0$

$\Rightarrow x^2 - 6x + 5x - 30 = 0$

$x(x - 6) + 5(x - 6)$

$\Rightarrow (3 + 5)(x - 6) = 0$

$\Rightarrow x = 6$

85. (a) 0, 7, 26,

↓ ↓ ↓

$1^3 - 1,\ 2^3 - 1,\ 3^3 - 1,$

63, 124, $\boxed{217}$

$4^3 - 1,\ 5^3 - 1,\ 6^3 + 1$

86. (b) माना सरिता तथा गौरी की वर्तमान आयु 'x' तथा 'y' है।

$\therefore$ $xy = 320$ तथा $(x + 8) = 3(y + 8)$

$\Rightarrow x - 3y = 16$

$\Rightarrow x - 3\left(\frac{320}{x}\right) = 16$

$\Rightarrow x^2 - 16x - 960 = 0$

$\Rightarrow (x - 40)(x + 24) = 0$

$\Rightarrow$ $x = 40$ तथा जब $y = 0$ तब $x = 32$

$\therefore$ जब गौरी का जन्म हुआ तो, सरिता की आयु 32 वर्ष थी।

87. (b)

88. (b) 8 विषयों के कुल अंक

$= 90 \times 8 = 720$

6 विषयों के कुल अंक

$= 85 \times 6 = 510$

$\therefore$ शेष दो विषयों के अंक

$= 720 - 510 = 210$

माना उच्चतम तथा अगला अंक x तथा $x - 2$ है।

$\therefore$ $(x) + (x - 2) = 210$

$\Rightarrow 2x = 212$

$\Rightarrow$ $x = 106$ जो कि सबसे उच्चतम अंक है।

89. (b) माना कुल उपभोक्ताओं की संख्या $= x$

$\therefore$ प्रश्नानुसार

x का 60% – x का 20% = 720

$\Rightarrow$ x का 40% = 720

$\Rightarrow x = \frac{720}{40} \times 100 = 1800$

90. (d) 'X' कापी में पेजों की संख्या = 120

'Y' कापी में पेजों की संख्या

= 120 का 110% = 132

'Z' कापी में पेजों की संख्या

= 120 का 90% = 108

सभी कापियों में कुल पेजों की संख्या = 120 + 132 + 108 = 360

X कापी में श्याम द्वारा फाड़ें गए पेजों की संख्या = 120 का 5% = 6

Y कापी में श्याम द्वारा फाड़ें गए पेजों की संख्या = 132 का 10% = 13.2

Z कापी में श्याम द्वारा फाड़ें गए पेजों की संख्या = $108 \times 15\% = 16.2$

कुल फाड़े गए पेजों की संख्या

$= 6 + 13.2 + 16.2 = 35.4$

$\therefore$ अभीष्ट प्रतिशत

$= \frac{35.4}{360} \times 100\% = 9.837\%$

91. (b) माना खरीदी गई दूध की मात्रा x ली. तथा मिलाए गए पानी की मात्रा y ली. है।

$\therefore$ पानी एवं दूध का अनुपात $= y : x$

$\therefore$ क्रय मूल्य $= 6.4x$

विक्रय मूल्य $= 8(x + y)$

लाभ प्रतिशत = 37.5%

$\therefore$ $8(x + y) = 6.4x \times 1.375$

$8x + 8y = 8.8x$

$\Rightarrow 8y = 0.8x$

$\Rightarrow \frac{x}{y} = \frac{80}{8} = \frac{10}{1}$

$\Rightarrow y : x = 1 : 10$

92. (c) पोशाको का क्रय मूल्य = ₹ 25000

$\therefore$ कम्पनी का वास्तविक मूल्य

$= \frac{25000}{85} \times 100$

विक्रय मूल्य $= \frac{25000}{85} \times 100 \times \frac{108}{100}$

= ₹ 31767.71

= ₹ 31000

93. (c) क्रमशः 25% तथा 10% छूट के बाद अंतिम धनराशि

$= 600 \times 0.75 \times 0.9 =$ ₹ 405

94. (a) माना दो घरों A तथा B का क्रमशः मूल्य ₹ $4x$ तथा ₹ $5x$ है

$\therefore$ A तथा B का वर्तमान मूल्य $= 1.25 \times 4x$ तथा ₹ $(5x + 50000)$

दिया है,

$\frac{1.25 \times 4x}{5x + 50000} = \frac{9}{10}$

$\Rightarrow 50x - 45x =$ ₹ 450000

$\Rightarrow 5x =$ ₹ 450000

$\Rightarrow x =$ ₹ 90000

$\therefore$ अंतिम वर्ष में घर A की कीमत थी

$= 4x = 4 \times 90000$

= ₹ 360000

95. (b) पूंजी का अनुपात = 2 : 7 : 9

समय का अनुपात $= \frac{1}{2} : \frac{1}{7} : \frac{1}{9}$

= 1 : 1 : 1

$\therefore$ निवेश का अनूपात

$= 2 \times \frac{1}{2} : 7 \times \frac{1}{7} : 9 \times \frac{1}{9}$

$\therefore$ प्रत्येक साझेदार का भाग

$= \frac{1}{3} \times 1080 =$ ₹ 360

96. (c) पहली दो संख्याओं का औसत = 485

अन्तिम दो संख्याओं का औसत = 535

पाँच संख्याओं का योग = 290

तीसरी संख्या = x

$\therefore 2\times(485)+x+2\times(535)=290$

$97 + x + 107 = 290$

$x = 290 - 204$

$x = 86$

97. (d) शब्द 'SMART' में अक्षरों की कुल संख्या 5 है।

अतः 'SMART' शब्द के अक्षरों को अलग-अलग व्यवस्थित किया जाएगा

$= {}^5P_5 = 5! = 5\times4\times3\times2\times1 = 120$

98. (c) माना B को ₹ x मिलते हैं।

C को मिली राशि $= x - x\times\frac{25}{100}$

$= \frac{100x-25x}{100} = \frac{75x}{100} = ₹\frac{3x}{4}$

A को मिली राशि $= \frac{3x}{4}\times\frac{125}{100}$

$= \frac{15x}{16}$

$A : B : C = \frac{15x}{16} : x : \frac{3x}{4}$

$= 15x : 16x : 12x$

अनुपातीय योग $= 15x + 16x + 12x = 43x$

$\therefore$ A का हिस्सा $= \frac{2236\times15x}{43x}$

$= ₹\ 780$

99. (d) भार में कमी = 65 – 45 = 20 kg

औसत भार में कमी $= \frac{20}{53} = 0.38$ kg

वास्तविक औसत भार

= 58 – 0.38 = 57.62 kg

100. (a) $C.I. = 20000\left[\left(1+\frac{15}{100}\right)^4 - 1\right]$

$= 20000\left[\left(\frac{23}{20}\right)^4 - 1\right]$

$= 20000\left[\frac{23\times23\times23\times23-20\times20\times20\times20}{20\times20\times20\times20}\right]$

$= 20000\left[\frac{279841-160000}{160000}\right]$

$= 20000\times\frac{119841}{160000}$

= ₹14980.125

101. (d) 0 5 18 43 84 145 [230]

+5 +13 +25 +41 +61 +85

+8 +12 +16 +20 +24

+4 +4 +4 +4

102. (d) 10 17 48 165 688 3475 [20892]

×1+7 ×2+14 ×3+21 ×4+28 ×5+35 ×6+42

103. (c)

1 3 24 360 8640 302400 [14515200]

×3 ×8 ×15 ×24 ×35 ×48

+5 +7 +9 +11 +13

+2 +2 +2 +2

104. (b) 12 14 32 102 416 2090 [12552]

×1+2 ×2+4 ×3+6 ×4+8 ×5+10 ×6+12

105. (a) 10 15 15 12.5 9.375 6.5625 4.375

$\times\frac{3}{2}$ $\times\frac{4}{4}$ $\times\frac{5}{6}$ $\times\frac{6}{8}$ $\times\frac{7}{10}$ $\times\frac{8}{12}$

106. (b) प्रबन्धन में लड़कों की संख्या

$= 3500\times\frac{16}{100} - 1500\times\frac{12}{100}$

= 560 – 180 = 380

IT में लड़कों की संख्या

$= 3500\times\frac{20}{100} - 1500\times\frac{18}{100}$

= 700 – 270 = 430

$\therefore$ कुल लड़कों की संख्या = 380 + 430 = 810

107. (c) कला में दाखिल लड़कियों की संख्या

$= 1500\times\frac{38}{100} = 570$

विज्ञान में दाखिल लड़कों की संख्या

$= 3500\times\frac{22}{100} - 1500\times\frac{11}{100}$

= 770 – 165 = 605

$\therefore$ अभीष्ट अनुपात = 570:605

= 114:121

108. (d) विज्ञान और वाणिज्य में मिलाकर दाखिल लड़कियों की कुल संख्या

$= 1500\times\frac{(21+11)}{100} = 480$

109. (a) विज्ञान में लड़कियों की संख्या

$= 1500\times\frac{11}{100} = 165$

प्रबन्धन में विज्ञान की 20% लड़कियाँ आ जाने पर छात्रों की कुल संख्या

$= 3500\times\frac{16}{100} + 165\times\frac{20}{100}$

= 560 + 33 = 593

110. (d) कला, विज्ञान और वाणिज्य में लड़कियों की संख्या

$= 1500\times\frac{(38+11+21)}{100} = 1050$

अभीष्ट प्रतिशत

$= \frac{1050\times100}{3500} = 30\%$

111. (d) कम्पनी D और E का कुल उत्पादन

= 950 + 550 = 1500

कम्पनी D और E द्वारा कुल बिक्री

= 450 + 300 = 750

अभीष्ट अनुपात = 1500 : 750

= 8 : 1

112. (b) सभी कम्पनियों द्वारा मिलाकर उत्पादित औसत नग

$= \frac{900+700+300+850+550+600}{6}$

$= \frac{3900}{6} = 650$

113. (d) उत्पादन की तुलना में A का बिक्री प्रतिशत

$= \frac{650\times100}{900} = 72.22\%$

उत्पादन की तुलना में B का बिक्री प्रतिशत

$= \frac{300\times100}{700} = 42.86\%$

उत्पदन की तुलना में C का बिक्री प्रतिशत

$= \frac{150\times100}{300} = 50\%$

उत्पादन की तुलना में D का बिक्री प्रतिशत

$= \frac{450\times100}{850} = 52.94\%$

उत्पादन की तुलना में E का बिक्री प्रतिशत

$= \frac{300 \times 100}{550} = 54.55\%$

उत्पादन की तुलना में F का बिक्री प्रतिशत

$= \frac{400 \times 100}{600} = 66.67\%$

अतः कम्पनी A का बिक्री प्रतिशत सर्वाधिक था।

114. (c) सभी कम्पनियों द्वारा बिक्री किये गये औसत नग

$= \frac{650+300+150+450+300+400}{6}$

$= \frac{2250}{6} = 375$

115. (d) A, B व C तीनों कम्पनियों द्वारा बिक्री किए गए कुल नग

$= 650 + 300 + 150 = 1100$

A, B व C तीनों कम्पनियों द्वारा उत्पादित कुल नग

$= 900 + 700 + 300 = 1900$

अभीष्ट प्रतिशत

$= \frac{1100 \times 100}{1900}$

$= 57.89 \approx 58$ (लगभग)

116. (a) $\left[5\left(8^{\frac{1}{3}} + 27^{\frac{1}{3}}\right)^3\right]^{\frac{1}{4}}$

$\Rightarrow \left[5(2+3)^3\right]^{\frac{1}{4}}$

$\Rightarrow \left[5 \times 5^3\right]^{\frac{1}{4}} \Rightarrow 5^{4 \times \frac{1}{4}} = 5$

117. (b) माना कि प्रारंभिक मूल्य = ₹ 100

पेट्रोल की कीमत 25% बढ़ने के बाद

नई कीमत $= 100 \times \frac{125}{100} =$ ₹ 125

अभीष्ट कटौती $= \frac{125-100}{125} \times 100$

$\Rightarrow \frac{25}{125} \times 100 = 20\%$

118. (c)

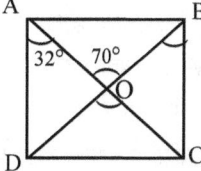

O

प्रश्नानुसार, $\angle DAC = 32°$

$\angle DAC + \angle OAB = 90°$

$32° + \angle OAB = 90°$

$\angle OAB = 90° - 32° = 58°$

पुनः $\angle AOB + \angle OAB + \angle OBA = 180°$

$\Rightarrow \angle OBA = 180° - 128° = 52°$

$\Rightarrow \angle DBC + \angle OBA = 90°$ या $\angle DBC = 90° - 52° = 38°$

119. (a) माना कि नये वृत्ताकार पार्क का अर्धव्यास R है

तो प्रश्नानुसार, $A = \pi r_1^2 + \pi r_2^2$

जहां $r_1 = \frac{16}{2} = 8$ मी

तथा $r_2 = \frac{12}{2} = 6$ मी

अतः $\pi R^2 = \pi r_1^2 + \pi r_2^2$

या $R^2 = r_1^2 + r_2^2$

$= (8)^2 + (6)^2$

$\Rightarrow 64 + 36 = 100$

या R = 10 मी

120. (b)

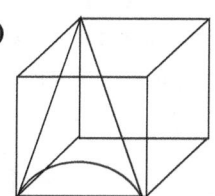

माना घन का किनारा r सेमी है

तो शंकु की त्रिज्या तथा ऊंचाई क्रमशः $\frac{r}{2}$ तथा $h = r$

शंकु का आयतन $(V) = \frac{1}{3}\pi r^2 h$

$= \frac{1}{3}\pi\left(\frac{r}{2}\right)^2 \times r = \frac{1}{3}\pi\frac{r^3}{4}$

$\Rightarrow \frac{\pi r^3}{12}$

121. (a) अन्य सभी रंग इन्द्रधनुष में पाये जाते हैं जबकि काला रंग नहीं पाया जाता है।

122. (c) दाएं जोड़े EG तथा NR है।

6 15 18 5 9 7 14
F O R E I G N

123. (d) JOURNEY

परिवर्तित शब्द : KNTSODZ

वर्णमाला क्रम : DKNOSTZ

बाएं से पांचवां अक्षर = S

124. (c) संख्या : 5 [8] 4 [6] 9 3 7

अवरोही क्रम : 9 [8] 7 [6] 5 4 3

अतः 8, 6 का स्थान परिवर्तन नहीं होता है।

125. (c) [food] is (good) = ho (na) [ta] ...(i)

eat [food] regularly = sa [ta] la...(ii)

keep (good) health = da (na) ja...(iii)

(i) व (ii) से food का कोड ta है।

अतः eat का कोड sa या la है।

126. (b) पंक्ति में R और W के बीच बच्चों की संख्या = 30 – (4 + 10) = 16

127. (d) D भारी है A और E से

B हल्का है C से

अतः पाँचों के वजन की तुलना नहीं की जा सकती है।

128. (d) जिस प्रकार,

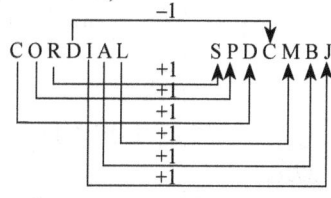

–1
+1
+1
+1
+1
+1
+1

उसी प्रकार,

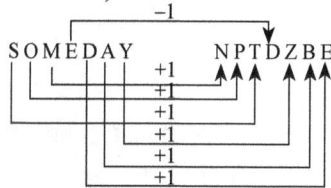

–1
+1
+1
+1
+1
+1
+1

अतः कोड NPTDZBE होगा।

129. (b) दो अर्थपूर्ण शब्द बनाए जा सकते हैं।

MILE, LIME

130. (c) अन्य सभी 3 से पूर्णतः विभाजित होते हैं, जबकि 49, 3 से पूर्णतः विभाजित नहीं होता है।

131. (d) अक्षर श्रृंखला इस प्रकार बनेगी

AZ, ABY, ABCX, ABCDW, ABCDEV, ABCDE FU

132. (d) $64 \div 4 \times 8 - 6 + 4 = ?$

$? = 16 \times 8 - 6 + 4$

$? = 128 - 6 + 4$

$? = 126$

133. (a) अक्षर: H I G S

अर्थपूर्ण शब्द : S I G H

अत: तीसरा अक्षर G होगा।

134. (a) D O E S और S I T E

↓ ↓ ↓ ↓ ↓ ↓ ↓ ↓

5 $ 3 % % 4 # 2

अत:,E D I T

↓ ↓ ↓ ↓

3 5 4 #

135. (c)

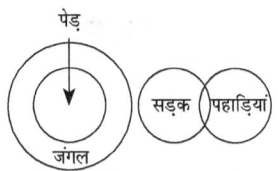

अत: B, T का पुत्र या पुत्री है।

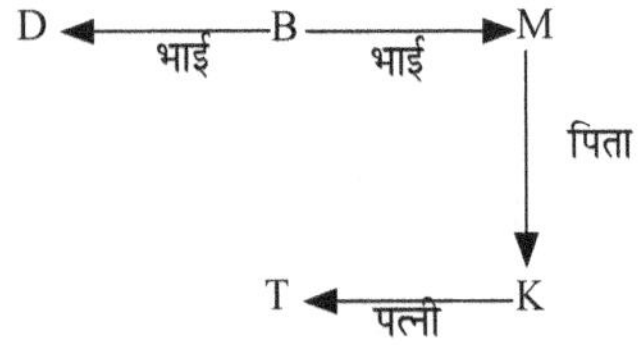

136. (b)

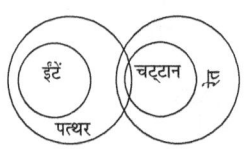

केवल निष्कर्ष II अनुसरण करता है।

137. (c)

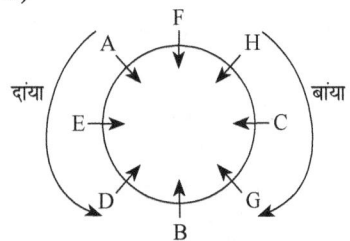

केवल निष्कर्ष I और III अनुसरण करते हैं।

(138-142)

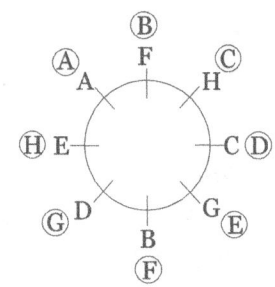

138. (a) D, B के एकदम बाएं है।

139. (d) G के निकटतम पड़ोसी B एवं C हैं।

140. (c) C के ठीक विपरीत E बैठा है। F के ठीक विपरीत B है। उसी प्रकार, A के ठीक विपरीत G है।

141. (d) युग्म BE को छोड़कर, अन्य सभी युग्मों में पहला व्यक्ति दूसरे व्यक्ति के बाएं दूसरा है। B, E के दाएं दूसरा है।

142. (a)

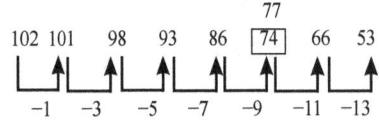

146. (a) a a b b/ a bba/a a bb/a b ba/ (abab)

147. (a) यह श्रृंखला इस प्रकार बन रही है

azby , azby , azby , azby = (ybza)

148. (c) इस श्रृंखला में 74 की जगह 77 होगा। अत: 74 गलत है।

77
102 101 98 93 86 74 66 53
−1 −3 −5 −7 −9 −11 −13

149. (d) ताषु बिन्दु P से चलना आरम्भ करती है। फिर बिन्दु Q, R और S से होती हुई बिन्दु A पर पहुंचती है जहां से वह अपने मूल बिन्दु से 10 मी., पूर्व की ओर है।

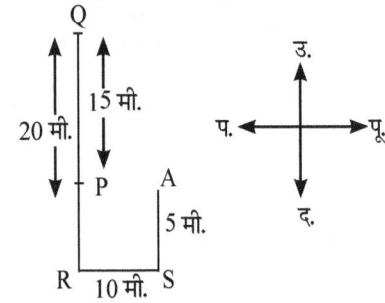

150. (d)

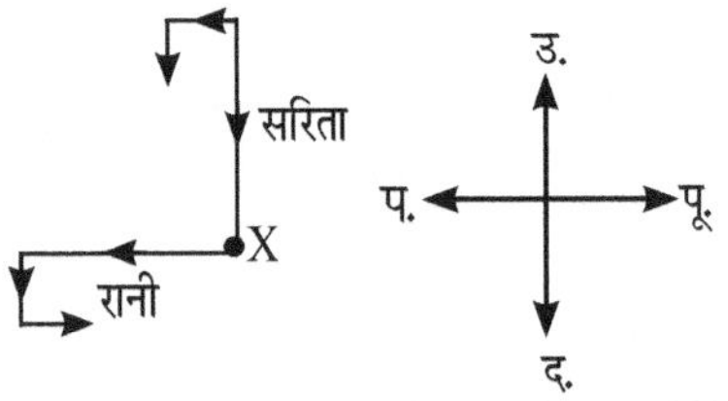

अत: रानी और सरिता के चेहरे क्रमश: पूर्व और दक्षिण दिशा में होंगे।

151. (a) जिस प्रकार, हर्ष से आनन्द उत्पन्न होता है। ठीक इसी प्रकार, उदास रहने से निरुत्साह उत्पन्न होता है।

152. (b) जिस प्रकार, 'गटकना' सम्बन्धित है 'पीना' से, ठीक इसी प्रकार 'हड़बड़ी' सम्बन्धित है 'चलना' से।

153. (d) जिस प्रकार,

A, B, C, D — विपरीत अक्षर — Z, Y, X, W

ठीक इसी प्रकार,

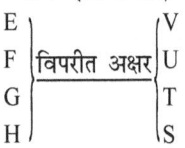

E, F, G, H — विपरीत अक्षर — V, U, T, S

154. (d) इस प्रकार श्रेणी एक श्रृंखला में बढ़ रही है।

JkL/AbC/MnO/DeF/PqR/Gh[I]

155. (c) इस प्रकार श्रेणी एक श्रृंखला वर्णमाला के विपरीत क्रम में बढ़ रही है।

YX HG WV FE UT DC SR B [A]

156. (d) इस प्रकार श्रेणी एक सही श्रृंखला में बढ़ रही है।

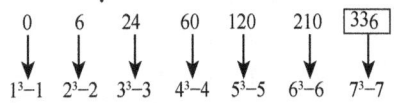

157. (c) इस प्रकार यह श्रेणी एक सही श्रृंखला में बढ़ रही है।

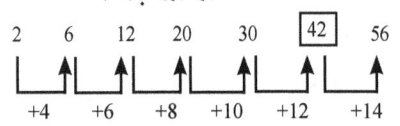

अत: प्रश्न चिन्ह (?) के स्थान पर 42 संख्या आएगी।

158. (a) यह श्रेणी एक सही श्रृंखला में बढ़ रही है।

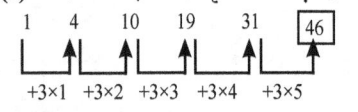

अत: प्रश्न चिन्ह (?) के स्थान पर 46 संख्या आएगी

159. (a) श्रृंखला क्रम में

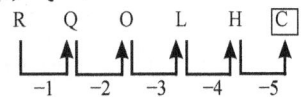

अन: प्रश्न चिन्ह (?) के स्थान पर C अक्षर आएगा

160. (a) प्रश्नानुसार, पांच व्यक्तियों (R, S, T, U, V) को व्यवस्थित करने पर,

V ← T ← R ← U ← S ← [काउंटर]

अत: पंक्ति में S पहले स्थान पर खड़ा है।

8 प्रैक्टिस सेट

सामान्य ज्ञान

1. गणतंत्र दिवस 2018 की परेड में किस राज्य की झांकी ने पहला पुरस्कार जीता?
(a) गुजरात (b) पंजाब
(c) बिहार (d) महाराष्ट्र

2. परीक्षा के दौरान बच्चों में होने वाले तनाव के संदर्भ में पुस्तक 'एग्जाम वारियर्स' किसके द्वारा लिखी गई है?
(a) सुषमा स्वराज
(b) नरेंद्र मोदी
(c) निर्मला सीतारमण
(d) प्रकाश जावड़ेकर

3. हाल ही में भारत अश्गाबात समझौते में शामिल हुआ है। यह समझौता संबंधित है-
(a) अफगानिस्तान में सैन्य सहयोग
(b) अंतर्राष्ट्रीय परिवहन
(c) पारंपरिक ऊर्जा के विकल्प
(d) अंतर्देशीय नदी जल बटवारा

4. 30 जनवरी भारत में निम्न में से किस दिवस के रूप में मनाया जाता है?
(a) संविधान दिवस
(b) लोकपाल दिवस
(c) विजय दिवस
(d) शहीद दिवस

5. अग्नि-5 मिसाइल के संदर्भ में कौन-सा/से कथन सत्य है/हैं?
1. यह एक अन्तरमहाद्वीपीय बैलिस्टिक मिसाइल है।
2. यह परीक्षण ओडिशा के अब्दुल कलाम द्वीप से किया गया।
3. इस मिसाइल का निर्माण भारत और रूस के साझा सहयोग से किया गया।
(a) केवल 1
(b) केवल 2
(c) केवल 1 और 2
(d) सभी 1, 2 और 3

6. डब्लयूएचओ ने हाल ही में किस देश को 'पोलियो मुक्त देश' के रूप में प्रमाणित किया है?
(a) सूडान (b) नाइजीरिया
(c) श्रीलंका (d) गैबॉन

7. किस देश में आयोजित जोहानसबर्ग कॉमनवेल्थ रेसलिंग चैम्पियनशिप में भारत ने 10 स्वर्ण पदक जीते?
(a) कनाडा (b) जॉर्जिया
(c) दक्षिण अफ्रीका(d) इंग्लैंड

8. गुप्त वंश का वह राजा कौन था जिसने हूणों को भारत पर आक्रमण करने से रोका?
(a) स्कन्द गुप्त (b) चन्द्रगुप्त
(c) कुमार गुप्त (d) समुद्रगुप्त

9. बाल विवाह को नियंत्रित करने हेतु 1872 के 'सिविल मैरिज एक्ट' ने लड़कियों के विवाह की न्यूनतम उम्र निर्धारित की-
(a) 14 वर्ष (b) 16 वर्ष
(c) 18 वर्ष (d) 20 वर्ष

10. महाराष्ट्र में 'आर्य महिला समाज' की स्थापना किसने की?
(a) राजा राममोहन राय
(b) सरोजनी नायडू
(c) सिस्टर निवेदिता
(d) पण्डित रमाबाई

11. 1908 में बाल गंगाधर तिलक को जेल की सजा दिए जाने पर कहाँ के मजदूरों ने भारत की पहली राजनीतिक हड़ताल की थी?
(a) बंबई (b) दिल्ली
(c) कलकत्ता (d) अहमदाबाद

12. भारत में मन्दिरों का निर्माण किस काल में आरम्भ हुआ?
(a) वर्धन (b) राजपूत
(c) गुप्त (d) कुषाण

13. निम्न में से किस राज्य में राष्ट्रीय सुरक्षा अधिनियम का विस्तार नहीं है?
(a) गुजरात (b) महाराष्ट्र
(c) तेलंगाना (d) जम्मू और कश्मीर

14. प्राइवेट प्रतिरक्षा का अधिकार किससे संबंधित है?
(a) शरीर
(b) संपत्ति
(c) शरीर व संपत्ति दोनों
(d) उपरोक्त में से कोई नहीं

15. चन्द्रग्रहण का कारण है-
(a) पृथ्वी एवं सूर्य के बीच चन्द्रमा का आना
(b) पवी एवं चन्द्रमा के बीच सूर्य का आना
(c) सूर्य एवं चन्द्रमा के बीच पृथ्वी का आना
(d) उपर्युक्त सभी

16. सूर्य के संगठन में सहायक गैस है-
(a) ऑक्सीजन और कार्बन डाइऑक्साइड
(b) हीलियम और ऑक्सीजन
(c) हीलियम और नाइट्रोजन
(d) हाइड्रोजन और हीलियम

17. भारतवर्ष के 14 बड़े बैंकों का राष्ट्रीकरण हुआ था-
(a) 1969 ई. (b) 1970 ई.
(c) 1971 ई. (d) 1972 ई.

18. 'Capital and Growth' नामक अर्थशास्त्रीय पुस्तक के लेखक कौन है?
(a) मार्शल (b) फेलनर
(c) हिक्स (d) इनमें से कोई नहीं

19. संघीय लोक सेवा आयोग के अध्यक्ष की नियुक्ति कौन करता है?
(a) क्रेन्द्रीय गृह मंत्री(b) संसद
(c) राष्ट्रपति (d) प्रधानमंत्री

| 109 |

20. भारतीय संविधान में प्रेस की स्वतंत्रता दी गई है-

(a) अनुच्छेद 19 (1)

(b) अनुच्छेद 14

(c) अनुच्छेद 20

(d) अनुच्छेद 21A

21. रेडियोधर्मी प्रदूषण से बचाव का तरीका है?

(a) संयन्त्रों के रखरखाव पर गम्भीरता से क्रियान्वयन

(b) बमों के निर्माण व विस्फोटक पर रोक

(c) ऊर्जा के व्यय में कमी

(d) उपर्युक्त सभी

22. डॉबसन है?

(a) एक स्थान का नाम

(b) अमरीकी वैज्ञानिक

(c) प्रदूषित नदी

(d) ओजोन की सान्द्रता इकाई

23. सूर्य की पराबैंगनी किरणों का दुष्परिणाम है-

(a) मनुष्य में कैंसर

(b) चमड़ी का जलना

(c) शिशु विकृतियाँ

(d) उपर्युक्त सभी

24. लगभग चारों ओर से भारत का जो राज्य बांग्ला देश से घिरा है, उसका नाम है-

(a) असम (b) मेघालय

(c) मिजोरम (d) त्रिपुरा

25. निम्नलिखित में से किस नदी के तट पर गोवा शहर स्थित है?

(a) माही (b) माण्डवी

(c) तापी (d) गोमती

26. आर्यभट्ट भारत के पहले उपग्रह का नाम है। इसे अन्तरिक्ष में कब छोड़ा गया?

(a) 15 अगस्त 1975

(b) 19 अप्रैल 1975

(c) 26 जनवरी 1975

(d) 20 अक्टूबर 1975

27. इनसेट-1 सी अन्तरिक्ष में......में छोड़ा गया

(a) 1984 ई. (b) 1987 ई.

(c) 1988 ई. (d) 1989 ई.

28. निम्नलिखित में से किस देश की मुद्रा रुपया है?

(a) नेपाल (b) मॉरीशस

(c) श्रीलंका (d) उपयुक्त सभी

29. किस राज्य की सीमा म्यांमार (बर्मा) से नहीं मिलती?

(a) नागालैण्ड

(b) असम

(c) अरुणाचल प्रदेश

(d) मणिपुर

30. भारत सरकार ने विभाग नियोजन व विकास विभाग कब खोला था?

(a) 1935 ई. में (b) 1930 ई. में

(c) 1944 ई. में (d) 1955 ई. में

31. महान वैज्ञानिक 'आर्किमीडीज' संबंधित थे-

(a) ब्रिटेन से (b) जर्मनी से

(c) अमेरिका से (d) ग्रीस से

32. "अंधेरे से उजाले की ओर" पुस्तक के लेखक कौन हैं?

(a) महेश भट्ट (b) किरण बेदी

(c) अरुण जेटली (d) अरुण शौरी

33. बेकिंग सोडा का रासायनिक नाम है-

(a) सोडियम कार्बोनेट

(b) सोडियम बाईकार्बोनेट

(c) सोडियम क्लोराइड

(d) सोडियम हाइड्रोक्साइड

34. पहला स्वदेशी निर्मित प्रक्षेपण यान है-

(a) ASLV-D4 (b) PSLV-D2

(c) PSLV-D3 (d) PSLV-C1

35. श्वेत प्रकाश का विभिन्न रंगों में विभाजित होना कहलाता है-

(a) अपवर्तक (b) शोषण

(c) संधि (d) विक्षेपण

36. सुभाष चंद्र बोस खेल संस्थान कहां स्थित है?

(a) गुवाहाटी (b) दिल्ली

(c) पटियाला (d) पटना

37. किस भारतीय महिला खिलाड़ी को पायली एक्सप्रेस के नाम से जाना जाता है?

(a) पी.वी. सिन्धू

(b) ज्वाला गुट्टा

(c) एस. विजय लक्ष्मी

(d) पी.टी. ऊषा

38. 'एजरा कप' किस खेल से संबंधित है?

(a) गोल्फ (b) पोलो

(c) फुटबॉल (d) खो–खो

39. निम्न में से किस खेल का मैदान में आकार सबसे बड़ा होता है?

(a) फुटबॉल (b) क्रिकेट

(c) हॉकी (d) पोलो

40. 'ग्रे कप' किस खेल के लिए दिया जाता है ?

(a) फुटबॉल (b) हॉकी

(c) क्रिकेट (d) टेनिस

सामान्य हिन्दी

निर्देश (41-45): गद्यांश को ध्यान से पढ़कर निम्नलिखित प्रश्नों के सही विकल्प चुनिए।

खोया हुआ धन तो एक बार प्राप्त हो सकता है लेकिन बीता हुआ समय कभी भी लौटकर वापस नहीं आता है। संसार में जितने भी महापुरुष हुए हैं उन्होंने समय के महत्व को आँका है और अपना सब काम समय पर किया है। एक बार की बात है गाँधी जी इंग्लैण्ड गए हुए थे। वहाँ के विख्यात साहित्यकार बर्नाड शॉ ने गाँधी जी से मिलने के लिए पाँच मिनट का समय माँगा। जब वे गाँधी जी से मिलने पहुँचे तो उस समय गाँधी जी चरखा चला रहे थे। बर्नाड शॉ चुप रहे। वे इस ताक में थे कि गाँधीजी कब अपना काम बंद करें तो वे उनसे बात करें लेकिन गाँधी जी यह सोचकर अपने काम में मग्न रहे कि बर्नाड शॉ ने समय लिया है तो वही कुछ पूछेंगे। इस प्रकार दोनों मौन रहे। जब पाँच मिनट हो गये, तो गाँधीजी ने कहा—अब आप जा सकते हैं आपका समय समाप्त हो गया। बर्नाड शॉ बिना क्रोध किये गाँधी जी की प्रशंसा करते हुए वहाँ से चले गए। बर्नाड शॉ ने कहा—"गाँधी जी समय के बहुत पाबंद हैं।"

41. कौन कभी वापस नहीं आ सकता है?
(a) समय (b) धन
(c) मित्र (d) स्वास्थ्य

42. महापुरुषों ने सबसे अधिक महत्वपूर्ण समझा-
(a) धन को (b) समय को
(c) स्वास्थ्य को (d) मित्रता को

43. उस समय इंग्लैण्ड के विख्यात साहित्यकार कौन थे?
(a) रार्बट (b) मैक्स मूलर
(c) बॉथम (d) बर्नाड शॉ

44. गाँधी जी क्या सोचकर अपने काम में मग्न रहे?
(a) गाँधीजी ने सोचा कि शॉ ने समय लिया है तो व ही कुछ पूछेंगे
(b) गाँधी जी सूत काटने में तल्लीन थे
(c) गाँधी जी बिना प्रश्न पूछे नहीं बोलते थे
(d) गाँधी जी सोच रहे थे कि बिना कुछ पूछे बोलना ठीक नहीं।

45. बर्नार्ड शॉ ने गाँधी जी की प्रशंसा क्यों की?
(a) गाँधी जी समय के महत्व को नहीं समझते थे
(b) गाँधी जी समय के बहुत पाबन्द थे
(c) गाँधी जी अपने निर्धारित समय पर ही बोलते थे
(d) गाँधी जी ने बर्नाड शॉ को पाँच मिनट का समय दिया था।

46. दक्षिण–दक्षिण-
(a) दान, एक दिशा
(b) एक दिशा, दान–दक्षिण
(c) दाहिना, बाँया
(d) वाम, दाहिना

47. तप्त–तृप्त-
(a) गर्म, बालू (b) बालू, गर्म
(c) गर्म, संतुष्ट (d) संतुष्ट, गर्म

48. नीले रंग का कमल-
(a) इन्दीवर (b) राजीव
(c) पुण्डरीक (d) सुमन

49. अत्यन्त लगन एवं परिश्रम वाला-
(a) उत्साही (b) परिश्रमी
(c) अध्यवसायी (d) जिज्ञासू

50. पुन/पुरः उपसर्ग से निर्मित शब्द .... नहीं है।
(a) पुनरुत्थान (b) पुनर्जन्म
(c) पुरावृत्त (d) पुनर्निमाण

51. अवज्ञा, अवनत, अवसान, अवमूल्यन में .... उपसर्ग है।
(a) अप (b) अव
(c) आ (d) अ

52. ईन प्रत्यय वाला शब्द .... नहीं है।
(a) नवीन (b) कालीन
(c) कुलीन (d) महनीय

53. अक्कड़ प्रत्यय से निर्मित शब्द .... है।
(a) पिअक्कड़ (b) घुमक्कड़
(c) बुझक्कड़ (d) उपर्युक्त सभी

54. महेंद्र का संधि-विच्छेद .... है।
(a) महा + इंद्र (b) मही + इन्द्र
(c) महे + इंद्र (d) महि + इंद्र

55. मतैक्य में .... संधि है।
(a) दीर्घ (b) वृद्धि
(c) यण (d) अयादि

56. .... समास में दोनों पद गौण होते हैं। इसमें अन्य पद ही प्रधान होता है।
(a) बहुब्रीहि (b) कर्मधारय
(c) द्विगु (d) द्वन्द्व

57. बारहसिंगा में समास है। .... ।
(a) द्वन्द्व (b) अव्ययीभाव
(c) बहुब्रीहि (d) तत्पुरुष

58. 'अन्धों में काना राजा' का क्या अभिप्राय है?
(a) एक आँख वाला
(b) अल्पज्ञ की पूजा
(c) अज्ञानियों में अल्पज्ञ की मान्यता होना
(d) काने में राजा बनाना

59. एक पन्थ दो काज का अर्थ क्या है?
(a) दोहरा लाभ
(b) दो काम बनना
(c) होशियारी दिखाना
(d) पोल खुलना

60. श्री गणेश करना का क्या अर्थ है?
(a) पूजा करना (b) प्रारम्भ करना
(c) समापन करना (d) विघ्न डालना

61. रंगे हाथ पकड़ना का तात्पर्य क्या है?
(a) हाथ रंग लेना
(b) मौके से भाग जाना
(c) मौके पर पकड़े जाना
(d) पोल खुलना

62. पानी-पानी होना का क्या अर्थ है?
(a) बेशर्म होना (b) लज्जित होना
(c) पिघल जाना (d) दया करना

63. 'ऊधौ का लेना, ना माधौ का देना' मुहावरे से आशय है ....।
(a) अपर्याप्त वस्तु
(b) किसी से किसी प्रकार का संबंध ना रखना
(c) ना रुकना
(d) पूर्णतः असंभव होना

निर्देश (64-65): वाक्यों में गलतियां पहचानिए–

64. (a) रमेश का सीता से (b) प्रेम करना (c) तलवार की नोंक पर चलना है। (d) कोई गलती नहीं।

65. (a) पिताजी सब्जियाँ (b) ले आए (c) इसलिए मैंने आज बाजार नहीं जाना है। (d) कोई गलती नहीं।

66. निम्नलिखित शब्दों में .... सही वर्तनी वाला शब्द है।
(a) वतावरण (b) घनिष्ठ
(c) नारायण (d) रनभूमि

67. सही शब्द पहचानिए-
(a) चारदिवारी (b) चारदीवारी
(c) चहारदीवारी (d) चहारादवारी

68. आज बनारस से रमेश के माता .... पिता आ रहे हैं।
(a) , (b) -
(c) ? (d) ;

69. 'SHOW CAUSE NOTICE' का सही पारिभाषिक शब्द है
(a) कारण बताओ नोटिस
(b) प्रतिक्रिया
(c) मौखिक आदेश
(d) विश्वास मत

70. **किस क्रमांक में सही संधि का उदाहरण नहीं है–**

(a) मृद + मय - मृण्मय

(b) प्र + ऊढ़ - प्रौढ़

(c) अब्जात - अप् + जात

(d) मनः + प्रसाद - मनोप्रसाद

71. **हिन्दी शब्दकोश में 'ज्ञान' शब्द कहां मिलेगा?**

(a) ख वर्ण वाले सब शब्दों के बाद

(b) र वर्ण वाले सब शब्दों के बाद

(c) छ वर्ण वाले सब शब्दों के बाद

(d) त्र वर्ण वाले सब शब्दों के बाद

72. **सत्य और अहिंसा का .... संबंध है।**

(a) घनिष्ट (b) समीपस्थ

(c) दूरस्थ (d) निकटवर्ती

73. **किस क्रमांक में अंग्रेजी पारिभाषिक शब्द के सामने उसका सही हिन्दी समकक्ष शब्द लिखा है?**

(a) Ex-officio - पूर्व अधिकारी

(b) Adhoc - तदर्थ

(c) Quorum - गणना संख्या

(d) Disposal - उपयोग-त्याग

74. **निम्नलिखित मुहावरों में से किस मुहावरे के सामने लिखित अर्थ सही नहीं है?**

(a) बालू की भींत उठाना - व्यर्थ का प्रयास करना

(b) बगलें झांकना - जवाब न दे पाना

(c) राग बिगड़ना - स्वर बेसुरा होना

(d) लहू का घूंट पीना - क्रोध को दबाना

75. **किस क्रम में गुणवाचक विशेषण का उदाहरण है?**

(a) बच्चों की त्वचा मुलायम होती है।

(b) उसने पांच मीटर कपड़ा खरीदा।

(c) उसके पास चार पुस्तकें हैं।

(d) उस वृक्ष को मत काटो।

76. **'चालीस छात्रों ने ठीक उत्तर दिया' में कौन सा विशेषण है**

(a) अनिश्चित संख्यात्मक विशेषण

(b) निश्चित संख्यात्मक विशेषण

(c) परिमाणवाचक विशेषण

(d) गुणवाचक विशेषण

77. **किस क्रम में उपसर्ग का सही प्रयोग नहीं हुआ?**

(a) निलंबन-नि (b) निराकरण-निर्

(c) दुर्योधन-दु (d) अपहरण-अप

78. **किस क्रम में तद्भव शब्द है–**

(a) औष्ठ (b) उल्लू

(c) वानर (d) मृत्तिका

79. **किस क्रम में तत्सम शब्द नहीं है–**

(a) घोटक (b) उष्ट्र

(c) मक्षिका (d) छतरी

80. **किस क्रम में अशुद्ध वाक्य है?**

(a) कंस की हत्या कृष्ण ने किया था।

(b) उन्नति के मार्ग में बाधाएं भी आती हैं।

(c) मैंने इस काम में बड़ी भूल की।

(d) प्रेम करना तलवार की धार पर चलना है।

संख्यात्मक अभियोग्यता

81. **A, B एवं C प्रत्येक ₹ 20000 निवेश करके एक साझा व्यापार आरंभ करते है। 5 माह के बाद A व्यापार से ₹ 5000 तथा B ₹ 4000 निकाल लेते हैं तथा C ₹ 6000 अतिरिक्त निवेश करता है। एक वर्ष के अंत में व्यापार में कुल ₹ 69900 का लाभ हुआ। उसमें से B का हिस्सा है–**

(a) ₹ 20500 (b) ₹ 21200

(c) ₹ 28200 (d) ₹ 27300

82. **A, B एवं C एक साझा व्यापार में क्रमशः 4:6:9 के अनुपात में राशि निवेश करते हैं एवं व्यापार के अंत में क्रमशः 2:3:5 के अनुपात में लाभांश प्राप्त करते हैं तो उनके द्वारा निवेशित राशियों के व्यापार में उपयोग होने वाले समय का क्रमशः अनुपात होगा**

(a) ₹1:1:9 (b) ₹2:2:9

(c) ₹10:10:9 (d) ₹9:9:10

83. **एक साइकिल सवार हवा की दिशा में 1 कि.मी. की दूरी 3 मिनट में एवं हवा की विपरीत दिशा मे वही दूरी 4 मिनट में तय करता है। यदि वह साइकिल सवार साइकिल के पैडलों पर हमेशा एक समान बल लगाता है तो उसे शांत हवा की स्थिति में 1 कि.मी. की दूरी तय करने में समय लगेगा–**

(a) $2\frac{1}{3}$ मिनट (b) $3\frac{3}{7}$ मिनट

(c) $\frac{3}{7}$ मिनट (d) $3\frac{7}{12}$ मिनट

84. **नल B की क्षमता A से 80% अधिक है। यदि दोनों नलों को एक साथ खोल दिया जाए, तो टंकी 45 घंटों में भर जाता है तो B द्वारा अकेले टंकी को भरने में लगने वाला समय होगा–**

(a) 72 घंटे (b) 48 घंटे

(c) 66 घंटे (d) 70 घंटे

85. **दो नलियां L एवं M एक टंकी को क्रमशः 15 एवं 12 घंटों में भर सकती है एवं एक तीसरी नली N उस टंकी को अकेले 4 घंटे में खाली कर सकती है। यदि नलियों को क्रमशः 8 बजे सुबह, 10 बजे सुबह एवं 11 बजे सुबह खोला जाता है, तो किस समय टंकी पूरी तरह खाली हो जाएगा?**

(a) 12:40 बजे (b) 2:40 बजे

(c) 1:40 बजे (d) 3:40 बजे

86. **दो व्यक्ति किसी काम को करने के लिए ₹ 24 रु. लिए। एक अकेला इसे 6 दिनों में तथा दूसरा अकेला इसे 8 दिनों में कर सकता है। एक बच्चे की सहायता से वे दोनों इस काम को 3 दिन में पूरा कर लेते है, तो बच्चे का हिस्सा है–**

(a) ₹ 75 (b) ₹ 225

(c) ₹ 300 (d) ₹ 100

87. **पानी गर्म करने वाला गीजर का खुदरा मूल्य ₹ 1265 है। यदि निर्माता उस पर 10 % थोक विक्रेता उस पर 15% और खुदरा विक्रेता उस पर 25 %लाभ कमाता है , तो वस्तु की कीमत क्या है?**

(a) ₹ 800 (b) ₹ 900

(c) ₹ 700 (d) ₹ 600

88. एक आदमी की आय में ₹1200 की वृद्धि होती है और उसी समय आयकर की दर 12% से घटकर 10% हो जाती है। अब उसे पहले की राशि के बराबर ही कर चुकाना पड़ता है। उस आदमी की बढ़ी हुई आय क्या है यदि दोनों दशाओं में उसकी आय का 20% आयकर से मुक्त रहता है?

(a) ₹ 6300 (b) ₹ 7200

(c) ₹ 4500 (d) ₹ 6500

89. A, B से 1573 उधार लेता है जिसे $1\frac{1}{2}$ वर्ष बाद चुकाना है। B भी A से ₹ 1444.50 उधार लेता है जिसे 6 महीने बाद चुकाना है। यदि दोनों 14% ब्याज की दर पर लेन-देन को चुकता करना चाहते है, तो किसे, किसको और कितने देना है?

(a) A, B को ₹ 28.50

(b) B, A को ₹ 37.50

(c) A, B को ₹ 50

(d) B, A को ₹ 50

90. रवि ₹ 1200 कर्ज दिये। इसमें से कुछ राशि 4% वार्षिक साधारण ब्याज पर और शेष राशि 5% वार्षिक साधारण ब्याज पर दिया गया। दो वर्ष के बाद उसे ₹ 110 ब्याज के रूप में मिले, तो 4% वार्षिक तथा 5% वार्षिक दर से दी गई राशि क्रमशः है–

(a) ₹ 500, ₹ 700

(b) ₹ 400, ₹ 800

(c) ₹ 800, ₹ 400

(d) ₹ 1100, ₹ 100

91. 48 किमी/घंटा की चाल से एक रेलगाड़ी किसी दूसरी रेलगाड़ी जिसकी लम्बाई पहली गाड़ी की अपेक्षा आधी है और जो विपरीत दिशा में 42 किमी/घंटा की चाल से चलती है को 12 सेकेण्ड में पार करती है। यह गाड़ी एक रेलवे प्लेटफॉर्म को भी 45 सेकेण्ड में पार करती है, तो प्लेटफार्म की लम्बाई है–

(a) 400 मीटर (b) 450 मीटर

(c) 560 मीटर (d) 600 मीटर

92. एक आदमी जो शांत पानी में 48 मीटर/मिनट की गति से तैर सकता है, धारा के विपरीत 200 मीटर और धारा के अनुकूल 200 मीटर तैरता है। यदि दोनों अवस्थाओं में समय का अंतर 10 मिनट है तो धारा की चाल निकालें।

(a) 30 मीटर/मिनट

(b) 29 मीटर/मिनट

(c) 31 मीटर/मिनट

(d) 32 मीटर/मिनट

93. एक व्यक्ति ₹ 3600 का कर्ज, 40 किस्तों में भुगतान करने की व्यवस्था करता है जो समांतर श्रेणी (AP) में है। जब 30वां किस्त जमा करता है तो उसकी मृत्यु हो जाती है और इस प्रकार एक तिहाई कर्ज शेष रह जाता है। 8वें किस्त की राशि है–

(a) ₹ 35 (b) ₹ 50

(c) ₹ 65 (d) इनमें से कोई नहीं

94. किसी क्लब के सदस्यों की आयु समांतर श्रेणी (AP) में है जिसका सार्व अन्तर 3 महीने है। यदि सबसे कम आयु का सदस्य 7 वर्ष का है और सभी सदस्यों की आयु का योग 250 वर्ष है, तो क्लब में कितने सदस्य है?

(a) 15 (b) 20

(c) 25 (d) 30

95. एक आदमी ₹ 2200 में दो मेजें खरीदता है। वह एक को 5% हानि पर तथा दूसरे को 6% लाभ पर बेचता है और इस प्रकार कुल मिलाकर ना तो हानि होती है और ना ही लाभ होता है। प्रत्येक मेज का क्रय मूल्य निकालें।

(a) ₹ 1500, ₹ 700

(b) ₹ 2000, ₹ 200

(c) ₹ 1200, ₹ 1000

(d) ₹ 1100, ₹ 1100

निर्देश (96-100): निम्नलिखित में से प्रत्येक श्रृंखला में प्रश्नचिन्ह (?) के स्थान पर क्या आयेगा?

96. 17 52 158 477 ? 4310

(a) 1433 (b) 1432

(c) 1435 (d) 1545

97. 3 22 ? 673 2696 8093

(a) 133 (b) 142

(c) 156 (d) 134

98. 6 13 38 ? 532 2675

(a) 129 (b) 123

(c) 172 (d) 164

99. 286 142 ? 34 16 7

(a) 66 (b) 72

(c) 64 (d) इनमें से कोई नहीं

100. 17 9 ? 16.5 35 90

(a) 5 (b) 15

(c) 10 (d) 20

101. प्रकाश, सुनील और अजय ने संयुक्त रूप से क्रमशः ₹ 11 लाख ₹ 16.5 लाख और ₹ 8.25 लाख के निवेश से एक कारोबार आरम्भ किया। तीसरे वर्ष के अन्त में, कारोबार में उनके द्वारा कमाया गया लाभ ₹ 19.5 लाख था। लाभ में अजय के हिस्से का 50% क्या होगा?

(a) ₹ 4.5 लाख (b) ₹ 2.25 लाख

(c) ₹ 2.5 लाख (d) ₹ 3.75 लाख

102. मुकेश घरेलू चीजों पर अपनी मासिक आय का 50% खर्च करता है और शेष में से 50% परिवहन पर, 25% मनोरंजन पर, 10% खेलकूद पर खर्च करता है और शेष ₹ 900 की राशि की बचत करता है। मुकेश की मासिक आय क्या है?

(a) ₹ 6000 (b) ₹ 12000

(c) ₹ 9000 (d) ₹ 14480

103. 5 पुरुष और 3 महिलाओं में से एक 3 सदस्यों वाली समिति बनानी है ताकि उसमें 1 महिला और 2 पुरुष हो। अलग-अलग कितनी तरह से यह किया जा सकता है?

(a) 20 (b) 21

(c) 23 (d) 30

104. ₹ 15 प्रति मीटर की दर से वृत्ताकार प्लॉट की बाड़ लगाने की लागत ₹ 3300 है। ₹ 100 प्रति वर्ग मीटर की दर से इस प्लॉट के फ्लोरिंग की लागत कितनी होगी?

(a) ₹ 385000 (b) ₹ 220000

(c) ₹ 350000 (d) डाटा अपर्याप्त हैं

105. 8 पुरुष और 4 महिलाएँ मिलकर एक काम 6 दिन में पूरा कर सकते हैं। एक दिन में एक पुरुष, एक दिन में एक महिला जितना काम कर सकती है उससे दुगना काम कर सकता है। 8 पुरुष और 4 महिलाओं ने काम आरम्भ किया, 2 दिन के बाद 4 पुरुषों ने काम छोड़ दिया और 4 नयी महिलाएँ काम करने के लिए जुड़ गई, कितने दिनों में यह काम पूरा होगा?

(a) 5 दिन (b) 7 दिन

(c) 6 दिन (d) 4 दिन

106. शेखर ने लेबल पर लिखी कीमत पर 10% डिस्काउंट पाने के बाद ₹ 11250 में एक T.V सेट खरीदा। उसने ट्रान्सपोर्ट पर ₹ 150 और इन्स्टालेशन पर ₹ 800 खर्च किए। बिना डिस्काउन्ट दिए 15% लाभ कमाने के लिए यह कितनी कीमत पर बेचा जाना चाहिए।

(a) ₹ 12937.50 (b) ₹ 14030

(c) ₹ 13450 (d) ₹ 15467.50

107. 20 प्रतिशत वर्ष की ब्याज की दर से आलम ने रु 20000 का निवेश किया। पहले एक वर्ष के लिए ब्याज अर्धवार्षिक आधार पर चक्रवर्धित होता था और दूसरे वर्ष यह वार्षिक आधार पर चक्रवर्धित होता था। दो वर्ष के अन्त में अर्जित कुल ब्याज कितना होगा?

(a) ₹ 8800 (b) ₹ 9040

(c) ₹ 9448 (d) ₹ 9800

108. एक द्विअंकी संख्या के दोनों अंकों के स्थान परस्पर बदलने पर प्राप्त संख्या, मूल संख्या से 27 कम है। संख्या के अंक 1 : 2 के अनुपात में है तो मूल संख्या क्या है?

(a) 36 (b) 63

(c) 48 (d) डाटा अपर्याप्त हैं

109. शब्द DESIGN के अक्षरों को अलग-अलग कितनी तरह ऐसे लगाया जा सकता है कि स्वर दोनों छोर पर हों?

(a) 48 (b) 42

(c) 36 (d) 24

110. एक भिन्न का अंश 20% और हर 25% बढ़ाने पर प्राप्त भिन्न $\frac{3}{5}$ है। मूल भिन्न क्या है?

(a) $\frac{5}{7}$ (b) $\frac{4}{7}$

(c) $\frac{3}{8}$ (d) इनमें से कोई नहीं

निर्देश (111-115): इनमें से प्रत्येक प्रश्न में, एक प्रश्न और उसके बाद तीन कथनों में जानकारी दी गई है। आपको यह पता लगाना है कि किस/किन कथन/कथनों में दिया गया डाटा, प्रश्न का उत्तर देने के लिए पर्याप्त है और तदनुसार उत्तर दीजिए।

111. परिवार के छः सदस्य A, B, C, D, E और F की औसत आयु क्या है?

I. D और E की कुल आयु 14 वर्ष है।

II. A, B, C और F की औसत आयु 50 वर्ष है।

III. A, B, D और E की औसत आयु 40 वर्ष है।.

(a) केवल I और II

(b) केवल I और III

(c) केवल II

(d) I, II और III सभी

112. समकोण त्रिभुज का क्षेत्रफल क्या है?

I. त्रिभुज का आधार X सेमी है।

II. त्रिभुज की ऊँचाई Y सेमी है।

III. त्रिभुज का कर्ण Z सेमी है।

(a) केवल I और II

(b) केवल II

(c) केवल II और III

(d) तीन में से कोई भी दो

113. B अकेला कितने दिन में कार्य पूरा करेगा?

I. A और B मिलकर 8 दिन में कार्य पूरा कर सकते हैं

II. B और C मिलकर 10 दिन में कार्य पूरा कर सकते हैं।

III. A और C मिलकर 12 दिन में कार्य पूरा कर सकते है।

(a) केवल I और II

(b) केवल II और III

(c) I, II और III सभी

(d) तीनों कथनों की जानकारी के साथ भी प्रश्न का उत्तर नहीं दिया जा सकता है।

114. प्रतिशत प्रति वर्ष ब्याज की दर क्या है?

I. साधारण ब्याज पर एक राशि 10 वर्ष में दोगुनी हो जाती है।

II. दो वर्ष में ₹ 15000 की राशि पर चक्रवृद्धि और साधारण ब्याज के बीच ₹ 150 का अन्तर है।

III. 8 वर्ष में उपचित चक्रवृद्धि ब्याज मूल राशि से अधिक है।

(a) केवल I

(b) केवल II

(c) केवल II और III

(d) केवल या तो I या II

115. अभिजीत को अंग्रेजी में कितने अंक मिले है?

I. गणित में अभिजीत को विज्ञान से 20 अंक अधिक मिले हैं।

II. गणित, विज्ञान और अंग्रेजी में अभिजीत को कुल 198 अंक मिले हैं।

III. अभिजीत को विज्ञान में अंग्रेजी से 12 अंक अधिक मिले है।

(a) तीन में से कोई दो

(b) केवल II और III

(c) I, II और III सभी

(d) तीनों कथनों की जानकारी के साथ भी प्रश्न का उत्तर नहीं दिया जा सकता है

निर्देश (116-120): इन प्रश्नों के उत्तर देने के लिए निम्नलिखित सारणी का ध्यानपूर्वक अध्ययन कीजिए।

परीक्षा में बैठे विद्यार्थियों की संख्या और विभिन्न संस्थानों से विगत वर्षों में पास विद्यार्थियों का प्रतिशत दर्शाती हुई सारणी

संस्थान →	A		B		C		D		E		F	
↓ वर्ष	App.	% पास	App.	% पास	App.	% पास	App.	% पास	App.	% पास	App.	% पास
2001	450	60	540	40	300	65	640	50	600	45	680	60
2002	520	50	430	70	350	60	620	40	580	70	560	70
2003	430	60	490	70	380	50	580	50	680	70	700	66
2004	400	65	600	75	450	70	600	75	720	60	780	70
2005	480	50	570	50	400	75	700	65	700	48	560	50
2006	550	40	450	60	500	68	750	60	450	50	650	60
2007	500	58	470	60	470	60	720	70	560	60	720	50

116. 2003 में संस्थान F से पास होने वाले विद्यार्थियों की संख्या और 2005 में संस्थान B से पास होने वाले विद्यार्थियों की संख्या के बीच क्रमशः अनुपात क्या है?

(a) 95 : 154 (b) 154 : 95

(c) 94 : 155 (d) 94 : 95

117. सभी वर्षों के लिए संस्थान A से और संस्थान D से परीक्षा में बैठे विद्यार्थियों की औसत संख्या के बीच क्रमशः अनुपात क्या है?

(a) 463 : 353 (b) 358 : 261

(c) 461 : 333 (d) 333 : 461

118. वर्ष 2006 में सभी संस्थानों से पास हुए कुल विद्यार्थियों की संख्या कितनी है?

(a) 1895 (b) 1985

(c) 1295 (d) 2155

119. 2004 में सभी संस्थानों से मिलकर पास होने वाले विद्यार्थियों का समग्र विद्यार्थियों से प्रतिशत क्या है? (निकटतम पूर्णांक तक पूर्णांकित)

(a) 68 (b) 70

(c) 69 (d) 71

120. सभी वर्षों के लिए संस्थान C से पास होने वाले विद्यार्थियों का लगभग समग्र प्रतिशत क्या है?

(a) 60 (b) 70

(c) 75 (d) 65

तर्कशक्ति परीक्षण

121. एक निश्चित कोड में GLAMOUR को BMHLQTN लिखा जाता है। उस कोड में SERVING कैसे लिखा जायेगा?

(a) TFSUFMH

(b) SRDTHMT

(c) SRDTHMT

(d) SFTUFMH

122. एक निश्चित कोड में GEAR को '5%9$' और FIRM को '3@$7' लिखा जाता है। उस कोड में FAME को कैसे लिखा जाएगा?

(a) 397% (b) 3%97

(c) 597% (d) 3%.79

123. निम्न चार में से तीन किसी एक प्रकार एक समान है और अपना एक समूह बनाते हैं। वह एक कौन-सा है, जो समूह में शामिल नहीं है?

(a) 35 (b) 80

(c) 49 (d) 60

124. M, K की बहन है। D, K का भाई है। F, M की माता है। K, F से किस प्रकार सम्बन्धित है?

(a) पुत्र

(b) पुत्री

(c) पुत्र या पुत्री

(d) आंकड़े अपर्याप्त हैं

125. एक अक्षर समूह ONDE के प्रत्येक अक्षर का प्रत्येक शब्द में केवल एक बार प्रयोग कर के कितने अर्थपूर्ण अंग्रेजी शब्द बनाये जा सकते हैं?

(a) कोई नहीं (b) एक

(c) दो (d) तीन

126. शब्द JUMPING में अक्षरों के ऐसे कितने जोड़े हैं जिनके बीच शब्द में उतने ही अक्षर है जितना कि अंग्रेजी वर्णमाला में होता है?

(a) कोई नहीं (b) एक

(c) दो (d) तीन

127. संख्या 6837941 में ऐसे कितने अंक हैं जो संख्या में आरम्भ से उतनी ही दूर हैं जितना कि संख्या के अंकों को अवरोही क्रम में सजाने पर रहता है?

(a) कोई नहीं (b) एक

(c) दो (d) तीन

128. निम्नलिखित अक्षर समूहों में आगे क्या आएगा?

P P O P O N P O N M P O N M L P O N M L

(a) P (b) K

(c) O (d) I

निर्देश (129-133): दी गई व्यवस्था का सावधानीपूर्वक अध्ययन कीजिए और नीचे दिए गए प्रश्नों का उत्तर दीजिए।

M % R 4 A T # J @ 7 D 5 © I F N 1 E $ 3 6 W U 2 H 8 ★ K 9 B Q

129. उपरोक्त व्यवस्था में ऐसे कितने व्यंजन हैं जिनके ठीक पहले एक संकेत है और ठीक बाद एक अक्षर है?

(a) कोई नहीं (b) एक

(c) दो (d) तीन

130. उपरोक्त व्यवस्था में ऐसी कितनी संख्याएं हैं जिनके ठीक पहले एक व्यंजन है और ठीक बाद एक स्वर हैं?

(a) कोई नहीं (b) एक
(c) दो (d) तीन

131. उपरोक्त व्यवस्था में ऐसे कितने संकेत हैं, जिनके ठीक बाद एक संख्या और ठीक पहले एक अक्षर है?

(a) कोई नहीं (b) एक
(c) दो (d) तीन

132. उपरोक्त व्यवस्था में बाएं छोर से सत्रहवें के बाएं आठवां निम्न में से कौन-सा है?

(a) @ (b) U
(c) 8 (d) K

133. उपरोक्त व्यवस्था से सभी संख्याएं हटा दी जाएं तो दाएं छोर से ग्यारहवां निम्न में से कौन-सा है?

(a) © (b) F
(c) W (d) D

निर्देश (134-138): नीचे दिए गए प्रत्येक प्रश्न में तीन कथन और उसके बाद तीन निष्कर्ष I, II और III दिए गए हैं। आपको दिए गए तथ्यों को सत्य मानना है, भले ही वे सर्वज्ञात तथ्यों से भिन्न प्रतीत हों। सभी निष्कर्ष पढ़िए, फिर तय कीजिए कि दिए गए निष्कर्षों में से कौन-सा निष्कर्ष दिए गए कथनों का तर्कसंगत रूप से अनुसरण करता है, सर्वज्ञात तथ्य चाहे कुछ भी हों।

134. कथन: कुछ किताबें पेड़ हैं। सभी पेड़ सड़क है। सभी सड़क वाहन हैं।

निष्कर्ष:

I. कुछ पेड़ किताबें हैं।
II. कुछ सड़क किताबें हैं।
III. कुछ वाहन पेड़ हैं।

(a) केवल I और II अनुसरण करते हैं
(b) केवल II और III अनुसरण करते हैं
(c) केवल I और III अनुसरण करते हैं
(d) सभी अनुसरण करते हैं

135. कथन: सभी पत्थर बाइक हैं। सभी बाइक कार हैं। कुछ कार ट्रेन हैं।

निष्कर्ष:

I. कुछ ट्रेन पत्थर हैं।
II. कुछ कार पत्थर है।
III. कुछ ट्रेन बाइक हैं।

(a) कोई अनुसरण नहीं करता है
(b) केवल I अनुसरण करता है
(c) केवल II अनुसरण करता है
(d) केवल III अनुसरण करता है

136. कथन: सभी डेस्क कमरे हैं। कुछ कमरे हॉल हैं। सभी हॉल कुर्सियां हैं।

निष्कर्ष:

I. कुछ कुर्सियां डेस्क हैं।
II. कुछ हॉल डेस्क हैं।
III. कुछ कुर्सियां कमरे हैं।

(a) कोई अनुसरण नहीं करता है
(b) केवल I अनुसरण करता है
(c) केवल II अनुसरण करता है
(d) केवल III अनुसरण करता है

137. कथन: कुछ बैग किताबें है। कुछ किताबें कुर्सियां हैं। सभी कुर्सियां टेबल हैं।

निष्कर्ष:

I. कुछ टेबल किताबें हैं।
II. कुछ कुर्सियां बैग हैं।
III. कोई कुर्सी बैग नहीं है।

(a) केवल I अनुसरण करता है
(b) केवल II अनुसरण करता है
(c) केवल III अनुसरण करता है
(d) इनमें से कोई नहीं

138. कथन: सभी बिल्डिंग जूते हैं। कुछ जूते पेन हैं। कोई पेन पेपर नहीं है।

निष्कर्ष:

I. कुछ पेपर बिल्डिंग हैं।
II. कुछ पेन बिल्डिंग हैं।
III. कुछ पेपर जूते हैं।

(a) कोई अनुसरण नहीं करता है
(b) केवल I अनुसरण करता है
(c) केवल II अनुसरण करता है
(d) केवल III अनुसरण करता है

139. सुशील दक्षिण की ओर 15 मीटर चला फिर वह बायीं ओर मुड़कर 20 मीटर चला, फिर वह बायीं ओर मुड़कर 15 मीटर चला। अब वह अपने प्रारंभिक स्थान से कितनी दूर है।, तथा किस दिशा में है?

(a) 20 मीटर पश्चिम
(b) 20 मीटर पूरब
(c) 50 मीटर पश्चिम
(d) 18 मीटर पूरब

140. रोशन अपने घर से प्रस्थान करके 2 किमी. पूरब दिशा में चलता है। इसके बाद, दायें मुड़कर 2 किमी. चलता है, और पुनः दायें मुड़कर 2 किमी. चलता है। तद्नुसार, वह अपने घर से किस दिशा में पहुंच जाता है।

(a) पश्चिम (b) उत्तर
(c) पूर्व (d) दक्षिण

141. रंजीत पूरब दिशा की ओर 30 मीटर चला। फिर वह बायीं ओर घूम गया तथा 20 मीटर चला। अंत में वह बायीं ओर घूमकर 30 मीटर चला अब वह अपने प्रारंभिक स्थान से कितनी दूर है तथा किस दिशा में है?

(a) 20 मीटर उत्तर
(b) 80 मीटर उत्तर
(c) 20 मीटर उत्तर
(d) 80 मीटर उत्तर

142. एक व्यापारी किसी स्थान से 10 किमी उत्तर की ओर जाता है, फिर वह दक्षिण की ओर मुड़कर 20 किमी. दूर जाता है। पुनः वह उत्तर की ओर मुड़कर 20 किमी. जाता है। इसके बाद वह 20 किमी. दक्षिण की ओर जाता है। फिर वह पूरब की ओर 10 किमी. जाता है। अब वह अपने प्रारंभिक स्थान से कितनी दूर है?

(a) $2\sqrt{5}$ किमी. (b) 30 किमी.
(c) $10\sqrt{2}$ किमी. (d) इनमें से कोई नहीं

143. बिन्दु X से रवाना होकर अभिनाष पश्चिम की ओर 15 मीटर चला। वह अपनी बाईं तरफ मुड़कर 20 मीटर चला। फिर वह अपनी बाईं तरफ मुड़ा और 15 मीटर चला। इसके बाद वह फिर से अपनी दाईं तरफ मुड़ा और 12 मीटर चला। अभिनाष X बिंदु से कितनी दूर है और किस दिशा में है।

(a) 27 मीटर, दक्षिण
(b) 47 मीटर, पूर्व
(c) 32 मीटर, दक्षिण
(d) 42 मीटर, उत्तर

सेट 8   117

144. किसी खास कोड भाषा में TONIC को 'CINOT' और 'SCALE' को 'ELACS' कोड करते हैं। इसी कोड भाषा में 'PLANK' को '_____' कोड किया जाएगा।
   (a) KNALP   (b) AKNLP
   (c) AKLNP   (d) AKPNL

145. मैं अपने घर से उत्तर की ओर 5 किलोमीटर चला। मैं दाईं ओर मुड़ा और 3 किलोमीटर चला। फिर मैं दक्षिण की ओर एक किलोमीटर गया। मैं अपने घर से कितनी दूर पर हूँ?
   (a) 7 किमी   (b) 6 किमी
   (c) 4 किमी   (d) 5 किमी

146. A और B एक सीधी पूरब-पश्चिम सड़क पर एक-दूसरे से 20 किमी की दूरी पर खड़े हैं। A और B एक साथ क्रमशः पूरब और पश्चिम की ओर चलना प्रारम्भ करते हैं और दोनों 5 किमी की दूरी तय करते हैं। फिर A अपनी बाईं ओर मुड़कर 10 किमी चलता है। उसी गति से B अपने दाईं ओर मुड़कर 10 किमी चलता है। फिर दोनों अपने बाईं ओर मुड़कर उसी गति से 5 किमी की दूरी तय करते हैं। उन दोनों के बीच में कितनी दूरी है?
   (a) 10 किमी (b) 30 किमी
   (c) 20 किमी (d) 25 किमी

निर्देश (147-148): निम्नलिखित विकल्पों में से वह शब्द चुनिए जो नीचे दिए गए शब्द के अक्षरों का प्रयोग करके बनाया जा सकता है।

147. REFORMATION
   (a) REFRAIN   (b) MOTION
   (c) REFRACT   (d) FORMAT

148. MANUFACTURE
   (a) FRACTURE   (b) MANNER
   (c) MATTER   (d) FACE

149. यदि एक कूट भाषा में PLAYER को QNDCJX लिखा जाता है, तो उसी कूट भाषा में SINGER को किस प्रकार लिखा जाएगा?
   (a) TKQKJX   (b) TKJKOX
   (c) TKQXJK   (d) KTQKJX

150. यदि किसी कूट भाषा में 95789 को EGKPT और 2436 को ALUR लिखा जाता है तो उसी कूट भाषा में 24539 को किस प्रकार लिखा जाएगा?
   (a) ALEUT   (b) ALGTU
   (c) ALGUT   (d) ALGRT

151. यदि SISTER को कूट भाषा में 20, 10, 20, 21, 6, 19 लिखा जाता है तो BROTHER के लिए कूट रूप है
   (a) 2, 15, 16, 21, 9, 5, 18
   (b) 3, 19, 16, 21, 9, 6, 19
   (c) 4, 20, 15, 18, 8, 7, 9
   (d) 3, 18, 16, 20, 9, 7, 19

निर्देश (प्र.सं. 152-159): में दिए गए विकल्पों में से सम्बन्धित अक्षर/शब्द/संख्या को चुनिए।

152. जुलूस : मार्ग :: पृथ्वी : ?
   (a) अन्तरिक्ष   (b) सूर्य
   (c) परिक्रमा पथ (d) राजमार्ग

153. उर्वरक : फसल :: ?
   (a) शिक्षक : शिक्षा
   (b) क्लोरीन : जल
   (c) पुष्टिकारक (टॉनिक) : शरीर
   (d) कीटनाशक : चूहे

154. LOCKER : KMNPBDJLDFQS :: LEFT : ?
   (a) KNCDSGSU
   (b) KMDFEGSU
   (c) KMDFEGUS
   (d) KMDEFGUS

155. YWUS : BDFH :: WUSQ : ?
   (a) DFHJ   (b) FHJL
   (c) JLNP   (d) RTVX

156. ADCB : KNML :: EHGF : ?
   (a) DGFE   (b) RUST
   (c) QRST   (d) ZYXW

157. BCDF : GHIK :: LMNP : ?
   (a) ORST   (b) ORTS
   (c) QRSU   (d) ORSV

158. IC : 6 :: DP : ?
   (a) 14   (b) 10
   (c) –12   (d) –16

159. ABCD : WXYZ :: EFGH : ?
   (a) STUV   (b) ZYXW
   (c) VUTS   (d) WXZY

160. शब्द NEUTRAL, में अक्षरों के ऐसे कितने जोड़े हैं जिनमें से प्रत्येक के बीच शब्द में (आगे और पीछे दोनों ओर) उतने ही अक्षर हैं जितने अंग्रेजी वर्णमाला में उनके बीच हैं?
   (a) दो   (b) तीन
   (c) कोई नहीं (d) एक

मानसिक अभिरुचि, बुद्धिलब्धि एवं तार्किक क्षमता

161. कोई पुलिस अधिकारी गवर्नर से DG (P) के मार्फत के सिवाय पत्र व्यवहार नहीं कर सकेगा, यह किस पैरा में वर्णित है?
   (a) 4   (b) 5
   (c) 6   (d) 1

162. डी.आई.जी. (रेंज) का महानिरीक्षक के किस प्रारूप क्रमांक पर डकैती, वध, लूट, विष देने के मामलों का रजिस्टर रखना चाहिए?
   (a) 135   (b) 138
   (c) 140   (d) 148

163. ग्राम चौकीदार का मुख्य कर्त्तव्य है—
   (a) ग्राम चौकी पर पहरा देना
   (b) मुखियों के द्वारा निर्देश पालन करना
   (c) थाने के कार्यों को करना
   (d) उपरोक्त सभी

164. जिले में आपराधिक प्रशासन का प्रधान होता है
   (a) D.M.   (b) S.S.P.
   (c) S.P.City (d) D.I.G

165. अपराध रजिस्टर से किसी अपराध को निकाल देने के लिए किसकी मंजूरी आवश्यक है?
   (a) D.M.   (b) D.I.G
   (c) S.P.   (d) D.G.(P)

166. निम्नलिखित में किशोर अभियुक्त को उसका अपराध सिद्ध होने पर

कहां भेजा जाता है?

(a) जिला कारागार में

(b) विशेष गृह में

(c) आश्रम गृह में

(d) निरीक्षण गृह में

167. रेलवे पुलिस से संबंधित अपराध के मामलों में अपराध रजिस्टर से किसी अपराध को निकालने के लिए किसकी मंजूरी आवश्यक है?

(a) D. M (b) D.I. G (रेलवे)

(c) आयुक्त (d) S. P. (रेलवे)

168. जिले के पुलिस बल का प्रधान कौन होता है?

(a) पुलिस अधीक्षक

(b) उप-पुलिस अधीक्षक

(c) थानेदार

(d) इनमें से कोई नहीं

169. अंग्रेजी आदेश पुस्तिका (H. O. B) पूर्णता के पश्चात् कितने दिनों तक रखी जाती है?

(a) 10 वर्ष (b) 15 वर्ष

(c) 30 वर्ष (d) 45 वर्ष

170. रिजर्व निरीक्षक भारसाधक अधिकारी होता है?

(a) पुलिस कार्यालय का

(b) कोतवाली का

(c) पुलिस लाइन्स का

(d) फायर स्टेशन का

171. लाइन में पदस्थ कर्मचारियों की नामावली (रोस्टर; किस प्रारूप क्रमांक पर रखना चाहिए?

(a) 90 (b) 97

(c) 95 (d) 99

172. रिजर्व इन्स्पेक्टर को किस प्रारूप क्रमांक पर नित्य प्रति पुलिस अधीक्षक को प्रात: कालीन रिपोर्ट भेजनी पड़ती है?

(a) 30 (b) 35

(c) 36 (d) 40

173. सर्किल इन्स्पेक्टर के प्रधान कर्त्तव्यों का वर्णन किस पैरा में दिया गया है?

(a) 39 (b) 40

(c) 41 (d) 42

174. थाने का भारसाधक अधिकारी के अनुसार होता है।

(a) उप-निरीक्षक

(b) सहायक उप-निरीक्षक

(c) सर्किल इन्स्पेक्टर

(d) इन्स्पेक्टर

175. पुलिस थाने का कार्यालय लिपिक, रिकॉर्ड कीपर और लेखापाल होता है

(a) द्वितीय अधिकारी

(b) थाना प्रभारी

(c) हेड कांस्टेबिल

(d) कांस्टेबिल

176. रोकड़ पुस्तिका (कैशबुक) का पुलिस प्रारूप क्रमांक है।

(a) 224 (b) 294

(c) 296 (d) 297

177. सशस्त्र पुलिस किसके प्रभार में रहती है?

(a) R. I. (b) S. P.

(c) D. I. G (d) S. S. P.

178. भीड़ के विरुद्ध पुलिस द्वारा बल प्रयोग किए जाने के अनुदेश किस पैरा में दिए गए है?

(a) 65 (b) 70

(c) 75 (d) 80

179. यदि आप पुलिस कांस्टेबिल हैं तो अपराधियों के प्रति आपका क्या रुख होगा?

(a) अपराध और अपराधी के प्रति मेरा रुख सदैव कठोर होगा

(b) कोई निरपराध न फँसे और कोई अपराधी न छूटे

(c) मैं सदैव निष्पक्षता, निर्भीकता व ईमानदारी से कार्य करूँगा

(d) अवैध कारोबार या अवैध गतिविधियों में लिप्त व्यक्तियों को मैं कोई संरक्षण न दूँगा

180. एक वरिष्ठ पुलिस अधिकारी स्वयं कैसा होना चाहिए?

(a) अपने अधीनस्थों के बीच, अपने से वरिष्ठ अधिकारी की निन्दा, आलोचना न करे

(b) उसका स्वयं का जीवन अनुशासित हो

(c) कुछ समय वह अपने अधीनस्थों के साथ अवश्य बिताये। भोजन आदि के समय उनसे मधुर वार्तालाप करे

(d) अपने अधीनस्थों को व स्वयं को सदैव अच्छे कार्यों में व्यस्त रखे। खाली समय में खेलकूद, मनोरंजन आदि का आयोजन हो।

निर्देश (181-183): नीचे प्रत्येक प्रश्न में एक प्रश्न आकृति तथा चार उत्तर आकृतियां दी गयीं हैं, उत्तर आकृतियों में से एक ऐसी उत्तराकृति का चयन कीजिए, जिसमें प्रश्न-आकृति का दर्पण प्रतिबिम्ब बना हो।

181. प्रश्न-आकृति

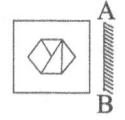

उत्तर-आकृतियां

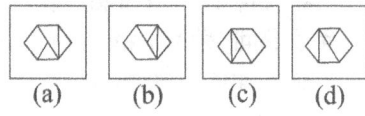

(a) (b) (c) (d)

182. प्रश्न-आकृति

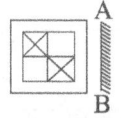

उत्तर-आकृतियां

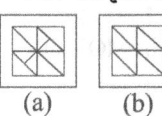

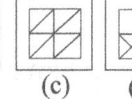

(a) (b) (c) (d)

183. प्रश्न-आकृति

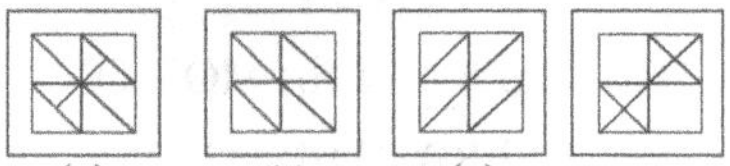

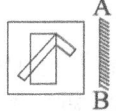

उत्तर-आकृतियां

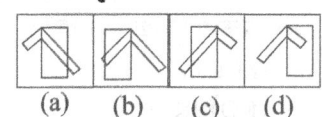

(a) (b) (c) (d)

सेट 8

निर्देश (184-186): नीचे दिए गए प्रत्येक प्रश्न में एक कथन दिया गया है और इसके नीचे दो पूर्वधारणाएँ दी गई हैं, जिन्हें क्रमांक I और II से दिखाया गया है। कोई मानी हुई या गृहीत बात पूर्वधारणा कहलाती है। आपको दिए हुए कथन और दी हुई पूर्वधरणाओं को ध्यान में लेकर उन दो पूर्वधरणाओं में से कौन कथन में अन्तर्निहित है, इसका निर्णय करना है।

उत्तर दीजिए

(a) यदि केवल पूर्वधारणा I अन्तर्निहित है।
(b) यदि केवल पूर्वधारणा II अन्तर्निहित है।
(c) यदि केवल पूर्वधारणा I अथवा II अन्तर्निहित है।
(d) यदि दोनों I और II अन्तर्निहित हैं।

184. कथन : यदि आपके कार्यालय में पार्किंग की जगह नहीं है, अपने वाहन को मॉल में पार्क कीजिए और कार्यालय चलकर जाइए।

पूर्वधारणाएँ :
I. मॉल कार्यालय से चलकर जाने लायक दूरी पर है।
II. कार्यालय अपने परिसर में आगंतुकों के वाहनों को नहीं लाने देता।

185. कथन : बेहतर फसल के लिए किसानों को तत्काल रासायनिक उर्वरकों को छोड़कर जैव खाद का प्रयोग करना चाहिए।

पूर्वधारणाएँ :
I. सभी किसान केवल रासायनिक उर्वरकों का प्रयोग करते हैं।
II. जैव खाद किसानों को आसानी से मिल जाती है।

186. कथन : 'शिक्षा ऋणों के लिए हमारी ब्याज दरें किसी भी दूसरे बैंक से कम है।'– बैंक X द्वारा एक विज्ञापन।

पूर्वधारणाएँ :
I. कुछ दूसरे बैंक भी शिक्षा ऋण देते हैं।
II. शिक्षा ऋणों पर भिन्न-भिन्न बैंकों द्वारा प्रभारित ब्याज दरें भिन्न-भिन्न होती हैं।

187. 20 लोगों के एक समूह में 8 लोग हिंदी पढ़ते हैं, 11 लोग अंग्रेजी पढ़ते हैं, जबकि 5 लोग इन दोनों में से कुछ नहीं पढ़ते। उनमें से कितने लोग हिंदी और अंग्रेजी दोनों पढ़ते हैं?

(a) 8 (b) 6
(c) 4 (d) 2

188. एक सरकारी बैठक में 130 विभागीय कर्मचारियों ने भाग लिया। उनमें से 66 चाय पीते हैं, 56 कॉफी पीते हैं और 63 जूस पीते हैं। 27 चाय या कॉफी पी सकते हैं, 25 कॉफी या जूस और 23 जूस या चाय पी सकते हैं। 5 कर्मचारी तीनों में से कुछ भी पी सकते हैं। कितने केवल चाय पीते हैं?

(a) 21 (b) 22
(c) 18 (d) 20

189. एक विभाग में 24 कर्मचारी टंकण जानते हैं और 11 आशुलिपि जानते हैं। 25 कम्प्यूटर का प्रयोग करना जानते हैं। 7 टंकण तथा आशुलिपि दोनों जानते हैं, 4 आशुलिपि तथा कम्प्यूटर जानते हैं। 12 टंकण तथा कम्प्यूटर जानते हैं और 3 तीनों जानते हैं। यदि उस विभाग में 50 कर्मचारी हों, तो उन कर्मचारियों की संख्या ज्ञात कीजिए जो तीनों कार्य में से कोई भी नहीं जानते।

(a) 40 (b) 10
(c) 47 (d) 33

190. एक क्लब में 19 हॉकी खिलाड़ी हैं। एक विशेष दिन 14 खिलाड़ी निर्धारित हॉकी शर्ट पहने हुए थे। उनमें कोई भी बिना हॉकी पैंट अथवा शर्ट के नहीं था। 11 खिलाड़ी निर्धारित हॉकी पैंट पहने हुए थे। कितने खिलाड़ी पूरी वर्दी में थे?

(a) 6 (b) 9
(c) 7 (d) 8

191. आप देखते है कि एक अंधा आदमी सड़क पार करने की कोशिश कर रहा है तब आप क्या करेंगे।

(a) आप किसी को मदद करने के लिए कहेंगे।
(b) आप जाकर उसकी मदद करेंगे।
(c) आप उसको सड़क पार करते हुए देखेंगे।
(d) आप उस पर बिना ध्यान दिए हुए आगे बढ़ जाएंगे।

192. आपके साक्षात्कार के एक दिन पहले आपका दोस्त आपके पास आता है और कहता है कि साक्षात्कार लेने वाला व्यक्ति बहुत ही कठोर है तब आप क्या करेंगे?

(a) आप तैयारी करना छोड़ देंगे।
(b) आप दूसरे चीज की तैयारी करना शुरू कर देंगे।
(c) आप भगवान से प्रार्थना करेंगे कि आपसे केवल आसान प्रश्न पूछे जाएं।
(d) आप निश्चित होकर साक्षात्कार देने जाएंगे, क्योंकि आपको अपनी तैयारी पर पूरा भरोसा है।

193. आप कार से जा रहे हैं तभी अचानक एक व्यक्ति आपके गाड़ी के सामने आकर आपकी गाड़ी को रोकता है और एक घायल बच्चे को अस्पताल ले जाने के लिए कहता है तब आप क्या करेंगे?

(a) आप उस व्यक्ति को रास्ते से हट जाने के लिए कहेंगे।
(b) आप उस व्यक्ति को पुलिस को बुलाने के लिए कहेंगे।
(c) आप तुरंत उस बच्चे को लेकर अस्पताल चले जाएंगे।
(d) आप दूसरे लोगों की मदद करने के लिए कहेंगे।

194. यदि आपका दोस्त आपसे कुछ रुपया उधार मांगता है तब आप क्या करेंगे?

(a) आप देने से इनकार कर देंगे।
(b) आप उसका कारण पूछेंगे।
(c) आप उससे बिना कारण पूछे तुरंत रुपया दे देंगे।
(d) इनमें से कोई नहीं

195. बस में आपको एक पर्श मिलता है तब आप क्या करेंगे?

(a) आप उसमें के सारे पैसा को भिखारी को दे देंगे।

(b) आप पर्श को बस कंडक्टर को दे देंगे।

(c) आप पर्श वाले व्यक्ति का पता लगाने की कोशिश करेंगे।

(d) आप उसको वहीं छोड़ देंगे।

निर्देश (196-200): नीचे एक परिच्छेद दिया गया है और उसके नीचे उस परिच्छेद में दिए गए तथ्यों के आधार पर निकाले जा सकने वाले कुछ संभावित अनुमान दिए गए है। आप हर एक अनुमान की परिच्छेद के संदर्भ में अलग-अलग परीक्षा कर उसकी सत्यता या असत्यता की मात्रा निश्चित कीजिए।

उत्तर (a) दीजिये, यदि अनुमान 'निश्चित रूप से सत्य' है अर्थात् वह दिए गए तथ्यों का उचित रूप से अनुसरण करता है।

उत्तर (b) दीजिये, यदि अनुमान 'संभवत: सत्य' है यद्यपि दिए गए तथ्यों के संदर्भ में 'निश्चित रूप से सत्य' नहीं है।

उत्तर (c) दीजिये, यदि 'दिए हुए तथ्य काफी नहीं है' अर्थात् दिए हुए तथ्यों से अनुमान सत्य है अथवा असत्य यह आप नहीं कह सकते हैं।

उत्तर (d) दीजिये, यदि अनुमान 'निश्चित रूप से असत्य' है अर्थात् दिए हुए तथ्यों का संभवत: अनुसरण नहीं करता है अथवा वह दिए गए तथ्यों के विपरित जाता है।

परिच्छेद-

पूंजी की कार्यकुशलता लंबे समय से उपेक्षा की शिकार रही है और अभी भी बनी हुई है। यह पहलू ग्यारहवीं योजना के मसौदे में रेखांकित हुआ है, विडम्बनात्मक रूप से इसकी मांग के लिए, क्योंकि निवेश की दर 2004-05 में GDP के 29.1% से बढ़ाकर 35.1% की जा रही है। विडंबना इस तथ्य में निहित है कि योजना आयोग ने लगातार वर्धमान पूंजी उत्पादन अनुपात (ICOR) पर औचित्य सिद्ध करने के उपकरण के रूप में भरोसा किया है न कि कार्यकुशलता बढ़ाने के उपकरण के रूप में, जिसके लिए यह बना है। फिर भी, अवधारणात्मक रूप से अनुपात का आशय विद्यमान और जुड़ रहे पूंजीगत स्टॉक का लाभ उठा लेना है। इस समय अनुपात 3.7 है अर्थात् 1 के उत्पादन के लिए 3.7 गुणा पूंजी की आवश्यकता है। यदि 2007-2012 के दौरान प्रभावी अनुपात को कम कर लिया जाए तो समय के साथ निवेश के 35.1% से कम स्तर के साथ GDP का 8.9% वृद्धि मूल्य हासिल करना संभव हो सकेगा। इस बात पर कोई संदेह नहीं करता है कि GDP में वृद्धि की ऊंची दर के लिए पूंजी निर्माण महत्वपूर्ण होता है, लेकिन कार्यकुशलता पूंजीगत स्टॉक पर उतना निर्भर नहीं करती जितना इसके उपयोग पर करती है।

196. निवेश की वर्तमान दर GDP के 30% के लगभग है।

197. यदि पूंजी उत्पादन अनुपात ऊंचा होगा तो GDP की वृद्धि भी अधिक होगी।

198. जब निवेश की दर बढ़ जाती है तो पूंजी उत्पादन अनुपात भी बढ़ जाता है।

199. पूंजी की कार्यकुशलता ज्यादातर पूंजीगत स्टॉक पर निर्भर करती है।

200. भारत सरकार पूंजी की कार्यकुशलता के मुद्दे को अब पर्याप्त महत्व दे रही है।

उत्तरमाला

1.(d)	2.(b)	3.(b)	4.(d)	5.(c)
6.(d)	7.(c)	8.(a)	9.(c)	10.(d)
11.(a)	12.(c)	13.(d)	14.(c)	15.(c)
16.(b)	17.(a)	18.(c)	19.(c)	20.(a)
21.(d)	22.(d)	23.(d)	24.(d)	25.(b)
26.(b)	27.(c)	28.(d)	29.(b)	30.(c)
31.(d)	32.(c)	33.(b)	34.(d)	35.(a)
36.(c)	37.(d)	38.(b)	39.(d)	40.(a)
41.(a)	42.(b)	43.(d)	44.(a)	45.(b)
46.(b)	47.(c)	48.(a)	49.(c)	50.(c)
51.(b)	52.(d)	53.(d)	54.(a)	55.(b)
56.(a)	57.(c)	58.(c)	59.(b)	60.(b)
61.(c)	62.(b)	63.(b)	64.(c)	65.(c)
66.(b)	67.(c)	68.(b)	69.(a)	70.(d)
71.(c)	72.(a)	73.(b)	74.(c)	75.(a)
76.(b)	77.(c)	78.(b)	79.(d)	80.(a)
81.(b)	82.(d)	83.(b)	84.(d)	85.(b)
86.(a)	87.(a)	88.(b)	89.(d)	90.(a)
91.(a)	92.(d)	93.(c)	94.(c)	95.(c)
96.(c)	97.(d)	98.(a)	99.(d)	100.(c)
101.(b)	102.(b)	103.(d)	104.(a)	105.(a)
106.(b)	107.(b)	108.(b)	109.(a)	110.(d)
111.(a)	112.(d)	113.(c)	114.(d)	115.(c)
116.(b)	117.(d)	118.(a)	119.(c)	120.(d)
121.(d)	122.(a)	123.(c)	124.(c)	125.(c)
126.(c)	127.(c)	128.(b)	129.(a)	130.(c)
131.(c)	132.(a)	133.(b)	134.(d)	135.(c)
136.(d)	137.(d)	138.(a)	139.(c)	140.(c)
141.(c)	142.(c)	143.(c)	144.(a)	145.(d)
146.(a)	147.(c)	148.(d)	149.(a)	150.(c)
151.(b)	152.(c)	153.(c)	154.(b)	155.(a)
156.(a)	157.(c)	158.(c)	159.(a)	160.(b)
161.(d)	162.(b)	163.(a)	164.(a)	165.(a)
166.(b)	167.(b)	168.(a)	169.(d)	170.(c)
171.(b)	172.(a)	173.(b)	174.(a)	175.(c)
176.(a)	177.(c)	178.(b)	179.(c)	180.(b)
181.(d)	182.(d)	183.(a)	184.(a)	185.(b)
186.(a)	187.(c)	188.(a)	189.(b)	190.(a)
191.(b)	192.(d)	193.(c)	194.(b)	195.(c)
196.(a)	197.(a)	198.(a)	199.(d)	200.(c)

उत्तर सहित व्याख्या

81. (b) A, B तथा C की पूंजियों का अनुपात $= 20000 \times 5 + 15000 \times 7 : 20000 \times 5 + 16000 \times 7 : 20000 \times 5 + 26000 \times 7$

$= 205 : 212 : 282$

$\therefore$ कुल लाभ में B का हिस्सा

$= 69900 \times \frac{212}{699} = ₹\,21200$

82. (d) यहाँ, $P_1 : P_2 : P_3 = 2 : 3 : 5$

तथा $X_1 : X_2 : X_3 = 4 : 6 : 9$

$\therefore$ प्रश्नानुसार,

$\Rightarrow \frac{P_1}{X_1} : \frac{P_2}{X_2} : \frac{P_3}{X_3}$

$\Rightarrow \frac{2}{4}:\frac{3}{6}:\frac{5}{9} = \frac{1}{2}:\frac{1}{2}:\frac{5}{9}$

$\Rightarrow \frac{1}{2}\times 18:\frac{1}{2}\times 18:\frac{5}{9}\times 18$

$\Rightarrow 9 : 9 : 10$

83. (b) माना उसकी चाल x तथा हवा की चाल y है।

$\therefore \frac{1}{x+y} = \frac{3}{60} \Rightarrow x+y=20$

$\frac{1}{x-y} = \frac{4}{60} \Rightarrow x-y=15$

$x = \frac{35}{2}$ किमी/घण्टा

$\therefore$ समय $= \frac{1}{\frac{35}{2}} = \frac{2}{35}$

$= \frac{2}{35}\times 60 = 3\frac{3}{7}$ मिनट

84. (d) माना B द्वारा टंकी को भरने में लगा समय $= x$ घण्टे

$\therefore$ A द्वारा टंकी को भरने में लगा समय $= x+\frac{x\times 80}{100} = \frac{9x}{5}$ घण्टे

$\therefore$ दोनों नलों द्वारा टंकी को भरने में लगा समय $t = \frac{ab}{a+b}$

$45 = \frac{x\times\frac{9x}{5}}{x+\frac{9x}{5}}$

$\Rightarrow 45\times\frac{14x}{5} = $ —

$\Rightarrow x = \frac{45\times 14}{9} = 70$ घण्टे

85. (b) माना 8 बजे बाद टंकी m घण्टे में खाली हो जाती है।

किया गया कार्य

$\Rightarrow$ (m घण्टे में L + $(m-1)$ में M + $(m-3)$ घण्टे में N) = 0

$\Rightarrow \frac{m}{15}+\frac{m-1}{12}-\frac{m-3}{4} = 0$

$\Rightarrow 4m + 5(m-1) - 15(m-3) = 8$

$\Rightarrow 6m = 40$

$\Rightarrow m = \frac{20}{3}$ घण्टे = 6 घण्टे 40 मिनट

86. (a) तीनों व्यक्तियों का कार्य करने का अनुपात

$= \frac{24}{6}:\frac{24}{8}:\frac{24}{3}-\left(\frac{24}{6}+\frac{24}{8}\right)$

$= 4 : 3 : 1$

$\therefore$ लड़कों का हिस्सा $= \frac{1}{(4+3+1)}\times 600$

$=$ ₹ 75

87. (a) माना गीजर का क्रय मू० = ₹ x

$\therefore x\times 1.1\times 1.15\times 1.25 = 1265$

$\therefore x = \frac{1265}{1.58125} =$ ₹ 800

88. (b) माना आय $= x$ है

$\therefore (x-1200)\times\frac{80}{100}\times\frac{12}{100}$

$= x\times\frac{80}{100}\times\frac{10}{100}$

$\Rightarrow 12x - 144000 = 10\%$

$\therefore x =$ ₹ 7200

89. (d) माना वर्तमान में A द्वारा B को चुकाया गया ऋण = ₹ x

$\therefore x+\frac{x\times 14\times 3}{2\times 100} = 1573$

$\Rightarrow x+\frac{21}{100}x = 1573$

$\Rightarrow \frac{121x}{100} = 1573$

$\therefore x =$ ₹ 1300

पुनः माना B से A को चुकाया गया ऋण $= y$ है।

$\therefore y+y\times\frac{1}{2}\times\frac{14}{100} =$ ₹ 1444.50

$\Rightarrow y+\frac{7}{100}y =$ ₹ 1444.50

$\Rightarrow y = \frac{1444.50\times 100}{107}$

$y =$ ₹ 1350

इस प्रकार, B द्वारा A को 50 रूपए चुकाया गया।

90. (a) माना 4% दर पर प्रतिवर्ष दी गई धनराशि = ₹ x

$\therefore$ 5% दर पर प्रतिवर्ष दी गई धनराशि

$= (1200 - x)$

$\therefore \frac{x\times 4\times 2}{100}+\frac{(1200-x)\times 5\times 2}{100} = 110$

$\Rightarrow \frac{-2x+12000}{100} = 110$

$\Rightarrow x =$ ₹ 500

91. (a) माना प्लेटफार्म की लम्बाई x मीटर

एवं पहली रेलगाड़ी की लम्बाई $= y$ मीटर

तथा दूसरी रेलगाड़ी की लम्बाई $= \frac{y}{2}$ मी०

$\because$ दोनों रेलगाडियों विपरीत दिशा में यात्रा करती है।

$\therefore y+\frac{y}{2} = (48+42)\times\frac{5}{18}\times 12$

$\Rightarrow \frac{3}{2}y = 300$

$\Rightarrow y = 200$ मी०

$\Rightarrow y+x = 48\times\frac{5}{18}\times 45 = 600$

$\Rightarrow x = 600 - 200 = 400$ मीटर

92. (d) माना धारा की चाल $= x$ मी०/मिनट

$\therefore$ धारा के साथ आदमी की चाल

$= (48 + x)$ मी/मिनट

तथा धारा के विपरीत आदमी की चाल

$= (48 - x)$ मी/मिनट

$\therefore$ प्रश्नानुसार,

$\Rightarrow \frac{200}{(48-x)}-\frac{200}{(48+x)} = 10$

$\Rightarrow 40x = (48)^2 - x^2$

$\Rightarrow x^2 + 40x - 2304 = 0$

$\Rightarrow (x + 72)(x - 32) = 0$

$\Rightarrow x = 32$ मी/मिनट

93. (c) माना पहली किस्त 'a' तथा दो लगातार किस्तों का सार्वन्तर 'd' है।

$\because S_n = \frac{n}{2}[2a+(n-1)d]$

$\therefore 3600 = \frac{40}{2}[2a+(40-1)d]$

$= 20(2a + 39d)$

$\Rightarrow 180 = 2a + 39d$

पुनः $2400 = \frac{30}{2}[2a+(30-1)d]$

$160 = 2a + 29d$ ...(*ii*)

समी० (*i*) तथा (*ii*) को हल करने पर

$20 = 10d$

$\Rightarrow d = 2$

$\therefore 180 = 2a + 39\times 2$

$\Rightarrow 2a = 102$

$\Rightarrow a = 51$

$\therefore$ 8 वें किस्त की कीमत

$= 51 + (8-1)\times 2 = 51 + 14 =$ ₹ 65

94. (c) माना क्लब में सदस्यों की संख्या = 'n'

$$\therefore \quad 250 = \frac{n}{2}\left[2\times 7+(n-1)\frac{3}{12}\right]$$

$$\Rightarrow \quad 250 = \frac{n}{2}\left[14+\frac{n}{4}-\frac{1}{4}\right]$$

$$\Rightarrow \quad 250 = 7n+\frac{n^2}{8}-\frac{n}{8}$$

$$\Rightarrow \quad n = 25$$

95. (c) माना 1 मेज का क्रय मूल्य = ₹ x

∴ दूसरी मेज का क्रयमूल्य = ₹ $(2200-x)$

∴ प्रश्नानुसार,

$$x\times\frac{95}{100}+(2200-x)\times\frac{106}{100}=2200$$

$$\Rightarrow 95x+233200-106x=220000$$

$$\Rightarrow 11x=13200$$

$\Rightarrow x =$ ₹ 1200

तथा $2200-x =$ ₹ 1000

96. (c) 17 → 52 → 158 → 477 → [1435] → 4310

×3+1, ×3+2, ×3+3, ×3+4, ×3+5

97. (d) 3 → 22 → [134] → 673 → 2696 → 8093

×7+1, ×6+2, ×5+3, ×4+4, ×3+5

98. (a) 6 → 13 → 38 → [129] → 532 → 2675

×1+7, ×2+12, ×3+15, ×4+16, ×5+15

+5, +3, +1, −1

−2, −2, −2

99. (d) 286 → 142 → [70] → 34 → 16 → 7

÷2−1, ÷2−1, ÷2−1, ÷2−1, ÷2−1

100. (c) 17 → 9 → [10] → 16.5 → 35 → 90

$\times\frac{1}{2}+0.5$, $\times1+1$, $\times1\frac{1}{2}+1.5$, $\times2+2$, $\times2\frac{1}{2}+2.5$

101. (b) प्रकाश, सुनील और अजय की पूँजी का अनुपात

$= 11 : 16.5 : 8.25 = 4 : 6 : 3$

पूँजी का आनुपातिक योग = 4 + 6 + 3 = 13

लाभ में अजय के हिस्से का 50%

$$=\frac{19.5\times3}{13}\times\frac{50}{100}=2.25$$

102. (b) कुल खर्च $=\frac{1}{2}+\frac{1}{4}+\frac{1}{8}+\frac{1}{20}$

$$=\frac{20+10+5+2}{40}=\frac{37}{40}$$

बचत = ₹ 900

कुल मासिक आय

$$=\frac{\text{बचत}}{1-\text{कुल खर्च}}$$

$$=\frac{900}{\left(1-\frac{37}{40}\right)}=\frac{900}{\frac{3}{40}}$$

$=\frac{900}{3}\times40=$ ₹ 12000

103. (d) समिति में पुरुषों की संख्या = 2

समिति में महिलाओं की संख्या = 1

कुल तरीके $= {}^5C_2\times{}^3C_1$

अभीष्ट संख्या $= {}^5C_2\times{}^3C_1$

$$=\frac{5!}{2!(5-2)!}\times\frac{3!}{1!(3-1)!}$$

$$=\frac{5\times4\times3!}{2\times3!}\times\frac{3\times2!}{1\times2!}$$

$= 10\times3 = 30$

104. (a) वृत्ताकार प्लॉट की परिधि $=\frac{3300}{15}$ = 220मी

$\therefore 2\pi r = 220$

$$r=\frac{220}{2\pi}=\frac{220\times7}{2\times22}=35\text{मी}$$

प्लाट का क्षेत्रफल $=\pi r^2$

$$=\frac{22}{7}\times35\times35$$

= 3850 वर्ग मी

1 वर्ग मी प्लॉट की फ्लोरिंग करने में लागत = ₹ 100

3850 वर्ग मी प्लॉट की फ्लोरिंग में लागत = 3850 × 100

= ₹ 385000

105. (a) पहली विधि

1 पुरुष = 2 महिलाएँ

8 पुरुष और 4 महिलाएँ = 20 महिलाएँ

दो दिन बाद 4 पुरुषों ने काम छोड़े तथा 4 नयी महिलाएँ जुड़ी = 4 पुरुष + 8 महिलाएँ

= 4 पुरुषों + 8 महिलाएँ

= 8 महिलाएँ + 8 महिलाएँ

= 16 महिलाएँ

M_1 = 20 महिलाएँ $D_1 = 6-2 = 4$ दिन

M_2 = 16 महिलाएँ $D_2 = ?$

$$M_1D_1 = M_2D_2$$

$$20\times4 = 16\times D_2$$

$$D_2=\frac{20\times4}{16}$$

D_2 = 5 दिन

106. (b) कुल क्रय मूल्य = 11250 + 150 + 800 = ₹ 12200

विक्रय मूल्य $= 12200\times\frac{115}{100}$

= ₹ 14030

107. (b) जब ब्याज अर्द्धवार्षिक संयोजित होगा तब

दर $=\frac{20}{2}=10\%$

समय = 6 महीने का 2 इकाई

2 वर्ष में अर्जित ब्याज

$$=\left\{20000\left(1+\frac{10}{100}\right)^2\left(1+\frac{20}{100}\right)\right\}-20000$$

$$=\left\{20000\times\frac{11}{10}\times\frac{11}{10}\times\frac{6}{5}\right\}-20000$$

= 29040 − 20000

= ₹ 9040

108. (b) माना दहाई का अंक 2x तथा इकाई का अंक x है।

अतः मूल संख्या

= 20x + x = 21x

अंक बदलने पर संख्या

= 10x + 2x = 12x

21x − 12x = 27

x = 3

अतः संख्या = 63

109. (a) DESIGN में स्वर E, I एवं व्यंजन D, S, G, N को अपने-अपने स्थान पर रखकर सजाया जाएगा।

अभीष्ट पदों की संख्या

$= {}^2P_2\times{}^4P_4$

$= 2!\times4! = 2\times4\times3\times2$

= 48

110. (d) माना भिन्न $\frac{x}{y}$ है

प्रश्नानुसार,

$$\frac{120x}{125y} = \frac{3}{5}$$

या, $$\frac{24x}{25y} = \frac{3}{5}$$

या, $$\frac{x}{y} = \frac{5}{8}$$

111. (a) कथन I से,

D और E की कुल आयु = 14 वर्ष

कथन II से,

A, B, C तथा F की औसत आयु = 50 वर्ष

अत: A, B, C और F की कुल आयु = 50 × 4 = 200 वर्ष

दोनों कथनों से, = 14 + 200 = 214वर्ष

∴ A, B, C, D, E और F की कुल आयु = $\frac{214}{6} = 35\frac{2}{3}$ yr

अत: कथन I और II में दिया गया डाटा पर्याप्त है।

112. (d) समकोण त्रिभुज का क्षेत्रफल

$= \frac{1}{2} \times$ आधार × ऊँचाई

अत: तीन से कोई दो कथन पर्याप्त हैं।

113. (c) तीनों कथनों से,

A + B = 8 ...(i)

B + C = 10 ...(ii)

C + A = 12 ...(iii)

∴ $2(A+B+C)$ का एक दिन का कार्य

$$= \frac{1}{8} + \frac{1}{10} + \frac{1}{12} = \frac{37}{120}$$

A, B, C तीनों को मिलाकर कार्य $\frac{240}{37}$ दिन में समाप्त करेंगे।

∴ B अकेले उस कार्य को समाप्त करेगा

$$= \frac{\frac{240}{37} \times 12}{12 - \frac{240}{37}} = \frac{240}{17} \text{ days}$$

114. (d) कथन I से,

साधारण ब्याज = $\frac{P \times r \times t}{100}$

$$I = \frac{P \times r \times 10}{100}$$

r = 10%

कथन II से

चक्रवृद्धि ब्याज तथा साधारण ब्याज के बीच अंतर. = ₹ 150

∴ मूलधन = अन्तर × $\left(\frac{100}{r}\right)^2$

$$15000 = 150 \times \left(\frac{100}{r}\right)^2$$

or, $$\frac{100}{r} = 10$$

∴ r = 10%

अत: कथन I या II पर्याप्त हैं।

115. (c) माना अभिजीत को अंग्रेजी में x अंक मिले हैं।

कथन III से,

विज्ञान में अंक = x + 12

कथन I से,

गणित में अंक = x + 12 + 20 = x + 32

कथन II से,

अंग्रेजी + विज्ञान + गणित = 198

x + x + 12 + x + 32 = 198

3x + 44 = 198

3x = 154 x = $51\frac{1}{3}$

अत: तीनों कथनों में दिया गया डाटा पर्याप्त है।

116. (b) 2003 में संस्थान F से पास होने वाले विद्यार्थियों की संख्या

$$= 700 \times \frac{66}{100} = 462$$

2005 में संस्थान B से पास होने वाले विद्यार्थियों की संख्या

$$= 570 \times \frac{50}{100} = 285$$

∴ अभीष्ट अनुपात = 462:285

= 154:95

117. (d) संस्थान A

$$= \frac{450 + 520 + 430 + 400 + 480 + 550 + 500}{7}$$

$$= \frac{3330}{7}$$

संस्थान D

$$= \frac{640 + 620 + 580 + 600 + 700 + 750 + 720}{7}$$

$$= \frac{4610}{7}$$

∴ अभीष्ट अनुपात = $\frac{3330}{10} : \frac{4610}{10}$

= 333 : 461

118. (a) वर्ष 2006 में सभी संस्थानों से पास हुए विद्यार्थियों की संख्या

$$= 550 \times \frac{40}{100} + 450 \times \frac{60}{100} + 500 \times \frac{68}{100} + 750 \times \frac{60}{100} + 450 \times \frac{50}{100} + 650 \times \frac{60}{100}$$

= 220 + 270 + 340 + 450 + 225 + 390 = 1895

119. (c) 2004 में सभी संस्थानों से मिलकर पास होने वाले विद्यार्थियों की संख्या

$$= 400 \times \frac{65}{100} + 600 \times \frac{75}{100} + 45 \times \frac{70}{100} + 600 \times \frac{75}{100} + 720 \times \frac{60}{100} + 780 \times \frac{70}{100}$$

= 260 + 450 + 315 + 450 + 432 + 546 = 2453

2004 में सभी संस्थानों से परीक्षा में बैठे विद्यार्थियों की संख्या

= 40 + 600 + 450 + 600 + 720 + 780 = 3550

∴ अभीष्ट प्रतिशत

$$= \frac{2453 \times 100}{3550} = 69.09 \approx 69$$

120. (d) सभी वर्षों में संस्थान C से पास होने वाले विद्यार्थियों की संख्या

$$= 300 \times \frac{65}{100} + 350 \times \frac{60}{100} + 380 \times \frac{50}{100} + 450 \times \frac{70}{100} + 400 \times \frac{75}{100} + 500 \times \frac{68}{100} + 470 \times \frac{60}{100}$$

= 195 + 210 + 190 + 315 + 300 + 340 + 282 = 1832

सभी वर्षों में संस्थान C से परीक्षा में बैठे विद्यार्थियों की संख्या

= 300 + 350 + 380 + 450 + 400 + 500 + 470 = 2850

∴ अभीष्ट प्रतिशत

$= \frac{1832 \times 100}{2850} = 64.28 \approx 65$

121. (d) जिस प्रकार,

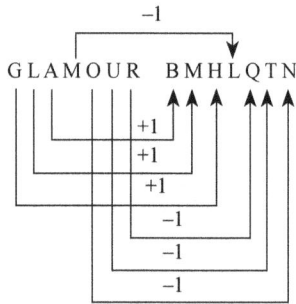

+1
+1
+1
−1
−1
−1
−1

उसी प्रकार,

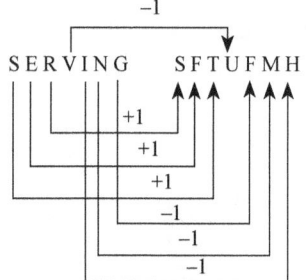

+1
+1
+1
−1
−1
−1
−1

अत: SERVING को सांकेतिक भाषा में SFTUFMH लिखा जाएगा।

122. (a)
G E A R
↓ ↓ ↓ ↓
5 % 9 $

और

F I R M
↓ ↓ ↓ ↓
3 @ $ 7

अत:

F A M E
↓ ↓ ↓ ↓
3 9 7 %

123. (c) अन्य सभी में संख्या के दोनों अंकों का योग सम है जबकि 49 के अंकों का योग विषम है।

124. (c)

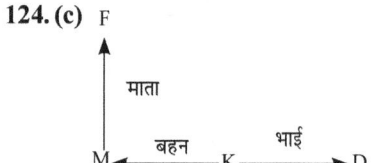

M

अत: K, F का पुत्र या पुत्री है।

क्योंकि K का लिंग निर्धारित नहीं किया जा सकता।

125. (c) DONE तथा NODE

126. (c)

J U M P I N G
10 21 13 16 9 14 7

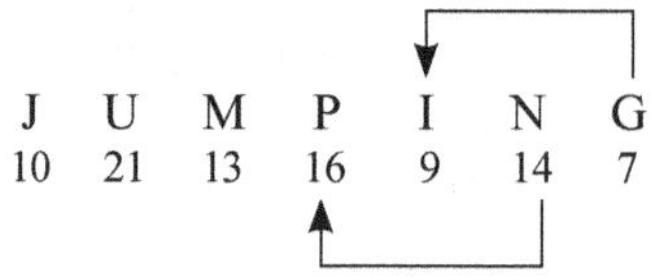

127. (c) संख्या : 6 [8] 3 7 9 4 [1]

अवरोही क्रम : 9 [8] 7 6 4 3 [1]

अत: 8 और 1 के स्थान में परिवर्तन नहीं होता है

128. (b) श्रृंखला निम्न प्रकार बढ़ रही है।:

P PO PON PONM PONML PONMLK

129. (a)

संकेत	व्यंजन	अक्षर

ऐसा कोई संयोजन नहीं है।

130. (c) दो व्यवस्थाएं हैं–

R 4 A, N 1 E

131. (c) दो संयोजन हैं–

i.e., J @ 7 तथा E $ 3.

132. (a) बाएं छोर से 17वें के बाएं का आठवां

अर्थात् बाएं छोर से (17 − 8) = 9वां = @

133. (b) यदि सभी संख्याएं हटा दी जाएं तो नयी व्यवस्था निम्न प्रकार होगी–

M % R A T # J @ D © I F N E $ W U H ★ K B Q

दाएं छोर से ग्यारहवां F होगा।

134. (d)

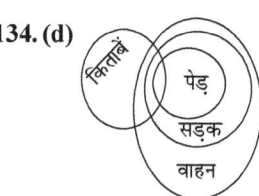

सभी निष्कर्ष (I, II, III) अनुसरण करते हैं।

135. (c)

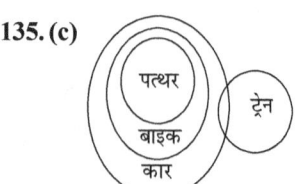

केवल निष्कर्ष II अनुसरण करता है।

136. (d)

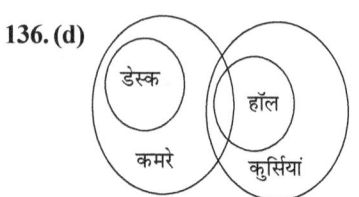

केवल निष्कर्ष III अनुसरण करता है।

137. (d)

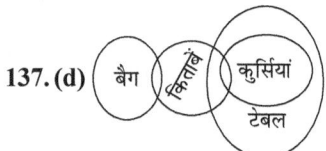

अत: निष्कर्ष I तथा या तो निष्कर्ष II या निष्कर्ष III अनुसरण करता है।

138. (a)

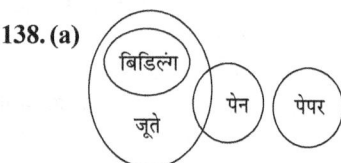

कोई अनुसरण नहीं करता है।

139. (c) निम्न चित्र से स्पष्ट है कि वह 20 मीटर पूरब में स्थित है।

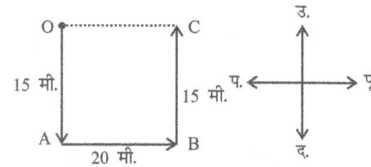

140. (c) अत: रोशन अपने घर से दक्षिण दिशा में पहुंच जाता है।

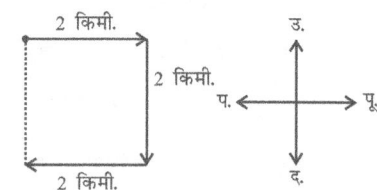

141. (c) यहां AB = OC = 20 मीटर

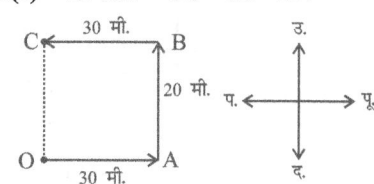

सेट 8

चित्र से स्पष्ट है कि रंजीत प्रारंभिक स्थान से 20 मीटर दूर उत्तर दिशा में है।

142.(c) उस व्यापारी के चलने का मार्ग चित्र में प्रदर्शित किया गया है।

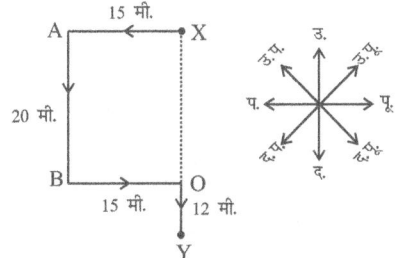

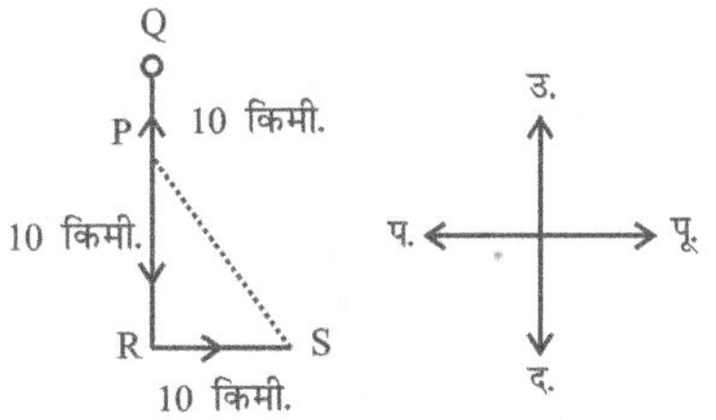

P उसका प्रारंभिक स्थान तथा S उसका अंतिम स्थान है।

P से S तक की दूरी
= $\sqrt{10^2 + 10^2}$
= $10\sqrt{2}$ किमी.

143.(c) अमर का चलने का क्रम निम्न प्रकार होगा

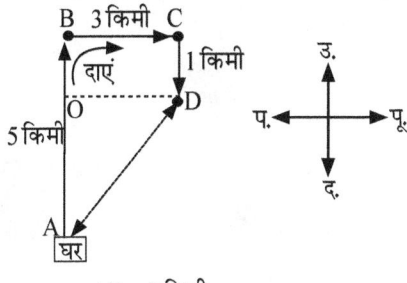

उसका प्रारंभिक स्थान X तथा अंतिम स्थान Y होगा।

XO = AB = 10 मी.
XY = XO + OY
XY = 20 + 12 = 32 मी.

अतः अमर 32 मी., दक्षिण दिशा में है।

144.(a) शब्दों के सभी अक्षर वर्णमाला में बढ़ते विपरीत क्रम में व्यवस्थित हैं।

145.(d) प्रश्न से, मेरे चलने का क्रम निम्नवत् है–

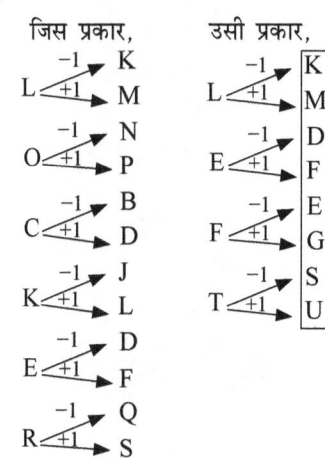

AB = 5 किमी
BC = 3 किमी

CD = 1 किमी
OD = BC = 3 किमी
OB = CD = 1 किमी
OA = AB – OB
= 5 – 1 = 4 किमी
AD = $\sqrt{(OA)^2 + (OD)^2}$ (सूत्र से)
= $\sqrt{(4)^2 + (3)^2}$
= $\sqrt{16 + 9} = \sqrt{25}$ = 5 किमी

अतः अभीष्ट दूरी = AD = 5 किमी

146.(a) प्रश्न से,

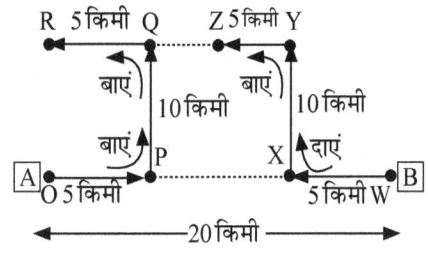

OP = 5 किमी
PQ = 10 किमी
OR = 10 किमी
WX = 5 किमी
XY = 10 किमी
YZ = 5 किमी
OW = 20 किमी
PX = OW – (OP + WX)
= 20 – (5 + 5)
= 20 – 10 = 10 किमी
QY = PX = 10 किमी
QZ = QY – YZ = 10 – 5 = 5 किमी
RZ = QZ + QR = 5 + 5 = 10 किमी
∴ अभीष्ट दूरी = RZ = 10 किमी

147.(c) दिए गए शब्द के समूह में REFORMATION के अक्षरों से REFRACT शब्द नहीं बनाया जा सकता है, क्योंकि मूल शब्द में 'C' अक्षर नहीं है।

148.(d) दिए गए शब्दों के समूह में 'MANUFACTURE' के अक्षरों से FACE शब्द बनाया जा सकता है, क्योंकि इस शब्द के सभी अक्षर मूल शब्द में विद्यमान हैं।

149.(a)

जिस प्रकार,   उसी प्रकार,

P $\xrightarrow{+1}$ Q   S $\xrightarrow{+1}$ T
L $\xrightarrow{+2}$ N   I $\xrightarrow{+2}$ K
A $\xrightarrow{+3}$ D   N $\xrightarrow{+3}$ Q
Y $\xrightarrow{+4}$ C   G $\xrightarrow{+4}$ K
E $\xrightarrow{+5}$ J   E $\xrightarrow{+5}$ J
R $\xrightarrow{+6}$ X   R $\xrightarrow{+6}$ X

अतः SINGER ⇒ TKQKJX को इसी प्रकार से लिखेंगे।

150.(c)

जिस   तथा   उसी
प्रकार,   प्रकार,

9 → E   2 → A   2 → A
5 → G   4 → L   4 → L
7 → K   3 → U   5 → G
8 → P   6 → R   3 → U
9 → T   9 → T

अतः 24539 ⇒ ALGUT

151.(b) प्रत्येक अक्षर में उसके वास्तविक स्थान के अनुरूप एक संख्या जोड़ी गयी है।

152.(c) जिस प्रकार 'जूलूस' (शोभा यात्रा), मार्ग पर चलता है, ठीक उसी प्रकार पृथ्वी परिक्रमा पथ पर चलती है।

153.(c) जिस प्रकार, 'उर्वरक' फसल की वृद्धि करती है, ठीक उसी प्रकार पुष्टिकारक (टॉनिक) शरीर में वृद्धि करता है।

154.(b)

जिस प्रकार,   उसी प्रकार,

L $\xrightarrow{-1}$ K   L $\xrightarrow{-1}$ K
  $\xrightarrow{+1}$ M $\xrightarrow{+1}$ M
O $\xrightarrow{-1}$ N   E $\xrightarrow{-1}$ D
  $\xrightarrow{+1}$ P $\xrightarrow{+1}$ F
C $\xrightarrow{-1}$ B   F $\xrightarrow{-1}$ E
  $\xrightarrow{+1}$ D $\xrightarrow{+1}$ G
K $\xrightarrow{-1}$ J   T $\xrightarrow{-1}$ S
  $\xrightarrow{+1}$ L $\xrightarrow{+1}$ U
E $\xrightarrow{-1}$ D
  $\xrightarrow{+1}$ F
R $\xrightarrow{-1}$ Q
  $\xrightarrow{+1}$ S

अतः LEFT ⇒ KMDFEGSU को इसी प्रकार से लिखेंगे।

155.(a)

जिस प्रकार, उसी प्रकार,

Y $\xrightarrow{\text{विपरीत वर्ण}}$ B   W $\xrightarrow{\text{विपरीत वर्ण}}$ D

W $\xrightarrow{\text{विपरीत वर्ण}}$ D   U $\xrightarrow{\text{विपरीत वर्ण}}$ F

U $\xrightarrow{\text{विपरीत वर्ण}}$ F   S $\xrightarrow{\text{विपरीत वर्ण}}$ H

S $\xrightarrow{\text{विपरीत वर्ण}}$ H   Q $\xrightarrow{\text{विपरीत वर्ण}}$ J

अतः WUSQ ⇒ DFHJ को इसी प्रकार से लिखेंगे।

156.(a)

जिस प्रकार, उसी प्रकार,

A $\xrightarrow{+10}$ K   E $\xrightarrow{-1}$ D

D $\xrightarrow{+10}$ N   H $\xrightarrow{-1}$ G

C $\xrightarrow{+10}$ M   G $\xrightarrow{-1}$ F

B $\xrightarrow{+10}$ L   F $\xrightarrow{-1}$ E

अतः EHGF ⇒ DGFE को इसी प्रकार से लिखेंगे।

157.(c)

जिस प्रकार, उसी प्रकार,

B $\xrightarrow{+5}$ G   L $\xrightarrow{+5}$ Q

C $\xrightarrow{+5}$ H   M $\xrightarrow{+5}$ R

D $\xrightarrow{+5}$ I   N $\xrightarrow{+5}$ S

F $\xrightarrow{+5}$ K   P $\xrightarrow{+5}$ U

अतः LMNP ⇒ QRSU को इसी प्रकार से लिखेंगे।

158.(c) जिस प्रकार,

$$IC \Rightarrow 9 - 3 = 6$$

ठीक उसी प्रकार,

$$DP \Rightarrow 4 - 16 = -12$$

159. (a) जिस प्रकार, उसी प्रकार,

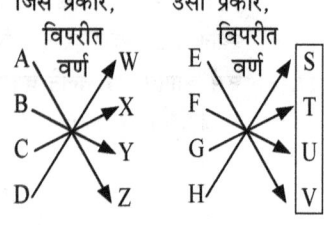

अतः EFGH ⇒ STUV को इसी प्रकार से लिखेंगे।

160. (b)

N E U T R A L

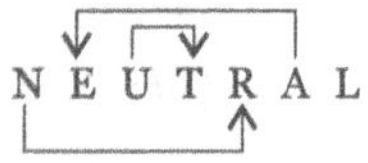

इस प्रकार, अक्षरों के तीन युग्म NR, AE तथा TU हैं।

9 प्रैक्टिस सेट

सामान्य ज्ञान

1. आपातकाल के दौरान किस मौलिक अधिकार को अनुच्छेद 359 के अधीन राष्ट्रपति द्वारा निलंबित करने का अधिकार है?

(a) अनुच्छेद 14 (b) अनुच्छेद 19
(c) अनुच्छेद 21 (d) अनुच्छेद 20

2. दंड प्रक्रिया संहिता की धारा 151 के अधीन प्रथम सूचना रिपोर्ट किससे संबंधित है?

(a) केवल संज्ञेय अपराध
(b) असंज्ञेय अपराध
(c) असंज्ञेज अथवा संज्ञेय अपराध
(d) इनमें से कोई नहीं

3. मौलिक कर्तव्यों को निर्धारित किया गया–

(a) 39वें संविधान संशोधन द्वारा
(b) 40वें संविधान संशोधन द्वारा
(c) 43वें संविधान संशोधन द्वारा
(d) 42वें संविधान संशोधन द्वारा

4. निम्नलिखित में किस एक वर्ष में सूचना का अधिकार अधिनियम प्रभावी हुआ?

(a) 2006 (b) 2003
(c) 2005 (d) 2004

5. राज्य विधान-सभा का चुनाव कौन कराता है?

(a) मुख्यमंत्री
(b) भारतीय चुनाव आयोग
(c) गवर्नर
(d) मुख्य सचिव

6. किसकी देख-रेख में जिले की पुलिस शान्ति और व्यवस्था कायम करती है?

(a) जिलाधीश
(b) पुलिस कप्तान
(c) राज्य के गृहमंत्री
(d) मुख्यमंत्री

7. भारत के केंद्रीय बजट 2018-19 के सदर्भ में निम्न में से कौन-सा/से कथन सत्य है/हैं

1. वस्तु और सेवा कर (जीएसटी) लागू होने के बाद यह पहला बजट था।

2. रेल बजट को आम बजट में शामिल कर पेश किया गया।

3. 11 हजार ट्रेनों में सीसीटीवी कैमरा लगाने के लिए 3000 करोड़ रुपये खर्च करने का अनुमान।

(a) केवल 1
(b) केवल 2
(c) केवल 1 और 2
(d) 1, 2 और 3 सभी

8. मुख्य लेखा अधिकारी इनमें से किसके आय-व्यय की जांच नहीं करते?

(a) राज्य सरकार (b) केन्द्रीय सरकार
(c) नगर निगम (d) सरकारी उद्योग

9. बजट की घोषणाओं के अनुसार किस प्रकार की कंपनियों को ग्रीन्स मिशन के तहत 100% टैक्स से छूट दी गई?

(a) स्वास्थ्य उपकरण बनाने वाली कंपनियां
(b) बीमा कंपनियां
(c) खेती से जुड़ी कंपनियां
(d) खिलौने बनाने वाली कंपनियां

10. विश्व का सबसे ऊंचा (330 फीट) एयर प्यूरीफायर टावर कहां पर लगाया गया है?

(a) जापान (b) चीन
(c) बांग्लादेश (d) कनाडा

11. वर्ष 2017 के प्रतिष्ठित मिस वर्ल्ड प्रतियोगिता की विजेता हैं?

(a) एकता सैलजा (b) प्रियंका कुमारी
(c) सना दुआ (d) मानुषी छिल्लर

12. स्वतंत्र भारत के प्रथम निर्वाचन आयुक्त थे–

(a) जी.वी मावलंकर
(b) एच.जे. कानिया
(c) सुकुमार सेन
(d) इनमें से कोई नहीं

13. 'यंग-इण्डिया' पुस्तक के लेखक थे–

(a) विपिन चन्द्र पाल
(b) सुरेन्द्र नाथ बनर्जी
(c) अरविन्द घोष
(d) लाला लाजपत राय

14. जलियांवाला बाग हत्याकांड की जांच के लिए बनाई गई समिति का नाम था-

(a) साइमन कमीशन
(b) हण्टर कमीशन
(c) रेमण्ड कमीशन
(d) लिनलिथगो कमीशन

15. 'मास्टर दा' के नाम से विख्यात स्वतंत्रता सेनानी का मूल नाम था–

(a) जतिन मोहन सेन
(b) सूर्य सेन
(c) रास बिहारी बोस
(d) दीनबंधु मित्र

16. भारतीय राष्ट्रीय कांग्रेस की स्थापना हुई थी–

(a) कलकत्ता (कोलकाता)
(b) पूना (पूणे)
(c) बम्बई (मुम्बई)
(d) अहमदाबाद

17. भारतीय राष्ट्रीय कांग्रेस की स्थापना के समय भारत के तत्कालीन वायसराय थे–

(a) लार्ड रिपन (b) लार्ड डफरिन
(c) लार्ड लिटन (d) लार्ड डलहौजी

18. एक झील इकोसिस्टम होता है-

(a) प्राकृतिक (b) कृत्रिम

(c) विनाशकारी (d) परजीवी

19. स्थायी सेना की प्रथा किसने प्रारंभ की–

(a) इल्तुतमिश

(b) रजिया सुल्तान

(c) अलाउद्दीन खिलजी

(d) मुहम्मद-बिन-तुगलक

20. वह उच्च स्तरीय समिति कौन-सी है जिसकी सिफारिशों पर कर्नाटक सरकार ने राज्य की सिविल सेवा पदों हेतु एसी सी/एस टी पदोन्नति बिल पारित किया?

(a) अजय दहिया (b) एस चन्द्र शेखर

(c) रानी नागर (d) के. रत्न प्रभा

21. ब्राह्मणों पर सर्वप्रथम 'जजिया' कर किसने लगाया?

(a) इल्तुतमिश

(b) बलबन

(c) फिरोज शाह तुगलक

(d) गयासुद्दीन तुगलक

22. गांधी इरविन समझौता हुआ था–

(a) 1929 ई. में (b) 1931 ई. में

(c) 1933 ई. में (d) 1939 ई. में

23. चिकनगुनिया का कारणात्मक कारक क्या है?

(a) नॉन क्लोरोफिल्स जीवाणु

(b) सुत्रकृमि

(c) विषाणु

(d) कवक

24. भारतीय क्रांति की माता किसे कहा जाता है?

(a) ऐनी बैसेंट

(b) सरोजिनी नायडू

(c) इंदिरा गाँधी

(d) मैडम भीकाजी कामा

25. निम्नलिखित में से किसे 'शाक्य मुनि' के नाम से भी जाना जाता है?

(a) महावीर स्वामी (b) शंकराचार्य

(c) गौतम बुद्ध (d) इनमें से कोई नहीं

26. भारत के वनों में निम्नलिखित में से कौन-से वन आर्थिक दृष्टि से सबसे अधिक महत्वपूर्ण हैं?

(a) कंटीले वन

(b) सदाबहार वन

(c) उष्ण कटिबंधीय पतझड़ वन

(d) ज्वार भाटा क्षेत्र के वन

27. विश्व पर्यावरण दिवस अंतर्राष्ट्रीय स्तर पर आयोजित किया जाता है–

(a) 5 जून (b) 4 जून

(c) 6 जून (d) 3 जून

28. वायुमण्डल में पाये जाने वाले धूलकणों को आर्द्रताग्रही कण कहते हैं, क्योंकि–

(a) ये अच्छे संघनन केन्द्र होते हैं

(b) ये जल का अवशोषण करते हैं

(c) इनके इर्द-गिर्द हवा ठंडी होने से संघनन की प्रक्रिया होती है

(d) ये सभी सही हैं

29. भारतीय पुलिस सेवा का प्रशिक्षण केन्द्र कहाँ स्थित है?

(a) मैसूर (b) हैदराबाद

(c) चेन्नई (d) कर्नाटक

30. निम्न में से कौन-सा जलडमरूमध्य काला सागर और मरमरा सागर को जोड़ता है?

(a) बैरिंग जलडमरूमध्य

(b) बोस्फोरस जलडमरूमध्य

(c) मलक्का जलडमरूमध्य

(d) पाक जलडमरूमध्य

31. निम्न में से किसमें ऑक्सीजन नहीं होता है?

(a) रेत (b) सीमेन्ट

(c) काय (d) मिट्टी का तेल

32. निम्नलिखित में से कौन नकदी फसल नहीं है?

(a) कपास (b) जूट

(c) चाय (d) आलू

33. वायुमंडल की आर्द्रता मापने का यंत्र है–

(a) मैनोमीटर (b) हाइड्रोमीटर

(c) हाइग्रोमीटर (d) क्रोनोमीटर

34. निम्नलिखित में से किस राज्य में पशुओं की संख्या सबसे अधिक है?

(a) मध्यप्रदेश (b) राजस्थान

(c) उत्तरप्रदेश (d) आन्ध्रप्रदेश

35. समुद्र का स्थल की ओर बढ़ना कौन-सा संचरण है?

(a) निर्माण धनात्मक संचरण

(b) ऋणात्मक संरचरण

(c) आकस्मिक संचरण

(d) इनमें से कोई नहीं

36. किसके कारण दाँत क्षतिग्रस्त हो जाते है

(a) क्लोरीन (b) फ्लोरीन

(c) बोरॉन (d) पारा

37. रासायनिक पदार्थों के वर्गीकरण का सर्वप्रथम प्रयास करने वाले कौन थे?

(a) निकोलस लेमरी

(b) बर्जीलियस

(c) वोहलर

(d) बर्थेलो

38. उत्तर प्रदेश के संदर्भ में निम्न में कौन-सा गलत युग्म है?

(a) कानपुर - चमड़ा

(b) मेरठ - चीनी

(c) वाराणसी - सीमेन्ट

(d) सहारनपुर - कागज

39. उत्तर प्रदेश में कुल कितने प्रशासनिक खण्ड है?

(a) 11 (b) 14

(c) 15 (d) 18

40. उत्तर प्रदेश में वर्षा निम्नलिखित में से किसके द्वारा होती है?

(a) बंगाल की खाड़ी के मानसून

(b) हिमालय से आई पछुआ हवाओं

(c) (a) और (b) दोनों द्वारा

(d) इनमें से कोई नहीं

सामान्य हिन्दी

निर्देश (41-45): गद्यांश को ध्यान से पढ़कर निम्नलिखित प्रश्नों के सही विकल्प चुनिए।

ईश्वरचन्द्र विद्यासागर संस्कृत के प्रकाण्ड पंडित थे। वह विनम्रता, सच्चाई, सदाचार, परोपकार एवं अपने प्रचुर ज्ञान के द्वारा सबके प्रिय बन गये। एक बार कलकत्ता के संस्कृत कॉलेज में संस्कृत अध्यापक का स्थान खाली हुआ। वहाँ के प्राचार्य को ईश्वरचन्द्र का ध्यान आया। उन्होंने उनके पास पत्र भेजकर आग्रह किया कि वह उनके कॉलेज के संस्कृत व्याकरण अध्यापक के पद को ग्रहण कर

उनके कॉलेज को गौरवान्वित करें। ईश्वरचन्द्र ने पत्र पढ़ा। क्षणभर विचार करने के बाद असहमति लिखकर भेज दिया। उन्होंने लिखा ''आपको व्याकरण में एक निपुण अध्यापक की आवश्यकता है और मैं व्याकरण में इतना योग्य नहीं हूँ कि नियुक्त हो सकूँ इसमें मुझसे अधिक विद्वान मेरे मित्र तारक वाचस्पति हैं। ईश्वरचन्द्र विद्यासागर के प्रस्ताव को कॉलेज प्रशासन ने खुशी से मान लिया।

41. ईश्वरचन्द्र विद्यासागर किस विषय के प्रकाण्ड पण्डित थे?

(a) अंग्रेजी (b) भूगोल

(c) संस्कृत (d) हिन्दी

42 संस्कृत कॉलेज में संस्कृत व्याकरण पढ़ाने के लिए कहाँ एक अध्यापक का स्थान खाली हुआ?

(a) कलकत्ता (b) पटना

(c) मद्रास (d) राजस्थान

43. कॉलेज में किसको सर्वप्रथम विद्यासागर का ध्यान आया?

(a) छात्र (b) मित्र

(c) प्राचार्य (d) अध्यापक

44. कॉलेज में व्याकरण के लिए किस प्रकार के अध्यापक की आवश्यकता थी?

(a) लगनशीलता (b) निपुण

(c) अनुभवी (d) मेहनती

45. संस्कृत व्याकरण शिक्षक के रूप में विद्यासागर ने किसका नाम प्राचार्य को सुझाया?

(a) प्रेमचन्द्र

(b) मदनमोहन मालवीय

(c) विवेकानन्द

(d) वाचस्पति

46. अनुकूल का विलोम है–

(a) बेतरतीब (b) प्रतिकूल

(c) नामाकूल (d) विपरीत

47. उद्घाटन का विलोम है–

(a) समाप्ति (b) आरंभ

(c) समापन (d) विस्थापन

48. खिलना का विलोम है–

(a) मुरझाना (b) सूखना

(c) झड़ना (d) इनमें से कोई नहीं

49. धन–धनु—

(a) द्रव्य, धनुष (b) धनुष, द्रव्य

(c) पतला, मोटा (d) मोटा, पतला

50. प्रण–पर्ण—

(a) पत्त, प्रतिज्ञा (b) प्रतिज्ञा, पत्ता

(c) प्रतिज्ञा, पीला(d) पीला, प्रतिज्ञा

51. पैर से मस्तक तक—

(a) आपाद मस्तक (b) सम्पूर्ण

(c) पूरा (d) सर्वांग

52. जिसके मस्तक पर चन्द्रमा हो—

(a) चन्द्रशेखर (b) चन्द्रमौलि

(c) चन्द्रेश (d) इनमें से कोई नहीं

53. परि उपसर्ग .... में नहीं है।

(a) परिधि (b) प्रतिदिन

(c) परीक्षा (d) पर्यटन

54. प्रयोग में .... उपसर्ग है।

(a) प्र (b) परि

(c) परा (d) पुरा

55. उठान, मिलान, थकान में प्रयुक्त प्रत्यय है–

(a) अना (b) आन

(c) आ (d) अन

56. लुभावना, सुहावना, डरावना में प्रयुक्त है–

(a) आव (b) आवा

(c) आवना (d) आवट

57. षड्दर्शन का संधि-विच्छेद .... है।

(a) षट् + दर्शन (b) षड् + दर्शन

(c) षड्दर + शन (d) ष + ड्दर्शन

58. खरीददार का संधि-विच्छेद .... है।

(a) खरी + दार (b) खरीद + दार

(c) खर + ईददार(d) खरीद + दार

निर्देश (59-60): निम्नलिखित शब्दों के लिए सही समास का चयन कीजिए।

59. पंसेरी

(a) बहुब्रीहि (b) द्विगु

(c) द्वन्द्व (d) तत्पुरुष

60. पंचानन

(a) द्विगु (b) बहुब्रीहि

(c) कर्मधारय (d) तत्पुरुष

61. 'निर्धनता में भी आनन्द हो सकता है' इस भाव के लिए उपयुक्त पंक्ति है–

(a) बिन माँगे मोती मिले माँगे मिले न भीख

(b) कभी घी घना, कभी मुट्ठी भर चना

(c) कोठीवाला रोवे, छप्पर वाला सोवे

(d) गधे का जीवन थोड़ा ही भला

62. 'पीठ में छुरा भौंकना' का सही अर्थ क्या है?

(a) मार डालना (b) पीछे से मारना

(c) धोखा देना (d) कपटी मित्र

63. 'अंगद का पैर होना' का अर्थ .... है।

(a) मोटा पैर होना

(b) अतीव दृढ़ होना

(c) मजबूत पैर होना

(d) पौराणिक तथ्यों को स्मरण करना

64. 'रोष व जलन के मारे कुढ़ना' .... दोहे का अर्थ है–

(a) अंगारों पर लोटना

(b) अंगारे उगलना

(c) अंगार बरसना

(d) अंगारों पर पैर रखना

65. 'अँगूठा चूमना' से आशय है–

(a) किसी प्रकार की चिंता ना करना

(b) सुंदर व सजीला

(c) चापलूसी करना

(d) मौके पर काम ना आना

66. 'मूर्खता करना'..... मुहावरे का अर्थ है।

(a) अक्ल के पीछे लट्ठ लिए फिरना

(b) अक्ल का पुतला

(c) अक्ल चकराना

(d) अक्ल की रोटी खाना

67. गलत वाक्य पहचानिए-

(a) जो सुलभ मनुष्य-जन्म को पाकर भी

(b) जीवन में आत्मोन्नति के लिए प्रयास नहीं करता,

(c) उसका जन्म लेना ही व्यर्थ है।

(d) कोई गलती नहीं।

68. निम्नलिखित शब्दों में त्रुटिपूर्ण शब्द है .... ।

(a) सोचनीय (b) संशोधित

(c) गृहस्थ (d) सदृश

69. वृक्ष पर पक्षी बैठे हैं– इस वाक्य में 'पर' कौन-सा कारक है?

(a) कर्म (b) सम्प्रदान

(c) अपादान (d) अधिकरण

70. 'EXPEL' का सही पारिभषित शब्द है–

(a) निष्कासन (b) व्यय

(c) जाली (d) साख

71. निम्नलिखित मुहावरों में 'शीघ्र नष्ट हो जाने' का आशय किस मुहावरे में है?

(a) अंग-अंग ढीला होना

(b) ओस का मोती होना

(c) पका आम होना

(d) बाँबी में हाथ डालना

72. 'विस्थापित' का अंग्रेजी समकक्ष शब्द है-

(a) DISPLACED

(b) DISPOSAL

(c) DISCLAIM

(d) DISBAND

73. किस क्रमांक में शब्दगत संरचना में संधि-नियम का अपवाद है?

(a) प्रबोधिनी (b) नीरोग

(c) अक्षौहिणी (d) अपराह्न

74. किस क्रमांक में सही सामासिक पद नहीं है?

(a) गति के अनुसार - यथागति

(b) पल पल - प्रतिपल

(c) तीन लोगों का समाहार - त्रिलोक

(d) छह हैं माताएं जिसकी वह - षाण्मातुर

75. किस क्रमांक में ई स्वर का सही उच्चारण स्थान है?

(a) कंठ (b) तालु

(c) ओष्ठ (d) मूर्धा

76. किस क्रम में 'आयुष्मान' का पर्यायवाची नहीं है?

(a) चिरंजीव (b) दीर्घजीवी

(c) पुत्र (d) शतायु

77. किस क्रम में सही पर्यायवाची नहीं है?

(a) अलंकार - आभूषण, भूषण, गहना

(b) आंसू - नयन, तारिका, नीर

(c) इष्ट - वांछनीय, अभिप्रेत, अभीष्ट

(d) आडम्बर - ढोंग, ढकोसला, पांखड

78. किस क्रम में देशज शब्द है?

(a) तमन्ना (b) भोंदू

(c) अग्नि (d) अक्षि

79. कौन सा क्रमांक उचित नहीं है?

(a) बलि-बलिदान, बली-शक्तिशाली

(b) सुर-देवता, शूर-वीर

(c) वसन-बर्तन, व्यसन-मद्यपान

(d) शोक-दुख, शौक-चाव

80. कौनसा क्रम सटीक नहीं है? (विलोम के अर्थ में)

(a) कठोर-कोमल

(b) पंडित-विद्वान

(c) धनात्मक-ऋणात्मक

(d) दाखिल-खारिज

संख्यात्मक अभियोग्यता

81. 180 दिनों में किसी काम को पूरा करने के लिए 100 व्यक्तियों को नियुक्त किया गया। 60 दिनों के बाद कार्य का 1/5 भाग ही पूरा हो पाया। बताएं कि निश्चित अवधि में कार्य पूरा कराने के लिए कितने अतिरिक्त व्यक्तियों को नियुक्त करना पड़ेगा?

(a) 200 (b) 100

(c) 50 (d) 75

82. एक व्यक्ति ने अपनी आय का 20% अपने बड़े पुत्र को दिया तथा शेष का 30% अपने छोटे पुत्र को दे दिया। शेष बची हुई राशि का 10% उसने एक ट्रस्ट को दान दे दिया और इस प्रकार अब उसके पास ₹ 10080 शेष रह गए। उसकी आय थी-

(a) ₹ 50000 (b) ₹ 40000

(c) ₹ 30000 (d) ₹ 20000

83. A का हिस्सा B से 25% अधिक है तथा B का हिस्सा C से 20% अधिक है, तो राशि ₹ 740 में C का हिस्सा ज्ञात कीजिए?

(a) ₹ 300 (b) ₹ 200

(c) ₹ 240 (d) ₹ 350

84. दो संख्याएं किसी तीसरी संख्या से क्रमशः 30% तथा 37% कम है। पहली संख्या से दूसरी संख्या कितने प्रतिशत कम है?

(a) 10% (b) 7%

(c) 111.11% (d) 9.09%

85. एक शर्ट के सूची-मूल्य पर 31% बट्टा देने पर भी एक विक्रेता को 15% का लाभ होता है। यदि सूची-मूल्य ₹ 125 है, तो शर्ट का क्रय-मूल्य क्या है?

(a) ₹ 70 (b) ₹ 80

(c) ₹ 75 (d) इनमें से कोई नहीं

86. एक रेलगाड़ी पटरी के साथ चलने वाले दो व्यक्तियों को पार करती है। प्रथम व्यक्ति 4.5 कि.मी./घंटा तथा दूसरा व्यक्ति 5.4 कि.मी./घंटा की चाल से चलता है। रेलगाड़ी को दोनों व्यक्तियों को पार करने में क्रमशः 8.4 और 8.5 सेकेण्ड का समय लगता है। यदि दोनों व्यक्ति रेलगाड़ी की दिशा में चलते है तो रेलगाड़ी की चाल क्या है?

(a) 66 कि.मी./घंटा

(b) 72 कि.मी./घंटा

(c) 78 कि.मी./घंटा

(d) 81 कि.मी./घंटा

87. नितिन की अपेक्षा अशोक तीन गुणा अधिक कुशल कारीगर है और इसलिए नितिन से 40 दिन कम समय में ही एक काम को पूरा कर लेता है। दोनों द्वारा उसी काम को करने में व्यय समय निकालें।

(a) 15 दिन (b) 7 दिन

(c) 16 दिन (d) 13 दिन

88. यदि 15 आदमी या 24 औरतें या 36 लड़के 8 घंटे प्रतिदिन काम करके किसी काम को 12 दिनों में कर सकते हैं। 12 औरतें और 6 लड़कों के अतिरिक्त कितने आदमी 6 घंटे प्रतिदिन काम करके उस का 2.25 गुणा काम 30 दिनों में कर सकते हैं?

(a) 9 (b) 7
(c) 5 (d) 8

89. एक ठेकेदार मजदूरों के एक समूह को काम पर लगाया जिसे 360 वस्तुओं को एक निश्चित दिनों में बनाना है। प्रतिदिन 4 वस्तुएं अतिरिक्त तैयार करके निर्धारित दिनों से एक दिन पहले ही काम पूरा हो जाता है। काम पूरा होने में कितने दिन लगें?

(a) 8 दिन (b) 10 दिन
(c) 9 दिन (d) 12 दिन

90. बराबर क्षमता के तीन बर्तनों में दूध और पानी का अनुपात क्रमशः 3:2, 7:3 और 11:4 है। तीनों बर्तनों की मात्राओं को मिलाया जाता है। मिश्रण के बाद दूध और पानी का अनुपात क्या है?

(a) 38:8 (b) 21:9
(c) 61:29 (d) 41:18

91. किसी समांतर श्रेणी के छठे एवं 15वें पदों का योग उसी श्रेणी के 7वीं, 10वीं और 12 वीं पदों के योग के बराबर है, तो श्रेणी का कौन सा पद शून्य के बराबर है?

(a) 10वां (b) 8वां
(c) 01वां (d) इनमें से कोई नहीं

92. राम और मोहन दोस्त हैं। प्रत्येक के पास कुछ रूपये हैं। यदि राम, मोहन को ₹ 30 देता है तो मोहन के पास राम से दुगुना धन हो जाता है लेकिन यदि मोहन ₹ 10 राम को देता है तो राम के पास मोहन से तीगुना धन हो जाता है। प्रत्येक के पास कितने रुपये हैं?

(a) ₹ 62 और ₹ 34
(b) ₹ 6 और ₹ 2
(c) ₹ 170 और ₹ 124
(d) ₹ 43 और ₹ 26

93. यदि $\frac{x}{(2x+y+z)}=\frac{y}{(x+2y+z)}=\frac{z}{(x+y+2x)}=a$ तो a का मान निकालें। $x+y+z\neq 0$

(a) $\frac{1}{3}$ (b) $\frac{1}{4}$
(c) $\frac{1}{8}$ (d) $\frac{1}{2}$

94. निम्नलिखित समीकरणों में से किसका मूल वास्तविक है?

(a) $3x^2-4x+5=0$
(b) $x^2+x+4=0$
(c) $(x-1)(2x-5)=0$
(d) $2x^2-3x+4=0$

95. यदि $2x^2-7xy+3y^2=0$, तो $x:y$ का मान है–

(a) 3:2 (b) 2:3
(c) 3:1 और 1:2 (d) 5:6

निर्देश (96-100): निम्नलिखित संख्या श्रृंखला में प्रश्नचिन्ह (?) के स्थान पर क्या आयेगा?

96. 9 62 ? 1854 7415 22244

(a) 433 (b) 309
(c) 406 (d) 371

97. 4 8 24 60 ? 224

(a) 178 (b) 96
(c) 109 (d) इनमें से कोई नहीं

98. 8000 1600 320 64 12.8 ?

(a) 2.56 (b) 3.5
(c) 3.2 (d) 2.98

99. 6 9 15 27 42 ?

(a) 84 (b) 60
(c) 123 (d) 75

100. 7 8 18 ? 232 1165

(a) 84 (b) 42
(c) 57 (d) 36

101. ₹ 14500 की राशि पर दो वर्ष में उपचित चक्रवृद्धि ब्याज ₹ 4676.25 है, तो प्रतिशत प्रति वर्ष ब्याज की दर क्या है?

(a) 11 (b) 9
(c) 15 (d) 18

102. तीन मित्र A, B और C एक वृत्ताकार स्टेडियम के गिर्द दौड़ना शुरु करते हैं वे एक चक्कर क्रमशः 24, 36, और 30 सेकण्ड में पूरा करते हैं। कितने मिनट बाद वे आरम्भिक बिन्दु पर मिलेंगे?

(a) 12 (b) 6
(c) 8 (d) 15

103. एक वर्ग की परिधि, 39424 वर्ग सेमी क्षेत्रफल वाले एक वृत्त की त्रिज्या के समान है। वर्ग का क्षेत्र क्या है?

(a) 1225 sq.cm
(b) 441 sq.cm
(c) 784 sq.cm
(d) निर्धारित नहीं किया जा सकता

निर्देश (104-105): निम्नलिखित जानकारी का ध्यान से अध्ययन कर उसके बाद दिए गए प्रश्नों के उत्तर दीजिए।

5 प्रोफेसरों, 6 टीचरों और 3 रीडरों में पाँच सदस्यों की एक समिति बनानी है। अलग-अलग कितनी तरह से यह किया जा सकता है, यदि

104. समिति में 2 प्रोफेसर, 2 टीचर और 1 रीडर होना चाहिए?

(a) 450 (b) 225
(c) 55 (d) 90

105. समिति में तीनों रीडर होने चाहिए?

(a) 90 (b) 180
(c) 21 (d) 55

106. 12 पुरुष एक काम 24 दिन में पूरा करते हैं। 8 पुरुष इसी काम को कितने दिन में पूरा कर सकते हैं?

(a) 28 (b) 36
(c) 48 (d) 52

107. रवि अपनी मासिक आय का 50% घरेलू मदों, 20% कपड़े खरीदने, 5% दवाइयों पर खर्च करता है और शेष ₹ 11250 वह बचाता है। राहुल की मासिक आय क्या है?

(a) ₹ 38200 (b) ₹ 34000
(c) ₹ 41600 (d) ₹ 45000

108. एक द्विअंकी संख्या के दोनों अंकों को परस्पर बदलने के बाद प्राप्त संख्या मूल संख्या से 54 कम हैं। संख्या के दोनों अंकों का योग 12 है तो मूल संख्या क्या है?

(a) 28 (b) 39
(c) 82 (d) इनमें से कोई नहीं

109. इस समय मीना की आयु अपनी बेटी से 8 गुना है। अब से आठ वर्ष बाद मीना और उसकी बेटी की आयु क्रमशः 10 : 3 के अनुपात में होगी। मीना की वर्तमान आयु क्या है?

(a) 32 वर्ष
(b) 40 वर्ष
(c) 36 वर्ष
(d) निर्धारित नहीं किया जा सकता

110. 4 लड़कों और 3 लड़कियों को एक पंक्ति में अलग-अलग कितनी तरह इस प्रकार लगाया जा सकता है कि सभी लड़के साथ-साथ खड़े रहें और सभी लड़कियाँ साथ-साथ खड़ी रहे?

(a) 75 (b) 576
(c) 288 (d) 24

निर्देश (111-115): इन प्रश्नों के उत्तर देने के लिए नीचे दिए गए ग्राफ का ध्यान से अध्ययन कीजिए।

विगत वर्षों में कम्पनी द्वारा विनिर्मित तथा बेचे गए उपकरणों की संख्या (हजारों में)

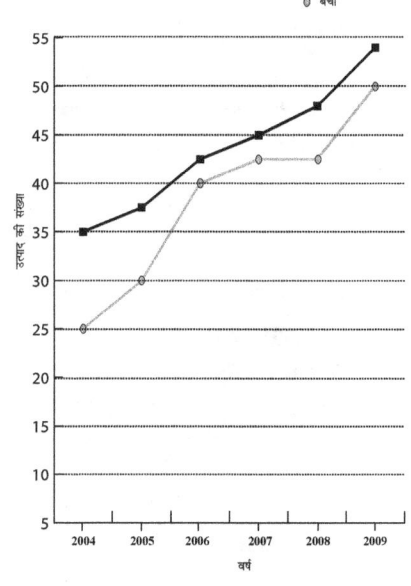

111. वर्ष 2009 और 2008 में कम्पनी द्वारा विनिर्मित उत्पादों की संख्या में क्या अन्तर है?

(a) 4000 (b) 5500
(c) 3500 (d) इनमें से कोई नहीं

112. वर्ष 2004 में कम्पनी द्वारा बेचे गए उत्पादों की संख्या उस वर्ष उसके द्वारा विनिर्मित उत्पादों की संख्या का कितना प्रतिशत है?

(a) 71.43 (b) 67.51
(c) 81.67 (d) 56.29

113. पिछले वर्ष की तुलना में वर्ष 2006 में कम्पनी द्वारा बेचे गए उत्पादों की संख्या में कितने प्रतिशत वृद्धि हुई है?

(a) 19.25 (b) 33.33
(c) 10.45 (d) 42.66

114. वर्ष 2007 में और वर्ष 2005 में कम्पनी द्वारा नहीं बेचे गए उत्पादों की संख्या का क्रमशः अनुपात क्या है?

(a) 3 : 1 (b) 6 : 5
(c) 1 : 3 (d) 5 : 6

115. सभी वर्षों में मिलकर कम्पनी द्वारा विनिर्मित उत्पादों की औसत संख्या लगभग कितनी है?

(a) 36550 (b) 39480
(c) 41220 (d) 43330

116. यदि 13^{50} को 14 से भाग दिया जाय तो शेषफल है

(a) 13 (b) 12
(c) 1 (d) –1

117. यदि $x = 3 + \sqrt{8}$, हो, तो $x^3 + \frac{1}{x^3}$ का मान है

(a) 216 (b) 198
(c) 192 (d) 261

118. $x^2 + 3\sqrt{2}\,x + 4$ के गुणनखण्ड है:

(a) $(x+2\sqrt{2})(x-\sqrt{2})$
(b) $(x+2\sqrt{2})(x+\sqrt{2})$
(c) $(x-2\sqrt{2})(x-\sqrt{2})$
(d) $(x-2\sqrt{2})(x+\sqrt{2})$

119. एक समांतर चतुर्भुज की दो संलग्न भुजाएँ 74 सेमी और 40 सेमी हैं। यदि इसके विकर्णों में एक विकर्ण 102 सेमी हो, तो समांतर चतुर्भुज का क्षेत्रफल है:

(a) 618 वर्ग सेमी
(b) 1224 वर्ग सेमी
(c) 2448 वर्ग सेमी
(d) 1242 वर्ग सेमी

120. यदि एक समबहुभुज का प्रत्येक बहिष्कोण 18° है, तो बहुभुज के भुजाओं की संख्या है :

(a) 10 (b) 15
(c) 20 (d) 30

तर्कशक्ति परीक्षण

121. 'M', '+' दर्शाता है; 'N', '÷', 'R', '–' और Q, '×' दर्शाता है तो
15 M 12 Q 5 R 40 N 8 = ?

(a) 70 (b) 80
(c) 45 (d) 60

122. प्रत्येक अक्षर का केवल एक बार उपयोग करते हुए शब्द 'COMMANDMENT' के तीसरे, पांचवें, नौवें और ग्यारहवें अक्षर से अंग्रेजी के कितने अर्थपूर्ण शब्द बनाये जा सकते हैं?

(a) एक (b) दो
(c) तीन (d) तीन से अधिक

123. मीना को ठीक से याद है कि उसने 21 अक्टूबर के बाद और 27 अक्टूबर से पहले छुट्टी ली थी। उसकी सहयोगी रीना ने 23 अक्टूबर को छुट्टी ली थी किन्तु उस दिन मीना हाजिर थी। 24 अक्टूबर को सार्वजनिक छुट्टी थी और 26 अक्टूबर को रविवार था। मीना ने अक्टूबर के कौन-से दिन छुट्टी ली थी?

(a) 22 अक्टूबर
(b) 25 अक्टूबर
(c) 22 या 25 अक्टूबर
(d) डाटा अपर्याप्त

124. शब्द 'VERIFIED' में अक्षरों के ऐसे कितने जोड़े हैं जिनमें से प्रत्येक के बीच शब्द में उतने ही अक्षर हैं, जितने कि अंग्रेजी वर्णमाला में उनके बीच हैं?

(a) कोई नहीं (b) एक

(c) दो (d) तीन

125. किसी सांकेतिक भाषा में, यदि COMRADE को @R%★↑©A तथा SCARCE को λ@↑★@A भाषा में लिखा जाता है। तो DREAM शब्द को उसी भाषा में किस प्रकार लिखा जाएगा?

(a) ★A↑©% (b) ©★A↑%

(c) ↑A★%© (d) A%↑★©

126. 'A × D' का अर्थ है 'A, D की चचेरी बहन है' 'A + D'का अर्थ है 'D, A की पुत्री है' और 'A ÷ D'का अर्थ है 'A, D की माता है। तो N, M की आंटी है यह कैसे दर्शाया जाएगा?

(a) M + L × N (b) M + L + N

(c) L × N ÷ M (d) N × L + M

127. M, X से अधिक और T से कम कमाता है। V, M और T से अधिक कमाता है। R केवल X से अधिक कमाता है। इन पांचों में सब से कम कौन कमाता है?

(a) X

(b) V

(c) M

(d) निर्धारित नहीं किया जा सकता

128. न्यायालय ने स्टाकब्रोकर के खिलाफ कार्यवाही पर रोक लगा दी है। अब वह देश में लौट सकता है। दी गई जानकारी के आधार पर निम्नलिखित में से क्या माना जा सकता है?

(a) स्टाकब्रोकर निर्दोष हैं

(b) स्टाकब्रोकर को पुलिस गिरफ्तार नहीं कर सकती

(c) न्यायाधीश को घूस दी गई है

(d) स्टाकब्रोकर के खिलाफ दर्ज शिकायतें वापस ले ली गई हैं

निर्देश (129-133): निम्नलिखित परिच्छेद ध्यान से पढ़कर उसके नीचे दिए गए प्रश्नों के उत्तर दीजिए।

A, B, C, D, E, F G और H केन्द्रोन्मुख होकर एक वृत्ताकार टेबल के गिर्द बैठे हैं। A, C के बाएं तीसरा और E के दाएं दूसरा बैठा है। B, D के दाएं दूसरा बैठा है जो E का निकटतम पड़ोसी नहीं है। H, F के बाएं दूसरा बैठा है। G D का निकटतम पड़ोसी नहीं है।

129. वामावर्त दिशा में गणना करने पर निम्नलिखित में से किस जोड़े के बीच केवल एक व्यक्ति बैठा है?

(a) F, G (b) H, G

(c) H, C (d) H, B

130. E के दाएं तीसरे स्थान पर कौन बैठा है?

(a) D (b) G

(c) F (d) B

131. A के स्थान के सन्दर्भ में G का स्थान क्या है?

(a) तुरन्त दाहिने (b) बाएं दूसरा

(c) दाएं तीसरा (d) बाएं तीसरा

132. E और A के बीच कौन बैठा है?

(a) H (b) D

(c) G (d) B

133. A के स्थान से आरम्भ करते हुए, इन आठों को वर्णानुक्रम दक्षिणावर्त दिशा में क्रमबद्ध किया जाए तो कितने सदस्यों (A के सिवा) की बैठने की स्थिति अपरिवर्तित रहेगी?

(a) कोई नहीं (b) एक

(c) दो (d) तीन

निर्देश (134-138): नीचे दी गई व्यवस्था का ध्यान से अध्ययन कर नीचे दिए गए प्रश्नों के उत्तर दीजिए।

M ? 2 D B 7 A 4 Δ 9 6 $ T + N 5 @ V E W # U 8 F © 3

134. उपरोक्त व्यवस्था में ऐसी कितनी अभाज्य संख्याएं हैं, जिनमें से प्रत्येक तुरन्त बाद एक प्रतीक और तुरन्त पहले एक व्यंजन है?

(a) कोई नहीं (b) एक

(c) दो (d) तीन

135. दी गई व्यवस्था में, प्रतीकों के स्थान उनके तुरन्त बाद आने वाली संख्याओं के साथ परस्पर बदल देने पर निम्नलिखित में से कौन-सा दांये से ग्यारहवां होगा?

(a) V (b) @

(c) 5 (d) N

136. # के बाएं सातवां अक्षर कौन-सा है?

(a) A (b) N

(c) T (d) +

137. उपरोक्त व्यवस्था पर आधारित निम्नलिखित श्रृंखला में प्रश्न चिन्ह (?) के स्थान पर क्या आयेगा?

27B 469 TSN ?

(a) @WE (b) 5EV

(c) VU# (d) V#W

138. दी गई व्यवस्था में से प्रतीक और संख्याएँ निकाल दी जाए और फिर अक्षरों को वर्णानुक्रम में लगाया जाए तो निम्नलिखित में से कौन-सी बांये से छठा होगा?

(a) M (b) F

(c) N (d) E

निर्देश (139-143): निम्न श्रृंखला में रिक्त स्थान की जगह कौन-सी संख्या आयेगी?

139. 18, 36, 54, 72, 90, (....).

(a) 106 (b) 98

(c) 108 (d) 112

140. 2, 4,7,11, 16, (....).

(a) 8 (b) 70

(c) 22 (d) 25

141. 0, 2, 6, (....), 20, 30, 42.

(a) 8 (b) 10

(c) 12 (d) 14

142. 1, 8, 27, 64, 125, 216, (.....).

(a) 354 (b) 343

(c) 392 (d) 245

143. 1, 2, 3, 6, 8, 18, (.....), 54.

(a) 18 (b) 36

(c) 81 (d) 27

144. मनोहर 'P' स्थान से दक्षिण की ओर 10 किमी. चलता है, फिर दायीं ओर मुड़कर 4 किमी. चलता है फिर दायीं ओर मुड़ता है और 10 किमी. चलता है इसके बाद बायीं ओर मुड़कर 5 किमी. की दूरी तय करता है 'P' स्थान से कितनी दूरी पर है।

(a) 10 किमी. (b) 9 किमी.

(c) 14 किमी. (d) 20 किमी.

145. सीमा उत्तर की ओर 30 मीटर चलती है। फिर वह दायीं ओर मुड़कर 30 मीटर चलती है। फिर दायीं ओर मुड़कर 55 मीटर चलती है। फिर वह बायीं ओर मुड़कर 20 मीटर चली। वह फिर बायीं ओर मुड़कर 28 मीटर चली। सीमा अपने प्रारंभिक बिंदु से कितने मीटर दूर है?

(a) 50 मीटर (b) 60 मीटर

(c) 55 मीटर (d) 45 मीटर

निर्देश (146-150): में दिए गए विकल्पों में से विषम शब्द/अक्षर/संख्या चुनिए।

146. (a) जीना (b) सीढ़ी

(c) पुल (d) एस्केलेटर

147. (a) बोलना (b) टहलना

(c) सोना (d) दौड़ना

148. (a) DWHS (b) BYDW

(c) CWFS (d) EVJQ

149. (a) DHLP (b) TXBF

(c) JNRV (d) YBEH

150. (a) 1 (b) 65

(c) 8 (d) 64

निर्देश: निम्नलिखित शब्दों को शब्दकोश में दिए गए क्रम के अनुसार लिखें–

151. 1. Noble 2. Nobilitary

2. Nobless 4. Nobility

5. Nobble

(a) 1, 4, 3, 2, 5 (b) 3, 4, 1, 2, 5

(c) 5, 2, 4, 1, 3 (d) 2, 4, 3, 5, 1

152. अक्षरों का कौन-सा समूह खाली स्थानों पर क्रमवार रखने से दी गई अक्षर शृंखला को पूरा करेगा?

an — nn — ana — na — nan — a

(a) annan (b) aanan

(c) nanna (d) naana

निर्देश (153-156): में एक अनुक्रम दिया है, जिसमें एक/दो पद लुप्त हैं, दिए गए विकल्पों में से वह विकल्प चुनिए, जो अनुक्रम को पूरा करें।

153. M N O A B C P Q R D E F S T ? ?

(a) GK (b) UV

(c) GH (d) UG

154. 5 9 ? = 84

8 6 4 = 56

7 3 7 = 70

(a) 4 (b) 7

(c) 5 (d) 6

155. 9, 8, 10, 16, 11, ?, 12, 64, ?

(a) 28 (b) 36

(c) 25 (d) 32

156. 34, 18, 10, ?

(a) 8 (b) 5

(c) 7 (d) 6

157. निम्नलिखित शृंखला में गलत संख्या ज्ञात कीजिए–

7, 28, 63, 124, 215, 342

(a) 28 (b) 63

(c) 24 (d) 32

158. राहुल और रोबिन भाई हैं। प्रमोद, रोबिन के पिता हैं। शीला, प्रमोद की बहन है। प्रेमा, प्रमोद की भान्जी है। शोभा, शीला की नातिन है। राहुल, शोभा का क्या लगता है?

(a) भाई (b) ममेरा भाई

(c) मामा (d) भान्जा

निर्देश (159-160): में दिए गए विकल्पों में से लुप्त अंक ज्ञात कीजिए।

159.

169	64	81	30
625	?	49	50
1296	576	100	70

(a) 324 (b) 289

(c) 441 (d) 361

160.

1	2	3
4	5	6
7	8	9
27	38	?

(a) 49 (b) 50

(c) 51 (d) 52

मानसिक अभिरुचि, बुद्धिलब्धि एवं तार्किक क्षमता

161. यदि जिले के आवंटन से अधिक सशस्त्र पुलिस की मांग करनी हो तो कितने दिन पूर्व यह मांग महानिरीक्षक से करनी चाहिए?

(a) 3 सप्ताह (b) 4 सप्ताह

(c) 5 सप्ताह (d) 6 सप्ताह

162. राज्यपाल को सर्किल अर्दली के रूप में एम. पी. लखनऊ द्वारा सशस्त्र पुलिस के कितने कांस्टेबिल प्रदान किए जाते हैं?

(a) 6 (b) 5

(c) 4 (d) 3

163. संज्ञेय अपराध की रिपोर्ट किस पुलिस प्रारूप क्रमांक पर लिखी जाती है?

(a) 340 (b) 349

(c) 346 (d) 341

164. असंज्ञेय अपराध की रिपोर्ट किस पुलिस प्रारूप क्रमांक पर लिखी जाती है?

(a) 341 (b) 347

(c) 349 (d) 3516

165. यदि आप पुलिस विभाग में कार्यरत हैं। आवश्यक कार्य में व्यस्त होने से आप अपने कार्य पर दो घण्टा विलम्ब से पहुंचते हैं, थानाध्यक्ष आपको बुलाकर फटकारते है। आप

(a) अपने देर से आने का सच कारण बताएंगे और क्षमा याचना करेंगे

(b) उन्हें देर से आने का कोई झूठा बहाना बना देंगे

(c) कहेंगे कि दूसरे कर्मचारी भी देर से आते हैं

(d) उपर्युक्त में से कोई नहीं

166. आहत व्यक्तियों की डॉक्टरी हेतु किस प्रारूप पर फार्म भरकर औषधालय भेजा जाता है?

(a) फार्म नं. 32

(b) फार्म नं. 34 या 340-ए

(c) फार्म नं. 36

(d) फार्म नं. 37-ए

167. लोकसभा सदस्यों, विधानसभा सदस्यों की गिरफ्तारी करने से सम्बन्धित प्रक्रिया किस पैरा में दी गयी है?

(a) 147-ए (b) 148-ए

(c) 149-ए (d) 143-ए

168. प्राइवेट व्यक्ति द्वारा गिरफ्तार किए गए व्यक्ति को थाने के भारसाधक अधिकारी द्वारा पुनः गिरफ्तार करना चाहिए, यह किस पैरा में लिखा है?

(a) 154 (b) 153

(c) 152 (d) 151

169. हवालात में एक बार में एक साथ रखे जाने वाले बंदियों की संख्या कौन निध र्रित करता है?

(a) D.M. (b) जेलर

(c) S.P. (d) R. I.

170. भटकी हुई लड़कियों को पुलिस अभिरक्षा में नहीं रखना चाहिए, यह किस पैरा में वर्णित है?

(a) 161 (b) 162

(c) 163 (d) 164

171. जंगम सम्पत्ति के निपटारे को शासित करने वाले नियमों का उल्लेख किस पैरा में है?

(a) 164 (b) 166

(c) 168 (d) 165

172. मालखाना मुहर्रिर को कम-से कम कितने सेवाकाल से अधिक वाला होने पर ही नियुक्त किये जाने का वर्णन है?

(a) 5 वर्ष (b) 10 वर्ष

(c) 15 वर्ष (d) 20 वर्ष

173. लोक अभियोजक मालखाने का कितने पर निरीक्षण करेगा?

(a) माहवारी (b) तिमाही

(c) छमाही (d) वार्षिक

174. फरार अपराधी का नाम अपराध रजिस्टर से किन परिस्थितियों में निकालने का आदेश एस. पी. दे सकता है?

(a) गिरफ्तारी (b) सुनिश्चित मृत्यु

(c) अपराधी के विरुद्ध सफल अभियोजन के लिए अपराध अपर्याप्त पाए जाने पर

(d) उपरोक्त सभी

175. हिस्ट्रीशीट ग्राम अपराध रजिस्टर के किस भाग में होती है?

(a) 1 (b) 3

(c) 5 (d) 4

176. फेरों की प्रथा का संबंध किससे है?

(a) गार्ड की ड्यूटी से

(b) क्वार्टर गार्ड के संतरी की ड्यूटी से

(c) वोट कांस्टेबिल की गांव में गश्त से

(d) कस्बे में गश्त से

177. गैंगशीट किस अपराधी गिरोह के लिए प्रयुक्त की जाती है?

(a) सेंधमारी गिरोह (b) रेल चोर गिरोह

(c) डकैतों के गिरोह (d) पेशेवर हत्यारे

178. एक्टिव लिस्ट क्या है?

(a) हिस्ट्रीशीटरों की सूची

(b) गुण्डों की सूची

(c) लुटेरों की सूची

(d) सक्रिय एवं संदिग्ध अपराधियों की सूची

179. महिलाओं की पुलिस सेवा में क्या उपयोगिता है?

(a) महिला अपराधी की गिरफ्तारी के लिए महिला पुलिस अधिकारी होनी चाहिए

(b) समाज व परिवार से जुड़ी समस्याओं को महिला पुलिस बेहतर कर सकती है

(c) पारिवारिक विवादों में महिला पुलिस मध्यस्थता का कार्य बेहतर कर सकती है

(d) महिला पुलिस संवेदनशील होने के कारण जनता का विश्वास सरलता से प्राप्त कर सकती है

180. निम्नलिखित में से पुलिस में आचरण से क्या सिद्धांत हैं?

(a) भारतीय संविधान के प्रति पूर्ण निष्ठा

(b) संविधान द्वारा नागरिकों को दिए गए अधिकारों का सम्मान व उनकी पूर्ण सुरक्षा करना

(c) बिना किसी भय, पक्षपात, द्वेष अथवा प्रतिशोध की भावना से समस्त कानूनों का दृढ़तापूर्वक पालन करना

(d) उपरोक्त सभी

181. एक बच्चे के पास 65 मनकों वाला गिलास है उसने 23 मनके निकाले और 17 वापस गिलास में डाल दिए। फिर उसने 27 मनके निकाले और 19 वापस गिलास में डाल दिए। फिर उसने गिलास में से 14 मनके निकाले। अब गिलास में कितने मनके हैं और गिलास से बाहर कितने?

(a) गिलास में -37, बाहर -28

(b) गिलास में -1, बाहर -64

(c) गिलास में -27, बाहर -38

(d) गिलास में -35, बाहर -30

182. निम्नलिखित आँकड़ों के आधार पर वर्ष 1995 की विकास दर का पूर्वानुमान कीजिए

वर्ष :	1990	1991	1992	1993	1994	1995
विकास दर	3.5	3.7	4.1	4.9	6.5	?

(a) 7.8 (b) 8.6

(c) 9.7 (d) 9.9

183. यदि A, B और C तीन संख्याएँ हों कि A संख्या B को विभाजित कर सकती है और B संख्या C को, तो

(a) B विभाजित करती है A को

(b) A विभाजित करती है C को

(c) C विभाजित करती है A को

(d) C विभाजित करती है B को

निर्देश (184-186): नीचे दिए गए प्रत्येक प्रश्न में एक कथन दिया गया है और इसके नीचे दो पूर्वधारणाएँ दी गई हैं, जिन्हें क्रमांक I और II से दिखाया गया है। कोई मानी हुई या गृहीत बात पूर्वधारणा कहलाती है। आपको दिए हुए कथन और दी हुई पूर्वधारणाओं को ध्यान में लेकर उन दो पूर्वधारणाओं में से कौन कथन में अन्तर्निहित है, इसका निर्णय करना है।

उत्तर दीजिए

(a) यदि केवल पूर्वधारणा I अन्तर्निहित है।

(b) यदि केवल पूर्वधारणा II अन्तर्निहित है।

(c) यदि केवल पूर्वधारणा I अथवा II अन्तर्निहित है।

(d) यदि दोनों I और II अन्तर्निहित हैं।

184. कथन : अपने मोबाइल फोन की किसी भी तरह की समस्या के लिए तत्काल हमारे सहायता डेस्क से सम्पर्क करें।

पूर्वधारणाएँ :

I. सहायता डेस्क के पास मोबाइल फोनों की सभी तरह की समस्याओं का समाधान है तथा वे तदनुरूप मार्गदर्शन करेंगे।

II. जब तक समस्या की रिपोर्ट तत्काल न की जाए, इसका समाधान नहीं किया जा सकता है।

185. कथन : मोटापे की समस्या से लड़ने के लिए हमारी दवा लें।

पूर्वधारणाएँ :

I. बाजार में उपलब्ध मोटापा कम करने की अन्य दवाओं से वजन कम नहीं होता।

II. दवाओं के बिना मोटापे को नियन्त्रित नहीं किया जा सकता।

186. कथन : किसी भी ग्राहक को उधार देने से पहले बैंकों को उनकी वित्तीय हैसियत जाँच लेनी चाहिए।

पूर्वधारणाएँ :

I. उधार देने से पहले जाँच कर लेने से ग्राहक की वित्तीय हैसियत की सही तस्वीर पता चल जाएगी।

II. कई बार ग्राहक बैंक की ऋण चुकाने की अपनी क्षमता के बारे में सही तस्वीर पेश नहीं करते हैं।

187. आपका दोस्त आपको अपनी शादी में नहीं बुलाया। तब आप क्या करेंगे?

(a) आप उसका विरोध करेंगे।

(b) आप शादी में शामिल होंगे।

(c) आप उसको बधाई संदेश भेज देंगे।

(d) आप इस मामला को नजरअंदाज कर देंगे।

188. आप एक कंपनी के मालिक है। आपका एक कर्मचारी ठीक ढंग से कार्य नहीं कर रहा है। तब....

(a) आप उस पर गुस्सा करेंगे।

(b) आप उसको ठीक ढंग से कार्य करने के लिए कुछ समय देंगे।

(c) आप उसको दूसरे काम में लगाएगें।

(d) आप उसकी समस्याएं के बारे में बात करेंगे।

189. आप दशहरा मेला घूमने गये है तभी एक बच्चा अपने परिजन से बिछड़ गया है और रो रहा है, तब.......

(a) आप उसको नजर अंदाज कर आगे बढ़ जायेंगे।

(b) आप उस बच्चे से उसके परिजन के बारे

(c) आप उस बच्चे को चुप करायेंगे और उसके परिजन के आने का इंतजार करेंगे

(d) आप मेला नियंत्रण कक्ष में जाकर बच्चे की खोने की सूचना का प्रचार करवायेंगे

निर्देश (190-194): नीचे एक परिच्छेद दिया गया है और उसके नीचे उस परिच्छेद में दिए गए तथ्यों के आधार पर निकाले जा सकने वाले कुछ संभावित अनुमान दिये गये हैं। आप हर अनुमान की परिच्छेद के संदर्भ में अलग-अलग परीक्षा कर उसकी सत्यता व असत्यता की मात्रा निश्चित कीजिए।

उत्तर (a) दीजिये, यदि अनुमान 'निश्चित रूप से सत्य' है अर्थात् वह दिये गये तथ्यों का उचित रूप से अनुसरण करता है।

उत्तर (b) दीजिये, यदि अनुमान 'संभवत: सत्य है' यद्यपि दिये गये तथ्यों के संदर्भ में 'निश्चित रूप से सत्य नहीं है।

उत्तर (c) दीजिये, यदि 'दिये हुए तथ्य काफी नहीं हैं' अर्थात् दिये हुए तथ्यों से अनुमान सत्य है अथवा असत्य यह आप नहीं कह सकते हैं।

उत्तर (d) दीजिये, यदि अनुमान 'संभवत: असत्य है' यद्यपि दिए गए तथ्यों के संदर्भ में 'निश्चित रूप से असत्य है' नहीं है।

परिच्छेद

मुख्यत: उन्नत प्रौद्योगिकी के आविष्कार और प्रसार से दीर्घावधि आर्थिक प्रगति होती है। प्रिटिंग प्रेस से वैज्ञानिक क्रांति, स्टीम इंजन से औद्योगिक और खेतों की बढ़ी हुई उपज-तथाकथित 'हरित क्रांति' से अकाल से भारत का छुटकारा संभव हुआ था, इस समय अमीर देश हर वर्ष कोयले, तेल और प्राकृतिक गैस के उपयोग से कई बिलियन टन कार्बन डाइऑक्साइड फैलाकर विश्व की आबोहवा में परिवर्तन कर रहे हैं। भावी वर्षों में चीन और भारत वायुमंडल में बढ़ी हुई कॉर्बन डाइऑक्साइड में भारी योगदान देंगे। अभी तक कोई भी देश, अमीर या गरीब, अपनी ऊर्जा का उपयोग इस चिंता के कारण कम करना नहीं चाहता है कि ऐसा करने में नौकरियों, आमदनियों और आर्थिक विकास को खतरा होगा। नई प्रौद्योगिकी समाधान का एक प्रमुख हिस्सा बनेंगी। गेसोलीन और बैट्री पावर से मिलकर चलने वाली 'हाइब्रिड' कारें पहले ही ईधन की दक्षता को लगभग दोगुना और कार्बन डाइऑक्साइड के फैलाव को आधा कर रही हैं। इसी तरह, पॉवर प्लाण्टों में जलने वाले कोयले से निकलने वाली कॉर्बन डाइऑक्साइड को कैप्चर करने और सुरक्षित रूप से जमीन के नीचे स्टोर करने के तरीकों का इंजीनियरों ने विकास कर लिया है। 'कार्बन कैप्चर' और सिक्वेस्ट्रेशन' नामक नई प्रौद्योगिकी बिजली के उत्पादन के समय प्रसारित कार्बन डाइऑक्साइड को 80% कम कर सकती है।

190. नई प्रौद्योगिकियां केवल बिजली के निर्माण द्वारा हुए कार्बन डाइऑक्साइड के निस्सरण को नियंत्रित कर सकती है।

191. कोई देश जितना अधिक विकसित होगा, हवा के प्रदूषण में उसका योगदान उतना ही कम होगा।

192. विश्व के विकासशील देश कार्बन डाइऑक्साइड का फैलाव कम करने के लिए नई प्रौद्योगिकियों को विकसित करने का प्रयास कर रहे हैं।

193. आने वाले वर्षों में भारत और चीन विश्व के विकसित देशों की सूची में सबसे ऊपर होंगे।

194. वर्तमान प्रौद्योगिकियों को छोड़ नई हाइब्रिड प्रौद्योगिकियों को अपनाना व्यावहारिक रूप से संभव नहीं होगा।

195. सही अक्षरों से रिक्त स्थान भरिए-

Q, L, ..., E, C,....

(a) B, A (b) A, G

(c) I, G (d) H, B

196. किसी व्यापार संगोष्ठी के अन्त में दस सदस्यों ने एक-दूसरे से एक बार हाथ मिलाए बताइए कुल कितनी बार हाथ

मिलाना हुआ?

(a) 45 (b) 55

(c) 20 (d) 90

197. कुछ मित्रों ने पिकनिक पर जाने की एवं खाने पर ₹960 खर्च करने की योजना परन्तु उनमें से चार नहीं आए उस वजह से बचे हुए साथियों में प्रत्येक को ₹40 अधिक देन पड़े पिकनिक पर गए मित्रों की संख्या होगी-

(a) 48 (b) 12

(c) 24 (d) 8

198. '?' की जगह सही शब्द लिखिए-
तोता : पिंजरा :: आदमी : ?

(a) घर (b) जीवन

(c) जेल (d) जंगल

199. श्रेणी पूर्ण कीजिए-

840, 168, 42, 14, 7, ...

(a) 1 (b) 7

(c) 9 (d) 3

200. श्रेणी पूर्ण कीजिए-

225, 336, 447, 558, ..., 7710.

(a) 690 (b) 660

(c) 689 (d) 669

उत्तरमाला

1.(b)	**2.**(a)	**3.**(d)	**4.**(c)	**5.**(b)
6.(a)	**7.**(d)	**8.**(c)	**9.**(c)	**10.**(b)
11.(d)	**12.**(c)	**13.**(d)	**14.**(b)	**15.**(b)
16.(c)	**17.**(b)	**18.**(a)	**19.**(c)	**20.**(d)
21.(c)	**22.**(b)	**23.**(c)	**24.**(d)	**25.**(c)
26.(c)	**27.**(a)	**28.**(d)	**29.**(b)	**30.**(b)
31.(d)	**32.**(d)	**33.**(c)	**34.**(c)	**35.**(a)
36.(b)	**37.**(c)	**38.**(c)	**39.**(d)	**40.**(a)
41.(c)	**42.**(a)	**43.**(c)	**44.**(b)	**45.**(d)
46.(b)	**47.**(c)	**48.**(a)	**49.**(a)	**50.**(b)
51.(a)	**52.**(b)	**53.**(b)	**54.**(a)	**55.**(b)
56.(c)	**57.**(a)	**58.**(b)	**59.**(b)	**60.**(b)
61.(c)	**62.**(c)	**63.**(d)	**64.**(a)	**65.**(c)
66.(a)	**67.**(a)	**68.**(a)	**69.**(d)	**70.**(a)
71.(b)	**72.**(a)	**73.**(c)	**74.**(c)	**75.**(b)
76.(c)	**77.**(b)	**78.**(b)	**79.**(c)	**80.**(b)
81.(b)	**82.**(d)	**83.**(b)	**84.**(c)	**85.**(c)
86.(d)	**87.**(a)	**88.**(d)	**89.**(b)	**90.**(c)
91.(b)	**92.**(a)	**93.**(b)	**94.**(c)	**95.**(c)
96.(d)	**97.**(d)	**98.**(a)	**99.**(b)	**100.**(c)
101.(c)	**102.**(b)	**103.**(c)	**104.**(a)	**105.**(d)
106.(b)	**107.**(d)	**108.**(d)	**109.**(a)	**110.**(c)
111.(d)	**112.**(a)	**113.**(b)	**114.**(c)	**115.**(d)
116.(c)	**117.**(b)	**118.**(b)	**119.**(c)	**120.**(c)
121.(a)	**122.**(d)	**123.**(c)	**124.**(c)	**125.**(b)
126.(d)	**127.**(a)	**128.**(b)	**129.**(b)	**130.**(c)
131.(d)	**132.**(a)	**133.**(a)	**134.**(b)	**135.**(c)
136.(d)	**137.**(d)	**138.**(a)	**139.**(c)	**140.**(c)
141.(c)	**142.**(b)	**143.**(d)	**144.**(c)	**145.**(c)
146.(c)	**147.**(c)	**148.**(c)	**149.**(d)	**150.**(b)
151.(c)	**152.**(b)	**153.**(d)	**154.**(d)	**155.**(d)
156.(d)	**157.**(a)	**158.**(c)	**159.**(a)	**160.**(c)
161.(d)	**162.**(a)	**163.**(d)	**164.**(b)	**165.**(a)
166.(b)	**167.**(a)	**168.**(d)	**169.**(c)	**170.**(b)
170.(d)	**172.**(c)	**173.**(a)	**174.**(d)	**175.**(d)
176.(d)	**177.**(a)	**178.**(d)	**179.**(b)	**180.**(d)
181.(a)	**182.**(c)	**183.**(b)	**184.**(a)	**185.**(d)
186.(b)	**187.**(c)	**188.**(b)	**189.**(d)	**190.**(d)
191.(d)	**192.**(b)	**193.**(b)	**194.**(c)	**195.**(b)
196.(a)	**197.**(d)	**198.**(c)	**199.**(b)	**200.**(d)

उत्तर सहित व्याख्या

81. (b) $\frac{M_1 \times D_1}{W_1} = \frac{M_2 \times D_2}{W_2}$

$\frac{100 \times 60}{\frac{1}{5}} = \frac{x \times 120}{1 - \frac{1}{5}}$

$x = 200$

आवश्यक मजदूर $= 200 - 100 = 100$

82. (d) माना आदमी की कुल आय = ₹ x

$\therefore$ x का 80% का 70% का 90% = 10080

$\Rightarrow x = \frac{10080 \times 100 \times 100 \times 100}{90 \times 70 \times 80}$

= Rs 20,000

83. (b) माना 'C' का भाग = Rs x

$\therefore$ प्रश्नानुसार

B का भाग $= x + \frac{20x}{100} = \frac{6x}{5}$

तथा A का भाग

$= \frac{6x}{5} + \frac{6x}{5} \times \frac{25}{100} = \frac{3}{2}x$

पुन: प्रश्न से,

$\Rightarrow \frac{3x}{2} + \frac{6x}{5} + x = 740$

$\Rightarrow x =$ ₹ 200

84. (c) माना तीसरी संख्या $= x$

तब पहली संख्या $= \frac{70}{100}x$

दूसरी संख्या $= \frac{63}{100}x$

$\therefore$ अभीष्ट% $= \frac{\frac{70x}{100}}{\frac{63x}{100}} \times 100$

$= \frac{70}{100} \times \frac{100}{63} \times 100$

$= \frac{1000}{9}\% = 111.11\%$

85. (c) अंकित मूल्य = ₹ 125

छूट = 31%

लाभ% = 15%

विक्रय मू. = अंकित मू. $\left(1 - \frac{\text{छूट}}{100}\right)$

$\Rightarrow 125\left(1 - \frac{31}{100}\right) =$ ₹ 86.25

$\therefore$ क्रय मू. $= \frac{\text{विक्रय मू.}}{\left(1 + \frac{\text{दर}}{100}\right)} = \frac{86.25}{\left(1 + \frac{15}{100}\right)}$

= ₹ 75

86. (d) माना रेलगाड़ी की चाल x किमी/घंटा है।

$\because$ दोनों व्यक्ति रेलगाडी की ही दिशा में चल रहे है।

$\therefore (x - 4.5) \times 8.4 = (x - 5.4) \times 8.5$

$\Rightarrow 0.1x = 8.1$

$\Rightarrow x = 81$ किमी/घण्टा

87. (a) माना अशोक x दिनों में कार्य समाप्त कर सकता है।

$\therefore$ नितिन कार्य $3x$ दिन में समाप्त कर सकता है।

$\therefore 3x - x = 40$

$\Rightarrow x = 20$ दिन तथा $3x = 60$ दिन

दोनो साथ-साथ कार्य समाप्त कर सकते है।

$= \left(\frac{20 \times 60}{20 + 60}\right)$ दिन = 15 दिन

88. (d) आदमी : औरत : लडके = 15 : 24 : 36 = 5 : 8 : 12

औरत तथा लड़को को आदमियों के पद में बदलने पर 8 औरतें = 5 आदमी

12 औरतें = $\frac{5}{8}\times 12=\frac{15}{2}$ आदमी

∴ 12 लड़के = 5 आदमी

∴ 6 लड़के = $\frac{5}{12}\times 6=\frac{5}{2}$ आदमी

∴ आदमियों के संदर्भ में कुल औरतें तथा लड़के

$=\frac{15}{2}+\frac{5}{2}=\frac{20}{2}=10$ आदमी

माना आदमियों की संख्या $= x$

$\therefore (x+10)=\frac{15\times 12\times 8\times 2.25}{30\times 6}=18$

$\Rightarrow x+10=18$

$\Rightarrow x=8$ आदमी

89. (b) माना वे प्रतिदिन 'x' वस्तुए बनाते है।

$\therefore \frac{360}{x}-\frac{360}{x+4}=1$

$\Rightarrow 360\left[\frac{4}{x(x+4)}\right]=1$

$\Rightarrow x(x+4)=1440=36\times 40$

$\Rightarrow x=36$

∴ अभीष्ट दिनों की संख्या

$=\frac{360}{36}=10$ दिन

90. (c) (3 + 2), (7 + 3) तथा (11 + 4) का ल०स० = 30

माना प्रत्येक डिब्बे की धारिता = 30 लीटर

∴ मिश्रित करने के बाद दूध की मात्रा

$=\left(\frac{3}{5}+\frac{7}{10}+\frac{11}{15}\right)\times 30=61$ लीटर

मिश्रित करने के बाद पानी की मात्रा

$=\left(\frac{2}{5}+\frac{3}{10}+\frac{4}{15}\right)\times 30=29$ लीटर

∴ अभीष्ट अनुपात = 61 : 29

91. (b) माना समान्तर श्रेणी का प्रथम पद तथा सार्वन्तर क्रमशः 'a' तथा 'd' हैं

∴ प्रश्नानुसार,

$(a+5d)+(a+14d)=(a+6d)+(a+9d)+(a+11d)$

$\Rightarrow 2a+19d=3a+26d$

$\Rightarrow a+7d=0$

$\Rightarrow$ आठवा पद = 0

92. (a) माना मोहन के लिए = M तथा राम के लिए = R

∴ पहली शर्त से, = (M + 30) = 2(R – 30)

M – 2R = – 90 ...(*i*)

दूसरी शर्त से, (R + 10) = 3(M – 10)

R – 3M = – 40 ...(*ii*)

समी० (*i*) तथा (*ii*) को हल करने पर

M = ₹34 तथा R = ₹62

93. (b) दिया है,

$\frac{x}{2x+y+z}=\frac{y}{x+2y+z}=\frac{z}{x+y+2z}=a$

$\therefore x=a(2x+y+z);$

$y=a(x+2y+z)$

$z=a(x+y+2z)$

$\Rightarrow x+y+z=a(4x+4y+4z)$

$\Rightarrow 4a=1\Rightarrow a=\frac{1}{4}$

94. (c) द्विघातीय समीकरण $ax^2+bx+c=0$ के वास्तविक मूल $b^2-4ac\geq 0$ है

विकल्प (a) से $3x^2-4x+5=0$

$b^2-4ac=(-4)^2-4\times 3\times 5$

$=-44<0$

∴ मूल वास्तविक नहीं है।

विकल्प (c) : $(x-1)(2x-5)=0$

$\Rightarrow x=1$ तथा $x=\frac{5}{2}>0$

इस प्रकार, मूल वास्तविक है।

95. (c) $2x^2-7xy+3y^2=0$

$2\left(\frac{x}{y}\right)^2-7\left(\frac{x}{y}\right)+3=0$

$\therefore \frac{x}{y}=\frac{-b\pm\sqrt{b^2-4ac}}{2a}$

$=\frac{7\pm\sqrt{49-24}}{2\times 2}=\frac{7\pm 5}{4}=3,\frac{1}{2}$

$\therefore \frac{x}{y}=\frac{3}{1}$ तथा $\frac{x}{y}=\frac{1}{2}$

96. (d) [371]

9 62 ? 1854 7415 22244

×7–1 ×6–1 ×5–1 ×4–1 ×3–1

अतः संख्या श्रृंखला में प्रश्नचिन्ह (?) के स्थान पर 371 आएगा।

97. (d) [124]

4 8 24 60 ? 224

$+2^2$ $+4^2$ $+6^2$ $+8^2$ $+10^2$

अतः संख्या श्रृंखला में प्रश्नचिन्ह (?) के स्थान पर 124 आएगा।

98. (a) [2.56]

8000 1600 320 64 12.8 ?

÷5 ÷5 ÷5 ÷5 ÷5

अतः श्रृंखला में प्रश्नचिन्ह (?) के स्थान पर 2.56 आएगा।

99. (b) [60]

6 9 15 27 2 ?

+3×1 +3×2 +3×4 +3×5 +3× 6

अतः संख्या श्रृंखला में प्रश्नचिन्ह (?) के स्थान पर 60 आएगा।

100. (c) [57]

7 8 18 ? 232 1165

×1+1 ×2+2 ×3+3 ×4+4 ×5+5

अतः संख्या श्रृंखला में प्रश्नचिन्ह (?) के स्थान पर 57 आएगा

101. (c) चक्रवृद्धि ब्याज

$=P\left[\left(1+\frac{r}{100}\right)^r-1\right]$

$4676.25=14500\left[\left(1+\frac{r}{100}\right)^2-1\right]$

$\Rightarrow \frac{4676.25}{14500}=\left(1+\frac{r}{100}\right)^2-1$

$\Rightarrow \frac{4676.25}{14500}+1=\left(1+\frac{r}{100}\right)^2$

$\Rightarrow \frac{4676.25+14500}{14500}=\left(1+\frac{r}{100}\right)^2$

$\Rightarrow \sqrt{\frac{19176.25}{14500}}=1+\frac{r}{100}$

$\Rightarrow \sqrt{1.3225}=1+\frac{r}{100}$

$\Rightarrow \sqrt{\frac{13225}{10000}}=1+\frac{r}{100}$

$\Rightarrow \frac{115}{100}=1+\frac{r}{100}$

$\Rightarrow \frac{r}{100}=\frac{115}{100}-1$

$\Rightarrow \frac{r}{100}=\frac{115-100}{100}$

$\Rightarrow \frac{r}{100}=\frac{15}{100}$

$\Rightarrow r=15\%$

102. (b) $24 = 2 \times 2 \times 2 \times 3$

$36 = 2 \times 2 \times 3 \times 3$

$30 = 2 \times 3 \times 5$

ल.स.व. $= 2 \times 2 \times 2 \times 3 \times 3 \times 5 = 360$

वे तीनों मित्र एक साथ 360 सेकण्ड बाद मिलेंगे।

अर्थात् $\frac{360}{60} = 6$ मिनट बाद मिलेंगे।

103. (c) वृत्त का क्षेत्रफल $= 39424$ वर्ग सेमी

$\pi r^2 = 39424$

$\Rightarrow \frac{22}{7} \times r^2 = 39424$

$\Rightarrow r^2 = \frac{39424 \times 7}{22}$

$\Rightarrow r^2 = 1792 \times 7$

$\Rightarrow r = \sqrt{12544}$

$r = 112$ cm

$4a = r$

$4a = 112$

$a = 28$

$\therefore$ वर्ग का क्षेत्रफल $= a^2 = (28)^2$

$= 784$ वर्ग सेमी

104. (a) समिति बनाने के तरीकों की कुल संख्या

$= {}^5C_2 \times {}^6C_2 \times {}^3C_1 = \frac{5 \times 4}{1 \times 2} \times \frac{6 \times 5}{1 \times 2} \times \frac{3}{1}$

$= 10 \times 15 \times 3 = 450$

105. (d) समिति बनाने के तरीकों की कुल संख्या

$= {}^5C_2 \times {}^6C_0 \times {}^3C_3 + {}^5C_1 \times {}^6C_1 \times {}^3C_3 + {}^5C_0 \times {}^6C_2 \times {}^3C_3$

$= 10 + 30 + 15 = 55$

106. (b) पुरुष दिन

12 ↓ 24 ↑

8 x

$12 : 8 :: x : 24$

$x = \frac{12 \times 24}{8} = 36$ दिन

107. (d) माना मासिक आय x है।

$x \times \frac{(100-75)}{100} = 11250$

$\Rightarrow x \times \frac{25}{100} = 11250$

$\Rightarrow x \times \frac{1}{4} = 11250$

$\Rightarrow x = 11250 \times 4$

$x = ₹45000$

संक्षिप्त विधि

$\frac{100}{(100-50-20-5)} \times 11250$

$= ₹45000$

108. (d) माना अभीष्ट संख्या $= 10x + y$

जहाँ $x > y$

प्रश्नानुसार,

$(10x + y) - (10y + x) = 54$

$\Rightarrow 9x - 9y = 54$

$\Rightarrow 9(x - y) = 54$

$\Rightarrow x - y = 6$ ...(*i*)

तथा $x + y = 12$ ...(*ii*)

समी (*i*) और (*ii*) से,

$x - y = 6$

$x + y = 12$

$2x = 18$

$x = 9$

समी (*ii*) में $x = 9$ रखने पर,

$9 + y = 12$

$y = 12 - 9$

$y = 3$

$\therefore$ संख्या $= 10 \times 9 + 3 = 90 + 3 = 93$

109. (a) माना बेटी की आयु $= x$ वर्ष

मीना की आयु $= 8x$ वर्ष

आठ वर्ष बाद,

$\frac{8x+8}{x+8} = \frac{10}{3}$

$24x + 24 = 10x + 80$

$24x - 10x = 80 - 24$

$14x = 56$

$x = 4$

अत: मीना की आयु

$= 8x = 8 \times 4 = 32$ वर्ष

110. (c) लड़के तथा लड़कियों के खड़े होने के तरीकों की कुल संख्या

$= 4! \times 3! \times 2!$

$= 4 \times 3 \times 2 \times 3 \times 2 \times 2 = 288$

111. (d) वर्ष 2009 में कम्पनी द्वारा विनिर्मित उत्पादों की संख्या $= 53.75$

वर्ष 2008 में कम्पनी द्वारा विनिर्मित उत्पादों की संख्या $= 47.5$

अन्तर $= 53.75 - 47.5 = 6.25 = 6.25 \times 1000 = 6250$

112. (a) अभीष्ट प्रतिशत

$= \frac{\text{वर्ष 2004 में कम्पनी द्वारा बेचे गए उपकरण}}{\text{वर्ष 2004 में कम्पनी द्वारा निर्मित उपकरण}}$

$= \frac{25}{35} \times 100 = 71.428 = 71.43$

113. (b) अभीष्ट प्रतिशत वृद्धि

$= \frac{40-30}{30} \times 100$

$= \frac{10}{30} \times 100 = 33.33$

114. (c) अभीष्ट अनुपात

$= (45 - 425) : (375 - 30)$

$= 25 : 75 = 1:3$

115. (d) विनिर्मित उत्पादों की औसत संख्या

$= \frac{35 + 37.5 + 42.5 + 45 + 47.5 + 52.5}{6}$

$= \frac{260}{6}$

$= 43.333 \times 1000 = 43333$

≈ 43330

116.(c) 3 को 14 से भाग देने पर शेषफल $= 13$

13^2 को 14 से भाग देने पर शेषफल $= 1$

13^3 को 14 से भाग देने पर शेषफल $=$ 13 अर्थात् घात 2 के बाद शेषफल की पुनरावृति होगी–

अत: 13^{50} को 14 से भाग देने पर शेषफल 1 होगा–

118.(b) $x^2 + 3\sqrt{2}x + 4$

$\Rightarrow x^2 + 2\sqrt{2}x + \sqrt{2}x + 4$

$\Rightarrow x^2 + \sqrt{2}x + 2\sqrt{2}x + 4$

$\Rightarrow x(x + \sqrt{2}) + 2\sqrt{2x}\ (x + \sqrt{2})$

$\Rightarrow (x + 2\sqrt{2})(x + \sqrt{2})$

120.(c) बहुभुज का बहिष्कोण $= \frac{360°}{n}$

(जहां n भुजाओं की संख्या है)

या $n = \frac{360°}{18°} = 20$

अत: बहुभुज के भुजाओं की संख्या $= 20$

121. (a) 15 M 12 Q 5 R 40 N 8 = ?

$? = 15 + 12 \times 5 - 40 \div 8$

$= 15 + 60 - 5 = 75 - 5 = 70$

122. (d) MEAT, TEAM, MATE, TAME

123. (c) मीना के अनुसार, 22, 23, 24, 25, 26

रीना के अनुसार, 23

सार्वजनिक छुट्टी, 24

रविवार, 26

अतः मीना ने 22 या 25 अक्टूबर को छुट्टी ली थी।

124. (c)

V E R I F I E D

ऐसे दो जोड़े बने हैं: EI, DE

125. (b) जिस प्रकार,

C	O	M	R	A	D	E	S	C	A	R	C	E
↓	↓	↓	↓	↓	↓	↓	↓	↓	↓	↓	↓	↓
@	R	%	★	↑	©	A	λ	@	↑	★	@	A

उसी प्रकार,

DREAM → © ★ A ↑ %

126. (d)

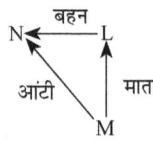

N
M

127. (a) V > T > M > R > X

अतः X सबसे कम कमाता है।

128. (b) स्टॉकब्रोकर को पुलिस गिरफ्तार नहीं कर सकती है। न्यायालय ने कार्यवाही पर रोक लगाई है, अभी अभियुक्त को पूरी तरह से बरी नहीं किया है।

निर्देश (129 – 133) के लिए

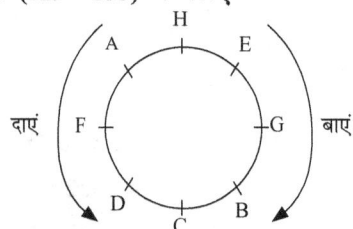

H
A
E
F
G
D
B
C

129. (b) 130. (c) 131. (d) 132. (a)

133. (a)

134. (b) N5@

135. (c) M2?DB7A49Δ6T+N5@VEW#U8F3©

दांये से ग्यारहवां

अतः दाएं से ग्यारहवां अक्षर 5 है।

136. (d) +N5@VEW#

137. (d) 2 + $\xrightarrow{+3}$ 7 $\xrightarrow{-1}$ B

4 + $\xrightarrow{+3}$ 6 $\xrightarrow{-1}$ 9

T + $\xrightarrow{+3}$ 5 $\xrightarrow{-1}$ *N*

V + $\xrightarrow{+3}$ # $\xrightarrow{-1}$ *W*

अतः प्रश्नचिन्ह (?) के स्थान पर V#W आएगा।

138. (a) व्यवस्था में से प्रतीक और संख्याएं हटाने के बाद अक्षर वर्णानुक्रम में,

A B D E F M N T U V W

बांये से छठा

अतः बाएं से छठवां M है।

139. (c) क्रम इस प्रकार होगा–

18×1, 18×2, 18×3, 18×4, 18×5,.....

∴ लुप्त संख्या = 18 × 6= 108.

140. (c) संख्या श्रृंखला में एक अंक की निरन्तर बढ़ोतरी की गई है।

इस प्रकार क्रम है। +2, + 3, + 4, + 5, ...

लुप्त संख्या = 16 + 6 = 22.

141. (c) क्रम संख्या + 2, + 4, …..,..... , + 10, + 12.

स्पष्टतः लुप्त संख्या = 6 + 6 = 12.

142. (b) संख्याएं इस प्रकार हैं- 1^3, 2^3, 3^3,4^3, 5^3, 6^3.

∴ लुप्त संख्या = 7^3= 343.

143. (d) सामान्यतः संख्या में 2 तथा 3/2 से गुणा किया गया है

इस प्रकार, 1 × 2 = 2, 2 × 3/2 = 3, 3 × 2 = 6, 6 × 3/2 = 9

∴ लुप्त संख्या = 18×3/2 = 9×3=27.

144. (c) अतः मनोहर का 'P' स्थान से दूरी = 5 + 4 = 9 किमी.

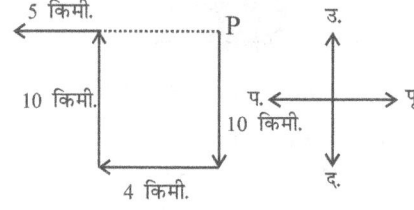

P

145. (c)

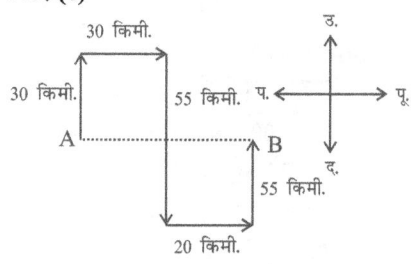

A
B

146. (c) पुल को छोड़कर अन्य सभी शब्द समानार्थी शब्द हैं।

147. (c) 'सोना' को छोड़कर अन्य सभी शब्द सकर्मक क्रिया है।

148. (c)

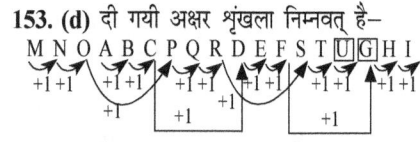

D $\xrightarrow{\text{विपरीत वर्ण}}$ W H $\xrightarrow{\text{विपरीत वर्ण}}$ S

C $\xrightarrow[\text{नहीं}]{\text{विपरीत वर्ण}}$ W F $\xrightarrow[\text{नहीं}]{\text{विपरीत वर्ण}}$ S

B $\xrightarrow{\text{विपरीत वर्ण}}$ Y D $\xrightarrow{\text{विपरीत वर्ण}}$ W

E $\xrightarrow{\text{विपरीत वर्ण}}$ V J $\xrightarrow{\text{विपरीत वर्ण}}$ Q

अतः CWFS अन्य सभी अक्षर-समूह से भिन्न शब्द हैं।

149. (d)

D $\xrightarrow{+4}$ H $\xrightarrow{+4}$ L $\xrightarrow{+4}$ P

T $\xrightarrow{+4}$ X $\xrightarrow{+4}$ B $\xrightarrow{+4}$ F

J $\xrightarrow{+4}$ N $\xrightarrow{+4}$ R $\xrightarrow{+4}$ V

Y $\xrightarrow{+3}$ B $\xrightarrow{+3}$ E $\xrightarrow{+3}$ H

अतः YBEH अन्य सभी अक्षर-समूह से भिन्न है।

150. (b) संख्या 65 को छोड़कर अन्य सभी पूर्ण घन संख्याओं का समूह है।

151. (c) दिए गए शब्दों को शब्दकोष के अनुसार सजाने पर–

5. Nobble, 2. Nobilitary,
4. Nobility, 1. Noble,
3. Nobless

152. (b) दी गई अक्षर श्रृंखला निम्नवत् श्रेणी में है–

ana/nna/ana/nna/ana/nna ⇒ aanan

153. (d) दी गयी अक्षर श्रृंखला निम्नवत् है–

M N O A B C P Q R D E F S T U G H I
+1 +1
+1 +1
+1
+1 +1
+1
+1
+1 +1
+1 +1
+1
+1 +1
+1

अतः ? के स्थान पर = UG आएगा।

154. (d) जिस प्रकार,

864 ⇒ (8 + 6) × 4 = 14 × 4 = 56

तथा

737 ⇒ (7 + 3) × 7 = 10 × 7 = 70

उसी प्रकार,

59? = (5 + 9) × ? = 14 × ? = 84

$\therefore \quad ? = \frac{84}{14} = 6$

155. (d) दी गयी संख्या शृंखला निम्नवत् है–

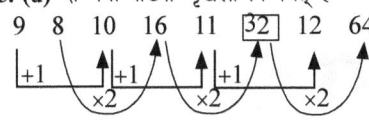

अतः (?) के स्थान पर 32 आएगा।

156. (d) दी गयी संख्या शृंखला निम्नवत् है–

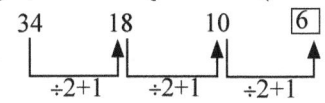

अतः ? = 6

157. (a) दी गयी संख्या शृंखला निम्नवत् है–

```
         26
  7    [28]    63    124    215    342
  ↓     ↓      ↓      ↓      ↓      ↓
 2³–1  3³–1   4³–1   5³–1   6³–1   7³–1
```

अतः गलत संख्या 28 होगी।

158. (c) प्रश्नानुसार, संबंध आरेख बनाने पर,

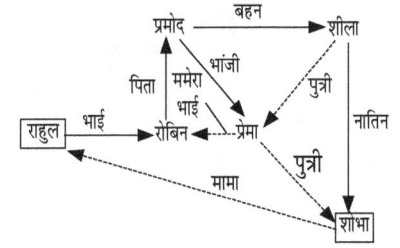

अतः उपरोक्त आरेख से स्पष्ट होता है कि राहुल, शोभा का मामा है।

159. (a) जिस प्रकार,

$\sqrt{169} + \sqrt{64} + \sqrt{81} = 13 + 8 + 9 = 30$

तथा

$\sqrt{1296} + \sqrt{576} + \sqrt{100} = 36 + 24 + 10 = 70$

उसी प्रकार,

$\sqrt{625} + \sqrt{?} + \sqrt{49} = 50$

$\Rightarrow 25 + \sqrt{?} + 7 = 50$

$\Rightarrow \sqrt{?} = 50 - 32 = 18$

$\therefore ? = (18)^2 = 324$

अतः ? के जगह 324 आएगा

160. (c) जिस प्रकार,

$7 \times 4 - 1 = 28 - 1 = 27$

तथा $8 \times 5 - 2 = 40 - 2 = 38$

उसी प्रकार, $9 \times 6 - 3 = 54 - 3 = 51$

अतः ? के जगह 51 आएगा।

10 प्रैक्टिस सेट

सामान्य ज्ञान

1. **उच्चतम न्यायालय ने भारतीय दण्ड संहिता की किस धारा के तहत दहेज उत्पीड़न मामले में पुलिस द्वारा तत्काल गिरफ्तारी पर रोक लगाई?**
(a) धारा 398ए (b) धारा 218ए
(c) धारा 198ए (d) धारा 498ए

2. **निम्नलिखित में से किस शहर में स्थित नेकनामपुर झील पर भारत का सबसे बड़ा अस्थायी द्वीप बनाया गया है?**
(a) दिल्ली (b) आगरा
(c) हैदराबाद (d) अहमदाबाद

3. **''स्वच्छ आदत स्वच्छ भारत'' अभियान के ब्रांड एम्बेसेडर के रूप में किसे नियुक्त किया गया है?**
(a) आमिर खान (b) सोनाली बेंद्रे
(c) काजोल (d) अक्षय कुमार

4. **लोकसभा के अध्यक्ष को अपना त्याग-पत्र किसे सौंपना पड़ता है?**
(a) प्रधानमंत्री
(b) लोकसभा उपाध्यक्ष
(c) राष्ट्रपति (d) उपराष्ट्रपति

5. **उत्तर प्रदेश सरकार ने हाल ही में निर्धन परिवारों को निशुल्क बिजली कनेक्शन दिए जाने हेतु कौन-सी योजना आरंभ की है?**
(a) बिजली ही विकास है
(b) बिन बिजली सब सून
(c) प्रकाश है तो विकास है
(d) अटल उजाला योजना

6. **बजट 2018-19 में देश में कितने मेडिकल कॉलेज खोले जाने की घोषणा की गई है?**
(a) 12 (b)24
(c) 36 (d) 40

7. **''सबसे निकृष्ट राज्य भी सबसे उत्कृष्ट अराजकता से अच्छा है।'' यह मत किसने व्यक्त किया?**
(a) हीगल (b) रूसो
(c) लॉक (d) हॉब्स

8. **''राज्य व्यक्ति से पहले है।'' यह किसका मत है?**
(a) प्लेटो (b) अरस्तु
(c) लॉक (d) रूसो

9. **हॉब्स के अनुसार–**
(a) राज्य में व्यक्ति के सब प्राकृतिक अधिकार हैं
(b) राज्य में व्यक्ति की स्वतंत्रता और उसकी सम्पत्ति से सम्बन्धित अधिकार है
(c) अनुबन्ध के बाद व्यक्तियों को मार देने का अधिकार बना रहता है
(d) राज्य की स्थापना करने में व्यक्ति किसी भी अधिकार का समर्पण नहीं करते हैं

10. **''भारत के वीर'' अभियान के ब्रांड एम्बेसेडर के रूप में किसे नियुक्त किया गया है?**
(a) अक्षय कुमार
(b) अमिताभ बच्चन
(c) आमिर खान
(d) सचिन तेन्दुलकर

11. **"रिटर्न टू इंडिया" पुस्तक के लेखक कौन हैं?**
(a) खुशवंत सिंह (b) शोबा नारायण
(c) सलमान रुश्दी (d) आर.के. नारायण

12. **''स्वतंत्रता और समानता एक-दूसरे की विरोधी है।'' यह मत था–**
(a) लार्ड एक्टन (b) टी. एच. ग्रीन
(c) एच. जे. लॉस्की (d) अर्नेस्ट बार्कर

13. **राजनैतिक समानता की सर्वश्रेष्ठ गारण्टी है–**
(a) लोकतंत्र में (b) तानाशाही में
(c) अल्पतंत्र में (d) अभिजाततंत्र में

14. **निम्नलिखित में से कौन अकबर के नवरत्नों में शामिल नहीं था?**
(a) बीरबल (b) फैजी
(c) बैजूबावरा (d) टोडरमल

15. **भारत का शेक्सपीयर किसे कहते हैं?**
(a) कालिदास
(b) रवीन्द्रनाथ टैगोर
(c) रामधारी सिंह दिनकर
(d) चन्द्रशेखर आजाद

16. **'आल इण्डिया ट्रेड यूनियन कांग्रेस' के बम्बई अधिवेशन की अध्यक्षता किसने की थी?**
(a) एम. ए. डांगे
(b) एस. ए. डांगे
(c) लाला लाजपत राय
(d) बी. शिव राव

17. **मानव शरीर में कुल कितनी हड्डियाँ होती हैं?**
(a) 210 (b) 206
(c) 306 (d) 106

18. **आधुनिक भारत का जनक किसे कहते हैं?**
(a) लाला लाजपत राय
(b) महात्मा गांधी
(c) राजा राम मोहन राय
(d) भगत सिंह

19. **मौसम संबंधी ज्ञान के प्रेक्षक गुब्बारों के भरने में किस गैस का प्रयोग किया जाता है?**
(a) हीलियम (b) सोडियम
(c) हैलोजेन (d) आर्गन

20. 'तुगलकाबाद' शहर का निर्माण करवाया गया था–

(a) मुहम्मद बिन तुगलक
(b) ग्यासुद्दीन तुगलक
(c) फिरोजशाह तुगलक
(d) (a) एवं (b) दोनों

21. निम्नलिखित में से किसने 'काकोरी काण्ड' मुकदमे का सामना नहीं किया था?

(a) अशफाक उल्ला खाँ
(b) राजेन्द्र नाथ लाहिड़ी
(c) राम प्रसाद बिस्मिल
(d) चन्द्रशेखर आजाद

22. नूरजहाँ पुत्री थी–

(a) ख्वाजा मुहम्मद शरीफ
(b) मलिक मसूद
(c) मिरजा ग्यासबेग
(d) उपर्युक्त में से कोई नहीं

23. ....में शिवाजी का राज्याभिषेक हुआ

(a) 1674 ई. (b) 1675 ई.
(c) 1676 ई. (d) 1677 ई.

24. चिपको आन्दोलन किससे सबंधित है?

(a) वन्यजीव संरक्षण
(b) वन संरक्षण
(c) वैज्ञानिक कृषि
(d) वनों की कटाई

25. कम्प्यूटर प्रोसेसर की गति किस इकाई में मापी जाती है?

(a) कैरेक्टर प्रति सेकेण्ड
(b) मेगाहर्ट्ज
(c) मेगाबाइट
(d) नैनो सेकण्ड

26. भविष्य का ईंधन किसे कहा जाता है?

(a) हाइड्रोजन (b) ऑक्सीजन
(c) नाइट्रोजन (d) ऑर्गन

27. निम्नलिखित में से किस भाषा को केन्द्रीय सरकार द्वारा श्रेव्य भाषा (क्लासिकल भाषा) का दर्जा दिया गया था?

(a) गुजराती (b) तमिल
(c) मराठी (d) मलयालम

28. निम्नलिखित में से कौन-सा भारत में निर्मित सुपर कम्प्यूटर नहीं है?

(a) एका (b) अनुपम
(c) परम (d) जगुआर (क्रेटी-5)

29. वायु के एक नमूने में वास्तविक नमी की मात्रा, संतृप्त वायु की उसी मात्रा में तथा उसी तापमान पर निहित आर्द्रता का प्रतिशत कहलाता है?

(a) निरपेक्ष आर्द्रता (b) सापेक्ष आर्द्रता
(c) विशिष्ट आर्द्रता (d) वाष्प दबाव

30. लाल बाल पाल के नाम से जाना जाता है–

(a) लाला लाजपत राय, बाल गंगाधर तिलक, विपिन चंद्र पाल
(b) लाला लाजपत राय, बाल गंगाधर तिलक, चक्रवर्ती राजगोपालाचारी
(c) लाल बहादुर शास्त्री, वल्लभ भाई पटेल, विपिन चंद्र पाल
(d) इनमें से कोई नहीं

31. भारत का कौन-सा पत्तन लौह अयस्क निर्यात करने वाला सर्वप्रमुख पत्तन है?

(a) मर्मगाओ (b) कोचीन
(c) मुम्बई (d) उपर्युक्त सभी

32. भारत की प्रथम जलविद्युत परियोजना का निर्माण किस नदी पर किया गया?

(a) कावेरी नदी (b) गोदावरी नदी
(c) गंगा नदी (d) कृष्णा नदी

33. भोपाल गैस दुर्घटना के घटित होने का वर्ष है–

(a) 1982 (b) 1984
(c) 1986 (d) 1989

34. लघु हिमालय में स्थित दर्रे का नाम है–

(a) बुर्जिल (b) बारामूला
(c) जोजिला (d) शिपकीला

35. जंतु कोशिका में नहीं पाई जाती–

(a) केंद्रक
(b) सेल्लुलोज भित्ति
(c) कोशिका झिल्ली
(d) माइटोकॉण्ड्रिमा

36. भारत में सबसे अधिक क्षेत्र में कौन-सी मिट्टी पाई जाती है?

(a) काली मिट्टी
(b) जलोढ़ मिट्टी
(c) शुष्क और रेगिस्तानी मिट्टी
(d) लैटेराइट मिट्टी

37. यूनेस्को की विश्व धरोहर सूची में उत्तर प्रदेश के स्मारक सम्मिलित किए गए हैं?

(a) ताजमहल
(b) आगरा किला
(c) फतेहपुर सीकरी
(d) उपर्युक्त सभी

38. उत्तर प्रदेश के दक्षिण में स्थित पठारी भू-भाग को किस नाम से जाना जाता है?

(a) छोटा नागपुर का पठार
(b) सतपुड़ा का पठार
(c) मालवा का पठार
(d) बुंदेलखण्ड का पठार

39. लखनऊ किस नदी के किनारे बसा है?

(a) गंगा (b) सोन
(c) सरयू (d) गोमती

40. भारत की कौन-सी प्रमुख नदी मालवा के पठार और दक्कन के पठार के बीच में बहती है?

(a) नर्मदा (b) कावेरी
(c) गंगा (d) ब्रह्मपुत्र

सामान्य हिन्दी

निर्देश (41-45): निम्नलिखित गद्यांश को ध्यान से पढ़कर प्रश्नों के सही विकल्प चुनिए।

प्राचीन समय में मनुष्य छोटे-छोटे समूह बनाकर एक स्थान से दूसरे स्थान पर भ्रमण करता था। उस समय उसे रहने के ढंग का ज्ञान नहीं था। वह आपस में लड़कर एक दूसरे को कष्ट पहुँचा कर बहुत खुश होते थे। यह बात भी सही थी कि वह आपस में प्रेम करते थे लेकिन यह प्रेम अपने समूह तक ही सीमित था। उस समय, मनुष्य सुख शांति तो चाहता था लेकिन यह नहीं जानता था कि सुख कैसे

प्राप्त किया जाए। उसे लगता था कि दूसरों को कष्ट देने से ही सुख प्राप्त होगा। अपने सुख के लिए दूसरों को दु:ख देने का परिणाम यह हुआ कि सुख बिल्कुल ही समाप्त हो गया। इसलिए महापुरुषों ने सुखी रहने का सबसे सरल उपाय यह बताया है कि दूसरों के दुख को अपना दुख एवं दूसरों के सुख को अपना सुख मानो तो जीवन सुखी रहेगा।

41. प्राचीन समय में मनुष्य कैसे रहता था?
(a) सेना बनाकर
(b) गाँव बनाकर
(c) झोपड़ियाँ बनाकर
(d) समूह बनाकर

42. प्रारम्भ से ही मनुष्य का जीवन कैसा रहा है?
(a) शांतिपूर्ण
(b) सुखी
(c) अशांत एवं दुखी
(d) संघर्ष पूर्ण

43. मनुष्य क्या चाहता है?
(a) पशुपति बनना
(b) शासक बनना
(c) धनवान बनना
(d) सुख शांतिपूर्वक रहना

44. महापुरुषों ने सुखी रहने के लिए क्या उपाय बताया है?
(a) दूसरों को दण्ड दो
(b) दूसरों से लाभ प्राप्त करो
(c) दूसरों के सुख को अपना सुख एवं दूसरों के दु:ख को अपना दु:ख समझो
(d) सदैव एक दूसरे से लड़ो

45. अपने सुख के लिए दूसरों को कष्ट देने का क्या परिणाम होता है?
(a) सुख दो गुना हो जाता है
(b) दुख बढ़ जाता है
(c) शांति प्राप्त होती है
(d) सन्तुष्टि मिलती है

46. निम्नलिखित शब्दों में से शुद्ध शब्द को चुनिए–
(a) सन्यास (b) संन्यास
(c) सन्नयास (d) संयास

47. 'ब्रजभाषा' है–
(a) पूर्वी हिंदी (b) पश्चिमी हिंदी
(c) बिहारी हिंदी (d) पहाड़ी हिंदी

48. 'अर्द्धकथानक है–
(a) जीवनी (b) आत्मकथा
(c) संस्मरण (d) रिपोर्ताज

49. अपभ्रंश की उत्तरकालीन अवस्था का नाम है–
(a) पालि (b) प्राकृत
(c) संस्कृत (d) अवहट्ट

50. 'मगही' किस हिन्दी प्रदेश की बोली है?
(a) मध्य प्रदेश (b) बिहार
(c) राजस्थान (d) छत्तीसगढ़

51. हिन्दी की आदि जननी कही जाती है–
(a) पालि (b) संस्कृत
(c) प्राकृत (d) अपभ्रंश

52. 'विद्यार्थी' शब्द में कौन-सी सन्धि है?
(a) दीर्घ (b) गुण
(c) विसर्ग (d) यण

53. देखो **कौन** आया है? वाक्य में काला शब्द किस प्रकार का सर्वनाम है?
(a) प्रश्नवाचक
(b) निश्चयवाचक
(c) अनिश्चयवाचक
(d) निजवाचक

54. 'राधा **सीता से** चतुर है' काले पद में कौन-सा कारक है?
(a) सम्प्रदान (b) अपादान
(c) करण (d) कर्म

55. मन रे कागद का पुतला।
लागै बूँद बिनसि जाय छिन में,
गरब करै क्या इतना।।
पंक्तियों में कौन-सा रस है?
(a) वीर-रस (b) शांत रस
(c) वत्सल रस (d) करूण रस

56. जसोदा बार-बार यों भाखै।
है कोऊ ब्रज में हितू हमारो चलत गुपालहि राखै।
कमल नयन गुन टेरत-टेरत अधर वदन कुम्हलानी।
सूर कहाँ लगि प्रकटि जनाऊँ दुखित नंद जू रानी।।
पंक्तियों में कौन-सा रस है?
(a) वीर (b) वियोग वात्सल्य
(b) शांत (d) संयोग वात्सल्य

57. लिप्त का विलोम है–
(a) स्वतंत्र (b) व्यस्त
(c) आजाद (d) निर्लिप्त

58. बुधिया में किस प्रत्यय का प्रयोग किया गया है–
(a) धिया (b) या
(c) इया (d) इनमें से कोई नहीं

निर्देश (59-60): नीचे दिए गए चार शब्दों में से गलत वर्तनी वाला शब्द पहचानिए–

59. (a) आशान्वित (b) तत्पुरूष
(c) सिफारिश (d) आदरणीय

60. (a)अनुनासिक (b) लिपि
(c) तेजश्विनि (d) अनुस्वार

निर्देश (61-62): दिए गए विकल्पों में से गलत विकल्प चुनिए–

61. दूरसंचार मंत्री ने कहा कि सरकार इस (a)/ साल के अंत तक 4 जी की मोबाइल सेवाओं (b)/ के लिए स्पेक्ट्रम की गुलामी करने के लिए विचार कर रही है (c)/ कोई त्रुटि नहीं (d)

62. मैनें सब्जी मण्डी से (a)/ शाक-सब्जी (b)/ ले लिया है। (c)/ कोई त्रुटि नहीं (d)

निर्देश (63-64): निम्नलिखित चार में से तीन समानार्थी शब्द हैं भिन्न शब्द पहचानिए–

63. (a) करुणा (b) मर्म
(c) अनुकम्पा (d) तरस

64. (a) अंबर (b) गगन
(c) क्षितिज (d) नभ

65. 'ईश्वर' का पर्यायवाची नहीं है–
(a) अगोचर (b) अनंत
(c) परमात्मा (d) महादेव

66. 'रूदन का हँसना ही तो गान' पंक्ति में कौन-सा अलंकार है?
(a) विभावना (b) विरोधाभास
(c) उपमा (d) उत्प्रेक्षा

67. सूक्ष्म का विलोम है–

(a) स्थूल (b) बड़ा

(c) क्षीण (d) मोटा

निर्देश (68-69): शुद्ध शब्द छांटिए।

68. (a) वैदैही (b) परिक्षा

(c) स्वयवरं (d) उज्ज्वल

69. (a) र्व्यथा (b) आशीर्वाद

(c) व्यथीत (d) अद्‌भूत

निर्देश: निम्नलिखित वाक्य में से अशुद्ध वाक्य चुनिए–

70. (a) ताजमहल में अनेको खूबियाँ हैं।

(b) मेरा कुत्ता आपसे अच्छा है।

(c) कामायनी सर्वोत्तम महाकाव्य है।

(d) मैंने नौकर से पेड़ को कटवा दिया।

निर्देश (71-72): निम्न लोकोत्तियों के अर्थ बताएं।

71. कान का कच्चा होना–

(a) कम सुनना

(b) सुनी बात पर विश्वास करना

(c) दूसरे की बात न मानना

(d) कान का कमजोर होना

72. उन्नीस-बीस होना–

(a) बहुत कम अन्तर होना

(b) बहुत अन्तर होना

(c) हिसाब जोड़ना

(d) भाग जाना

73. 'आ' उपसर्ग से बना निम्नलिखित में से कौन सा शब्द समूह सही है?

(a) आलू, आभा, आगमन, आसमान

(b) आजन्म, आमरण, आगमन, आकर्षण

(c) आरती, आमरण, आतुर, आकाश

(d) आज, आखिर, आनन्द, आधा

74. अभि, अति, अधि, अनु मूलतः किस भाषा के उपसर्ग हैं?

(a) उर्दू-फारसी (b) हिन्दी

(c) अपभ्रंश (d) संस्कृत

75. 'आँसू' का पर्यायवाची है–

(a) रजनीचर (b) लोचन

(c) सोरठा (d) नयनाम्बु

76. 'आदर्श' शब्द का पर्यायवाची है–

(a) सन्त्रास (b) प्रतिमान

(c) तात्पर्य (d) कामना

निर्देश : निम्न दिए गए विकल्पों में से अर्थ के आधार पर वाक्य प्रकार का सही विकल्प का चयन कीजिए–

77. उसे कोई उपाय नहीं सूझाः

(a) आज्ञावाचक (b) प्रश्नवाचक

(c) निषेधवाचक (d) इच्छावाचक

78. 'त्रिफला' में समास बताइए।

(a) द्वन्द्व (b) द्विगु

(c) तत्पुरुष (d) कर्मधारय

निर्देश : प्रश्नों में दी गयी पंक्तियों में कौन सा अलंकार है, दिए गए विकल्पों में चुने-

79. 'तरनि तनुजा तट तमाल तरूवर बहु छाये' में कौन सा अलंकार है?

(a) अनुप्रास (b) दृष्टान्त

(c) निदर्शना (d) यमक

80. या अनुरागी चित्त की गति समुझै नहिं कोय।

ज्यों-ज्यों बूड़े स्याम रंग त्यों-त्यों उज्जवल होय। में अलंकार है–

(a) संदेह (b) निदर्शना

(c) प्रतीप (d) विरोधाभास

संख्यात्मक अभियोग्यता

81. जब 0.26 को सरलतम भिन्न के रुप में लिखा जाए तो हर एवं अंश के मध्य अंतर क्या होगा?

(a) 43 (b) 47

(c) 37 (d) 33

82. यदि $8^{a-b} = 8$ एव $8^{a+b} = 512$ तो $\frac{a}{b}$?

(a) 2 (b) $\frac{1}{2}$

(c) –1 (d) 0

83. एक संख्या का $\frac{3}{5}$ वां भाग उसके एक-चौथाई भाग से 35 अधिक है वह संख्या है:

(a) 60 (b) 80

(c) 100 (d) 120

84. 6.16 वर्ग सेमी पृष्ठीय क्षेत्रफल वाले गोले का व्यास (सेमी) क्या है?

(a) 1.4 (b) 0.7

(c) 2.8 (d) 2.1

85. दो वृत्त एक-दूसरे को अन्तः स्पर्श करते है। इनकी त्रिज्याएं क्रमशः 2 सेमी और 3 सेमी हैं। बाह्य वृत्त की बड़ी से बड़ी जीवा की लम्बाई ज्ञात कीजिए, जो अन्तः वृत्त को स्पर्श करती है।

(a) $2\sqrt{2}$ सेमी (b) $4\sqrt{2}$ सेमी

(c) $3\sqrt{2}$ सेमी (d) इनमें से कोई नहीं

86. 120 तक 450 का लद्युत्तम सममाषवर्त्य क्या है?

(a) 2400 (b) 1800

(c) 3600 (d) 4800

87. उन 10 वर्गों, जिनकी भुजाओं की लंबाईयां क्रमशः 20 सेमी, 21 सेमी... .29 सेमी है के क्षेत्रफलों का योग है।

(a) 6085 सेमी^{2} (b) 8555 सेमी^{2}

(c) 2470 सेमी^{2} (d) 11025 सेमी^{2}

88. यदि किसी आयत की लम्बाई 6:7 के अनुपात में वृद्धि तथा उसकी चौड़ाई में 5:4 के अनुपात में कमी हो जाए, तो उसके क्षेत्रफल में किस अनुपात में कमी हो जायेगी?

(a) 17:16 (b) 15:14

(c) 9:8 (d) 8:7

89. अर्द्धव्यास 1 सेमी, 2 सेमी तथा 3 सेमी वाली तीन गोलाकार गेंदों को पिघला कर एक अकेली गोलाकार गेंद बनायी गयी। इस प्रक्रिया में 25% सामग्री बरबाद होती है। नयी गेंद का अर्द्धव्यास होगा

(a) 6 सेमी (b) 5 सेमी

(c) 3 सेमी (d) 2 सेमी

90. तीन घोड़ों में से प्रत्येक को एक 7 मीटर लम्बी रस्सी के द्वारा 20 मी., 30 मी. तथा 40 मीटर भुजाओं वाले त्रिभुजाकार भूखण्ड के एक-एक कोने पर खूंटे से बांधा गया है। भूखंड के उस क्षेत्र, जिस पर घोड़े चर सकते हैं, का क्षेत्रफल (मी^{2} में) होगा $\left(\pi = \frac{22}{7}\text{ लीजिए}\right)$

(a) $\frac{77}{3}$ मी^{2} (b) 75मी^{2}

(c) 77मी^{2} (d) 80मी^{2}

91. जब किसी संख्या के 40% में 42 जोड़ा जाता है तो परिणामी संख्या स्वयं वह संख्या है। वह संख्या है:

(a) 108 (b) 70
(c) 188 (d) 120

92. $4.\overline{16}+3.\overline{18}-4.\overline{30}=?$

(a) $4.\overline{24}$ (b) $3.\overline{04}$
(c) $3.\overline{24}$ (d) $3.\overline{02}$

93. एक संख्या 37 से उतनी ही बड़ी है जितनी वह 65 से छोटी है उस संख्या का एक तिहाई है।

(a) 27 (b) 13
(c) 17 (d) 15

94. 24, 120 तथा 22 का चौथा समानुपातिक क्या है?

(a) 110 (b) 120
(c) 100 (d) 90

95. a का 20% = b, तो b% समान होगा, a का-

(a) 8% (b) 40»
(c) 4» (d) 80»

96. पाँच महिलाओं और चार पुरुषों में से तीन सदस्यों की एक समिति का गठन इस प्रकार करना है कि कम-से-कम एक सदस्य महिला हो। अलग-अलग कितने प्रकार से यह किया जा सकता है?

(a) 80 (b) 84
(c) 76 (d) 96

97. अमित और उसके पिता की वर्तमान आयु का अनुपात क्रमशः 2 : 5 है। चार वर्ष बाद उनकी आयु का अनुपात क्रमशः 5 : 11 हो जाता है। पाँच वर्ष पूर्व पिता की आयु क्या थी?

(a) 40 वर्ष (b) 45 वर्ष
(c) 30 वर्ष (d) 35 वर्ष

98. एक संख्या के वर्ग का दुगुना दूसरी संख्या का छह गुना है। पहली और दूसरी संख्या के बीच का अनुपात क्या है?

(a) 1 : 4
(b) 2 : 5
(c) 1 : 3
(d) निर्धारित किया जा सकता है

99. मनोज ने एक वस्तु ₹ 15000 में बेची। उसने विक्रय कीमत पर 10% की छूट दी होती तो उसे 8% लाभ हुआ होता। उसकी लागत कीमत क्या है?

(a) ₹ 12500 (b) ₹ 13500
(c) ₹ 12250 (d) ₹ 13250

100. आठ पेन और चार पेन्सिल की कीमत ₹ 176 है और दो पेन और दो पेन्सिल की कीमत ₹ 48 है। एक पेन की कीमत क्या है?

(a) ₹ 16 (b) ₹ 14
(c) ₹ 12 (d) इनमें से कोई नहीं

101. शब्द TOTAL के अक्षर अलग-अलग कितनी तरह से क्रमबद्ध किए जा सकते हैं?

(a) 120 (b) 60
(c) 48 (d) 72

102. एक वृत्त का क्षेत्रफल 616 सेमी^{2} है। उसकी परिधि क्या है?

(a) 76 सेमी (b) 84 सेमी
(c) 96 सेमी (d) इनमें से कोई नहीं

103. एक साथ B और C एक काम आठ दिन में पूरा कर सते हैं, वही काम A और B मिलकर 12 दिन में पूरा कर सकते हैं और A और C मिलकर वही काम 16 दिन में पूरा कर सकते हैं। कुल मिलाकर A, B और C मिलकर वह काम कितने दिनों में पूरा करेंगे?

(a) $3\frac{9}{13}$ (b) $7\frac{5}{13}$
(c) $7\frac{5}{12}$ (d) $3\frac{5}{12}$

104. ब्याज अर्धवार्षिक आधार पर चक्रवृद्धि किया जाए तो दो वर्ष में 20% प्रतिवर्ष की दर से ₹ 10000 की राशि पर कितना चक्रवृद्धि ब्याज उपचित होगा?

(a) ₹ 4400 (b) ₹ 4600
(c) ₹ 4641 (d) ₹ 4680

105. A की आय B की आय का 150% है और C की आय A की आय का 120% है। A, B और C की मिलकर कुल आय ₹ 86000 है। C की आय कितनी है?

(a) ₹ 30000 (b) ₹ 32000
(c) ₹ 20000 (d) ₹ 36000

निर्देश (106-110): निम्नलिखित प्रश्नों में प्रश्नचिन्ह (?) के स्थान पर लगभग क्या मूल्य आयेगा? (तथ्यत: मूल्य की गणना अपेक्षित नहीं है।)

106. $7999.99 + 72 \times 49.99 = ?$

(a) 12000 (b) 12600
(c) 12500 (d) 11600

107. $(25.01)^2 - (15.99)^2 = ?$

(a) 361 (b) 381
(c) 369 (d 375

108. $380 \times 12.25 - 365 \div 15 = ?$

(a) 4500 (b) 4550
(c) 4800 (d) 4650

109. 180% का 25501 + 50% का 28999 = ?

(a) 62400 (b) 64000
(c) 60400 (d) 64200

110. $171995 \times 14.995 \div 25 = ?$

(a) 105 (b) 115
(c) 125 (d) 120

निर्देश (111-115)–नीचे दिए गए एक प्रश्न और उसके नीचे I और II कथन दिए गए हैं। आपको यह तय करना है कि कथनों में दिया गया डाटा प्रश्न का उत्तर देने के लिए पर्याप्त है या नहीं। दोनों कथनों को पढ़िए और

उत्तर (a) दीजिए यदि केवल कथन I में दिया गया डाटा प्रश्न का उत्तर देने के लिए पर्याप्त है, जबकि केवल कथन II में दिया गया डाटा प्रश्न का उत्तर देने के लिए पर्याप्त नहीं है।

उत्तर (b) दीजिए यदि कथन I और कथन II दोनों में दिया गया डाटा मिलकर प्रश्न का उत्तर देने के लिए आवश्यक है।

उत्तर (c) दीजिए यदि या तो केवल कथन II या केवल कथन II में दिया गया डाटा प्रश्न का उत्तर देने के लिए पर्याप्त है।

उत्तर (d) दीजिए यदि कथन I और कथन II. दोनों में दिया गया डाटा मिलकर प्रश्न का उत्तर देने के लिए पर्याप्त नहीं है।

चेतावनी : दोनों कथनों पर ध्यानपूर्वक विचार किए बिना अपना उत्तर नहीं दर्शाइए।

111. शर्मिला के साथी भागीदारी में चल रहे कारोबार में अर्जित ₹ 50000 के लाभ में निकिता का हिस्सा कितना है?

I. निकिता ने शर्मिला द्वारा निवेशित राशि के 150% की राशि का निवेश किया है।

II. शर्मिला के निवेश की राशि निकिता के निवेश की तुलना में दो-तिहाई है।

112. द्विअंकी संख्या क्या है?

I. दोनों अंकों का योग 6 है।

II. दहाई के स्थान का अंक इकाई के स्थान से दुगुना है।

113. ब्याज दर कितने प्रतिशत प्रतिवर्ष है?

I. राशि दस वर्ष में दुगुनी हो जाती है।

II. 5 वर्ष में उपचित साधारण ब्याज ₹ 5000 है।

114. B अकेला कितने दिन में काम पूरा कर सकता है?

I. B और C मिलकर 8 दिन में काम पूरा कर सकते हैं।

II. A और B मिलकर 12 दिन में काम पूरा कर सकते हैं।

115. माता की वर्तमान आयु क्या है?

I. माता और शिशु की वर्तमान आयु क्रमशः अनुपात 5 : 1 है।

II. चार वर्ष बाद माता और शिशु की आयु का क्रमशः अनुपात 17 : 5 हो जाएगा।

निर्देश (116-120): इन प्रश्नों के उत्तर देने के लिए नीचे दी गई सारणी का ध्यानपूर्वक अध्ययन कीजिए।

विगत वर्षों में छह कम्पनियों द्वारा विनिर्मित उपकरणों की संख्या (लाखों में) दर्शाती हुई सारणी

कम्पनी→ वर्ष↓	A	B	C	D	E	F
2002	45	35	48	42	50	49
2003	40	32	52	46	48	45
2004	48	36	50	43	56	48
2005	49	37	45	48	52	44
2006	46	30	55	50	54	50
2007	5	2 38	47	40	51	52

116. दिए गए सभी वर्षों के लिए कम्पनी C द्वारा विनिर्मित उपकरणों को औसत संख्या क्या है?

(a) 4900000 (b) 4950000
(c) 4850000 (d) 4800000

117. 2004 में कम्पनी E द्वारा विनिर्मित उपकरणों की संख्या वर्ष 2004 में सभी कम्पनियों द्वारा मिलकर विनिर्मित उपकरणों की संख्या का लगभग कितना प्रतिशत है?

(a) 23 (b) 25
(c) 20 (d) 16

118. दिए गए सभी वर्षों के लिए मिलकर कम्पनी A द्वारा विनिर्मित उपकरणों की कुल संख्या कम्पनी F द्वारा विनिर्मित उपकरणों की कुल संख्या का लगभग कितना प्रतिशत है?

(a) 97 (b) 87
(c) 92 (d) 90

119. 2005 में कम्पनी B द्वारा विनिर्मित उपकरणों की संख्या कम्पनी B द्वारा सभी वर्षों में विनिर्मित उपकरणों की कुल संख्या का लगभग कितना प्रतिशत है?

(a) 20 (b) 16
(c) 14 (d) 18

120. सभी कम्पनियों द्वारा मिलकर 2007 और 2006 में विनिर्मित उपकरणों की कुल संख्या के बीच का क्रमशः अनुपात क्या है?

(a) 56 : 57 (b) 57 : 56
(c) 29 : 28 (d) 28 : 29

तर्कशक्ति परीक्षण

निर्देश (121-123): निम्न श्रृंखला में रिक्त स्थान की जगह कौन-सी संख्या आएगी? ज्ञात कीजिए।

121. 5, 9, 6, 11, 7, (.....)

(a) 13 (b) 15
(c) 17 (d) 19

122. 128, 110, 90, (.....), 44.

(a) 56 (b) 68
(c) 70 (d) 72

123. 11, 13, 17, 19, 23, (.....)

(a) 25 (b) 47
(c) 51 (d) 53

निर्देश (124-126): दिए गए विकल्पों से प्रश्न से संबंधित शब्द का चयन करें।

124. पुरुष : जीवनी :: राष्ट्र : ?

(a) एकता (b) इतिहास
(c) गाथा (d) आत्मकथा

125. महासागर : प्रशान्त :: द्वीप : ?

(a) आईस लैण्ड (b) ग्रीनलैण्ड
(c) विक्टोरिया (d) बोर्निया

126. सुचालक : तांबा :: कुचालक : ?

(a) लोहा (b) ऐल्युमिनियम
(c) लकड़ी (d) कोयला

127. जिस प्रकार 'सरसों' सम्बन्धित है 'बीज' से, उसी प्रकार 'गाजर' सम्बन्धित है .... से।

(a) फल (b) तना
(c) फूल (d) जड़

128. अक्षरों ESTR से, प्रत्येक शब्द में प्रत्येक अक्षर का केवल एक बार प्रयोग करते हुए, अंग्रेजी के कितने अर्थपूर्ण शब्द बनाए जा सकते हैं?

(a) कोई नहीं (b) एक
(c) दो (d) तीन

129. निम्नलिखित चार में से तीन किसी प्रकार से एक समान हैं और वे अपना एक समूह बनाते हैं। वह एक कौन-सा समूह है जो इस समूह में शामिल नहीं होता है?

(a) कप (b) जग
(c) ग्लास (d) प्लेट

130. निम्नलिखित चार में से तीन किसी प्रकार से एक समान हैं और वे अपना एक समूह बनाते हैं वह एक कौन-सा समूह है जो इस समूह में शामिल नहीं होता है?
    (a) तांबा   (b) पारा
    (c) लोहा   (d) एल्यूमीनियम

131. जिस प्रकार 'FI' सम्बन्धित है 'LO' से, उसी प्रकार 'PS' सम्बन्धित है .... से।
    (a) VY   (b) VZ
    (c) WZ   (d) UX

132. निम्नलिखित चार में से तीन किसी प्रकार से एक समान हैं और वे अपना एक समूह बनाते हैं। वह एक कौन-सा समूह है जो इस समूह में शामिल नहीं होता है?
    (a) 217   (b) 146
    (c) 281   (d) 137

133. K, T का भाई है। M, K की माता है। W, M का भाई है। W किस प्रकार T से सम्बन्धित है?
    (a) मामा   (b) चाचा
    (c) ग्राण्डफादर (d) आंकड़े अपर्याप्त हैं

134. जिस प्रकार 'ग्राम' सम्बन्धित है, 'द्रव्यमान' से उसी प्रकार सेन्टीमीटर सम्बन्धित .... से।
    (a) क्षेत्रफल   (b) आयतन
    (c) लम्बाई   (d) ध्वनि

135. निम्नलिखित चार में से तीन किसी प्रकार से एक समान हैं और वे अपना एक समूह बनाते हैं। वह एक कौन-सा है जो इस समूह में शामिल नहीं होता है?
    (a) 12   (b) 28
    (c) 52   (d) 68

136. यदि 'सफेद' का अर्थ 'काला' है, 'काला' का अर्थ 'लाल' है, 'लाल' का अर्थ 'नीला' है, 'नीला' का अर्थ 'पीला' है तथा 'पीला' का अर्थ 'धूसर' है तो निम्नलिखित में से कौन आकाश के रंग को इंगित करता है?
    (a) नीला
    (b) लाल
    (c) पीला
    (d) निर्धारित नहीं कर सकते हैं

137. शब्द STAPLER में अक्षरों के ऐसे कितने युग्म हैं जिनमें से प्रत्येक के बीच शब्द में उतने ही अक्षर हैं जितने कि उनके बीच अंग्रेजी वर्णमाला में होते हैं?
    (a) कोई नहीं   (b) एक
    (c) दो   (d) तीन

138. एक निश्चित कूट भाषा में MODEL को 513#2 लिखा जाता है तथा DEAR को 3#%8 लिखा जाता है। उसी कूट भाषा में LOAD किस प्रकार लिखा जाएगा?
    (a) 21%3   (b) 23%1
    (c) 25%3   (d) 21#3

139. शहर D शहर M के पश्चिम में है। शहर R शहर D के दक्षिण में है। शहर K शहर R के पूर्व में है। शहर K शहर D की अपेक्षा किस दिशा में है?
    (a) दक्षिण   (b) पूर्व
    (c) उत्तर-पूर्व (d) दक्षिण-पूर्व

140. संख्या 5261983 में ऐसे कितने अंक हैं जिनमें से प्रत्येक संख्या के आरम्भ से उतना ही दूर है जितना कि संख्या के अन्दर अंकों को आरोही क्रम में व्यवस्थित पर होगा?
    (a) कोई नहीं   (b) एक
    (c) तीन   (d) दो

141. M, B के दक्षिण में है। B, N के पश्चिम में है। N, M से किस दिशा में है।
    (a) दक्षिण
    (b) उत्तर-पूरब
    (c) दक्षिण-पूरब
    (d) निर्धारित नहीं किया जा सकता

निर्देश (142-145): नीचे दी गई अक्षर श्रृंखला में रिक्त स्थान की पूर्ति कीजिए।

142. bca _ b _ aabc _ a _ caa
    (a) cbab   (b) bacc
    (c) acab   (d) bcbb

143. a _ b _ abb _ ab _ a _ bba
    (a) bbaab   (b) babba
    (c) baaba   (d) aabba

144. a _ b _ ba _ b _ _ ba
    (a) bbaab   (b) bbabb
    (c) aabab   (d) aabba

145. w _ xw _ x _ ax _ a _ wa _
    (a) axawxa   (b) aawaxx
    (c) aawwxx   (d) waawxx

146. यदि →+ के लिए, ←– के लिए, ↓× के लिए, ↑÷ के लिए, ↖= के लिए, ↘> के लिए है, तो बताइए निम्नलिखित में से कौन-सी अभिव्यक्त सही है?
    (a) 5↓6→6←12↑4↖30
    (b) 3↓4→15↑3←7↖10
    (c) 10←8→5↓4←3↑1↘20
    (d) 6→7→82↓16↑8↖15

निर्देश (147-148): दिए गए विकल्पों में से लुप्त अंक ज्ञात कीजिए।

147.   4   8   20
      19   2   ?
       7 20 113
    (a) 15   (b) 17
    (c) 19   (d) 21

148.   6 15   3
       4 10   7
       6 15   ?
    (a) 3   (b) 7
    (c) 10   (d) 12

निर्देश (149-153): दिए गए विकल्पों में से संबंधित शब्द/अक्षर/संख्या ज्ञात कीजिए।

149. म्यान : तलवार : : तरकस : ?
    (a) कृपाण   (b) भाला
    (c) बरछी   (d) तीर

150. GFEH : MLKN :: ONMP : ?
    (a) STRQ   (b) LKJN
    (c) WVUX   (d) MLKO

151. ENGINE : CLEGLC :: ? : KMRMP
    (a) METER   (b) ROTAR
    (c) MOTOR   (d) GEARN

152. 20 : 11 :: 102 : ?
    (a) 49   (b) 52
    (c) 61   (d) 98

153. x : 11 :: x^2 : ?
(a) 22 (b) 121
(c) 132 (d) 154

निर्देश (154-157): दिए गए विकल्पों में से विषम संख्या/शब्द/संख्या युग्म चुनिए।

154. (a) 753 (b) 483
(c) 654 (d) 882

155. (a) 36 – 4 (b) 13 – 8
(c) 16 – 2 (d) 24 – 6

156. (a) Y (b) H
(c) T (d) Q

157. (a) Green (b) Yellow
(c) Black (d) Violet

158. निम्न विकल्पों में से कौन-सा विकल्प नीचे दिए हुए शब्दों का सार्थक क्रम दर्शाता है?
1. लकड़ी 2. प्रकृति
3. फर्नीचर 4. जंगल
5. वृक्ष
(a) 5, 1, 2, 4, 3 (b) 3, 5, 1, 4, 2
(c) 4, 1, 5, 2, 3 (d) 4, 5, 1, 3, 2

159. निम्नलिखित शब्दों को शब्दकोश में दिए गए क्रम के अनुसार लिखें-
1. Quail 2. Quake
3. Quit 4. Quaff
5. Quaint
(a) 4,1,5,3,2 (b) 4,5,1,2,3
(c) 4,1,5,2,3 (d) 4,5,1,3,2

160. निम्नलिखित प्रश्न में वर्ण और संख्याएं पैटर्न के अनुरूप हैं। पैटर्न ज्ञात कीजिए और उत्तर विकल्पों में से सही उत्तर चुनिए-
Z 26 _ 1 _ 25 B 2 X _ _ 3
(a) A, Y, 24, C (b) A, X, 23, D
(c) Z, X, 21, D (d) X, Y, Z, 22

मानसिक अभिरुचि, बुद्धिलब्धि एवं तार्किक क्षमता

161. बयान निजाई हैं
(a) मरते समय दिया गया बयान
(b) संदिग्ध व्यक्ति द्वारा दिया गया बयान
(c) सह अपराधी द्वारा दिया गया बयान
(d) चौकीदार द्वारा थानाध्यक्ष को दिया गया बयान

162. सफीना का पुलिस फार्म नम्बर कितना है?
(a) 7 (b) 8
(c) 9 (d) 10

163. चिक खुराक का पुलिस फार्म नम्बर कितना है?
(a) 209 (b) 210
(c) 211 (d) 221

164. उत्तर प्रदेश पुलिस के वेतन वितरण पत्रक का पुलिस फार्म नं. कितना है?
(a) 180 (b) 181
(c) 191 (d) 199

165. पुरस्कार रजिस्टर के रख-रखाव की जिम्मेदारी किसे दी गयी है?
(a) वाचक S. P.
(b) स्टेनो S. P.
(c) रिजर्व इन्स्पेक्टर
(d) डी. सी. आर. बी. प्रभारी

166. पुलिस बल में भर्ती किए गए प्रत्येक व्यक्ति की नियुक्ति का प्रमाण-पत्र किस फार्म नम्बर पर दिया जाता है?
(a) 225 (b) 125
(c) 25 (d) 325

167. भर्ती के लिए अभ्यर्थियों का एक रजिस्टर रखने का निर्देश है। यह रजिस्टर किस फार्म नंबर पर होता है?
(a) 250 (b) 355
(c) 350 (d) 245

168. प्रधान आरक्षियों (हेड कांस्टेबिल) की नियुक्ति से संबंधित पैरा है?
(a) 407 (b) 408
(c) 410 (d) 505

169. जिले के बाहर पुलिस अधिकारियों को गुप्तचर कार्य के लिए भेजने पर किस पैरा के तहत S. P. द्वारा लिखित विश्वास पत्र देकर भेजना अनिवार्य है?
(a) 377 (b) 375
(c) 405 (d) 475

170. डिफाल्ट रजिस्टर का पुलिस फार्म नंबर क्या है?
(a) 277 (b) 275
(c) 235 (d) 255

171. SI (A.P.) के कर्त्तव्य किस पैरा में दिए गए हैं?
(a) 65 (b) 66
(c) 67 (d) 68

172. चौकीदार द्वारा किस पुलिस प्रपत्र संख्या पर संज्ञेय अपराध की लिखित रिपोर्ट थाने पर दी जाती है?
(a) 48 (b) 46
(c) 42 (d) 44

173. चौकीदार की नियुक्ति किसके द्वारा की जाती है?
(a) D.M. (b) S. D. M.
(c) S. P. (d) D. I. G.

174. चौकीदार अपने कर्त्तव्यों के पालन के लिए किसके प्रति उत्तरदायी है?
(a) S. P. (b) S. O.
(c) S. D.M (d) D. M.

175. पंचायतनामा कितने दिन सुरक्षित रखा जाता है?
(a) एक वर्ष (b) 2 वर्ष
(c) स्थायी (d) 3 वर्ष

176. एक पुलिस कांस्टेबल एक व्यक्ति को चोरी के झूठे मामले में थाने में रुके रहने के लिए बाध्य करता है और उससे पैसा प्राप्त करने के बाद जाने देता है। वह दोषी है।
(a) कूट रचना का
(b) उद्दापन का
(c) छल का
(d) संदोष परिरोध का

177. पुलिस अधिनियम, 1861 की धारा 25 के अधीन अदावाकृत (लावारिस) सम्पत्ति को भारसाधन (चार्ज) में लेगा।
(a) उप-पुलिस अधीक्षक
(b) पुलिस अधीक्षक
(c) जिला मजिस्ट्रेट
(d) प्रत्येक पुलिस अधिकारी

178. पुलिस अधिनियम की किस धारा के अंतर्गत राज्य सरकार पुलिस बल के सदस्यों की सेवा-शर्तों के विनियमन

हेतु नियम बनाने के लिए सशक्त है?

(a) धारा 2 (b) धारा 3

(c) धारा 4 (d) इनमें से कोई नहीं

179. पुलिस अधिनियम, 1861 की धारा 7 के अंतर्गत, पुलिस महानिरीक्षक की विधायी शक्तियाँ अधीन हैं।

(a) भारत के संविधान के अनुच्छेद 32 के

(b) भारत के संविधान के अनुच्छेद 226 के

(c) भारत के संविधान के अनुच्छेद 311 के

(d) भारत के संविधान के अनुच्छेद 309 के

180. उत्तर प्रदेश पुलिस रेग्युलेशन्स के पैरा 140 द्वारा वांछित है कि जब कोई पुलिस अधिकारी किसी व्यक्ति को चिकित्साधिकारी द्वारा परीक्षण कराने के लिए भेजे तो

(a) उसे ऐसे परीक्षण के उद्देश्य की स्पष्ट रूप से व्याख्या करनी चाहिए

(b) उसे वह समय निर्धारित करना चाहिए जिसके भीतर चिकित्सीय परीक्षण पूर्ण किया जाए

(c) जिस व्यक्ति का चिकित्सीय परीक्षण होता है, उसके साथ उसे एक अनुरक्षक (एस्कॉर्ट) को भेजना चाहिए

(d) उसे वह समस्त सावधानी बरतनी चाहिए ताकि व्यक्ति फरार न हो सके

181. किसी स्टोर में 5 वस्तुओं A,B,C,D और E की कीमत अलग-अलग है। 'C' का मूल्य ₹ 100 है। 'A', 'C' से सस्ती है लेकिन 'B' से महँगी है। 'E'. 'C' से महँगी है लेकिन 'D' से सस्ती है, तो यह बताइए कि कौन-सा उत्पाद सबसे मँहगा है?

(a) D (b) E

(c) B (d) A

182. वरिष्ठ अधिकारी की गाली-ग्लौज के प्रत्युत्तर में आप

(a) भी उसे गाली देंगें

(b) संयमित रहेंगें और कोई गलती नही करेंगें

(c) उसकी पिटाई कर देंगे

(d) उपर्युक्त में से कोई नही

183. 24-कैरेट का सोना शुद्ध स्वर्ण है। यदि 18-कैरेट का सोना 3/4 स्वर्ण है। 20-कैरेट का सोना 5/6 स्वर्ण है, तो 18 कैरेट सोने का 20 कैरेट सोने के साथ क्या अनुपात होगा?

(a) 5 : 8 (b) 10 : 9

(c) 15 : 24 (d) 9 : 10

184. दो संख्याओं में 3:5 का अनुपात है और उनका ल.स. 300 है, उनमें से एक संख्या होगी-

(a) 30 (b) 50

(c) 60 (d) 75

निर्देश (185-189): नीचे एक परिच्छेद दिया गया है और उसके नीचे उस परिच्छेद में दिए गए तथ्यों के आधार पर निकाले जा सकने वाले कुछ संभावित अनुमान दिए गए हैं। आप हर एक अनुमान की परिच्छेद के संदर्भ में अलग-अलग परीक्षा कर उसकी सत्यता या असत्यता की मात्रा निश्चित कीजिए।

उत्तर (a) दीजिये, यदि अनुमान 'निश्चित रूप से सत्य' है अर्थात् वह दिए गए तथ्यों का उचित रूप से अनुसरण करता है।

उत्तर (b) दीजिये, यदि अनुमान संभवत: सत्य है' यद्यपि दिए गए तथ्यों के संदर्भ में निश्चित रूप से सत्य नहीं हैं।

उत्तर (c) दीजिये, यदि 'दिए हुए तथ्य काफी नहीं है' अर्थात् दिए हुए तथ्यों से अनुमान सत्य है अथवा असत्य यह आप नहीं कह सकते हैं।

उत्तर (d) दीजिये, यदि अनुमान 'संभवत: असत्य' है यद्यपि दिए गए तथ्यों के संदर्भ में 'निश्चित रूप से असत्य' नहीं है।

परिच्छेद

भूकम्प विज्ञान ने अन्वेषण के क्षेत्र में क्रांति ला दी है, आदित: जमीन की सतह पर कोई विस्फोट प्रघाती तरंगों के निर्माण हेतु प्रयुक्त किया जाता था और भूमि के नीचे से तरंगों के परावर्तन से नीचे क्या पड़ा होगा उसके मूल्यवान संकेत मिलते थे तथापि इस स्तर पर भी तेल अन्वेषण आसान नहीं था। भूकम्प संबंधी सभी डाटा विश्लेषण करना आसान नहीं था, क्योंकि पूरी जानकारी प्राप्त करने के लिए विभिन्न प्रकार के बहुत सारे डाटा को एक साथ समझना जरूरी है। प्रौद्योगिकी ने क्रमिक रूप से अन्वेषण में क्रांति पैदा कर दी है और इसे कला से एक यथार्थ विज्ञान के रूप में रूपांतरित कर दिया है। आज 3 D भूकम्पी छवियाँ प्राप्त करना संभव है, जबकि भूतकाल में 2 D छवियों तक को जोड़ना मुश्किल थां हालांकि ये अत्यधिक महत्त्वपूर्ण प्रमाण अंश है, कतिपय और भी साधन है जो भूवैज्ञानिकों को जमीन के नीचे तेल या गैस का भण्डार वास्तव में है या नहीं यह जानने के लिए सहायतार्थ बहुत संकेत देते हैं।

185. केवल 3D भूकम्पी छबियाँ नीचे उपलब्ध प्राकृतिक संसाधनों का पता लगाने के लिए पर्याप्त नहीं हैं।

186. पुराने दिनों में तेल की उपस्थिति का पूर्वानुमान वैज्ञानिक प्रमाण की तुलना में निजी अनुभव के आधार पर अधिक किया जाता था।

187. केवल भूकम्प संबंधी डाटा ही हमें नीचे तेल या गैस की उपस्थिति का पूर्वानुमान करने में सहायता कर सकता है।

188. तेल और गैस के अन्वेषण कार्य में लगे वैज्ञानिक वर्तमान मे पर्याप्त सही रूप में नीचे तेल और गैस की उपस्थिति का पूर्वानुमान कर सकते हैं।

189. विज्ञान की प्रगति ने कुछ सीमा तक सहजानुभूत तेल और गैस अन्वेषण को प्रतिकूल रूप से प्रभावित किया है।

निर्देश (190-193): निम्नलिखित प्रत्येक प्रश्न में, आपको संख्या या अक्षरों का एक समूह दिया गया है जो चार उत्तर विकल्पों का अनुसरण करता है, दिए गये समूह में से उस विकल्पों को चुनिए जो जल प्रतिबिम्ब के समान दिखाई देता हो।

190. NUCLEAR

(a) ꓤ∀ELCUИ

(b) ИUCꓶE∀ꓤ

(c) ИUCLƎ∀ꓤ

(d) ИUCLE∀ꓤ

191. bridge

(a) pɿiqƃe (b) pɹiqƃɘ

(c) pɿiqƃe (d) pɹipƃɘ

192. GR98AP76ES

(a) GꓤϬ8∀⅂6SE

(b) ᘓЯϬ8∀P⅂9Eꙅ

(c) ᘓꓤϬ8∀P⅂ϱEꙅ

(d) ᘓꓤϬ8AP⅂ϱES

193. A1M3b

(a) ∀lM3P (b) ∀I M3P

(c) ∀IM3P (d) ∀IMƐP

निर्देश (194-196): तक के प्रत्येक प्रश्न में कुछ शब्द दिये गए है, जो कि अव्यवस्थित क्रम में है। इन शब्दों को व्यवस्थित क्रम में सजाना है। तथा उसके बाद दिए गए चार विकल्पों में से सही विकल्प को चुनना है, जो शब्दों का सार्थक क्रम दर्शाएं।

194. यदि 782 = 25 तथा 671 = 22, तो 484 = ?

(a) 24 (b) 23

(c) 17 (d) 29

195. किन दो अंको को आपस में बदलने पर समीकरण सही हो जाएगा?

$43 \div 2 \times 26 - 2 = 527$

(a) 6 तथा 2 (b) 2 तथा 3

(c) 3 तथा 6 (d) 2 तथा 4

196. बीते कल के पहले दिन के पहले दिन शनिवार के बाद तीन दिन है आज क्या है?

(a) सोमवार (b) बुधवार

(c) शुक्रवार (d) शनिवार

197. प्रश्न में दिए गए विकल्पों में से बेमेल खोजिए।

(a) बालू (b) सीमेण्ट

(c) दीवार (d) लोहा

198. यदि 1 फरवरी, 1920 को बृहस्पतिवार था, तो 5 मार्च,1920 को कौन-सा दिन होगा?

(a) बुधवार (b) बृहस्पतिवार

(c) मंगलवार (d) सोमवार

199. विषम को ढूँढिए।

(a) लोहार (b) सुनार

(c) नाविक (d) बढ़ई

200. यदि कबूतर को तोता कहा जाए और तोता को मोर कहा जाए, मोर को गोरैया कहा जाए, तो भारत का राष्ट्रीय पक्षी क्या होगा?

(a) कबूतर (b) मोर

(c) गोरैया (d) तोता

उत्तरमाला

1.(d)	2.(c)	3.(c)	4.(b)	5.(c)
6.(b)	7.(d)	8.(b)	9.(b)	10.(a)
11.(b)	12.(a)	13.(a)	14.(c)	15.(a)
16.(c)	17.(b)	18.(c)	19.(a)	20.(b)
21.(d)	22.(c)	23.(a)	24.(d)	25.(b)
26.(a)	27.(d)	28.(d)	29.(b)	30.(a)
31.(a)	32.(a)	33.(b)	34.(b)	35.(b)
36.(b)	37.(d)	38.(d)	39.(d)	40.(a)
41.(d)	42.(c)	43.(d)	44.(c)	45.(b)
46.(b)	47.(b)	48.(b)	49.(d)	50.(b)
51.(b)	52.(a)	53.(a)	54.(b)	55.(b)
56.(b)	57.(d)	58.(c)	59.(b)	60.(c)
61.(c)	62.(c)	63.(c)	64.(c)	65.(d)
66.(b)	67.(a)	68.(d)	69.(b)	70.(c)
71.(b)	72.(a)	73.(b)	74.(d)	75.(d)
76.(b)	77.(c)	78.(b)	79.(d)	80.(c)
81.(b)	82.(b)	83.(b)	84.(a)	85.(b)
86.(d)	87.(a)	88.(b)	89.(c)	90.(c)
91.(b)	92.(a)	93.(d)	94.(a)	95.(a)
96.(a)	97.(d)	98.(d)	99.(a)	100.(d)
101.(b)	102.(d)	103.(b)	104.(c)	105.(d)
106.(d)	107.(c)	108.(d)	109.(c)	110.(a)
111.(c)	112.(d)	113.(a)	114.(d)	115.(d)
116.(b)	117.(c)	118.(a)	119.(d)	120.(a)
121.(a)	122.(b)	123.(a)	124.(b)	125.(a)
126.(c)	127.(d)	128.(b)	129.(d)	130.(b)
131.(a)	132.(a)	133.(a)	134.(c)	135.(b)
136.(c)	137.(c)	138.(a)	139.(d)	140.(d)
141.(b)	142.(c)	143.(c)	144.(b)	145.(c)
146.(b)	147.(b)	148.(d)	149.(d)	150.(c)
151.(c)	152.(b)	153.(b)	154.(d)	155.(b)
156.(d)	157.(c)	158.(d)	159.(c)	160.(a)
161.(a)	162.(a)	163.(c)	164.(c)	165.(a)
166.(c)	167.(b)	168.(a)	169.(a)	170.(a)
171.(b)	172.(d)	173.(a)	174.(d)	175.(a)
176.(d)	177.(d)	178.(a)	179.(c)	180.(a)
181.(a)	182.(b)	183.(d)	184.(c)	185.(a)
186.(c)	187.(b)	188.(a)	189.(c)	190.(d)
191.(b)	192.(d)	193.(c)	194.(a)	195.(c)
196.(c)	197.(c)	198.(c)	199.(c)	200.(c)

उत्तर सहित व्याख्या

86. (d)

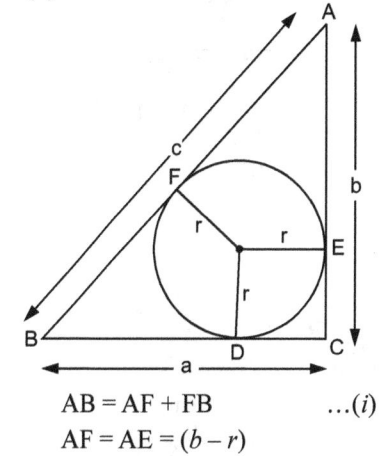

$AB = AF + FB$ ...(*i*)

$AF = AE = (b - r)$

$BF = BD = (a - r)$

तथा $AB = c$

समी० (*i*) में मान रखने पर

$c = (b - r) + (a - r)$

$\therefore \quad r = \dfrac{a+b+c}{2}$

87. (a) $20^2 + 21^2 + 22^2 + \ldots + 29^2$

$\Rightarrow [1^2 + 2^2 + 3^2 + \ldots + 29^2] - (1^2 + 2^2 + \ldots 19^2]$

$= \dfrac{29(29+1)(29\times2+1)}{6} - \dfrac{19(19+1)(19\times2+1)}{6}$

$= \dfrac{29\times30\times59}{6} - \dfrac{19\times20\times39}{6}$

= 6085 सेमी^{2}

88. (b) दिये गए आयतन में

$l = 6$ इकाई

$b = 5$ इकाई

क्षेत्रफल $= l \times b = 6 \times 5 = 30$ वर्ग इकाई

नए आयतन में,
l = 7
b = 4
क्षे० = l × b = 7 × 4 = 28
अनुपात = $\frac{30}{28}$ = 15 : 14

89. (c) आयतन = $\frac{4}{3}\pi[R_1^3 + R_2^3 + R_3^3]$

= $\frac{4}{3}$ × 3.14 [1 + 8 + 27]

= $\frac{4}{3}$ × 3.14 × 36 = 150.72

25% कम करने पर

= $\frac{75}{100}$ × 150.72 = 113.04

∴ प्रश्नानुसार,

$\frac{4}{3}\pi R^3$ = 113.04

R^3 = 27

∴ R = 3

90. (c)

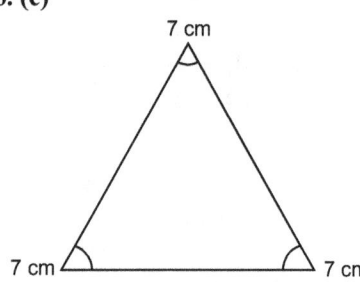

छायांकित भाग का क्षे०

= $\frac{\angle A + \angle B + \angle C}{360°}(\pi R^2)$

= $\frac{180°}{360°}\left[\frac{22}{7} \times 7 \times 7\right]$

= 77 वर्ग इकाई

96. (a) समिति का गठन इस प्रकार है–
(i) 1 महिला और 2 पुरुष
(ii) 1 पुरुष और 2 महिलाएँ
(iii) 3 महिलाएँ

समितियों की अभीष्ट संख्या

= $^5C_1 \times {}^4C_2 + {}^5C_2 \times {}^4C_1 + {}^5C_3$

= $5 \times \frac{4 \times 3}{1 \times 2} + \frac{5 \times 4}{1 \times 2} \times 4 + \frac{5 \times 4 \times 3}{1 \times 2 \times 3}$

= 30 + 40 + 10 = 80

97. (d) माना अमित एवं उसके पिता की वर्तमान आयु क्रमश: 2x एवं 5x वर्ष है।

चार वर्ष बाद उनकी आयु का अनुपात

$\frac{2x + 4}{5x + 4} = \frac{5}{11}$

25x + 20 = 22x + 44

25x – 22x = 44 – 20

3x = 24

x = 8

पाँच वर्ष पूर्व पिता की आयु = 5x – 5

= 5 × 8 – 5   [∴ x = 8]

= 40 – 5 = 35 yr

98. (d) माना पहली एवं दूसरी संख्याएँ क्रमश: x एवं y हैं।

$2x^2 = 6y$ $x^2 = 3y$

अत: इस प्रकार x एवं y का अनुपात प्राप्त नहीं होगा।

99. (a) माना क्रय मूल्य = ₹ x

15000 का 90% = x का 108%

$15000 \times \frac{90}{100} = x \times \frac{108}{100}$

$150 \times 90 = x \times \frac{108}{100}$

$x = \frac{150 \times 90 \times 100}{108}$

= ₹ 12500

100. (d) माना 1 पेन की कीमत ₹ x एवं 1 पेंसिल की कीमत ₹ y है।

8x + 4y = 176   ...(i)

2x + 2y = 48   ...(ii)

समी (ii) में 2 का गुणा करने पर,

4x + 4y = 96   ...(iii)

समी (i) में से समी. (iii) को घटाने पर,

8x + 4y = 176
4x + 4y = 96
–   –
_____
4x = 80

x = 20

अत: 1 पेन की कीमत = ₹ 20

101. (b) शब्द TOTAL में 5 अक्षर हैं एवं T दो बार आया है।

क्रमचयों की कुल संख्या

= $\frac{5!}{2!} = \frac{5 \times 4 \times 3 \times 2 \times 1}{2 \times 1}$

= 60

102. (d) वृत्त का क्षेत्रफल = πr^2 = 616

$\frac{22}{7} \times r^2 = 616$

$r^2 = \frac{616 \times 7}{22}$

$r^2 = 28 \times 7 = 196$

$r = \sqrt{196}$ = 14 सेमी

वृत्त की परिधि

= $2\pi r$

= $2 \times \frac{22}{7} \times 14$ = 88 सेमी

103. (b) B और C द्वारा 1 दिन में किया गया काम = $\frac{1}{8}$

A और B द्वारा 1 दिन में किया गया काम = $\frac{1}{12}$

A और C द्वारा 1 दिन में किया गया काम = $\frac{1}{16}$

2 (A + B + C) द्वारा 1 दिन में किया गया काम

= $\frac{1}{8} + \frac{1}{12} + \frac{1}{16} = \frac{6 + 4 + 3}{48} = \frac{13}{48}$

(A + B + C) द्वारा 1 दिन में किया गया काम

= $\frac{13}{48 \times 2} = \frac{13}{96}$

अत: A, B एवं C तीनों मिलकर $\frac{96}{13} = 7\frac{5}{13}$ दिन में काम को पूरा करेंगे।

104. (c) चक्रवृद्धि ब्याज अर्द्धवार्षिक संयोजित होता है।

R = 20% वार्षिक = 10% अर्द्धवार्षिक

n = 2 वर्ष = 4 अर्द्धवार्षिक

$CI = P\left[\left(1 + \frac{r}{100}\right)^n - 1\right]$

= $10000\left[\left(1 + \frac{10}{100}\right)^4 - 1\right]$

= $10000\left[\left(\frac{11}{10}\right)^4 - 1\right]$

$$10000\left[\frac{11\times11\times11\times11-10\times10\times10\times10}{10\times10\times10\times10}\right]$$

$$=10000\left[\frac{14641-10000}{10000}\right]$$

$$=10000\left[\frac{4641}{10000}\right]$$

= ₹4641

105. (d) माना B की आय = ₹ x

$$\text{A की आय} = \frac{150}{100}\times x = ₹\frac{3x}{2}$$

$$\text{C की आय} = \frac{120}{100}\times\frac{3x}{2} = \frac{6}{5}\times\frac{3x}{2} = ₹\frac{9x}{5}$$

$$\therefore x+\frac{3x}{2}+\frac{9x}{5}=86000$$

$$\frac{10x+15x+18x}{10}=86000$$

43x = 860000

x = 20000

अत: C की आय = $\frac{9}{5}$ × 20000

= ₹ 36000

106. (d) ? = 7999.99 + 72 × 49.99

= 7999.99 + 3599.28

= 11599.27 = 11600 (लगभग)

107. (c) ? = $(25.01)^2 - (15.99)^2$

= $(25)^2 - (16)^2$

= 625 – 256 = 369

108. (d) ? = 380 × 12.25 – 365 + 15

= 4655 – 365 × $\frac{1}{15}$

= 4655 – 24.33 = 4630.67

≈ 4650 (लगभग)

109. (c) ? = 25501 × $\frac{180}{100}$

+ 28999 × $\frac{50}{100}$

= 45901.80 + 14499.50

= 60401.30

110. (a) ? = 171.995 × 14.995 ÷ 25

≈ 172 × 15 × $\frac{1}{25}$

≈ $\frac{2580}{25}$

≈ 103.2 = 105 (लगभग)

111. (c) कथन I या कथन II में दिया गया डाटा प्रश्नोत्तर के लिए पर्याप्त हैं।

112. (d) माना संख्या = 10x + y.

कथन I से,

x + y = 6

कई संख्याएँ सम्भव हैं।

कथन II से, x = 2y

दोनों कथनों से, 3y = 6

y = 2

x = 2y = 2 × 2 = 4

अत: संख्या = 10x + y = 10 × 4 + 2 = 42

113. (a) कथन I से,

P = x, R = ?

T = 10 वर्ष साधारण ब्याज = x

$$R=\frac{x\times100}{x\times10}=10\%\text{ per annum}$$

114. (d)

115. (d) कथन I और II से,

$$\frac{5x+4}{x+4}=\frac{17}{5}$$

25x + 20 = 17x + 68

25x – 17x = 68 - 20

8x = 48

x = 6

∴ माता की वर्तमान आयु

= 5x

= 5 × 6

= 30 yr

116. (b) कम्पनी C द्वारा विनिर्मित उपकरणों की अभीष्ट औसत संख्या

$$=\left(\frac{48+52+50+45+55+47}{6}\right)\text{लाख}$$

$$=\frac{297}{6}\text{ लाख} = 4950000$$

117. (c) वर्ष 2004 में सभी कम्पनियों द्वारा विनिर्मित उपकरणों की संख्या

= (48 + 36 + 50 + 43 + 56 + 48)

= 281 लाख

अभीष्ट प्रतिशत

= $\frac{56}{281}$ × 100 = 19.92

= 20 (लगभग)

118. (a) कम्पनी A द्वारा सभी वर्षों में विनिर्मित उपकरणों की संख्या = (45 + 40 + 48 + 49 + 46 + 52) = 280 लाख

कम्पनी F द्वारा सभी वर्षों में विनिर्मित उपकरणों की संख्या

= (49 + 45 + 48 + 44 + 50 + 52)

= 288 लाख

अभीष्ट प्रतिशत

$$=\frac{280}{288}\times100$$

$$=97.22\approx97(\text{approx})$$

119. (d) कम्पनी B द्वारा सभी वर्षों में विनिर्मित उपकरणों की संख्या

= (35 + 32 + 36 + 37 + 30 + 38) लाख = 208 लाख

अभीष्ट प्रतिशत

$$=\frac{37}{208}\times100=17.79$$

= 18 (लगभग)

120. (a) वर्ष 2007 में सभी कम्पनियों द्वारा विनिर्मित उपकरणों की संख्या

= (52 + 38 + 47 + 40 + 51 + 52) लाख = 280 लाख

वर्ष 2006 में सभी कम्पनियों द्वारा विनिर्मित उपकरणों की संख्या

= (46 + 30 + 55 + 50 + 54 + 50) लाख = 285 लाख

अभीष्ट अनुपात = 280 : 285 = 56 : 57

121. (a) दिया गया क्रम दो संयुक्त क्रम श्रेणी का रूप है।

5 9 6 11 7 13

+1 +2 +1 +2

अत: प्रश्नचिन्ह(?) के स्थान पर 13 संख्या आएगी

122. (b) क्रम इस प्रकार है –18, –20, ... , ...

∴ लुप्त संख्या = 90 – 22 = 68

123. (a)

+2 +4 +2 +4 +2

11 13 17 19 23 25

शृंखला प्राथमिक संख्याओं से जुड़ी है।

124. (b) जिस प्रकार किसी 'पुरुष' के जीवन की कहानी को 'जीवनी' कहा जाता है उसी प्रकार किसी 'राष्ट्र' की कहानी को 'इतिहास' कहा जाता है।

125. (b) जिस प्रकार 'प्रशान्त महासागर' विश्व का सबसे बड़ा महासागर है उसी प्रकार 'ग्रीनलैण्ड' विश्व का सबसे बड़ा द्वीप' है।

126. (c) जिस प्रकार, 'विद्युत' का सुचालक 'ताँबा' होता है, उसी प्रकार, 'विद्युत' का कुचालक, 'लकड़ी' होती है।

127. (d) जिस प्रकार, 'सरसों' बीज से सम्बन्धित हैं, उसी प्रकार, 'गाजर' जड़ से सम्बन्धित है।

128. (b) अर्थपूर्ण शब्द है–REST बनेगा।

129. (d) प्लेट को छोड़कर, अन्य सभी तरल पदार्थ भरने के लिए उपयोग किए जाते हैं।

130. (b) पारे को छोड़कर, अन्य सभी सामान्य ताप पर ठोस अवस्था में पाए जाते हैं।

131. (a) जिस प्रकार, उसी प्रकार,

F —+6→ L P —+6→ V

I —+6→ O S —+6→ Y

132. (a) विकल्प (a) को छोड़कर अन्य को जोड़ने पर संख्या 11 प्राप्त होती है।

133. (a)

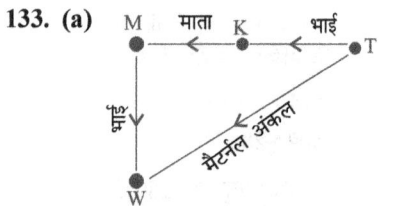

M
K
T

134. (c) जिस प्रकार 'द्रव्यमान' की इकाई ग्राम है, उसी प्रकार 'लम्बाई' की इकाई सेन्टीमीटर है।

135. (b) 28, 7 से विभाजित होगा।

136. (c) स्वच्छ आकाश का रंग नीला होता है। इस प्रश्न में नीले को पीला कहा गया है। अतः स्वच्छ आकाश का रंग 'पीला' होगा।

137. (c) S T A P L E R

S-T और S-P

138. (a) M O D E L और D E A R

↓ ↓ ↓ ↓ ↓   ↓ ↓ ↓ ↓

5 1 3 # 2   3 # % 8

अतः

L O A D

↓ ↓ ↓ ↓

2 1 % 3

139. (d) अतः LOAD शब्द को सांकेटिक भाषा में 21%3 लिखा जाएगा।

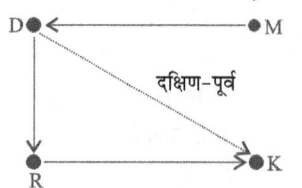

M
R
K

अतः K शहर D के दक्षिण-पूरब दिशा में स्थित है।

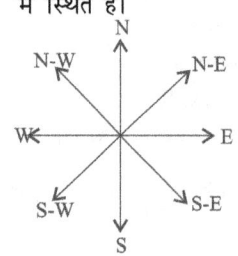

N
N-E
E

140. (d) संख्या : 5 2 6 1 9 8 3

आरोही क्रम : 1 2 3 5 6 8 9

अंक 2 और 8 का स्थान परिवर्तित नहीं होगा।

141. (b)

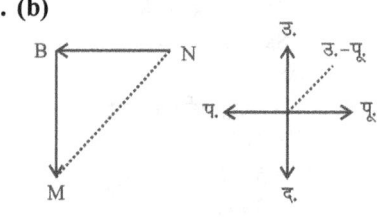

N
M

चित्र से स्पष्ट है कि N, M से उत्तर-पूरब में है।

142. (c) b c a a̲ b c̲ a a b c a̲ a b̲ c a a

श्रृंखला bcaa की पुनरावृत्ति हो रही है।

143. (c) a b̲ b a̲ a b b a̲ a b b̲ a a̲ b b a

श्रृंखला में abba की पुनरावृत्ति हो रही है।

144. (b) a b̲ b b b a a̲ b b̲ b̲ b a

श्रृंखला में bbbb और की पुनरावृत्ति हो रही है।

145. (c) w a̲ x w a̲ x w̲ a x w̲ a x̲ w a x̲

श्रृंखला में wax की पुनरावृत्ति हो रही है।

146. (b) विकल्प b से,

$3 \downarrow 4 \rightarrow 15 \uparrow 3 \leftarrow 7 \uparrow 10$

$\Rightarrow 3 \times 4 + 15 \div 3 - 7 = 10$

$\Rightarrow 12 + 5 - 7 = 10$

$\Rightarrow 10 = 10$

147. (b) जिस प्रकार,

$(4 \times 8) - (4 + 8) = 20$

$(7 \times 20) - (7 + 20) = 113$

उसी प्रकार,

$(19 \times 2) - (19 + 2) = 17$

148. (d) जिस प्रकार,

$(6 - 4) \times 3 = 6$

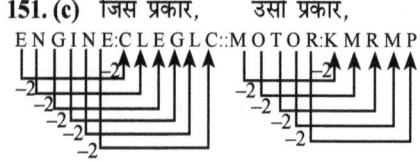

$(15 - 10) \times 3 = 15$

उसी प्रकार, $(7 - 3) \times 3 = 12$

149. (d) जिस प्रकार, 'तलवार' 'म्यान' में रखी जाती है।

उसी प्रकार, 'तीर' 'तरकस' में रखा जाता है।

150. (c) जिस प्रकार,

उसी प्रकार,

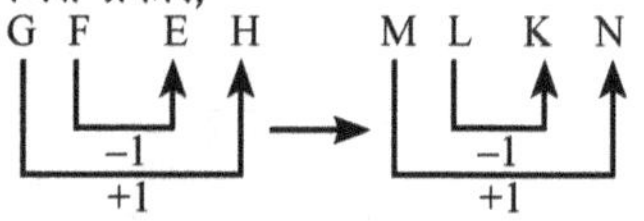

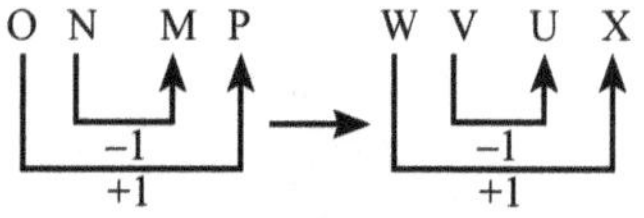

अतः प्रश्नवाचक चिन्ह(?) के स्थान पर WVUX अक्षर समूह आएगा।

151. (c) जिस प्रकार, उसी प्रकार,

E N G I N E : C L E G L C :: M O T O R : K M R M P

अतः MOTOR शब्द को किसी सांकेतिक भाषा में K,M,R,M,P, लिखा जाएगा।

152. (b) 20 : 11 :: 102 : 52

÷2+1   ÷2+1

153. (b) $x : 11 :: x^2 : 121$

154. (d) "शेष सभी का योग 15 है।"

155. (b) "शेष सभी आपस में सह-अभाज्य नहीं हैं।"

156. (d) Q को छोड़कर अन्य अक्षर वर्णमाला क्रम के अनुसार, सम संख्या को प्रदर्शित करते हैं।

157. (c) काले रंग को छोड़कर अन्य सभी रंग इंद्रधनुष में पाये जाते हैं।

158. (d) 4. जंगल 5. वृक्ष 1. लकड़ी 3. फर्नीचर 2. प्रकृति

159. (c) 4. Quaff 1. Quail 5. Quaint 2. Quake 3. Quit

160. (a) Z 26 A̲ 1 Y̲ 25 B 2 X 2̲4̲ C̲ 3

www.ingramcontent.com/pod-product-compliance
Lightning Source LLC
Chambersburg PA
CBHW080339170426
43194CB00014B/2621
* 9 7 8 9 3 5 2 9 6 4 8 6 4 *